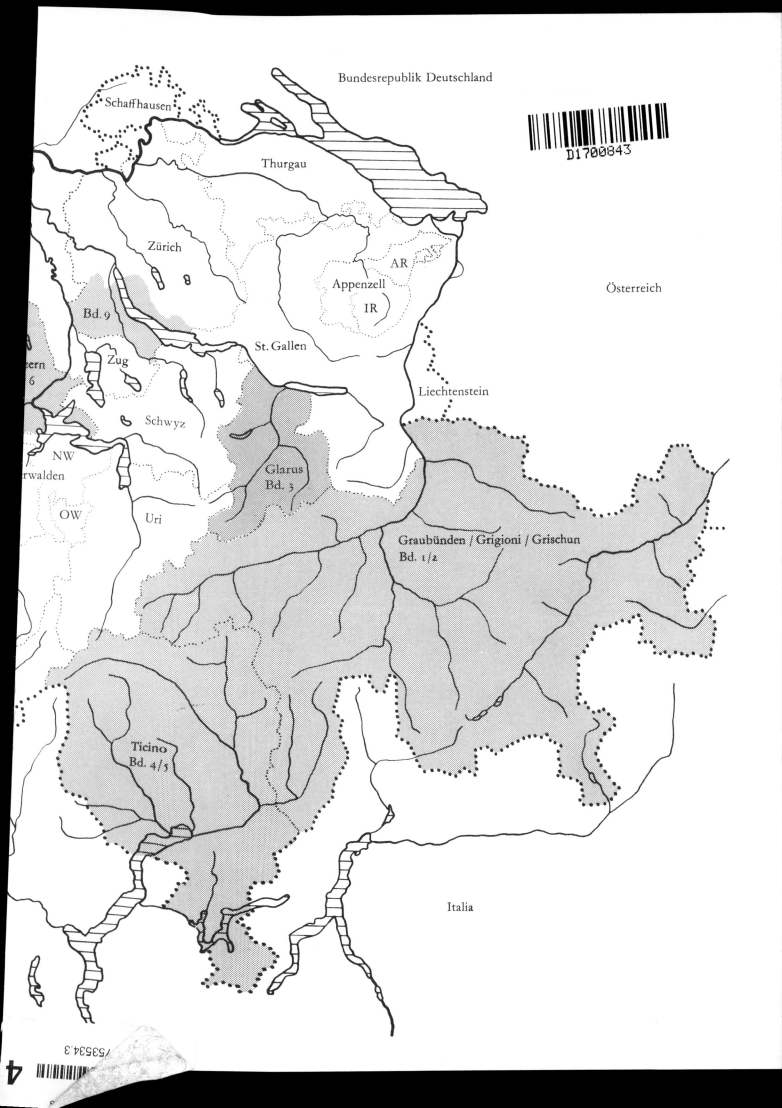

Die Bauernhäuser
der Schweiz

Herausgegeben von der
Schweizerischen Gesellschaft für Volkskunde
Der ganzen Reihe dritter Band

Basel 1983

Dem Andenken an den Begründer
der Glarner Hausforschung,
Dr. h.c. Hans Leuzinger, Architekt,
gewidmet

Herausgegeben von der
Schweizerischen Gesellschaft für Volkskunde
Der ganzen Reihe dritter Band

Edité par la Société suisse
des traditions populaires
Troisième volume de la série

Edito dalla Società svizzera
per le tradizione popolari
Terzo volume della collezione

Die Bauernhäuser des Kantons Glarus

Jost Hösli

553 Abbildungen und Karten
eine Farbtafel
und eine Faltkarte

Herausgegeben von der
Schweizerischen Gesellschaft für Volkskunde
Der ganzen Reihe dritter Band

Basel 1983

Alle Rechte vorbehalten
© Copyright 1983
by Schweizerische Gesellschaft für Volkskunde, Basel
ISBN 3-85775-353-6
Auflage: 3000 Exemplare
Gedruckt in der Schweiz

Geschäftsstelle und Auslieferung:
Verlag G. Krebs AG
St. Alban-Vorstadt 56
CH-4006 Basel
Telefon 061 23 97 23

In Kommission für Deutschland:
Rudolf Habelt Verlag GmbH
Am Buchenhang 1. D-53 Bonn

Typographie: R. Büchler, Münchenstein/Basel
Klischees und Lithos: Steiner & Co. AG, Basel
Satz und Druck: Buchdruckerei G. Krebs AG, 4006 Basel
Bucheinband: H. und I. Schumacher AG, Schmitten

Folgende Personen und Institutionen haben in dankenswerter Weise einen namhaften Beitrag an die Drucklegung dieses Bandes geleistet:

Beglinger Söhne AG, Garten-, Landschafts- und Sportplatzbau, Mollis GL
Eternit AG, Niederurnen GL
Gebrüder Küng, Holz und Elementbau, Mühlehorn GL
Glarner Kantonalbank, Glarus
Glarnerische Vereinigung für Heimatschutz
Hans-Ulrich Glauser, Zürich
Fritz Jenny, Ziegelbrücke GL
Kanton Glarus
Nordostschweizerische Kraftwerke AG, Baden AG
Benjamin Pfister, Wettingen AG
Schweizerische Bankgesellschaft, Glarus
Schweizerischer Bankverein, Glarus
Schweizerische Geisteswissenschaftliche Gesellschaft
Schweizerische Kulturstiftung Pro Helvetia
Schweizerische Mobiliar Versicherungsgesellschaft AG, Glarus
Schweizerische Rückversicherung, Zürich
Steiner Clichés AG, Basel
Alfred Stöckli, Netstal GL
Heinrich Strickler, Zürich
Elisabeth Thomann-Arbenz, Ennenda GL
Jakob Zweifel, Zürich

Das Linthtal

Geleitwort

Wenn dieser Band in seiner Numerierung an die beiden Bündner Bände anschließt, welche die Reihe «Die Bauernhäuser der Schweiz» eröffneten, obwohl inzwischen weitere Bände erschienen sind, so erklärt sich das daraus, daß mit einer früheren Fertigstellung gerechnet worden war. So bleibt nun trotz der chronologischen Störung die Nachbarschaft zum größeren und viel besser bekannten Kanton gewahrt. Nur der nördlichste Teil des Kantons Glarus wird von der Durchgangsstraße und der Bahnlinie von Zürich nach Sargans berührt; das Tal, das sich nach Süden öffnet, nimmt der Reisende oft kaum wahr, und seit die N3 am Walensee entlang führt, bleibt dem Autofahrer der Weg über den Kerenzerberg erspart. Damit entgeht ihm der Blick auf die unverwechselbare Silhouette der Glarner Alpen und auf die großen Dörfer des Unterlandes. Bauernhäuser freilich dominieren in dieser stark industrialisierten Region nicht, und auch wer die Straße zum Klausenpaß über Linthal benützt, wird wohl stärker von den vielleicht unerwarteten Fabrikbauten beeindruckt sein als von Bauernhäusern.

Daß es sie aber, meist in den oberen und älteren Teilen der Dörfer, gibt und daß sie das Bild der Glarner Kulturlandschaft unaufdringlich mitprägen, das hat der bedeutende Architekt Hans Leuzinger (1886–1971), Dr. h.c. der Universität Zürich, früh erkannt. Schon in den Jahren 1930 bis 1934 wurden unter seiner Leitung durch den Technischen Arbeitsdienst rund 200 Häuser im ganzen Kanton durch genaue Pläne erfaßt. Dieses umfangreiche, einige hundert Zeichnungen umfassende Material, gesammelt, als die meisten Bauten noch wenig oder gar nicht verändert waren, bildete mit den verschiedenen Aufsätzen Hans Leuzingers eine Arbeitsgrundlage von unschätzbarem Wert. Als die Schweizerische Gesellschaft für Volkskunde 1953 in Glarus tagte, machte er in dem von ihm gestalteten Kunsthaus Glarus Pläne und Photographien von Bauernhäusern allgemein zugänglich. Bis 1960 sammelte er, soweit es seine Gesundheit erlaubte, weiter; in einzelnen Gemeinden übernahm Dr. Jost Hösli, Professor an der Kantonsschule Wetzikon, die Inventarisierung.

Es war Hans Leuzinger weder vergönnt, diesen Band zu schreiben noch die parallelen Vorarbeiten für die Kunstdenkmäler des Kantons Glarus abzuschließen. In Dankbarkeit darf aber die Schweizerische Gesellschaft für Volkskunde dieses Buch dem Andenken des Mannes widmen, der dafür die Grundlagen erarbeitet hat. Kurz vor seinem Tode hatte er in selbstloser Weise seine Materialien der jüngeren Kraft zur Verfügung gestellt. Daß sich Jost Hösli, auch er ein Sohn des Landes und seit seiner unentbehrlichen Dissertation über die Glarner Land- und Alpwirtschaft mit dem Thema wohlvertraut, als Verfasser zur Verfügung gestellt hat, dürfen wir als Glücksfall werten. Dank weiß die Schweizerische Gesellschaft für Volkskunde auch dem Schweizerischen Nationalfonds zur Förderung der wissenschaftlichen Forschung und der Regierung des Kantons Glarus für die Übernahme der mit der Ausarbeitung verbundenen Kosten. Die Schweizerische Geisteswissenschaftliche Gesellschaft und der Kanton Glarus sowie Private haben an die Drucklegung namhafte Beiträge geleistet. Dankbar ist die Schweizerische Gesellschaft für Volkskunde auch dem Leiter der Aktion Bauernhausforschung, Dr. Max Gschwend (Basel), der als Koordinator und verantwortlicher Redaktor der Reihe seine ganze Kraft dem Abschluß des Werkes zur Verfügung gestellt hat.

Daß es dem ehemaligen Präsidenten der Schweizerischen Gesellschaft für Volkskunde eine besondere Freude bedeutet, diesen Band einleiten zu dürfen, werden ihm die Leser freundlich zubilligen.

Basel, im August 1982   Prof. Dr. Hans Trümpy

Vorwort des Autors

Seit mehr als 250 Jahren prägt der Wellengang der industriellen Entwicklung alle Existenzbereiche der Glarner Bevölkerung. Die im 18. Jahrhundert vorwiegend verlagsindustrielle Heimarbeit hat dem ländlichen Baubestand kaum Abbruch getan. Im Gegenteil, eine stattliche Anzahl großer Bauernhäuser zeugt sowohl für das noch ungebrochene Selbstbewußtsein der Auftraggeber als auch für den traditionellen Gestaltungswillen der Bauhandwerker, vorab der Zimmerleute. Stillstand und Wende bringt im 19. Jahrhundert die fabrikindustrielle Revolution. Wie der Bauer, so wird auch sein Haus zur «Randerscheinung». Mit der wirtschaftlichen und sozialen Umschichtung gehen überall bauliche Veränderungen Hand in Hand. Alte Bauernhäuser – neue wurden nicht mehr errichtet – haben den neuen Ansprüchen von Bewohnern zu genügen, die einer andern Arbeitswelt verpflichtet sind. Der Sinn für die Schönheit des Holzhauses verblaßt, die traditionelle Wohnkultur verliert an Gehalt.

Kann das früh und stark industrialisierte Glarnerland dem Bauernhausforscher überhaupt noch etwas bieten? Ist es nicht viel zu spät, seine ländliche Baukultur vergangener Zeiten untersuchen zu wollen? Der vorliegende Band mag die beste Antwort auf die gestellten Fragen sein. Die bauliche Gegenwart der bäuerlichen Herkunft des Glarnervolkes ist reicher, als man vor den grundlegenden Aufnahmen, die durch Dr. h.c. Hans Leuzinger geschehen sind, vermuten konnte. Auch nach dem Europäischen Jahr für Denkmalpflege und Heimatschutz, ist es noch nicht zu spät, Wertvolles aus der Vergangenheit für die Zukunft zu retten.

Für die nationale Bauernhausforschung ist der Glarner Beitrag ein bescheidener Mosaikstein zum Gesamtbild. Für das Glarnerland aber schöpft er Kulturgeschichte, die allzu lange unbeachtet blieb. Auch in der Siedlung ist Orts- und Landesgeschichte verbrieft. Nicht zuletzt möchten «Die Bauernhäuser des Kantons Glarus» das Interesse und Verständnis der Bevölkerung für die unmeßbaren Werte der alten bäuerlichen Kultur und Handwerkerkunst wecken und fördern. So vermag die Bauernhausforschung am sinnvollsten die Bestrebungen der Denkmalpflege und des Heimatschutzes zu unterstützen. Heimat ohne das Erlebnis ihres historischen Erbes ist keine Heimat mehr. «Glarner sei stolz auf dein altes Holzhaus, diese Zierde der Landschaft, dieses Wahrzeichen alter bäuerlicher Kultur und Kunst, mit seinen blitzenden Fensterreihen auf schwarzbraunem Grund, mit dem weißen Sockel und dem behäbigen Dach, am Berghang und im Talgrund» (H. Leuzinger, 1953).

Den ersten Dank schulde ich dem Glarner Regierungsrat und der Erziehungsdirektion des Kantons Zürich, die mir zweimal einen Urlaub ermöglichten. Diese gestatteten es mir, das von Dr. h.c. Hans Leuzinger hinterlassene Material zu sichten und zu ordnen, mich an verschiedenen Objekten mit den Anforderungen der redaktionellen Bearbeitung vertraut zu machen, zu photographieren und Materialien zur Baugeschichte zu sammeln. Eine vollständige Inventarisation, wie sie in andern Kantonen angestrebt wird, war mir nicht mehr möglich. Ebenso konnte ich die gedruckten und geschriebenen Quellen nicht voll ausschöpfen. Um den Text nicht zu belasten, sind die Hinweise auf die Quellen und Literatur, abschnittweise und auf die Seitenzahl bezogen, in den Anmerkungen im Anhang untergebracht.

Danken möchte ich ferner allen, die mir bei der Abfassung des Manuskriptes mit Rat und Tat beistanden: Dr. Max Gschwend (Basel) für seine wohlwollende Hilfsbereitschaft als Mentor, Prof. Dr. Hans Trümpy (Basel) für die Durchsicht des Manuskriptes, Dr. Rudolf Trüb (Zollikon) für die sprachwissenschaftliche Betreuung des Bandes, Staatsarchivar Dr. Hans Laupper (Glarus) und dem Bearbeiter der Glarner Kunstdenkmäler, Dr. Jürg Davatz (Mollis), für die freundschaftliche Zusammenarbeit, ebenso wie für die zeichnerische Mitarbeit von Frau Güller, Basel. Danken möchte ich aber auch jenen Männern und Frauen der Glarner Bevölkerung, die den Untersuchungen volles Verständnis entgegenbrachten, die dem verstorbenen Architekten Hans Leuzinger und mir ihr Vertrauen schenkten und uns auch wertvolle Kenntnisse vermittelten.

Männedorf (Zürich), im Frühjahr 1982   Jost Hösli

Natürliche und kulturelle Gegebenheiten

Das Glarnerland als Siedlungs- und Wirtschaftsraum

1 Glarner Hinterland gegen Süden, hinten der Tödi
2 Elm im Sernftal und sein Hinterland mit dem Hausstock
3 Die Bergsturzlandschaft des Mittellandes, talauswärts die Mulde von Glarus

Mit einer Fläche von wenig mehr als 648 km² und 38 155 Einwohnern (1970) gehört das Glarnerland, der Kanton Glarus, zu den kleinsten Kantonen des Bundesstaates. Seine Berge und Täler bilden das Kerngebiet der Glarner Alpen, die ihrerseits dem Gürtel der nördlichen Kalkalpen angehören. Vom hohen Gebirgswall im Süden, der Wasserscheide zum Vorderrheintal, bis in die Linthebene im Norden mißt das Land höchstens 40 km, von der westlichen Grenze zu Uri und Schwyz an diejenige zu St. Gallen im Osten meist weniger als 25 km. Es wird «an dreyen Orten mit wundergrausamen ja hohen und unwägsamen Gebirgen als unüberwindtlichen ringkmauren umbzogen und bewaret» (J. Stumpf, Chronik 1548). Die auffällig geschlossene Zellenform ist das Abbild des einfachen Talsystems, das weitgehend dem Einzugsgebiet der Linth entspricht. «Das Bild des Glarnerlandes ist das eines Baumes, der in ebenem Boden und an einem Seegelände wurzelt, mit kurzem Stamm, zwei großen Verzweigungen und vielen Verästelungen» (F. Becker, Glarnerland, 1912). Nur am Klausen (Urnerboden) und am Pragel greifen Uri und Schwyz über die Wasserscheiden.

Die Gliederung

Vom Tödi (Piz Rusein, 3614 m), dem höchsten Berggipfel der östlichen Schweiz, fließen die Quellbäche der Linth dem Talschluß im Tierfehd (805 m) hinter Linthal zu. Hier beginnt das trogförmige, geräumige Glarner Hinterland, das auch Großtal genannt wird. Von den eiszeitlichen Gletschern tief geschürft und von fluvialen Ablagerungen wieder aufgefüllt, ist es kaum 15 km lang und oft kaum 500 m breit (Abb. 1). Es reicht bis Schwanden (520 m), wo als größter Nebenfluß der Sernf in die Linth mündet. Zahlreiche Schwemmfächer der Flankengewässer, der Runsen und Wildbäche, vorzüglich am Fuß der aus tertiären Schiefern gebauten rechtsseitigen Gehänge, sind das auffälligste morphologische Element seines Talgrundes. Seit Frühzeiten bäuerlicher Landnahme bieten sie die bevorzugten Wohn- und Wirtschaftsflächen.

Bei Schwanden öffnet sich von Osten her das Sernf- oder Kleintal, ein dem Großtal ähnlicher, doch höher gelegener Trog. Er dringt von Engi (770 m), hinter der durchschluchteten Mündungsstufe, weit über die hinterste Dorfsiedlung Elm (970 m) hinaus in das Weidegelände der heute als Truppenübungsplatz benutzten Wichlenalp zu Füßen des Hausstockes (3158 m) vor (Abb. 2).

Der Talgrund des Glarner Mittellandes von Schwanden bis Netstal (460 m) ist Hügelland. Mächtige Deponien von Bergstürzen vorgeschichtlichen Alters prägen das unruhige Kleinrelief des rund 8 km langen Haupttalabschnittes (Abb. 3). Schwändi und Sool gelten nach ihrer Lage als typische Bergsturzdörfer. In der geräumigen Mulde, unweit der Öffnung des von Westen einmündenden Klöntales, liegt zwischen Glärnisch (Vrenelisgärtli 2904 m), Wiggis (2282 m) und Schilt (2300 m) der natürlich gegebene Mittelpunkt des Landes, der städtische Hauptort Glarus (480 m). 1970 zählte er 6189 Einwohner.

Von Netstal erstreckt sich über 10 km weit bis an die Kantonsgrenze zu Schwyz bei Bilten (440 m) und zu St. Gallen bei der Ziegelbrücke, bei Weesen und am Walensee (419 m) das ebene Glarner Unterland (Abb. 4). Mächtige See- und Flußablagerungen überdecken den Felsgrund, den Eiszeitgletscher übertieft haben. Walen- und Zürichsee sind die Überreste des nacheiszeitlichen Linthsees. Die Linthebene ist das Delta des Stammflusses. Die alten Siedlungskerne der Dörfer an ihren Rändern liegen zumeist auf kleinen Schwemmkegeln. Hans Conrad Escher von der Linth korrigierte von 1807 bis 1822 den Lauf der Gewässer und sicherte die im 18. Jahrhundert katastrophal versumpfte Linthebene für immer vor Überschwemmungen. Die integrale Melioration während des Zweiten Weltkrieges verwandelte die minderwertigen Rietböden größtenteils in ertragreiches Wies-, Acker- und Gartenland.

4 Glarner Unterland, wachsende Industriedörfer
5 Kerenzer Berg mit Mürtschenstock und Walensee
6 Bergterrasse von Braunwald
7 Braunwald, Oberstafel der Alp Bräch

Die vertikale Stufung

Ebenso alt wie die im Bewußtsein des Glarners fest verankerte horizontale Gliederung des Landes ist die vertikale Stufung in die Tal-, Berg- und Alpregion. Die funktionale Zusammengehörigkeit von Talgütern, Bergliegenschaften und Alpweiden wird urkundlich erstmals im 13. Jahrhundert bezeugt. Anno 1274 bestätigte nämlich die Grundherrin des Tales, die Äbtissin des Klosters Säckingen, dem Ammann Rudolf Tschudi seine in Mollis, Glarus, Schwanden, Obfurn und Linthal «in plano, in montibus et in alpibus» gelegenen Lehen.

Der tiefste Grund und Boden des Glarnerlandes liegt in der Linthebene an der Grenze zu Schwyz (414 m), der höchste Punkt der vergletscherten Tödikuppe 3614 m über Meer. 3200 Meter Höhendifferenz prägen die kleinräumige Landschaft des Kantons, über rund 2200 Meter erstreckt sich der Wohn- und Wirtschaftsraum der Glarner Bauern. 71 Prozente der Kantonsfläche liegen über 1200 m hoch. Höhere Anteile weisen nur Graubünden (89%), Wallis und Uri (je 85%) auf.

Arealstatistik 1972 der Datenbank des Institutes für Orts-, Regional- und Landesplanung der ETH Zürich

Arealkategorien	in Prozenten der Gesamtfläche
Kulturland im engeren Sinne, überwiegend Wiesland	11,3
Weiden, überwiegend Alpweiden	39,3
Wald	21,1
Öd- und Unland (inkl. Gewässer)	26,2
Überbautes Gebiet	2,1

Geringere Prozentsätze an Kulturland besitzen nur Uri (7,7) und Graubünden (10,1). Größere Öd- und Unlandanteile entfallen auf Uri (51,7), Wallis (44,6) und Graubünden (32,2).

Das einst mehr oder weniger geschlossene Waldkleid bedeckte die dem Baumwuchs günstigen Standorte der Talhänge durchschnittlich bis 1800 m ü. M. Die höchsten ständig bewohnten Berghöfe befinden sich in Höhenlagen von rund 1400 m; die höchsten Sennhütten liegen 1950 m hoch; Großviehweiden erstrecken sich bis gegen 2400 m. Gemäß den Kriterien des Eidgenössischen Landwirtschaftlichen Produktionskatasters gehören 93,5 % des landwirtschaftlich produktiven Areals (ohne Wald), 76,3 % vom Kulturland im engeren Sinne, dem Berggebiet an, dessen Bauernbevölkerung der besonderen Unterstützung bedarf.

Die Berggüter

Die Bezeichnung «Berge» für Bergliegenschaften bezeugt, daß sie vom zuerst bewohnten und bewirtschafteten Talgrund aus besiedelt und nutzbar gemacht wurden. Die älteste Quelle des überwiegend deutschen Namengutes der unzähligen Berggüter bietet das um 1300 abgefaßte Säckinger Urbar der Grundherrschaft des Frauenklosters am Hochrhein. Bodenformen, Bodenbeschaffenheit, die Art des Rodungsvorganges, Vor- und Geschlechternamen prägen ihre Flur- und Siedlungsbezeichnungen. Beispiele sind Boden-, Loch-, Stutzberg, Egg, Syten, Chängel; Riet-, Burstberg, Sool; Schwändi-, Rüti-, Schlatt-, Schletterberg, Niderschlacht, Bränden, Stock; Altmann-, Elmer-, Figi-, Hämmerli-, Hösli-, Kloter-, Kubli-, Landolt-, Legler-, Schindler-, Tschudiberg. Eine wissenschaftliche Untersuchung des reichen Namengutes steht noch aus. Eine zeitliche und räumliche Gruppierung der Liegenschaftsbezeichnungen ergäbe bestimmt wertvolle Hinweise auf den Ablauf der Kolonisation.

Die «Berge» sind während Jahrhunderten in Form von Rodungsinseln an den Talhängen und auf den Böden von höher gelegenen Seitentälern im montanen Laubwaldgürtel und in dessen Übergangsbereich zum subalpinen Nadelwald auf zumeist guten Böden günstiger Böschungsverhältnisse entstanden. Ihr Kulturland, größtenteils Wiesen in Höhen von 600 m bis rund 1500 m, ergänzen den begrenzten bäuerlichen Lebensraum der Talsohlen. Beispiele großräumiger Bergterrassen sind der Kerenzerberg (600–1100 m), die Näfelser Berge (1100–1300 m), der Mullerenberg ob Mollis (1050–1250 m), die Ennetberge ob Ennenda (950–1150 m), die Weißenberge ob Matt (1200–1550 m) und die Braunwald-Berge (1150–1450 m). Die kleinen Berggüter sind zumeist nur periodisch besiedelt. Die großen Berggebiete weisen als Dauersiedlungen Höfe, Weiler und Dörfer auf (Abb. 5, 6). Filzbach auf dem Kerenzer Berg beherbergt heute das Sportzentrum des Kantonalzürcherischen Verbandes für Leibesübungen; Braunwald ist der bekannteste, autofreie Kur- und Ferienort des Kantons.

Die landwirtschaftliche Nutzung der Bergliegenschaften geschieht in verschiedenen Formen. Die ständig bewohnten Berge sind Heimgüter, die periodisch besiedelten dienen als Maiensäße, als Vorwinterungen, als Heuberge oder auch als Voralpen und Sömmerungsweiden.

Die Alpen

Aus der Statistik der Datenbank des Institutes für Orts-, Regional- und Landesplanung der ETH Zürich geht überraschend hervor, daß Glarus unter allen Kantonen den größten Prozentsatz an Weideland aufweist, nämlich 39,3 % der Gesamtfläche, wovon weitaus der größte Teil Alpweiden sind. Ihm folgen die Kantone Graubünden (35,2), Obwalden (34,5), Schwyz (27,8), Nidwalden (27,4) und Uri (27,0). Es entspricht der starken vertikalen Gliederung des Landes, daß sich die wertvollen Sömmerungsareale über beträchtliche Höhen ausdehnen. Die untersten reichen mit rund 800 m Höhenlage in die Talregion, viele schließen sich den Berggütern an, andere wieder werden durch das erhalten gebliebene Waldkleid steiler Hänge von Tal und Berg getrennt. Rinder weiden bis in eine Höhe von gegen 2400 m ü. M. Weniger hoch «fährt» man mit dem Milchvieh, höher klettern die Schafe. Der Alpkataster von 1962 führt 95 Alpen auf, die insgesamt 135 Alpbetriebe zählen (Abb. 7).

Wohl seit den Anfängen der Besiedlung des Landes ist die Alpwirtschaft eine wesentliche Grundlage der Existenz seiner Bewohner. Vorgermanische Alpnamen, die an den Hochweiden haften, welche im südlichen Landesteil über der klimatischen Waldgrenze von ungefähr 1800 m liegen, wie Frittern, Limmern, Gamperdun, Ramin, Falzüber u. a., belegen das hohe Alter der Alpwirtschaft. Ebenso bezeugen die in Dialekt und Schriftsprache erhaltenen Sachnamen der Milchverwertung, wie *Etscher*, Käse, Ziger, *Schotte, Sirte, Gebse, Brente* u. a., die von deutschsprachigen Einwanderern wahrscheinlich seit dem 7. nachchristlichen Jahrhundert übernommene Wirtschaftsweise.

Das Klima

Das Klima des Glarnerlandes entspricht dem kühlfeuchten und gemäßigten Klima der Täler und Gebirge der Alpennordseite. Die Mitteltemperaturen von Meßstationen in 430 bis 1200 m Höhenlage betragen für den durchschnittlich kältesten Monat Januar −0,4 bis −3,2 °C, für den wärmsten Monat Juli 13,8 bis 17,3 °C (Beobachtungsperiode 1901 bis 1940). Die mittleren Schwankungen von 15,7 bis 18,6 °C entsprechen denjenigen des mitteleuropäischen Übergangsklimas, wobei die höheren Gebirgslagen geringere, oft sogar ozeanische Differenzen von unter 15 °C aufweisen. Dank des geologisch bedingten Süd–Nord-Verlaufs der bedeutendsten Talungen – Linth- und Sernftal sind Quertäler – bestehen keine entscheidenden Expositionsunterschiede zwischen ihren Talflanken.

8 Föhnstimmung im Sernftal
9 Glarus, Plan des abgebrannten Hauptfleckens
10 Glarus, Brandstätte von 1861
11 Glarus, schachbrettartige Neuanlage

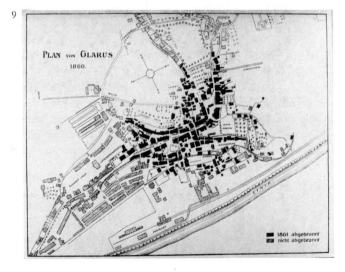

Der häufige Stau maritimer Luft aus den beiden westlichen Quadranten verursacht über das ganze Jahr verteilte reichliche Niederschläge mit durchschnittlich sommerlichem Maximum. In Gipfellagen betragen die durchschnittlichen Jahressummen über 300 cm, in den Talniederungen über 100 cm. Die Winter sind gewöhnlich schneereich. Im Volksmund gilt das Glarnerland als des «Herrgotts Schüttstein».

Das Sernftal und die Bergterrasse Braunwald weisen von allen Dauersiedlungsräumen die kürzesten Vegetationszeiten auf. Fröste können noch im Mai und schon wieder im September auftreten. Vor Schneefällen sind ihre Bauern nur im August sicher.

Klimadaten

Stationen	Höhe ü.M.	Niederschläge in mm (1901–1940) Mittel	im Max. (Jahr)	im Min. (Jahr)	Mittlere Zahl der Vegetationstage
Weesen SG	430	166,0			220
Glarus	480	144,1	191,7 (1940)	109,4 (1911)	209
Auen-Linthal	830	165,0			191
Obstalden	690	158,4			
Klöntal	840	183,4	233,1 (1922)	126,9 (1911)	
Elm	960	152,6	210,1 (1935)	110,6 (1921)	177
Braunwald	1190	187,0			170

Wirtschafts- und Siedlungsweise werden vom Klima langfristig beeinflußt. Mittel- und unmittelbar prägt es als grundlegender Faktor der Raumbindung die Möglichkeiten bäuerlicher Betätigung und damit wesentliche Merkmale auch von Haus, Hof, Weiler und Dorf. Das kühlhumide Klima der Nordalpen benachteiligt den Ackerbau und begünstigt die Graswirtschaft. Glarus gehört dem nordalpinen Gürtel der ausgesprochenen Viehwirtschaft, dem «Hirtenland» an. Seit dem Spätmittelalter ist der Glarner Landwirt (wie der Urner, Schwyzer, Ob- und Nidwaldner) Viehbauer, der für sein auf den Alpweiden gesömmertes Vieh auf den Wiesen der Tal- und Berggüter das als Winterfutter nötige Heu erntet.

Von kurzfristiger, aber nicht minder bestimmender Wirkung sind die Unsicherheiten der wetterbedingten Grenzsituationen. Ihre Wiederholung zwingt zur Anpassung und zur Abwehr. Föhn, Hochwasser und Lawinen haben den Glarnern zu allen Zeiten Mühe und Sorgen bereitet.

Der Föhn

Linth- und Sernftal sind berühmte «Gassen» des hier außerordentlich böigen Südföhnes (Abb. 8). Im Winterhalbjahr meldet Glarus bei Föhn nicht selten die höchsten Temperaturen des Kontinents. Verheerende Föhnstürme schädigen Wälder und Gebäude. An Berichten über schwere Brandkatastrophen fehlt es nicht. Die Verdichtung der anfänglich lockeren Überbauung zu eigentlichen Dörfern erhöhte in Anbetracht der bis ins 19. Jahrhundert vorherrschenden Holzbauweise und Schindelbedachung die Gefahr von Flächenbränden. Der Hauptort selber bietet das eindrücklichste Beispiel dafür. Glarus soll schon 1265 oder 1299 und wiederum 1337 durch Föhnbrände verheert worden sein. Gesichert ist die Nachricht vom Brand im August 1477, bei dem die Kirche und 17 Häuser zerstört wurden. Sieben Jahre früher hat die Gemeinde den ersten überlieferten Feuer- und Wachtbrief des Landes erlassen. Am stärksten veränderte der große Brand vom 10. auf den 11. Mai 1861 das Antlitz des Fleckens. Von insgesamt 706 Häusern mit 1091 Haushaltungen, wovon erst die Hälfte harte Bedachungen aufwiesen, sind dem Feuersturm 5 Menschen, 257 Häuser mit 409 Wohnungen, verschiedene öffentliche Gebäude, worunter die Kirche, das alte Rathaus, das Regierungsgebäude, die Pfarrhäuser und viele Ställe, Werkstätten, Magazine, insgesamt 593 Firste zum Opfer gefallen (Abb. 9, 10).

Föhnwache und Feuerschau

Maßnahmen und Vorschriften der einzelnen Gemeinden zur Verhütung von Bränden existierten nachweisbar schon im 15. Jahrhundert. Verschiedene wirkten sich auch baulich aus.

Der erwähnte Feuer- und Wachtbrief des jungen Hauptortes Glarus vom Jahre 1470 fordert die alljährliche Kontrolle aller Feuerstätten durch drei vereidigte Feuerschauer, verbietet offenes Licht in den Ställen, verlangt beim nächtlichen «Hanf reisten» in den Häusern die Bereitstellung von mit Wasser gefüllten Gefäßen und untersagt, Hanf und Flachs auf den Öfen zu trocknen. Große Wäschen («Sechten») waren nur in den «Sechthäusern» erlaubt. Jeder Hausbesitzer wurde verpflichtet, zwei starke Leitern aufzubewahren, die eine bei der «Ruoßtilli», die andere außerhalb des Hauses, damit es möglich war, das Dach zu besteigen. Die Wacht- und Feuerverordnung von 1771 gebot sogar, daß jedes Hausdach ein genügend großes «Tagloch» aufweisen müsse, damit nötigenfalls das Feuer vom Dach aus bekämpft werden konnte.

Unzählige Vorschriften, Reglemente und Maßnahmen, die immer wieder den veränderten Verhältnissen angepaßt wurden, füllen die Protokolle der verschiedenen Gemeinden und illustrieren die Gefährlichkeit des Föhns. Bei Föhn hatte zum Beispiel gemäß einer Verfügung von 1789 in Netstal die mit Wasser gefüllte Feuerspritze auf dem Dorfplatz bereitzustehen. Der Tagwenvogt (Vorsteher der Bürgergemeinde) stellte jeweilen zusätzlich zu den zwei gewählten Nachtwächtern als Kontrolle der Dorfbewohner zwei «heimliche» Wächter an. Mollis besitzt seit 1780 eine organisierte Feuerwehr. In Glarus beschlossen die Bürger 1843, alle Schindeldächer innert 15 Jahren in Schiefer- oder Ziegeldächer umzuwandeln, wozu die Gemeinde Beiträge leistete. Beim Wiederaufbau 1862 bis 1864 nahm man bewußt Rücksicht auf die Brandgefahr. Die breiten Straßen in der Windrichtung des Föhnes und die ebenso breiten Querstraßen der schachbrettförmigen Neuanlage mindern sie (Abb. 11).

Der vorsorgliche Kampf gegen die «fürsnott» beschäftigte nicht nur die Gemeinden, sondern auch das Land. So besteht zum Beispiel seit 1811 die kantonale Häuserassekuranz. Nach dem Brand von Glarus schrieb die Regierung für alle Gebäude innerhalb der Ortschaften die harte Bedachung vor.

12 Linthal, Durnachtal,
   verbauter Wildbach Durnagel
13 Netstal, Lawine am Wiggis
14 Schwändi, Guppenlawine
   (9.1.1942)
15 Netstal,
   Lawinenschutz einer Stallscheune
16 Elm, verschalter Dachüberstand

Verheerende Hochwasser

Starke warme Regen, verbunden mit Schneeschmelze im Gebirge im Juni bis August, Schneefall im September bis Dezember mit rasch folgendem Föhn und Regen, sowie heftige Gewitter verursachen Hochwasser. Die Chroniken des Landes und die Protokolle der einzelnen Gemeinden berichten von heutzutage unvorstellbaren Wassernöten. Die weitausgreifenden «Sintfluten» von Linth und Sernf spotteten der unzulänglichen Wuhre und schädigten stets von neuem Kulturland, Brücken und Gebäude. Die schrecklichen «Lindwürmer» der Runsen und Wildbäche brachen immer wieder in den «sicheren» Siedlungsraum der erhöhten Talflanken ein. Der Raubbau an den Wäldern der Gehänge, die aus leicht verwitterbaren Gesteinen und Lockermassen bestehen, rächte sich fürchterlich. Das «glückliche» Jahrhundert allgemein verbreiteten Wohlstandes, da «starke Männer zum Spinnrad verführt und gleichsam verweibert» wurden, da der «schädliche Schwang, Tobak zu schnupfen, Kaffee und Wein zu saufen, Nidel und Bastetlein zu essen» und «Hoffart und Mutwillen» überhand nahmen, dieses Jahrhundert litt wie nie ein anderes unter der Geißel apokalyptischer Verheerungen. Katastrophenjahre waren: 1703, 13, 20, 25, 32, 40, 41, 44, 45, 48, 49, 50, 56, 62, 64, 79, 81, 87, 89 und 1795. Als die Glarner im 19. Jahrhundert nicht nur die Flüsse, sondern auch die Wildbäche mustergültig verbauten, als sie ein vorbildliches Forstgesetz erließen, taten sie dies in der lebendig gebliebenen Erinnerung an die Schrecken der unzähligen Wassersnöte (Abb. 12).

Die Lawinen

Die dritte elementare Gewalt, womit der Glarner wie alle Bewohner der in den Gebirgskörper eingeschnittenen Täler zu rechnen hat, sind die Lawinen. Großartig ist das Schauspiel, wenn die Lauinen von den hohen Felswänden des Wiggis oder des Glärnisch mit langanhaltendem Getöse zu Tale stürzen; mächtig sind oft die harten Schneezungen, die aus den Runsenzügen in den Talgrund einbrechen (Abb. 13, 14). Die vom ersten eidgenössischen Oberforstinspektor Dr. J. W. F. Coaz um die letzte Jahrhundertwende zusammengestellte Lawinenstatistik der Schweiz verzeichnet für das Einzugsgebiet der Linth bis zum Walensee 374 Lawinenzüge. Sie alle haben Namen. Das Säckinger Urbar nennt zu Beginn des 14. Jahrhunderts die «Kuelouwi» und «Bruterlouwi» im Sernftal. Wie dem Schwändner die *Guppälaui*, so ist dem Matter und Elmer die *Meißebodälaui* als Naßschneelawine vertraut. Angst und Sorge um die Schulkinder schleicht durch die Höfe hinter Elm, wenn nach anhaltenden Schneefällen die Lockermassen mit unheimlicher Druckwelle von den steilen Hängen der rechten Talflanke zu stürzen drohen. Laui, in der Laui, Laueli, Lauiberg, Lauiwald, so heißen Güter und Wälder im Bereich der Lawinenzüge.

Die Lawinen zerstören Gebäude, Brücken und Wälder, überführen Weiden, Wiesen und Straßen, gefährden das Leben von Mensch und Tier. Bevor man ihre Einzugsgebiete verbauen konnte, lernte der Erfahrene, sich zu schützen. Lawinenkeile, *Triangel* oder *Spiessegg* genannt, sind Kunstbauten, die eine freiere Wahl des Standortes gestatten als Felsblöcke, die ebenfalls viele Gebäude vor Zerstörung bewahren. Wo es das Terrain erlaubt, baut man die Ställe derart an die Hänge, daß der Schnee wirkungslos über ihre Pultdächer hinwegfährt. Verschalte Vordächer bieten dem Luftdruck geringere Angriffsflächen (Abb. 15, 16).

Den meteorologisch-physikalischen «Konstanten» der Bergwelt – Föhn, Hochwasser, Lawinen, Berg- und Felsstürze, Bergschlipfe und Runsen – hat die Siedlungsforschung im Glarnerland gebührend Rechnung zu tragen. Die Zahl der allein ihretwegen verschwundenen Bauten und Artefakten darf nicht unterschätzt werden. Dies belegen die seltenen Funde der Prähistorie, die spärlichen Kulturreste der Antike, des Früh- und Hochmittelalters. Manche Zeugen der Vergangenheit mögen in der Tiefe der besonders bei Hochwasser stark aufgeschütteten Talgründe verborgen liegen. Größere Chancen bieten sich den Archäologen in Gebieten geringen Abtrages und geringer Akkumulation, auf Hügelkuppen, Terrassenleisten und Hochflächen.

Die Verkehrslage

Mit Ausnahme der Klausen- und Pragelstraße sind die Glarner Pässe mehr oder weniger beschwerliche Hochgebirgspfade: an der Südgrenze der Kisten (2730 m), Panixer (2407 m) und Segnes (2627 m); im Osten der Foopaß (2223 m) und Riseten (2189 m). Die touristisch besonders geschätzte Klausenstraße, die Linthal mit Altdorf (Paßhöhe 1948 m) verbindet, wurde im Juni 1900 eröffnet. Das vom Militär erstellte, 1974 dem Land Schwyz übergebene Sträßchen über den Pragelpaß (1550 m) ergänzt das schon seit dem Zweiten Weltkrieg bestehende Glarner Straßenstück vom Vorauen im Klöntal bis an die Kantonsgrenze im Richisau.

Der von Johann Schmutz in seiner Reisebeschreibung von 1731 gebotene anschauliche Vergleich des Landes mit einer Fischreuse trifft auch für die Gegenwart zu. «Die Bedeutung der Talschaft Glarus als Durchgangsland ist kaum der Rede wert» (G. Thürer, Kultur, 1936). Glarus ist kein Paßland. Dennoch ist an frühen und bestimmt auch weiträumigen Beziehungen über die heute bedeutungslosen Gebirgspässe nicht zu zweifeln. Archäologische, namenkundliche und urkundliche Belege machen es sehr wahrscheinlich, daß nicht allein der Panixer, der bis vor dem Ersten Weltkrieg die Hauptroute des herbstlichen Viehexportes nach Italien war, sondern auch der Kisten, der Klausen und Pragel bereits in frühen Zeiten vorgermanischer Besiedelung und geringer Vergletscherung der Hochgebirge von Bedeutung gewesen sind. Die Viehwege auf die Hochweiden im Süden des Landes sind zugleich die Saumpfade der in den Tälern wohnenden Bevölkerung gewesen. Über den Wert der Alpenübergänge entscheidet im Rahmen der geographischen Voraussetzungen die Konstellation der politischen, wirtschaftlichen und militärischen Verhältnisse.

Die Pforte des Glarnerlandes, sein Ein- und Ausgang zugleich, liegt im Vorhof der Alpen, im Korridor der schon in vorrömischen Zeiten wesentlichen Verkehrsachse vom Zürichsee durch das Walenseetal nach den Bündner Pässen. Dominiert heutzutage der Straßenverkehr, so mag damals der Wasserweg, die «Reichsstraße» des Mittelalters, wichtiger gewesen sein als der Landweg über den Kerenzer Berg (Abb. 17).

Im Kampf der Waldstätte gegen die Hegemonie der Habsburger, welche im 14. Jahrhundert als Reichsvögte zugleich auch im Besitz des Meieramtes Glarus waren, gewann

17 Ziegelbrücke, Linthkanal.
   Kupferstich von Joh. Martin Eßlinger
   nach Joh. Jakob Meyer, 1823
18 Filzbach, Mauerwerk des Römerturmes

das Land als Flankenschutz besonderes Gewicht. Derartige Überlegungen mögen Schwyz und Zürich veranlaßt haben, die Glarner 1351 von Österreich zu befreien und ein Jahr später mit ihnen den «mindern» Bund zu schließen. In den kriegerischen Ereignissen, die der Schlacht von Näfels 1388 vorausgingen, gewannen die Glarner Niederurnen und Filzbach, das Vorgelände der errichteten Letzinen (militärische Talsperren) in der Linthebene und am Kerenzerberg. Nach dem Sieg bei Näfels vermittelte Zürich den Loskauf der Glarner von der Grundherrschaft des Frauenklosters Säckingen (1395). Zu Beginn des 15. Jahrhunderts erhielt das Land noch Bilten sowie Obstalden und Mühlehorn. Seither sind seine Grenzen, von Korrekturen im Alpgelände zu Schwyz abgesehen, unverändert geblieben. Als Siegesbeute des Alten Zürichkrieges (1436–1450) fielen Gaster und Uznach als gemeinsame Landvogteien an Glarus und Schwyz. Damit besaß es bis 1798 eine Riegelstellung im Durchgangsland der Linthebene. Die bedeutendsten Impulse wirtschaftlicher und kultureller Art empfing Glarus von Zürich, wohin schon im 14. Jahrhundert Glarner ausgewandert sind.

Die frühe Besiedlung

Die Anfänge der Besiedlung des Glarnerlandes sind unbekannt. Die ältesten bis dahin datierten baulichen Überreste, diejenigen der ersten Kirchenanlage in Glarus, reichen nach H. R. Sennhauser sicher ins 7. Jahrhundert zurück. Älter sind die spärlichen Artefakten der jüngeren Bronzezeit (um 1000 v. Chr.) und das vorgermanische Wortgut, dessen Deutung und Datierung in der Regel größere Schwierigkeiten und Unsicherheiten bereitet als die archäologische Bestimmung des Sachgutes.

Nebst seltenen und fraglichen vorkeltischen «Findlingen» belegt eine stattliche Zahl von Fluß-, Berg- und Flurnamen die Besiedlung des Glarnerlandes durch die keltischen Lepontier, die in der jüngeren Eisenzeit nach 500 v. Chr. die Tessintäler bewohnten, aber auch im Reußtal, im Hinterrhein- und Vorderrheingebiet ansässig waren. Im großräumigen Zusammenhang ist es gegeben, daß die Träger dieser alpinen Sonderkultur nicht nur die Pässe begingen, sondern auf den «Urweiden» über der Waldgrenze auch Vieh sömmerten. Die seither feststellbare Siedlungskontinuität spricht dafür, daß auch die Handelsbeziehungen über die Pässe nach dem Süden in diese Zeit der lepontischen Landnahme zurückreichen.

Den noch im Mittelalter verwendeten Namen für den Panixerpaß, Wepchen, surselvisch Veptga, führt J. Hubschmied auf eine spätkeltische Bezeichnung für «Alpweide» zurück. Pragel ist nach F. Zopfi aus *bargell*, «kleiner Heustadel», einer romanischen Verkleinerungsform zum vorrömischen *bargia*, entstanden. Daß damals auch der Kistenpaß mit Vieh begangen worden ist, beweisen die ebenfalls keltischen Weidenamen Limmern und Nüschen. Auf der Bündner Seite bezeichnet der Ortsname Brigels, *brigilo*, die «kleine Burg». Im Talgrund des Hinter- und Mittellandes, in Hätzingen, Schwanden, Schwändi, Mitlödi, Ennenda und Glarus erinnert die Bezeichnung Abläsch an ihre Herkunft von den -asca-Namen, wie Biasca, Bondasca u. a., welche den Lepontiern zugeschrieben werden.

In welcher Verbreitung und Dichte die bis anhin nur sprachgeschichtlich feststellbare keltische Bevölkerung im Glarnerland wohnhaft war, bleibt mangels Grab- und Siedlungsfunden unbekannt.

Die Romanisierung der Kelten erfolgte nach der militärischen Eroberung Rätiens 15 v. Chr. durch Tiberius und Drusus recht langsam, am frühesten wohl im Bereich der Walenseeroute im Glarner Unterland. Ihre Bedeutung widerspiegelt sich im frühen Bau der römischen Wachttürme auf dem Biberlikopf, bei Filzbach und bei Betlis. Die von F. Legler entdeckten Fundamentresten des Wachtturmes im «Voremwald» bei Filzbach, der zwischen 9 und 16 n. Chr. schon wieder aufgegeben worden sein soll, sind bis heute das älteste bekannte Mauerwerk innert der Grenzen des Kantons (Abb. 18).

Auf Grund der romanischen Siedlungsnamen Urnen, Näfels, Mollis und Glarus darf man annehmen, daß in ihrem Bereich der größte Teil der damaligen Bevölkerung lebte. Die schon früher erwähnte auffällige, aber verständliche Häufung der romanischen Weidenamen im Raum der höchsten Erhebungen im südlichen Landesteil spricht für das Fortbestehen der Alpwirtschaft und des Paßverkehrs. Die Kontinuität der Besiedlung und damit der bäuerlichen Lebens- und Wirtschaftsformen ist kaum zu bestreiten.

Die Alemannen

Nach den gegenwärtigen Ergebnissen und Ansichten ist die alemannische Zuwanderung nicht vor das 7. Jahrhundert n. Chr. anzusetzen. In welcher Zahl und Form die Germanen eingewandert sind, wo sie sich und in welchem Verhältnis zu der schon vorhandenen Bevölkerung niedergelassen haben, ist nur zu vermuten. Daß Keltoromanen und Alemannen neben- und miteinander gesiedelt und gewirtschaftet haben, bezweifelt niemand. Die sprachlichen Relikte bezeugen die Anpassung der Zuzüger an die Anforderungen des ihnen bis anhin unvertrauten Existenzkampfes im Hochgebirge. Die Keltoromanen sind ihre Lehrmeister gewesen.

An Anhaltspunkten, daß sich die Alemannen nicht allein in den «siedlungsleeren» Räumen des Groß- und Kleintales, sondern ebenso im unteren Landesteil von Glarus bis in die Linthebene und an den Walensee niederließen, fehlt es nicht. Daß eine späte Zuwanderung von deutschsprachigen Siedlern über die Pässe aus dem Reußtal und Vorderrheintal im 13. Jahrhundert erfolgt ist, nämlich von Walsern, ist sehr wahrscheinlich.

Die Grundherrschaft des Klosters Säckingen

Wie und wann Säckingen in den Besitz von Grund und Herrschaftsrechten kam, ist ungewiß. Möglicherweise schenkte ein alemannischer Adeliger im 8. Jahrhundert seinen Besitz an das damalige Männerkloster. Das Wachstum der Bevölkerung führte zur starken Durchdringung der anfänglich nur dünn oder überhaupt nicht bevölkerten Gebiete auf dem Kerenzerberg (Obstalden, Mühlehorn), im Klein- und im Großtal. Ihre Rodung und Urbarisierung geschah wohl im Wettbewerb der freien Bauern mit der Grundherrschaft. Wie jene, so vermehrte auch Säckingen seinen Besitz an Talgütern, Bergliegenschaften und Alpweiden mit

Hilfe der Frondienste leistenden Eigenleute und der freien Lehensträger. Die Aufzählung der zu Abgaben verpflichteten Liegenschaften im Tal-, Berg- und Alpgebiet im Säckinger Urbar, der bedeutendsten Quelle für die ältere Glarner Geschichte, bestätigt auf eindrückliche Weise, daß schon um 1300 das Land weitgehend erschlossen war.

Zahlreiche Namen von Lokalitäten, wie beispielsweise «in den Huben» (Rüti, Hätzingen, Diesbach), «Tschuoppis» (Teil einer Hube, in Hätzingen und Netstal), Kloster (Ennenda, Netstal), Hof (Linthal, Adlenbach/Luchsingen, Haslen, Engi, Ennenda, Mollis), «Chöhlhof» (Kelhof), Fronacker und Fronalp (Ennenda), Hofalpeli (Mollis) erinnern noch heute an den 1395 durch das Land abgelösten Grundbesitz und an die ehemalige klösterliche Verwaltung Säckingens. Bestimmt ließen sich bei systematischer Durchsicht der vorhandenen Urkunden weitere Namen finden. Ihre Interpretation und kartographische Festlegung wäre ein wesentlicher Beitrag zur mittelalterlichen Geschichte des Landes.

Nicht minder interessante Zeugen sind für den Haus- und Siedlungsforscher die auch im Glarnerland nicht fehlenden Überreste von Mauerwerk der einst von säckingischen Beamten bewohnten Häuser (Wohntürme) und Burgen, wovon später noch die Rede sein wird.

19 Haslen, Straßendorf auf dem Schwemmfächer des Haslenbaches
20 Linthal/Rüti, Ausbruch des Durnagels (24.8.1944)
21 Linthal, Auengüter

Die Siedlungslandschaft im 15. Jahrhundert

Über den Baubestand und die Bauweise der keltoromanischen und alemannischen Pioniersiedler sind wir mit Ausnahme der hoch- und spätmittelalterlichen oberschichtlichen Burgen und Wohntürme nicht informiert. Archäologische Befunde fehlen. Wie die damaligen Wohnstätten und Ökonomiegebäude konstruiert gewesen sind, wissen wir nicht. Gab es durch die Herkunft bedingte Unterschiede? Hat sich das Haus der alemannischen Siedler demjenigen der älteren Bevölkerungsschicht angeglichen? Was für Häuser bauten die Walser? Seit wann gab es im Glarnerland Block- und Ständerbauten? Ursprünglich mögen die Wohnbauten Einraumhäuser gewesen sein. Eine frühe Entwicklungsstufe zum mehrräumigen Haus wird von einigen noch vorhandenen Berghäuschen repräsentiert. Die nachweisbar ältesten Block- und Ständerbauten des Kantons reichen ins 15. Jahrhundert zurück. Darum soll eine allgemeine Darstellung der damaligen Siedlungslandschaft die Grundlage zum Verständnis der weiteren Entwicklung bieten.

Der Siedlungsplatz

Es ist anzunehmen, daß es bei der Wahl des Siedlungsplatzes kaum Unterschiede zwischen der keltoromanischen Bevölkerung und den später zugewanderten germanischen Siedlern gegeben hat. Wie jene, so bevorzugten auch die Alemannen seit dem 7. und die Walser im 13. Jahrhundert den Hangfuß der Talflanken, in erster Linie die kleinen und großen Schwemmkegel der Bäche und Runsen, die in allen Belangen die größten Vorzüge und geringsten Nachteile zu Haus und Hof, zu «Wunn und Weid», zu Acker und Wiese boten. Nach F. Jenny liegen zwei Drittel der Ortschaften des Kantons auf den Schwemmfächern der Talböden. Wie sehr diese Leitmotiv der Besiedlung blieben, offenbaren die alten Kerne der meisten Dörfer, die sich in Lage und Grundriß dem topographischen Element oft bis in Details anpassen (Abb. 19). Die für beide Flanken im Tal der Linth gleichen klimatischen Bedingungen widerspiegeln sich recht gut in der Verteilung der Dörfer, im beinahe klassischen Strickleitersystem ihrer Anordnung und etwas unregelmäßiger auch im Bild der Gemeindeterritorien.

Die sich oft wiederholenden Ausbrüche verhinderten eine dichte Bewaldung der Schwemmfächer. Teilweise nur von Gestrüpp und Gebüsch überwuchert, stellten diese der Urbarmachung geringere Schwierigkeiten entgegen als die Urwälder der Bergsturzhügel und Bergterrassen. Die von feinkörnigen Ablagerungen gebildeten Böden der Fächerflanken sind leicht und tiefgründig. Hier begann der Siedler mit Axt und Feuer Acker- und Wiesland zu gewinnen. Die erhöhte und darum auch sonnigere Lage schützte Siedlung und Nutzflächen vor den häufigen Überschwemmungen der Linth, die bis ins 19. Jahrhundert unkorrigiert blieb. Ihre Schotterböden dienten als Allmendweiden. Vor den Ausbrüchen des Schwemmkegelbaches bewahrte anfänglich die gewählte Distanz zu seinem Lauf, später, bei wachsender Besiedlung, gemeinsam errichtete Wuhre (Abb. 20).

Vom Hof zum Dorf

Höfe und Hofgruppen überstreuten den erhöhten Talgrund auf die Art, wie die großen Schwemmfächer der Auengüter hinter Linthal und die Berggebiete teilweise noch immer besiedelt sind. Um die Streusiedlungen breiteten sich Äcker aus, die den bäuerlichen Haushalt mit Korn, Hafer, Gerste, Hirse, Flachs u. a. versorgten. Obstbäume beschatteten die Hofstätte (*Hoschet*), wo die Bäuerin im Hausgarten Gemüse pflanzte. Holzzäune und Mäuerchen umfriedeten die Privatgüter und schieden sie von der gemeinsam genutzten Allmende der lokalen Genoßame ab. Wasser für Mensch und Tier boten die Bäche und Quellen. Baum- und Gebüschgruppen flankierten die Wasserläufe; Waldzungen begrenzten und Waldparzellen durchsetzten die ackerbaulich und viehwirtschaftlich genutzten Rodungsflächen (Abb. 21).

Die Namen der «Tagwen» genannten grundherrschaftlichen Fronbezirke, die zugleich die Steuerbezirke der Reichsvogtei waren, verraten die Siedlungskerne der späteren Dörfer und Gemeinden. An Örtlichkeiten günstiger Lage, meistens an den damals wichtigsten Verkehrsadern, verdichtete sich die Streusiedlung zum Weiler und Dörfchen, die lokale Wirtschaftsverbände, die Genoßamen, bildeten. Neben den 22 erwähnten «Hauptorten» der Fron- und Steuerbezirke soll es weitere 18 Nachbarschaften gegeben haben, die über Allmenden, Wälder, Geißweidrechte und Wildheuplätze verfügten. Schon im 14. Jahrhundert vereinigten sich einzelne Genoßamen zu größeren Gemeinwesen. Nach F. Stucki haben vor 1400 acht, und in den folgenden zwei Jahrhunderten zehn Dörfchen ihre Selbständigkeit aufgegeben. So verminderte sich die Zahl der kleinen Genoßamen, auf diese Weise entstanden die Dorfgemeinden.

22 Glarus. Holzschnitt von M. Merian d. Ält. 1642
23 Glarus in der Gegenwart

22

23

Der Hauptort Glarus

Der Flecken Glarus, dessen zentrale Funktion nach der Befreiung des Landes und nach dem Loskauf von Säckingen in Frage gestellt schien, bietet das ländliche Beispiel eines politisch bestimmten Zentrums. Die Landsgemeinde vom 12. März 1419 beschloß das erstmals erwähnte «Dorf zu Glarus», welches durch die Vereinigung der säckingischen Tagwen Ober- und Niederdorf entstanden ist, zum Hauptort des jungen Freistaates zu erheben. Zu diesem Zwecke verordnete sie die Übergabe des traditionellen Wochenmarktes von Näfels an Glarus und bestimmte, daß «unsere Gerichte die Geschworen und unsere Wochengerichte zu Glarus sein sollen». Baugeschichtlich besonders interessant ist die Verfügung, daß allen Landsleuten, Männern wie Frauen, die in Glarus bauen wollten, gegen angemessene Entschädigung Bauplätze abzutreten seien. Die Landsgemeinde sicherte also den Interessenten die Möglichkeit der Expropriation des in Frage kommenden Baulandes zu. Zur Ermittlung des Kaufpreises im Streitfall wurden drei amtliche Schätzer bestimmt. Das Land verpflichtete sich auch, seinem Zentrum verschiedene Leistungen zu erbringen, die erst 1857 abgelöst wurden. Zu den im 16. Jahrhundert aufgeführten Dienstbarkeiten gehörte u.a. der Unterhalt der Pflästerung der mit Karren und Wagen strapazierten Hauptstraße des Marktortes. (Abb. 22, 23).

Die wirtschaftliche Entwicklung seit dem Spätmittelalter

Die wirtschaftliche Entwicklung eines Gebietes ist die bedeutendste Grundlage zum Verständnis der Siedlungsgeschichte. Der kleine, übersichtliche Raum des Glarnerlandes bietet das Schulbeispiel für die frühe und folgerichtige Sonderentwicklung eines bäuerlichen Alpentales zum «Industriestaat».

Die Wandlung zum Hirtenland

So wie uns das zu Beginn des 14. Jahrhunderts angefertigte Säckinger Urbar als grundherrschaftliches Verzeichnis der zins- und abgabenpflichtigen Liegenschaften nicht nur Flurnamen und Zinsbeträge nennt, sondern auch über Siedlungs- und Wirtschaftsweise orientiert, so vermittelt uns das ebenfalls aus dieser Zeit stammende Habsburger Urbar mehr als nur die von allen Einwohnern, Freien wie Hörigen, in Geld zu entrichtenden Beträge der Reichssteuern. Leider gingen die entsprechenden Angaben für das Sernftal verloren. Der erstaunlich hohe Steuerbetrag, das Mehrfache dessen, was das Land dem Kloster Säckingen zu leisten hatte, spricht sowohl für die bereits festgestellte fortgeschrittene Erschließung des Landes als auch für die schon um 1300 entwickelte Geldwirtschaft, die einen ebenso entwickelten Handel mit Vieh und viehwirtschaftlichen Produkten voraussetzt.

Die Steuerliste der Habsburger, die 1264 als Nachfolger der Kyburger die Reichsvogtei Glarus übernahmen und zudem 1288 von Säckingen mit dem Meieramt belehnt wurden, führt für ein Dezennium Mindest- und Höchstbeträge auf, die für die einzelnen Tagwen bedeutende Unterschiede aufweisen. Die beiden Tagwen zu Glarus, Ober- und Niederdorf, steuerten z.B. gesamthaft den gleichen Betrag wie Nidfurn, weniger als Ober-Linthal (Dorf und Matt), als Nieder-Linthal (Ennetlinth und Rüti), als Luchsingen. Das Schwergewicht der Steuerleistungen lag damals im Großtal und sehr wahrscheinlich ebenso im Kleintal. Wenn auch diese Tatsache nur bedingt Rückschlüsse auf die Bevölkerungsdichte der Landesteile zuläßt, so bestätigt sie doch die Bedeutung der Alpwirtschaft und des Viehhandels im Hinterland und Sernftal, deren Bevölkerung über größere Anteile an Sömmerungsweiden verfügen konnte als die des Mittel- und Unterlandes. Wenn wir vermuten, daß schon die keltische Bevölkerung Handel über die Pässe nach Süden betrieben hatte, so scheint es in Anbetracht der Kontinuität der Besiedlung und der wirtschaftlichen Verhältnisse keineswegs abwegig, anzunehmen, daß z.B. über den Panixer schon vor der Befreiung des Landes Vieh getrieben wurde. Hat vielleicht die Zuwanderung von Walsern im 13. Jahrhundert den älteren Handelsbeziehungen in Richtung Süden neue Impulse verliehen? Um 1300 waren zwei Vertreter aus dem Geschlecht der Elmer im Dienste Habsburgs Ammänner (Vögte) des Landes. Gemäß Erbvertrag von 1428 war ein Ulrich Elmer von Elm einer der reichsten Landsleute. Die Verwandtschaftsverhältnisse der drei Elmer sind nicht bekannt. Ungelöst bleibt auch die Frage, ob diese Elmer im massiven Wohnturm an der Sandgasse des Paßfußortes wohnten, der möglicherweise im 13. Jahrhundert errichtet und um die Mitte des 16. Jahrhunderts zum Doppelhaus mit Mittelgang umgebaut wurde.

1352 wird Glarus Mitglied der jungen Eidgenossenschaft, 1388 besteht das Land in der Schlacht bei Näfels die Bewährungsprobe wider Österreich. Sieben Jahre später kauft es sich von allen Verpflichtungen und Bindungen gegenüber der Grundherrschaft los. Die politische und wirtschaftliche Freiheit führt nun zum grundlegenden Strukturwandel, der bereits eingeleitet, alle Belange des bäuerlichen Daseins berührt. Wie der Urschweizer, so geben auch die Glarner für alle wohlfeilen Zeiten den Ackerbau zur Selbstversorgung auf. Der im Vergleich zum Arbeitsaufwand wenig lohnende Getreidebau schwindet in dem Maße, als die Versorgung des Landes mit eingeführtem Getreide sichergestellt werden kann. Gleichzeitig erfahren die Produkte der Viehwirtschaft auf den städtischen Märkten der Flachländer wachsende Nachfrage und steigende Preise. Zürich beliefert die Glarner mit Getreide und begehrt Schlachtvieh, Milchprodukte und Wolle. Überragende Bedeutung aber gewinnt der Viehhandel mit Oberitalien. Seit dieser Zeit gehört Glarus dem nordalpinen Gürtel der ausgesprochenen Viehwirtschaft, dem Hirtenland der Eidgenossenschaft, an. «Es ist eng, doch fruchtbar und leütreych talgegend, hat ein schön, freundlich, mutig und streytbar volk, des gewerb und handtierung ist allermeist sich erneeren mit vych, als roß, küy, rinder, schaaff und geiß; des erziehend sy in den umbgelegnen alpen und gebürgen wundervieltausend höupters» (J. Stumpf, 1548).

17. Jahrhundert: Exportgewerbe und Fernhandel

Die durch die Reformation geprägte Wirtschaftsgesinnung, der Wille zur ökonomischen Besserstellung, unterscheidet den neugläubigen Glarner vom Bewohner anderer Gebirgstäler. Von keinerlei Zunftschranken belastet, erblühen in der zweiten Hälfte des 17. Jahrhunderts Gewerbe, die landeseigene Rohstoffe verarbeiten und ihre Produkte ins Ausland verkaufen. Glarner Händler bevölkern die großen Marktplätze Europas. Schiefertafeln und Schiefertische, Holz

24 Glarus zur Blütezeit der Textilindustrie.
Stahlstich von F. J. Umbach nach L. Rohbock, um 1865

und Wollwaren, Schabziger und Kräutertee finden guten Absatz. «Der mühselige Vertrieb von Schiefertischen und andern Landesprodukten ist die harte Schule gewesen, durch die ein Handelsstand im Lande gebildet worden ist» (W. Bodmer, 1952). Die Erfahrungen und Beziehungen der Handelsleute kommen dem nächsten Jahrhundert zugute.

18. Jahrhundert: Heimindustrie und erste Fabriken

Um 1700 erzeugen ganz Mitteleuropa schwächende Kriege Teuerung und Verdienstlosigkeit. Familien wandern nach Preußen und Ostpreußen aus. Um der Armut zu steuern, läßt der 1714 zum Diakon nach Glarus gewählte Zürcher Andreas Heidegger Spinnerinnen als Lehrmeisterinnen ins Tal kommen. Innert fünf Jahren breitet sich die Baumwoll-Handspinnerei im ganzen Lande aus und bleibt bis in die 1790er Jahre neben der Viehwirtschaft die wichtigste Erwerbsquelle der Bevölkerung. «Wer die Täler von Glarus bereist, wandert durch eine große Fabrik in lebendigster Betriebsamkeit» (J.G. Ebel, 1802). Die Handspinnerei, der später auch die Handweberei folgt, fördert bei wachsender Bevölkerung das nebenberufliche Bauerntum.

Im Jahr 1740 eröffnet Landmajor Johann Heinrich Streiff in Glarus die erste Baumwoll-Stoffdruckerei, den ersten zentralisierten Textilbetrieb im Glarnerland, die erste Fabrik. Ihr folgt im gleichen Jahrhundert noch eine kleine Anzahl derartiger Zeug- oder Indiennedruckereien bescheidener Größe. «Im Laufe des 18. Jahrhunderts hat sich das Land Glarus zu einem bereits ziemlich stark industrialisierten Gebiet entwickelt. Es war damit zum Ebenbild der ganzen Eidgenossenschaft geworden, die kurz vor dem Untergang des Ancien Régime im Jahre 1798 als das industriereichste Land auf dem europäischen Kontinent galt» (W. Bodmer, 1952).

19. Jahrhundert: Die industrielle Revolution.
Blüte und Niedergang der Textilindustrie

Die Jahrhundertwende stürzt das Glarnerland in die größte Notlage. Die englische Maschinenspinnerei besiegelt vorerst den unabwendbaren Untergang der Handspinnerei. Der Untergang der Alten Eidgenossenschaft (1798) und die ganz Europa erfassenden Napoleonischen Kriege unterbrechen die Entwicklung für zwei bittere Jahrzehnte. Das Land selbst wird zum Schauplatz heftiger Kämpfe: 1798 marschieren die Franzosen ein, 1799 zieht Suworow über den Pragel- und Panixerpaß. Verdienstlosigkeit, Zerstörungen, Plünderungen, Mißernten und Seuchen treffen den vom Wohlstand des «goldenen 18. Jahrhunderts» verwöhnten Glarner hart.

Nach den Friedensschlüssen 1814/15 erholt sich das Wirtschaftsleben überraschend schnell. Anstelle der Handspinnerei gewinnt die Handweberei vorübergehend Bedeutung. Ihr Zusammenbruch im Konkurrenzkampf mit der mechanischen Weberei leitet die Entvölkerung der seit einem Jahrhundert stark besiedelten Bergliegenschaften ein.

Mit der Einführung der mechanischen Produktion beginnt das eigentliche fabrikindustrielle Zeitalter. Die Zahl der Stoffdruckereien, der Spinnereien und Webereien wächst zum «glarnerischen Wirtschaftswunder» (Abb. 24). Günstige Marktverhältnisse bringen dem wasserreichen Land einen ungeahnten Aufschwung. Anfänglich vermochten die

Fabriken nicht alle brotlos gewordenen Heimarbeiter zu beschäftigen, was in der Mitte der vierziger Jahre zur ersten Auswanderung nach Übersee, u. a. zur Gründung von New Glaris in Wisconsin, USA, führte. 1859 wird Glarus an das Eisenbahnnetz angeschlossen. Erst zwanzig Jahre später erreicht die Bahn auch Linthal. Die Einfuhr von Kohlen schont die Wälder. Der Transport der Rohstoffe und Fabrikate geschieht schneller und einfacher.

Im Winter 1864/65 arbeiten insgesamt 10002 Männer, Frauen und Kinder, nahezu ein Drittel der Bevölkerung, in den Fabriken. 800 bis 900 Personen verdienen ihr Brot als Heimarbeiter. Das Inventar der 22 Stoffdruckereien zählt 4204 Drucktische und 47 Druckmaschinen. Exportländer sind das Osmanische Reich, Süd- und Südostasien, später auch Afrika. In 18 Spinnereien drehen sich über eine Viertelmillion Spindeln, und in 17 Webereien rattern 3352 Webstühle. Die Glarner Zeugdruckerei nimmt unter allen Kantonen die erste, die Weißweberei die zweite und die Baumwollspinnerei die dritte Stelle ein. Von 1851 bis 1870 steigt das Steuerkapital von 37,8 Mio Fr. auf 79,24 Mio Fr. Dem explosiven Wirtschaftswachstum entspricht das steile Wachstum der Bevölkerung, die 1870 mit rund 35000 Einwohnern einen ersten Gipfel erreicht. Der Anteil der landwirtschaftlichen Bevölkerung sinkt unter einen Fünftel.

Der Deutsch-französische Krieg 1870/71 beendet die Hochkonjunktur. Verschiedene Faktoren prägen die Rückbildung der monoindustriellen Baumwollverarbeitung. Wie früher die Mechanisierung, so zwingt jetzt die absatzbedingte Schrumpfung der Arbeitskapazität, besonders die der Textildruckereien, zur Auswanderung. Die Bevölkerung nimmt bis zur Zählung im Jahre 1900 um rund 3000 Personen ab.

20. Jahrhundert: Die Wandlung zur industriellen Vielfalt

Im Laufe der vier ersten Jahrzehnte des gegenwärtigen Jahrhunderts stellen fast alle Stoffdruckereien den Betrieb ein. Verschiedene Gebäude werden abgetragen und verschwinden aus dem Bild der Dörfer, in andere ziehen Firmen anderer Branchen ein. Auch die übrige Baumwollindustrie hat periodisch immer wieder mit Absatzschwierigkeiten zu kämpfen und schrumpft deshalb beträchtlich. Kurze Phasen der Erholung wechseln mit langen Jahren unbefriedigenden Geschäftsganges ab. Für die abgehenden Arbeitsplätze schaffen seit Ende des 19. Jahrhunderts neue Industrien Ersatz, u.a. solche der Metallbearbeitung, des Maschinen- und Apparatebaues, der Baustoff-, Holz- und Nahrungsmittelindustrie. Die strukturelle Umschichtung macht die Glarner Wirtschaft krisenfester.

Die Hochkonjunktur nach dem Zweiten Weltkrieg kommt zur Hauptsache den Branchen zugute, die für den Inlandmarkt produzieren. Die Zahl der Einwohner des Kantons steigt bis 1960 auf das bisherige Maximum von 40148 Personen. Die Zählung von 1970 hingegen offenbart einen Rückgang um fast 2000 Personen auf 38155 Einwohner (Abb. 25). Der Anteil der Ausländer aber hat von 1950 bis 1970 von 7,8 % auf 17,9 % der Gesamtbevölkerung zugenommen. Die Zahl der Glarner und der übrigen Schweizer ist von 34726 auf 31321 Personen gesunken. Die Abnahme der Bevölkerung im letzten Jahrzehnt resultiert also eindeutig aus der recht bedenklichen Abwanderung der Glarner und der in anderen Kantonen heimatberechtigten Schweizer.

Die ungleiche geographische Verteilung der seit Ende des 19. Jahrhunderts eingeführten Folgeindustrien ist der Grund dafür, daß die letzte Hochkonjunktur den untern Landesteilen ungleich größere Chancen geboten hat als den investitionsmäßig vernachlässigten «Hinterländern» im Groß- und Kleintal. Die besonders günstige Verkehrslage des Unterlandes hat starke Impulse zu seiner industriellen Entwicklung geweckt. Seine Gemeinden wachsen, diejenigen im Hinterland und Sernftal stagnieren und schwinden (Abb. 26, 27). Ihre Wohnbevölkerung hat von 1960 bis 1970 von 13668 auf 10916 Einwohner abgenommen, 759 Personen mehr, als was der ganze Kanton im gleichen Zeitraum verloren hat. Im Hinblick auf eine erwünschte Investitionshilfe und auf Grund von Vorarbeiten der im Herbst 1970 gegründeten Planungsgruppe Hinterland-Sernftal hat die Zentralstelle für regionale Wirtschaftsförderung des Bundes die Region als förderungsbedürftig und entwicklungsfähig erklärt.

25 *Die Wohnbevölkerung 1870–1970* und ihre Heimatberechtigung

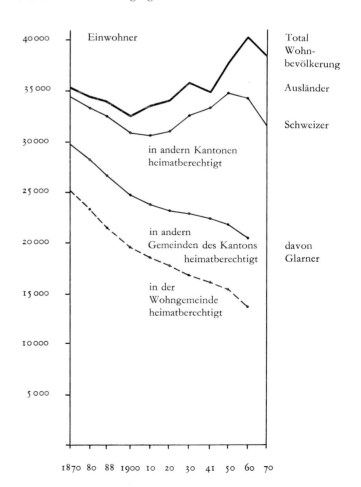

26 Kanton Glarus *Die Wohnbevölkerung einzelner Gemeinden 1850–1970*
Beispiele stagnierender und abnehmender Gemeinden im Groß- und Kleintal

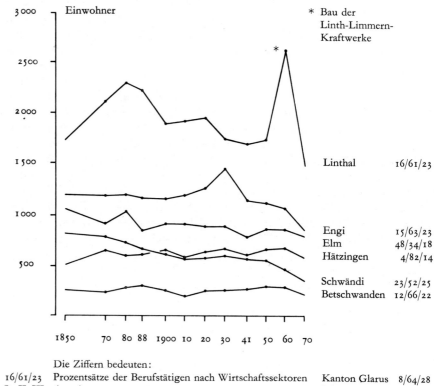

Die Ziffern bedeuten:
16/61/23 Prozentsätze der Berufstätigen nach Wirtschaftssektoren
I II III (1970)

Kanton Glarus 8/64/28
Schweiz 8/48/44

27 *Beispiele wachsender Gemeinden im Unterland*

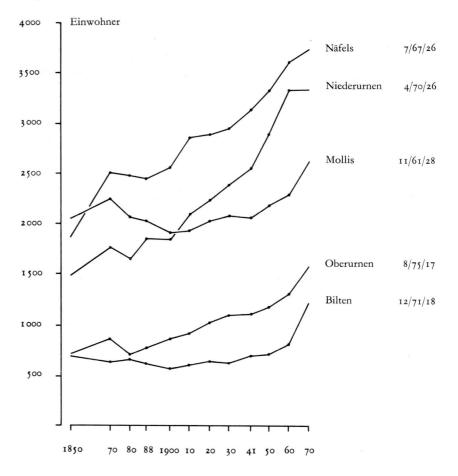

Die Situation der Landwirtschaft

Der schon im letzten Jahrhundert anlaufende Konzentrationsprozeß in der Glarner Landwirtschaft ist wie überall unaufhaltbar fortgeschritten. Die Zahl der hauptberuflich in der Landwirtschaft Tätigen und ihrer Familienangehörigen hat sich von 1888 bis 1970 von 6584 auf 2591 Personen vermindert. Ihr Anteil an der Gesamtbevölkerung ist von 19,4% auf 6,8% gesunken.

Der Rückgang der landwirtschaftlichen Bevölkerung: Hauptberuflich in der Landwirtschaft Tätige und ihre Familienangehörigen (LB) und ihr Verhältnis zur Gesamtbevölkerung (GB)

Jahr	Anzahl LB	Personen GB	LB in % der GB
1888	6584	33825	19,4
1900	6174	32349	19,1
1910	5603	33316	16,8
1930	5113	35653	14,3
1941	4847	34771	13,9
1950	4309	37663	11,4
1960	3683	40148	9,1
1970	2591	38155	6,8

Die Zahl der Landwirtschaftsbetriebe hat von 1939 bis 1969 um 715 abgenommen, mehr als dreimal so viel wie im ungefähr gleich langen Intervall von 1905 bis 1939. Davon entfallen jedoch nur 321 Betriebe auf das für die Glarner Landwirtschaft charakteristische Bodennutzungssystem der sogenannten Reinen Graswirtschaft.

Die Schrumpfung der landwirtschaftlichen Betriebe

	1939 (100%)	1955	1965	1969	Abnahme 1939–1969 total	in %
Summe aller Betriebe	1631	1339	1021	916	715	43,8
davon reine Graswirtschaften (0–2% Ackerland)	1109	987	889	788	321	28,9
Graswirtschaften mit 2,1–10% Ackerland	142			21	121	85,2

Zusammen mit den im Unterland vorkommenden gleichartigen Betrieben mit etwas Ackerbau sind 448 Betriebe der Glarner Viehwirtschaft verschwunden. Bis 1974 sind schätzungsweise gegen 600 Graswirtschaftsbetriebe, fast die Hälfte der 1939 gezählten, verschwunden, wobei die hauptberuflich bewirtschafteten dreimal so stark abgenommen haben wie die der nebenberuflich Tätigen. Das Arbeiter-Bauerntum ist im wesentlichen schon vor dem Zweiten Weltkrieg zusammengeschrumpft. Regional betrachtet, weisen das Groß- und Kleintal die stärksten Einbußen an haupt- wie nebenberuflich geführten Landwirtschaftsbetrieben auf. Die Vergrößerung der bestehenden Betriebe, die größeren Rindviehbestände und der recht hohe Motorisierungs- und Technisierungsgrad machen es dabei verständlich, daß die Landschaft der Glarner Landwirtschaft bis anhin ohne Spuren des Zerfalls geblieben ist.

Groß- und Kleintal sind – wie es sich schon im vorangehenden Abschnitt ergeben hat – die «Entwicklungsgebiete» des Kantons. Ihre Dörfer, Quartiere und Bauten haben sich seit Jahrzehnten weit weniger verändert als im Glarner Unterland, wo Dorfkerne buchstäblich ihr Gesicht verloren. Die Zeugen der früheren Baukultur sind menschlicher als diejenigen der modernen Wachstumszivilisation. Unter der Tünche lebt noch die Vergangenheit. Sie für die Zukunft erhalten zu können, darin liegt auch eine der großen Chancen der sich zu «neuem Aufbruch» rüstenden Landesteile.

Die Erwerbsstruktur
der berufstätigen Bevölkerung
in den Jahren
1910, 1960 und 1970

Die offizielle Bevölkerungsstatistik gliedert die berufstätige Bevölkerung der Gemeinden nach ihrer Zugehörigkeit zu den drei sogenannten Erwerbssektoren. Der primäre Sektor (I) umfaßt die Erwerbsklassen Land- und Forstwirtschaft, der sekundäre (II) Bergbau, Industrie, Handwerk, Baugewerbe, Elektrizitäts-, Gas- und Wasserversorgung, der tertiäre (III) Handel, Banken, Versicherungen, Verkehr, Gastgewerbe und andere Dienstleistungen. Die Anteile der Berufstätigen in jedem Sektor charakterisieren die Erwerbsstruktur der aktiven Bevölkerung einer Gemeinde, wobei allerdings zwischen Berufstätigen, die in der Wohngemeinde arbeiten und denjenigen, die auswärts arbeiten und täglich zwischen Wohn- und Arbeitsort pendeln, kein Unterschied gemacht wird. Dennoch erlauben die Prozentwerte der drei Sektoren gewisse Rückschlüsse auf wirtschaftliche, siedlungs- und hauskundliche Wesenszüge der einzelnen Gemeinden.

W. Stammherr unterscheidet im Atlas der Schweiz (Blatt 31, 1965) fünf Strukturtypen:

P Gemeinden
    mit 50 und mehr Prozent Berufstätigen im Sektor I
S Gemeinden
    mit 60 und mehr Prozent Berufstätigen im Sektor II
T Gemeinden
    mit 60 und mehr Prozent Berufstätigen im Sektor III

Die Mischtypen M weisen bedeutende Anteile in mehr als einem Sektor auf:

M 1 Gemeinden
    mit weniger als 10 Prozent Berufstätigen im Sektor I
M 2 Gemeinden
    mit 10 bis 50 Prozent Berufstätigen im Sektor I

Die Klassifikation der 29 Glarner Gemeinden ergibt für 1970 im Vergleich zu 1910 (28 Gemeinden) und 1960 folgende Verteilung:

Typen		P	S	T	M1	M2	
Anzahl	1910	1	20	–	1	6	Matt, Engi, Mühlehorn, Filzbach, Obstalden, Bilten
Gemeinden	1960	1	22	1	1	4	Matt, Filzbach, Obstalden, Bilten
	1970	– (Elm)	22	1 Braunwald	1 Glarus	5	Elm, Matt, Filzbach, Obstalden, Schwändi

Wesentliche Veränderungen der Erwerbsstruktur haben schon seit der Jahrhundertwende nicht mehr stattgefunden. Der Hauptort Glarus ist seit langem das funktionale städtische Zentrum des Landes (M1). Zwischen 1910 und 1960 sind Engi und Mühlehorn zu industriellen Gemeinden geworden. Braunwald gehörte bis 1938 zur Gemeinde Rüti. Seither ist der Kur- und Ferienort tertiärer Struktur politisch selbständig. Im letzten Dezennium (1960–1970) haben drei Gemeinden den Typus gewechselt. Bilten im Unterland ist zur Industriegemeinde (S) gewachsen. Schwändi gehört nun den Mischgemeinden M2 an, wozu sich auch Elm, die letzte Bauerngemeinde, gewandelt hat. Interessant ist ein Vergleich der Glarner Gemeinden und auch der Kantone mit den *höchsten* und *niedrigsten* Prozentsätzen der drei Erwerbssektoren (1970). Er erinnert an die frühe industrielle Entfaltung des Kantons und bestätigt noch immer seine Sonderstellung im Alpenraum.

	Erwerbssektoren	I	II	III	Typus
Glarner Gemeinden	Elm	*48*	34	18	M2
	Glarus	*3*	50	47	M1
	Netstal	*3*	75	22	S
	Riedern	*3*	75	22	S
	Hätzingen	4	*82*	14	S
	Rüti	6	*82*	*12*	S
	Braunwald	19	*14*	67	T
Kantone	Glarus	8	*64*	28	
	Solothurn	5	*64*	31	
	Basel-Stadt	*0*	43	56	
	Genf	1	*33*	65	
	Appenzell IR	*28*	45	28	
Schweiz		8	48	44	

Zu übereinstimmenden Ergebnissen gelangte E. A. Landolt (Diss. Zürich 1961) in seiner aufschlußreichen Arbeit über die Pendelwanderung im Kanton Glarus für das Stichjahr 1950. Er unterschied 22 Industriegemeinden, 4 gemischtberufliche Gemeinden (Matt, Filzbach, Obstalden und Bilten), 2 Angestelltengemeinden (Glarus und Braunwald) und eine landwirtschaftliche Gemeinde (Elm). Unter Berücksichtigung der Zu- und Wegpendler gliederte er die 22 Industriegemeinden in drei Gruppen auf:

a) in Gemeinden mit annähernd gleich starker Wohn- und Arbeitsbevölkerung (Linthal, Rüti, Diesbach, Leuggelbach, Haslen, Engi, Mitlödi, Ennenda, Riedern, Mollis, Mühlehorn).
b) in ausgesprochene Betriebsgemeinden, in denen die berufstätige Wohnbevölkerung weniger als 80% der berufstätigen Arbeitsbevölkerung ausmacht (Hätzingen, Schwanden, Netstal, Niederurnen).
c) in ausgesprochene Wohngemeinden, in denen die berufstätige Arbeitsbevölkerung weniger als 80% der berufstätigen Wohnbevölkerung beträgt (Betschwanden, Luchsingen, Nidfurn, Sool, Schwändi, Näfels, Oberurnen).

Entsprechende Studien für die zwei letzten Zähljahre fehlen. Die seit 1950 möglichen Veränderungen beschränken sich sehr wahrscheinlich auf die drei vorher schon erwähnten Gemeinden Elm, Schwändi und Bilten.

28 Sozio-ökonomische Entwicklung des Landes seit 1400

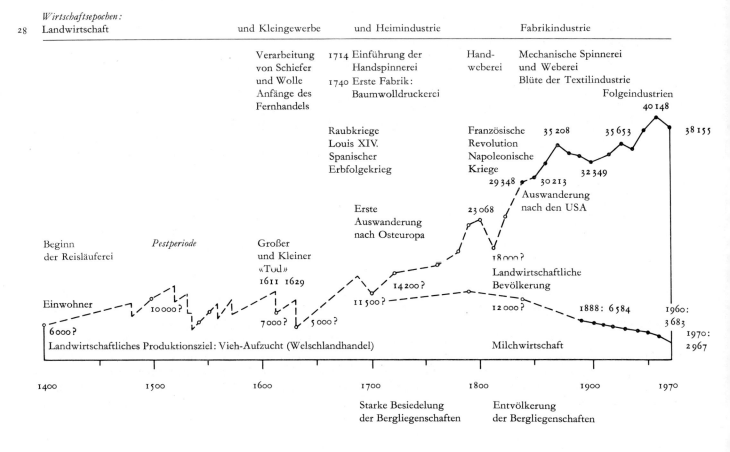

Bevölkerungswachstum und Bauperioden

Zeiten einer starken Zunahme der Bevölkerung waren Zeiten gesteigerter Bautätigkeit. Diese einfache Beziehung spiegelt sich in der Entwicklung der Glarner Bevölkerung in den Jahrhunderten, in denen die Familien noch kinderreich, die Ansprüche an den Wohnraum im Verhältnis zu heute recht bescheiden und die Häuser weder Kapitalanlage noch Spekulationsobjekte waren.

Mit Hilfe von Schätzungen und den offiziellen Zählergebnissen versuchen wir zunächst, die zahlenmäßigen Veränderungen der Einwohnerschaft des Landes seit dem Spätmittelalter zu skizzieren. Die graphische Darstellung der Bevölkerungsentwicklung (Abb. 28) vermag für die geschätzten runden Werte, die untereinander mit gestrichelten Linien verbunden sind, keinen Anspruch auf Genauigkeit zu erheben. Die Schätzungen beruhen auf bloßen Berechnungen, denen Mannschaftslisten, Pensionenrodel und Kirchenbücher zugrunde liegen. Die erste Zählung, die Helvetische, geschah 1799. Gemäß Tagsatzungsbeschluß wurde im Januar 1837 eine kantonale Zählung durchgeführt. Die eidgenössischen Zählungen begannen 1850.

Die Bevölkerungsentwicklung in der vorindustriellen Zeit

«Das dünn besiedelte Glarnerland bildete bis in die 2. Hälfte des 13. Jahrhunderts eine einzige Kirchgemeinde des Bistums Konstanz. Die damals noch nicht glarnerischen Gemeinden Urnen, Kerenzen und Bilten waren der Kirche zu Schänis und damit dem Bistum Chur zugehörig» (G. Thürer, 1936). Im Jahre 1261 gewährte die Äbtissin von Säckingen den Bau einer Kapelle in Matt, die bereits 1273 zur Pfarrkirche erhoben wurde. Damit begann die Auflösung der alten großen Kirchgemeinde des Landes. Schon am Ende des 14. Jahrhunderts bestanden weitere 4 Tochterkirchen in Mollis, Linthal, Schwanden und Betschwanden, insgesamt 6 «Kirchhörenen», vier davon im Groß- und Kleintal. Das Faktum der im Vergleich zu Uri späten Gründungen von Tochterkirchen und ihre Häufung im südlichen Landesteil ordnet sich zwanglos der vom Habsburger Urbar bezeugten Tatsache zu, daß Groß- und Kleintal um 1300 eine recht steuerkräftige Bevölkerung aufgewiesen haben. Ein sprunghaftes Wachstum durch Zuwanderung von Walsern im 13. Jahrhundert ist nicht von der Hand zu weisen.

F. Stucki schätzt die Bevölkerung des Landes ohne Kerenzen, Niederurnen und Bilten um das Jahr 1388 auf rund 5000 Personen. Um 1400 mögen in den Grenzen des heutigen Kantons 6000, ein Jahrhundert später 10000 Menschen gelebt haben. Die Ausweitung der Existenzbasis vorerst durch Landausbau und dann durch den an Bedeutung gewinnenden Viehhandel mit Oberitalien erlaubte die starke Zunahme der noch überwiegend bäuerlichen Bevölkerung. Die frühen Kriegsdienste für die Freiherren von Vaz in der zweiten Hälfte des 13. und in der ersten des 14. Jahrhunderts dürfen nicht wie die spätere Reisläuferei als Folge einer Überbevölkerung gewertet werden.

Die häufigen Epidemien, in erster Linie die über drei Jahrhunderte sich wiederholenden Seuchengänge der Pest, reduzierten auch die Glarner Bevölkerung verschiedentlich dermaßen, daß ihr bis zur Mitte des 17. Jahrhunderts die bestehenden Existenzmöglichkeiten genügten. Nachweisbar ist, daß nach Pestjahren immer wieder neue Landleute aufgenommen worden sind, die sonst ohne die Leistung prohibitiver Einkaufstaxen Hintersässen (Landesfremde) und Beisässen (Bürger anderer Glarner Gemeinden) geblieben wären.

Nach dem letzten Pestjahr 1629, dem sogenannten Kleinen Tod, der rund 1600 Menschen hinweggerafft haben soll, wuchs die Einwohnerschaft trotz der großen Kindersterblichkeit beharrlich an. Der große Teile Europas verheerende Dreißigjährige Krieg (1618–48) schuf für die verschont gebliebene Eidgenossenschaft günstige Absatzverhältnisse für viehwirtschaftliche Produkte (Käse) und gewerbliche Güter. Im Glarnerland entwickelten sich die bereits aufgeführten Exportgewerbe und der damit verbundene Fernhandel. Damit begann die anderswo den Städten eigene Differenzierung der Wirtschaft und Gesellschaft. Diese Ausweitung des «Lebensraumes» erlaubte das Wachstum der Bevölkerung, so daß erst die kriegsbedingte Verdienstlosigkeit und Teuerung um die Jahrhundertwende allgemeine Armut und Auswanderung verursachte.

Die Bevölkerungsexplosion im 18. und 19. Jahrhundert

Was in den meisten Alpentälern viel später oder auch nie, in den Entwicklungsländern erst in der Gegenwart geschieht, betrifft das Glarnerland schon in der zweiten Hälfte des 18. und noch stürmischer im Jahrhundert der ersten industriellen Revolution: die Bevölkerung «explodiert». Im Zeitraum von 1720 bis 1870 wächst die Glarner Einwohnerschaft mit «zunehmender Beschleunigung» von rund 14000 auf 35000 Personen. Die freie Entfaltung der verlagsindustriellen Heimarbeit und der sie ablösenden Fabrikindustrie, die alle Bereiche des Zusammenlebens prägen, erlauben bei anhaltender Expansion ein beinah ungehemmtes Wachstum der Bevölkerung. Der wachsende Bedarf an Arbeitskräften gewährt allen Heiratsfähigen im Neben- wie im Hauptberuf genügende Existenzmöglichkeiten. Die wachsende Kauf-

29 Rüti, Haus am «Spielhof»

kraft der Bevölkerung ermöglicht größere Ansprüche an die Lebenshaltung. Bessere Wohnverhältnisse, bessere Ernährung, Fortschritte der Medizin und Hygiene mindern die Sterblichkeit. Das Heiratsalter bleibt niedrig, die Zahl der Kinder groß. Erst viel später paßt sich das generative Verhalten der Bevölkerung den neuen Lebensbedingungen an, so daß die Geburtenrate kleiner wird.

Seit dem 18. Jahrhundert regulieren eindeutig die ökonomischen Bedingungen die Einwohnerzahl des Landes. Konjunktur-, Stagnations- und Rezessionsphasen spiegeln sich folgerichtig im zyklischen Bild der Bevölkerungsbewegung. Wachstum bis zur frühen «Sättigung», Stagnation und Rückgang durch Auswanderung nach Übersee und Abwanderung in andere Kantone folgen einander. Daß schon vor 130 Jahren das Problem der Übervölkerung aktuell war, illustrieren Zeitungsnotizen und Amtsberichte. Im Ratssaal zu Glarus und in der Glarner Zeitung diskutierte man 1845 und 1846 über die Ursachen der damaligen Auswanderung nach den Vereinigten Staaten. Die Räte verhandelten über das Heiratsalter. Damals durfte man sich mit 16 Jahren verehelichen. «Frühehen bedrohen das Land mit dem Hereinbrechen einer unversieglichen Übervölkerung. Die Ursache ist das Zusammenleben der Jünglinge und Töchter in den Fabriken». Der Zeitungsschreiber berichtet vom «unverhältnismäßigen Anschwellen der Bevölkerung von 1803 bis 1844, in welcher Zeit die Kantonsbevölkerung um 9400 Seelen zugenommen habe, um eine Zahl, die wahrlich Schrecken errege». Er erwähnt zudem, daß es in einzelnen Gemeinden noch schlimmer stehe, in Engi z.B. gebe es gegen 100 Bürger, die gar kein Land besäßen. Im Laufe der vergangenen 200 Jahre sind Bauern zu Heimarbeiterbauern, zu Fabrikarbeiterbauern und Fabrikarbeitern geworden.

Bauperioden

Wie alle Kapitel und Abschnitte des ersten Teiles, möchten auch die folgenden Bemerkungen nicht mehr als eine allgemeine Charakteristik der Wachstumsschübe der Besiedlung bieten.

15. und 16. Jahrhundert. In welchem Ausmaß im ersten Jahrhundert der politischen und wirtschaftlichen Freiheit gebaut worden ist, bleibt unbekannt. Über die Liquidation des säckingischen Eigenbesitzes sind wir nicht informiert. Nachweisbar hat sie zu baulichen Veränderungen der festen Häuser, der Wohntürme der klösterlichen Verwaltung, geführt. In welche Hände sie gelangt sind, darüber gibt es auch keine Berichte. Das Haus am «Spielhof» in Rüti ist bei weitem nicht das einzige Beispiel, das für den Umbau eines steinernen Turmes in ein großes Wohnhaus gemischter Bauweise zeugt (Abb. 29). Einige der Burgen sind schon vor der Befreiung des Landes verlassen worden. Diejenigen in Näfels und Niederurnen, welche Habsburg gehörten, wurden 1351 und 1386 erobert und zerstört.

Der Strukturwandel der Landwirtschaft blieb nicht ohne Auswirkungen auf das Bauen und Wohnen. Die Aufgabe des Getreidebaues wird für die Ökonomiegebäude gewisse bauliche Veränderungen gezeitigt haben. Das Tenn hat seine Bedeutung verloren. Wo und wie man das Getreide gespeichert hat, wissen wir nicht. Bedeutend stärkere Impulse verlieh die aufblühende Großviehhaltung. Die spätmittelalterliche Verkehrswirtschaft, im politisch freien Nordalpenraum die Entfaltung des frühkapitalistischen Viehhandels, schuf den starken Anreiz zum individuellen Wirtschaftsgebaren. Er mag vorerst die ehemaligen Träger der säckingischen Verwaltung begünstigt haben. Für die soziale Differenzierung der Glarner Bauernschaft sprechen die frühe Existenz einer politisch führenden bäuerlichen Aristokratie und der Reichtum einzelner Familien, die dieser Oberschicht angehörten. Noch prägnanter illustrieren die seit dem 15. Jahrhundert häufigen Geißweideprozesse die zwischen Groß- und Kleinbauern strittigen Interessen. Aufgrund der historisch verbürgten Rechte wurden diese immer zugunsten der Ziegengenoßsamen entschieden. Daß sich der Wohlstand und das Selbstbewußtsein der Begüterten auch in steigenden Ansprüchen an die Wohnqualität äußerte, daran ist in Anbetracht der zunehmenden Kommunikationen mit Städten wie Zürich und fremden Ländern (Solddienste) nicht zu zweifeln. Eine stattliche Anzahl der damals erbauten Großhäuser hat die Jahrhunderte überlebt.

Dem Selbstbewußtsein des Einzelnen entsprach dasjenige der Gemeinschaft. Die Landsgemeinde erhob 1419 Glarus zum Hauptort und förderte durch verschiedene Bestimmungen seine bauliche Entwicklung. 1465 ließ der Landschreiber und Chronist Rudolf Mad für sich ein «Steinhus» bauen, was, wie er selber berichtet, damals noch selten geschah. Leider nennt er den Baumeister nicht, wahrscheinlich war es Heinrich Murer von Maienfeld, der 1457 zuhinterst im Haupttal die steinerne Pantenbrücke baute. Es ist weiter möglich, daß nach dem Brand von 1477, der die Kirche schädigte und 17 Häuser zerstörte, weitere Steinhäuser entstanden sind. Dazu gehörten wohl auch die im Häuserverzeichnis von Aegidius Tschudi (um 1560) genannten Häuser «Zur rechten» am «Spielhof», Häuser angesehener Leute, worunter «Der Murern hus bim Kilchhof», das «zwo Kuchifhüürstatt» aufwies. Der ganze Tagwen Glarus zählte zusammen mit Riedern, Buchholz und dem Burgstein ennet der Linth «136 hüser, hundert sibenundsiebzig Kuchifhüürstett». Sie beherbergten ungefähr 1300 Einwohner, auf jede Feuerstätte durchschnittlich 9 Personen. Die Statistik von Gilg Tschudi bezeugt zudem die Tatsache, daß es damals nur wenige Doppelwohnhäuser in Glarus gab.

17. Jahrhundert. Die steigenden Bedürfnisse der wachsenden Bevölkerung förderten Gewerbe und Handwerk, die größtenteils noch von Landesfremden ausgeübt wurden. Tischmacher, Schneider und Schuhmacher versuchten 1569 eine «Bruderschaft» zu gründen, was aber von der Regierung nicht gestattet wurde. Die erstaunliche Entwicklung, zunächst der Tischmacherei und dann der Wollverarbeitung zu Exportgewerben und des damit verknüpften Großhandels, stimulierte den Wohnungsbau im 17. Jahrhundert recht kräftig. Schon 1616 beschweren sich in Glarus die Besitzer der drei Gewerbe am Gießen (Dorfbach), daß sie die Fallen nicht mehr in Stand halten können, «da sich Zimmer, Tach und Gmach in unserem Hauptflecken täglich mehret und man zum höchsten Bauholz mangelt», so daß man mit dem geflößten Holz aus dem Hinterland die Fallen verstopfe und beschädige. 1640 ist ebenso in Mollis die Rede vom Mangel an «Buwholz, Schindlen und Läden», weshalb die «alten ußgehauwenen Hölzer für sechs Jar in Ban gethan, es sye dann, daß einer ein Hus buwe». Weil sich die Bewohner von Glarus immer mehr Steinhäuser bauen ließen, eröffnete der Tagwen verschiedene Steinbrüche, die er an Unternehmer verpachtete. 1662 schlossen die Tagwenleute mit Meister Gabriel Knobel über die Benützung des ihm überlassenen Kalkofens einen Vertrag. Wenn Knobel Kalk zu brennen begehre, so sollen ihm die Tagwenleute die Steine auf den Platz führen, alles andere habe er zu tun. Niemand außer Knobel solle befugt sein, Kalk zu brennen. Der Tagwen versprach dem Meister zudem, einschlägige Arbeiten nur durch ihn ausführen zu lassen. Die anfänglich regellose Überbauung in Netstal verursachte mannigfache Schwierigkeiten. Die Behinderung des sich stark entwickelnden Wagenverkehrs und die häufigen nachbarlichen Zwiste bewogen die Gemeinde zu einer zielbewußten Bauplanung. Nach dem sogenannten Platzverzeichnis von 1694 mit dem Titel «Was man für Platz lut dem alten Urbar verbuwen hat» entstanden damals in kurzer Zeit auf Allmeindboden 13 neue Häuser, 24 Ställe und 18 Gärten.

18. Jahrhundert. Bedeutend mehr ist über die Bautätigkeit im Jahrhundert der verlagsindustriellen Heimarbeit zu erfahren. «Alles hatte Geld; die Heimatgüter wurden verstückelt, stiegen zu solchem Preis, daß der Zins den Ertrag überstieg, den aber der Gewerbeverdienst ersetzte; denn wer Geld hatte, wollte doch Haus und Heimat, wenn auch noch so klein, besitzen» (M. Schuler, 1847). Das gesteigerte Bedürfnis nach Wohnraum äußerte sich im Bau von Kleinhäusern, von «geteilten» Häusern, in An- und Umbauten bestehender Häuser, in der Verschachtelung der Wohnungen. Eine treffliche Illustration dieser auch im 19. Jahrhundert gepflogenen Bauweise bietet ein «Bauartikel», der 1803 in Schwanden erlassen worden ist: «Wen einer vollkommen ein zweifaches Haus baut, dem sollen 13 Stämm (Holz) gegeben werden, zu einem einfachen Haus mit Stube, Stubenkammer, Kuchi und Kuchekammer und 1 Firstkämmerli, alle vier Wänd neu 5 Stämm. Wan einer zuchenbaut Stube, Stubenkammer, Kuche, Kuchekammer und 1 Firstkämmerli, auch von Grund auf neu gebauen, aber an ein ander Hauß angehenckt wird, soll 4 Stämm gegeben werden. So in einem Hauss eine neue Feuerstadt aus Kammern gemacht wird, als Stube und Kuche und noch eine Kammer drauf neu gebauen, dem soll gegeben werden 3 Stämm. Wenn aber nicht das Haus erweitert und nicht darauf gebauen wurde, 2 Stämm». Auf diese Weise haben die Bürgergemeinden den Wohnungsbau subventioniert, wovon im nächsten Kapitel noch die Rede sein wird. Die helvetischen Kataster, Vorläufer der Grundbücher, aus fiskalischen Gründen um 1800 angefertigt, erwähnen mehr oder weniger genau den Hausbestand von allen Gemeinden. Danach wies z. B. Schwändi nur 3 Häuser, aber 41 «Häusli», 29 «halbe Häusli» und 5 «Berghäusli» auf. Raum ist in der kleinsten Hütte, für kinderreiche Familien aber waren die Wohnungen der Kleinhäuser in der Regel zu klein. Pfarrer K. L. Zwicki bemerkt im «Gemälde» (1846): «Die Bewohntheit der Häuser ist sehr ungleich. Während gewöhnlich in den Häusern der Bemittleten, mögen sie noch so groß sein, nur eine Familie wohnt, drängen sich in den Häusern der Armen oft mehrere Familien zusammen».

Die Dörfer wuchsen beträchtlich, der öffentliche Grund, die Allmeinden, wurden immer stärker beansprucht. Trotzdem behielten die Siedlungen noch immer ihr lockeres Gefüge und ländliches Aussehen. Zäune und Mauern begrenzten die Gärten der Häuser, zwischen denen im Sommerhalbjahr das Vieh weidete.

Die «Siedlungswelle» der zweiten Jahrhunderthälfte verdichtete und vergrößerte nicht nur die Dörfer und Weiler im Talgrund, sie «brandete», wie im Tößtal und im Toggenburg, an den Talflanken in die Höhe. Bergliegenschaften, die periodisch bewohnt gewesen waren, wurden nun dauernd besiedelt. Neue, aber einfach gebaute Berghäuschen mußten großen Familien genügen.

In Glarus und Mollis entstanden die ersten Fabriken im Land. Gewerbe und Handwerk blühten und gingen meistens in die Hände der Einheimischen über. Für außerordentliche Bauaufgaben hingegen verschmähte man fremde Meister nicht. Begüterte Bauern ließen sich stattliche Holzhäuser bauen. Vermögliche «Herren», Männer in Landesämtern und andere, errichteten noch stattlichere Steinhäuser, so in Mollis, Glarus, Ennenda und Schwanden. Nach E. Buss (1920) sollen in Ennenda innert 30 Jahren, von 1770 bis 1800, «etliche zwanzig Herrenhäuser solidester Konstruktion» entstanden sein, die noch heute hohen Ansprüchen genügen. «Der Mangel an eigentlichem Schönheitssinne und das meist aufs Nützliche gerichtete Streben der Bewohner des Glarnerthals hinderte eine wesentliche Verschönerung der dem Lande eigentümlichen Bauten, daher reiche Leute nicht, wie noch oft im Kanton Appenzell geschieht, sich bei Umbauten der landesüblichen Bauart bedienen, sondern ihren Styl von außen, besonders von den Landhäusern um die Städte hernehmen». Heute wird niemand die Meinung des vorher schon zitierten Dichter-Pfarrers Kaspar Lebrecht Zwicki von Mollis (Gemälde, 1846) teilen. Um die Mitte des 18. Jahrhunderts wirkte der appenzellische Baumeister Johann Ulrich Grubenmann aus Teufen mit seinem Bruder Jakob und seiner Equipe fachkundiger Handwerker im Land. Kirchen und Bürgerhäuser sind wertvolle Zeugen

30 Glarus,
  Wohnquartier des 19. Jh.
31, 32 Rüti, Wandlung eines Bauernhauses (31, Zeichnung von E. Gladbach, 1885)
33 Entvölkerung im Berggebiet von Luchsingen (1946)
34 Näfels, moderner Dorfteil
35 Näfels, Durchbruch der Hauptstraße

Legende
1 Heimgüter
2 Wald
3 Heuberge (Magerwiesen)
4 Rinderalp (ehemalige Heimgüter)
5 Alpweide
6 Wege
7 Dauersiedlung
8 Dauersiedlung (ehemals von zwei Familien bewohnt)
9 Nur noch temporär bewohnt
10 Als Ferienhaus benützt
11 Wüstung, ehemalige Dauersiedlung
12 Wüstung eines Doppelwohnhauses

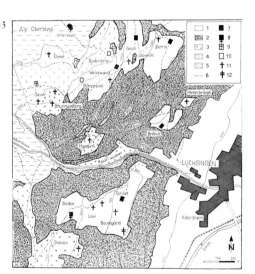

seiner Baukunst geblieben. In Mollis erbaute Ratsherr Konrad Schindler (1757–1841), der erste Mitarbeiter Hans Konrad Eschers von der Linth, das «Haltli» und den «Hof». Er hatte in Paris Architektur studiert.

19. Jahrhundert. Die größte Bautätigkeit erlebte das Land im letzten Jahrhundert. Fast in allen Ortschaften entstanden an den Wasserläufen die massigen Fabrikgebäude der Textilindustrie: Druckereien, Färbereien, Bleichereien, Spinnereien und Webereien. Wiederum mangelte es an Wohnungen. Reihenhäuser, ganze Quartiere wurden gebaut, die Bautätigkeit erreichte geradezu moderne Ausmaße. Im Jahre 1837 beispielsweise stand Glarus bezüglich Hochbauten allen andern Kantonen voran. In 14 Gemeinden wurden insgesamt 61 Wohnhäuser, 47 Ökonomiegebäude, 8 Fabriken mit 14 Gebäuden, 3 Schulhäuser und 2 Mühlen gebaut und an 41 Gebäuden Umbauten und Reparaturen ausgeführt.

Die alten Siedlungsschranken wurden gesprengt, die Dörfer wuchsen auf den durch Korrektionen gesicherten Talboden hinunter. Diese strebten den Fabriken und der Eisenbahnstation zu. Die Fuhr des Schuttkegels, die alte Schranke, wurde zur Trennlinie des alten und neuen Dorfes, dem bäuerlichen «Oberdorf» und dem industriellen «Unterdorf», wohin sich das Schwergewicht des dörflichen Lebens verlagerte. Auf diese Weise, bei anderen topographischen Gegebenheiten auch anders, vergrößerten und verdichteten sich die Ortschaften. Die Planung der Gemeinden verhütete die Zersiedlung der Landschaft. Die Überbauung geschah quartierweise (Abb. 30).

Als Beispiele vom Zuwachs an Wohnhäusern mögen folgende statistischen Angaben von vier Gemeinden genügen:

Jahr	Mollis	Netstal	Glarus	Schwanden
1801	267	189 (1798)	320	169
1860	344	337	706	442
1880	350	396	803	451
1900	367	405	854	498

Die neuen Häuser wurden durchwegs größer und ganz aus Stein gebaut, die Dächer mit Schieferplatten oder mit Ziegeln gedeckt. Wiederum stellten die Tagwen Allmenden als Bauland zur Verfügung. Als neue Bauquartiere öffnete z.B. Glarus 1815 die Pressi, 1828–1837 die äußere Schwertgasse, 1838 den Kirchweg bis zur ersten Querstraße, 1852 die nächste Reihe und jene der Rosengasse. Bauunternehmer erstellten auf eigene Rechnung Häuser zum Verkauf. Die Tagwen wehrten sich gegen die Spekulation. Fabrikanten errichteten für ihre Arbeiter Mietskasernen, die sogenannten «Kosthäuser», für ihre Familien bauten sie Villen. Der große «Stilwandel» erfaßte auch die Altbauten, die meist ohne ästhetische Skrupel umgebaut und erneuert wurden. Der graue Verputz machte Mode, er kleidete bald, teilweise oder ganz, die alten Holzhäuser. Weitausladende Dächer wurden beschnitten, niedrige, formschöne Gebäude erhöht, die Flachgiebel verdrängt (Abb. 31, 32).

Über die Grenzen der mehr oder weniger geschlossenen Ortschaften hinaus prägt die fabrikindustrielle Entwicklung auch die Landschaft der Berge. Die Fabrik bot dem Kleinbauern auf den Terrassen der Talhänge Ersatz für die zusammengebrochene Heimindustrie. Nun zog der «Bergler» ins Tal, ins Dorf. Die Höhen entvölkerten sich. Private und Gemeinden kauften die Liegenschaften auf, öfters ließen sie die Ställe und Wohngebäude abtragen. Die Grundbücher lassen erkennen, daß seit dem letzten Jahrhundert in der Bergregion des Kantons über 200 Gebäude, wovon die Hälfte Berghäuschen, verschwunden sind (Abb. 33).

20. Jahrhundert. Grundsätzlich änderte sich das Bild der im 19. Jahrhundert gewachsenen Industriesiedlungen nicht. Die Baukonjunktur nach dem Zweiten Weltkrieg hat in erster Linie die untern Landesteile erfaßt (Abb. 34). Sowohl die Auflösung der Großfamilie, das größere Raumbedürfnis und die allgemein steigenden Ansprüche an das Wohnen als auch das Wachstum der Kantonsbevölkerung förderten neuerdings die Bautätigkeit.

Die Uneinheitlichkeit der Dorfbilder der wachsenden Gemeinden hat sich material- wie stilmäßig wesentlich verstärkt. Alte, veränderte und moderne Fabrikgebäude durchsetzen die Ortschaften. Gartensiedlungen und Wohnblöcke fügen sich an die alten Dorfteile an, die ihrerseits auch wieder von städtisch anmutenden Neubauten dominiert werden. Hochbauten im engen Raum eines Alpentales wirken anders als im Flachland. Die Industriebetriebe unterstützten den privaten Hausbau und erwarben Häuser für ihre Belegschaft. Schöpfe und Kleinställe sind zu Garagen geworden. Häuser fielen dem Strassenverkehr zum Opfer (Abb. 35).

Bedeutend geringere Veränderungen erfuhren die Dörfer, Weiler und Einzelhöfe auf dem Kerenzerberg, im Hinterland und im Sernftal. In den Altwohnungen der Dörfer hausen alte Leute und Gastarbeiter. Zahlreiche Bauernhäuser werden als Ferienhäuser bewohnt.

Auch darin liegt eine Chance der entwicklungsfähigen und förderungsbedürftigen Region Hinterland-Sernftal, daß ihr vorhandenes Kulturgut an Einzelobjekten und Siedlungskomplexen bewußt und zielstrebig vor weiterem baulichem Substanzverlust bewahrt bleiben kann, um so die Vergangenheit in der Landschaft zu erhalten.

36 Elm, Dorf
37 Elm, Weiler Hintersteinibach,
   «Fritigenhäuser», vorne Ziegenställe (vor der Strassenkorrektion).
38 Abschrift des Landsbuches
   von Joh. Rud. Steinmüller, 1757

36

Baupolitik des Landes und der Gemeinden

Wie der Hof das Heim der Familie, so war die Nachbarschaft, der Weiler, als lokaler und dann das Dorf als größerer Wirtschaftsverband die Heimat einer Lebensgemeinschaft, deren Glieder sich für einander verantwortlich fühlten. Ihre Solidarität manifestierte sich auch im Bauen und Wohnen. Die vom «modernen» Individualismus und Materialismus mehr oder weniger verschont gebliebenen Beispiele «harmonischer» Siedlungsbilder (Abb. 36, 37) zeugen nicht nur von den gleichartigen naturbedingten und wirtschaftlichen Voraussetzungen, sondern ebenso vom einheitlichen Empfinden und Gestaltungswillen des der Gemeinschaft verpflichteten Bauherrn und Handwerkers.

Die Geschichte der Glarner Siedlungs- und Baupolitik ist noch nicht geschrieben. Eine bloße Sammlung der baugeschichtlich interessanten Erlasse des Landes und der einzelnen Gemeinden würde den Rahmen dieses Kapitels sprengen. Die seit dem 15. Jahrhundert erhaltenen Verordnungen lassen sowohl die Art und Weise als auch den Wandel des fördernden und regulierenden, beschränkenden und bewahrenden Einflusses der Gemeinschaft erkennen. Sie belegen aber auch die Weite des Spielraumes für individuelle Wünsche eigener und fremder Herkunft und offenbaren die steigenden Bedürfnisse der sich wirtschaftlich und sozial differenzierenden Bevölkerung. In welchem Sinn und Geist die Ansprüche der Gemeinschaft den Rahmen zu der damals «humanen» baulichen Entwicklung schufen, dafür sollen einige Beispiele ohne eingehende Interpretation der Sachverhalte genügen.

Frühe Erlasse des Landes

Die Landsgemeinde von 1448 beschloß die damals geltenden Rechtssätze des jungen Freistaates in vollständiger Sammlung, im sogenannten Landsbuch, schriftlich zu fixieren. Ältere Verordnungen sind nicht bekannt. Es ist zwar durchaus möglich, daß einzelne der im Jahr 1448 aufgezeichneten 62 Artikel schon früher, vielleicht sogar schon unter der Grundherrschaft Säckingens, Geltung hatten. Das erste Landsbuch enthält nur zwei Erlasse, die das Wohnen und Bauen betreffen. Artikel 44 befindet über die «Gemeinschaft hüsseren und gemächern», Artikel 45 handelt «Von hüsseern ze buwen» (Abb. 38).

Artikel 44 bestimmt, daß die Teilhaber den geerbten oder gekauften gemeinsamen Besitz an Häusern oder anderen «gemächer und gädmer» freundnachbarlich «bruchen und nutzen» sollten, daß jeder Teilhaber das freie Recht habe, seinen Teil zu verkaufen oder um einen Zins zu vermieten, von dem die Räte des Tagwens und die «nachpurenn bedunkt, dz es billich sye». Die interessante Bemerkung «und darzuo sond sy die gemächer mitt tecken in eren haben» betont die für den Zustand des Gebäudes entscheidende Bedeutung des Daches. 1547, 99 Jahre später, lautet der entsprechende Artikel grundsätzlich gleich, aber die Forderung, das Dach instand zu halten, fehlt. Er erwähnt Teilhaber, die an einem Haus nicht mehr als einen Viertel besitzen. Die Schatzung hat allein durch die Ratsherren des Tagwens zu geschehen.

Artikel 45 verfügt für den Fall, daß einer ein Haus baue, wo «er nitt weg hatt, noch vormals kein weg gangen ist, ze kilchen, ze straß und zuo dem wasser, da sol man einem ein fuoßweg geben zu kouffen wie from lütt, die darzuo geschickt werdentt, bedunck, das es billich ist».

37

38

1573 wird erkannt, daß ein Miteigentümer eines «vom Boden bis an das Tach» geteilten Hauses mit getrenntem Eingang in seinem Hausteil ohne Einspruch wirten darf. Ist aber das Haus nicht «dergestalt underschlagen», so darf nur mit Einverständnis der Miteigentümer gewirtet werden.

Diese Beispiele allgemeiner Verordnungen des Landes bilden die ersten Ansätze zu den aus den Wechselfällen des Alltags entstandenen überparteilichen Bestimmungen. Das Studium ihrer Entwicklung, zunächst einmal an Hand der bis 1807 handschriftlich abgefaßten, dann der gedruckten Landsbücher ergäbe wohl einen eindrücklichen Längsschnitt von der Baupolitik der Glarner Talgemeinschaft.

Wie die Gemeinden, so unterstützte auch das Land gelegentlich den Wohnungsbau mit Beiträgen in Geld oder in Form der besonders im 16. Jahrhundert üblichen Schenkungen von Fenstern und Wappenscheiben.

Beispiele der Baupolitik der Tagwen

Wir dürfen annehmen, daß die ersten Verordnungen über das Bauen und Wohnen, vielleicht schon vor der Befreiung des Landes, auf dem eigentlichen Feld der Praxis, im Raum der sich verdichtenden Siedlung, im Weiler und im Dorf, gewachsen sind.

Das wichtigste Instrument der Glarner Bürgergemeinden zur Regelung der Bautätigkeit seit dem 16. Jahrhundert war zunächst ihre Einflußnahme als Grundbesitzer. Die Tagwen verkauften den Bürgern Allmeindboden als Bauland. Damit hatten sie es in der Hand, die Überbauung zu steuern und zu kontrollieren. Es kam auch vor, daß Bauplätze verschenkt oder gegen einen jährlichen Pachtzins (im Baurecht!) abgegeben wurden. Im 19. Jahrhundert schrieben die Gemeinden – Glarus seit 1822 – mit Bebauungsplänen und Reglementen vor, wo und in welcher Weise gebaut werden durfte. Glarus beschloß 1849 die Durchführung der Katastervermessung und die Aufnahme eines «regelrechten Planes» der Ortschaft.

Die Ortsgeschichten von Glarus, Netstal und Mollis und die Collectanea zur Glarner Geschichte von Pfarrer Dr. h.c. Paul Thürer enthalten eine reiche Auswahl baugeschichtlicher Erlasse.

Der «Gemeine Tagwenbrief» von 1531 erlaubte in Glarus auch die Pacht von Allmeindland zu Behausung, Speicher, Kräutergarten oder anderlei Gebäuden. Vom Tagwen verordnete Männer hatten sowohl den Kaufpreis als auch den im erwähnten Fall zu leistenden Zins zu schätzen. Wir wissen nicht, wann man von dieser Übung, Land im Baurecht abzugeben, abgekommen ist. In Netstal wurden Maß, Lage und Preis des Bodens von 1661 an im besonderen «Platzbuch» vermerkt. Tagwenvogt und Ratsherren, später die Tagwenbaumeister, welche die Aufsicht über die der Bürgergemeinde gehörenden Gebäude, Werkzeuge und Wälder ausübten, steckten den Antragstellern den Platz für Haus und Garten ab. Anno 1644 kostete das Klafter Allmeindland einen halben Batzen, 1662 wie auch 1737 sechs «gute» Batzen. 1814 verlangte der Tagwen pro Klafter zwei Gulden, auf den «Sändern» aber nur einen Gulden. 1849 bezahlten Fabrikanten und Gewerbetreibende «zum Verbauen» etwas mehr als zwei Gulden, zum «Offenlassen» hingegen vier Gulden.

Wenn der Bürger ein Haus baute, schenkte ihm der Tagwen Bauholz, das sogenannte «Verehrholz». Später bezog er die «Subvention» in Geld. 1591 erhielt der Bürger von Mollis für einen Neubau nur zwei, von 1638 bis 1721 aber 10 Stämme. Dann sank der Beitrag, der «regen Bautätigkeit des guten Baumwollverdienstes wegen», auf sechs Stämme. 1832 forderte die Gemeinde die Bedachung mit Schieferplatten oder Ziegeln und leistete bei Verzicht auf das Verehrholz den Betrag von zwei Louisdors. Sieben Jahre später schaffte man den alten Brauch zugunsten der Dachprämien ganz ab. Schwändi unterstützte den Hausbau schon 1675 mit dem Geldbetrag von zwei Gulden. 1780 erhielten seine Bürger für ein Berghaus fünf, für das Einfachhaus 10 und für das Doppelhaus 15 Gulden. Glarus spendete zu Beginn des 19. Jahrhunderts 30 Gulden. 1843 wurden sie von den Beiträgen für die harte Bedachung abgelöst.

Abgesehen von den in einem Föhntal immer aktuellen feuerpolizeilichen Vorschriften und Maßnahmen erwähnen die Protokolle der Gemeinden auch baupolizeiliche Vorkehrungen. So beanstandete z.B. 1745 der Tagwenvogt von Glarus, daß etliche mit ihren «Vorschützen» und Vordächern zu weit hinaus gefahren seien, daß andere bei der Erneuerung ihre Häuser über die Eigentumsgrenzen auf Tagwenboden erweitert hätten. Acht Jahre später drohte man den Sündern mit dem Abbruch der Neubauten.

Das Werk der Handwerker

Das ländliche Haus, das Bauernhaus, dessen «Stammbaum» in unseren Landen bedeutend älter ist als das städtische Haus, das sogenannte Bürgerhaus, wurde ursprünglich von der Sippe und der Nachbarschaft erbaut. Später gab es Fachleute, denen die Auftraggeber Hilfsdienste leisteten, wie es in Gebirgstälern noch immer der Fall ist.

Ohne Zweifel sind schon die ältesten noch vorhandenen Bauernhäuser des Glarnerlandes, die des 15. Jahrhunderts, das Werk der Handwerker. Träger der ländlichen Baukultur bis in die neueste Zeit waren die Zimmerleute und Maurer, einerseits die Hüter der Tradition, anderseits aber auch die Schöpfer und Vermittler von Neuem. Beispielsweise offenbaren die Entwicklung der Raumgliederung des Hauses das traditionelle Beharrungsvermögen, die Formen der Pfettenköpfe die kreative Lust und die Klebedächer ihre Entlehnung aus der im Norden des Kantons angrenzenden Siedlungslandschaft.

Fremde Gewerbler und Handwerker

Verglichen mit Zürich, entwickelte sich im Glarnerland das Gewerbe und Handwerk recht spät. Die urkundlichen Quellen sind allerdings dürftig. In der Stadt bestand schon in der zweiten Hälfte des 13. Jahrhunderts eine umfassende Gewerbeordnung; 1336 erhoben sich die Handwerker und erzwangen die Aufnahme von Meistern in den städtischen Rat (Brunsche Umwälzung). Im Glarnerland sind die ersten archivalisch faßbaren Gewerbler und Handwerker Landesfremde, sogenannte Hintersässen. Im 15. und in der ersten Hälfte des 16. Jahrhunderts schätzte man ihre Anwesenheit sehr, und es war für sie nicht schwer, das Land- und Tagwenrecht zu erwerben. Dann aber wurde die Einbürgerung zusehends erschwert. Bei wachsender Bevölkerung sah der Bürger in der Zuwanderung eine unerwünschte Schmälerung seiner Existenzbasis, eine mißliebige Konkurrenz im Beruf, den er selber auszuüben gelernt hatte.

Das Tagwenrecht von Glarus z.B. kostete im Jahre 1582 zwanzig, 1603 fünfzig und 1639 zweihundert Gulden. 1566 verbot die Landsgemeinde den Hintersässen, Gewerbe zu betreiben, da sie die Landleute hinderten und schädigten, «so sich ouch gern damit begon wellten». Zehn Jahre später gestattete man ihnen, mit Waren zu handeln. 1579 durften sie nur ihr eigenes Gewerbe ausüben. Für die Handwerker waren die Bestimmungen weniger einschneidend. Die angeführten Beschlüsse gestatteten jedem Hintersässen das gelernte Handwerk auszuüben und verboten ihm nur, gleichzeitig auch noch ein Gewerbe zu betreiben. Zahlreiche Gewerbe von Fremden sind im Laufe der Zeit von Einheimischen übernommen worden, in Mollis z.B. das Mühlengewerbe erst im Jahre 1624.

Die Zimmerleute

Mit «Zimber» bezeichnete man das Bauholz, mit «Zimbermann» dessen Bearbeiter und mit «Zimmer» schließlich den daraus hergestellten Raum. Der Zimmermann mag im Glarnerland der erste Bauhandwerker gewesen sein. Er rüstete nicht nur das Bauholz zu und fügte es zum Bau, er verzierte auch Balken und Decken mit Schnitzwerk und stellte sogar Möbel her.

In der Innerschweiz sind Zimmerleute bereits 1217 in Wilen am Urmiberg (Schwyz) und 1290 im Schächtental (Uri) nachgewiesen. Im 14. Jahrhundert lösten sich in Zürich von ihnen die Wagenbauer, die Wagner, ab. Im 15. Jahrhundert spezialisierten sich die Tischmacher, die sich später als Hersteller der Schreine – der Truhen und Kasten – «Schreiner» nannten. Der vom Handwerk abgeleitete Familienname Zimmermann ist in allen Kantonen der deutschen Schweiz vertreten und wird zumeist im 13. und 14. Jahrhundert erstmals bezeugt.

Der urkundlich am frühesten belegbare Vertreter des stark verbreiteten Bürgergeschlechtes ist Walter Zimmermann, der 1333 als Zeuge bei der Stiftung des Schwesternhauses in Linthal erwähnt wird. Der zweite Repräsentant der «Zimmerleute» heißt «Dietrico dicto Zimbermann». So wird er uns in der lateinisch abgefaßten Urkunde über die Aussteuerung der Kirche Schwanden vom 29. September 1350 vorgestellt. Kirchenvorsteher Dietrich, zubenannt Zimmermann, muß in Sool ansässig gewesen sein. Am gleichen Ort wohnte, ein Jahrhundert später, Meister Peter Wißtanner, der 1486 die Holzdecke der Kirche von Betschwanden und 1497 diejenige der Kirche von Matt baute und mit Schnitzereien zierte. 1532 errichtete Zimmermann Hans Bartmann (Hartmann?) die Sust bei der Ziegelbrücke. Die 1562 erstellte Decke der Kirche Elm ist das Werk eines unbekannten Lorenz Davor (Davos?).

1555 erwarb Claus Wilhelm von Alt St. Johann im Toggenburg für sich und seine 5 Söhne das Glarner Landrecht. Die Familie, zu der auch 2 Töchter gehörten, wohnte im Weiler Leu in Haslen. Hier brachte die Gattin Anna, geborene Zwingli von Wildhaus, weitere 2 Söhne zur Welt. Claus Wilhelm und seine 7 Söhne erhielten den Zunamen Wild. Von ihnen stammen die Glarner Wild ab. Der Erstgeborene, Hans Wild (1540–1618), war Zimmermann und wohnte später in Bilten. Er hinterließ uns 1607 seine Meisterzeichen in

39 Filzbach, Meisterzeichen von Hans Wild
40 Ennenda, Inschrift von Pauli Wilhelm, genannt Wild

39

40

Filzbach und Obstalden auf dem Kerenzer Berg (Abb. 39, 40). Sein Sohn Pauli verewigte sich mit dem ursprünglichen Familiennamen an dem von ihm 1610 errichteten Haus im Oberdorf von Ennenda. Clausens Tochter Anna verheiratete sich mit Jakob Beglinger von Mollis (1553–1628). Aus ihrer Nachkommenschaft gingen zahlreiche Zimmerleute hervor. Meister Claus Beglinger (1628–1694) beispielsweise, erbaute 1660 das Doppelwohnhaus am Rain in Mollis.

Ob die «wilden» Wilhelms Walser waren, deren Vorfahren vielleicht aus dem Prätigau ins obere Toggenburg gelangt sein könnten, wissen wir nicht. Sicher aber ist, daß Meister Peter Wißtanner «uff Sool» ein Walser war, der möglicherweise erst im 15. Jahrhundert zuwanderte. Bedeutend besser bekannt ist uns ein Vorarlberger Walser, der 1639 das Netstaler Bürgerrecht erwarb: Meister Hans Egger «uß dem Alge (Allgäu) genampt Damulß (Damüls)». Auf jeden Fall sind die baulichen Leistungen von Walsern auch im Glarnerland nicht gering zu schätzen.

Über Jahrhunderte Familientradition

Das großartige handschriftliche Genealogiewerk des Kantons Glarus von Johann Jakob Kubly-Müller (1850–1933), in der Landesbibliothek in Glarus benützbar, ermöglicht uns, die Stammbäume zahlreicher Handwerker, meist seit dem Anfang des 17. Jahrhunderts, zu verfolgen. Als Musterbeispiel der Kontinuität wählen wir die Erbtafel der Stüßi zu Glarus, die 7 Generationen Zimmermeister und Zimmerleute gestellt haben. Ihre Vertreter werden in der folgenden Darstellung mit Ziffern bezeichnet. Diese entsprechen den Nummern im Genealogiewerk. Der erste Zimmermeister (7), Kaspar Steußi, war der Sohn des Landschreibers und Fähndrich Balthasar († 1638). Er starb hochbetagt Anno 1712. Der Letzte der Ahnentafel (174), Zimmermeister Leonhard Stüßi (1841–1910), wohnte auf der Insel in Glarus und gründete später die große Sägerei in Unterterzen. Drei Vertreter der 6. Generation (98, 113, 136) wanderten nach den Vereinigten Staaten aus.

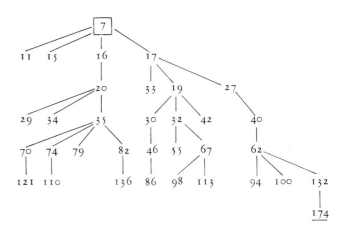

Zur Würdigung der von Generationen von Zimmerleuten geschaffenen Baukultur im Glarnerland dürfen wir den Nachruf auf den im Alter von fast 95 Jahren verstorbenen Zimmermeister Heinrich Stüßi von Haslen auszugsweise zitieren, der in den Glarner Nachrichten vom 16. Januar 1975 erschienen ist. «Heinrich Stüßi war ein Berufsmann von altem Schrot und Korn. Mit einfachen Mitteln hat er sich sein Können angeeignet und auch verwertet. So war er ein

Genie im Erstellen von Ställen und Alphütten. Er erstellte auch die Baupläne selbst. In unwegsamen Gebieten baute er immer wieder sein Sägewerklein auf, um das Holz herzurichten. Heinrich Stüßi war seiner Sache sicher. Wenn er auf seinem Posten stand, die nie fehlende Pfeife im Mund, entging seinen munteren Augen nichts. So sahen wir ihn immer als Könner, und zufrieden lächelte er, wenn ihm wieder ein Werk gelungen war.»

Frühe Sägereien

Mühlen und Sägereien gehören zu den ältesten Gewerben, die an den Wasserläufen des Landes entstanden sind. Wir dürfen annehmen, daß es schon vor der Befreiung des Landes, unter der Grundherrschaft von Säckingen, nicht nur Mühlen, sondern auch Sägereien gegeben hat, die das Handwerk der Zimmerleute bedeutend erleichterten. Unter den Abgaben aus dem Sernftal erwähnt das Säckinger Urbar auch des «segers» Schaf. Sollte es um 1300 im Sernftal eine Sägerei gegeben haben, so ist die Annahme kaum abwegig, daß dazumal auch im Haupttal Sägereien existierten.

Besser unterrichtet sind wir von der 1417 errichteten «müli», «sagen» und «blöuw» am Dorfbach in Ennenda. Eine besonders technisch interessante Nachricht stammt aus dem Jahr 1503. Ein am Kreuzbühl in Netstal wohnhafter Meister habe am Ausfluß des Klöntalersees in der Seerüti «ein sagen gemacht, die selbst an- und abschluog; die hat er mit siner kunst erdacht und selbst gemacht; und wan er ein trämel aufschluog, so ging er davon unz (bis) diz usgesaget war». Um 1530 stellte ein Meister Poleyen den Betrieb seiner Sägerei in Glarus ein. Zwei neue Sägereien entstanden um 1540 und 1546. Die jüngste wurde von einem Konrad Bühlmann betrieben. Auch der Besitzer der 1545 erwähnten Säge in Mollis, Ulrich Glanzmann, war ein Landesfremder. In Netstal entstand die untere Säge 1624 und die obere 1663. Zehn Jahre später gehörten beide dem Meister Hans Bapst, der 1652 eingebürgert worden war.

Die ersten Maurer

Was die Zimmerleute für den Holzbau, bedeuten die Maurer für den Steinbau. Für den ländlichen Holzbau spielte ihr Handwerk allerdings nur eine Nebenrolle. Kirchen, Häuser, Brücken und Brunnen zeugen seit dem 15. Jahrhundert für die Tätigkeit der Maurermeister.

Die ersten namentlich bekannten Maurer waren Walser. Meister Heinrich Murer aus Maienfeld erbaute 1457 die kühne Pantenbrücke über die Linthschlucht zuhinterst im Linthtal. Cunrat Tonder errichtete das Bockgestell (Lehrgerüst). Wir dürfen annehmen, daß der Meister im Lande verblieb und 1465 das Steinhaus von Rudolf Mad am Spielhof in Glarus baute. Ebenso läßt sich annehmen, daß die im nächsten Jahrhundert in Glarus ansässigen, begüterten Murer, gebürtige Studer aus dem Val Sesia, seine Nachkommen waren. 1518 und 1520 beherbergten die Gebrüder Heini und Uli im «Murernhus bim Kilchhof» am Spielhof den päpstlichen Legaten. 1524 erwarben sie das Landrecht. Ihre Nachkommen nannten sich später Stauffacher. 1560 wurde die offenbar eingefallene Pantenbrücke von Franz Murer neu errichtet. 1574 erneuerte Hans Murer mit fünf Gesellen die Pflästerung der Hauptstrasse in Glarus. Ist es Zufall oder nicht, daß ein weiteres Walsergeschlecht vom 17. bis 19. Jahrhundert tüchtige Maurermeister hervorgebracht hat? Es waren die Simmen, Bürger von Riedern. Der erste, Hans Heinrich (1613–1687), war ein Sohn des Heinrich Wallen oder Sÿmen aus der Rüti († 1629), der letzte hieß Johann und starb 1907 in St. Jakob im Madison County von Illinois (USA).

Der Hausbau

40a Häuser im «Marglen» der Gemeinde Rüti

Die Baustoffe

Die Natur des Glarnerlandes stellte seit jeher seinem Bewohner die Baustoffe zur Verfügung, die er notwendig hatte und reichlich benützte und die alle Bauten bis ins 20. Jahrhundert hinein prägen: Holz und Stein. Holz und Stein sind die wichtigsten Baumaterialien aller ländlichen Bauten.

Das Holz

Der mit Rottannen (Fichte) bestockte subalpine Nadelwald, einst die «Schatztruhen» der Gemeinden, lieferte jene Qualität Holz, die stets allen andern Holzarten des Landes vorgezogen wurde. Es fand Verwendung als Bauholz, für Bretter und Schindeln, womit der Handwerker weitaus den größten Teil der Bauten erstellt: Balken für die Wände, für das Dachgerüst, Bretter, Schindeln und Latten für die Dachhaut, Balken und Bretter für Böden, Decken, Getäfer und Möbel.

Lärchen und Arven sind nur spärlich und zerstreut verbreitet, ebenso die Wald- und Bergföhren. Das Holz der Rotbuche, die den montanen Laubwald dominiert, fand hauptsächlich für Getäfer und Möbel Verwendung. Das schöne Holz des Bergahorns wurde für die Wand- und Ofenbänke, aber auch für die Stühle *(Sidele)* sehr geschätzt. Der vom Unterland und Kerenzer Berg mit letzten Ausläufern bis Schwanden reichende Laubmischwald vermochte einst nur einen geringen Bedarf an Eichenholz zu decken. Im 17. Jahrhundert verarbeiteten die Glarner das Holz von Nußbäumen, Kirschbäumen und Bergahorn zu feinen Brettern, die man gleichzeitig mit dem Flößholz vorwiegend nach Holland exportierte.

Bis Ende des 16. Jahrhunderts schien der Holzreichtum des Landes unerschöpflich. Die Holzpreise blieben niedrig und die Spenden der Tagwen an «Verehrholz» großzügig. Die den Siedlungen nahe gelegenen Waldungen durften allerdings schon im 14. und 15. Jahrhundert nicht mehr frei genutzt werden. Die Hochwälder aber blieben bis 1585 frei. Damals erteilte die Landsgemeinde den Tagwen die Vollmacht, auch die Hochwälder je nach Bedürfnis und Gutfinden zu bannen und wieder zu öffnen. Diese und andere Verordnungen aber vermochten die bis ins 19. Jahrhundert andauernde Raubwirtschaft nicht zu verhindern.

Die Bausteine

Mit Bruchsteinen baute man den Sockel der Gebäude, im Haus den Küchenboden, den Herd, die Herdwand oder alle Küchenwände, mit Steinplatten errichtete man die Außentreppen, mit Steinen beschwerte man das Dach. Flechtwerk, Lehm und Steine dienten für den Bau von Kaminen und Öfen.

Dem Bewohner des Landes steht ein reiches Sortiment an Natursteinen zur Verfügung. Die rote Verrucanobreccie (Sernifit) war ihrer Festigkeit und Wetterbeständigkeit, auch ihrer Farbe wegen ein geschätztes Baumaterial. Die Quintner- und Seewerkalke eignen sich sowohl als Bausteine als auch für die Herstellung von gebranntem Kalk. Der Gips in der Rauhwacke des Gipsgrates zwischen dem Mühlebach- und Krauchtal im Sernftal diente im 18. Jahrhundert für Wände, Decken und Stukkaturen in Kirchen und Bürgerhäusern. Kalktuffe *(Tugstei)* finden sich an verschiedenen Lokalitäten. Man verwendete sie für Tür- und Fenstergerichte. Besonders wertvoll waren die Tuffe, die im Marglen zwischen Betschwanden und Rüti gebrochen wurden.

Die Schiefer aus dem Sernftal

Noch immer ist der Schabziger eine bestbekannte Spezialität des Glarnerlandes, die Schiefer des Sernftales sind es gewesen. Der Betrieb in den Schieferbrüchen von Engi und Elm ist seit Jahren eingestellt. Ihre Erzeugnisse finden wir aber noch immer im Land, auf Häusern und Ställen, in Gängen und Stuben, im Sernftal und im Großtal.

Wahrscheinlich haben schon in den ersten Jahrhunderten unserer Zeitrechnung Glarner Schiefer außerhalb des Landes als Boden- und Wandplatten Verwendung gefunden. Ausgräber römischer Bauten bei Kloten entdeckten vor mehr als 130 Jahren schwarze Schiefer. Eine Urkunde von 1279 nimmt Bezug auf die frühere Verpflichtung der Sernftaler, ihre ehemalige Mutterkirche zu Glarus mit Dachplatten zu beliefern. Ratsprotokolle von 1565 berichten von Gesellen aus Dießenhofen, die widerrechtlich Platten gruben. 1586 verbot man den Landesfremden, Schiefer auszuführen. Für die Einheimischen war der Abbau frei und geschah in offenen Gruben.

Der Schieferbergbau erlebte zwei Blütezeiten, die erste im 17. und die andere im 19. Jahrhundert. Die gewerbliche Verarbeitung zu Tafeln und Tischplatten machte den Schiefer zum begehrten Exportartikel, der in Deutschland, Holland, England und Skandinavien Absatz fand und sogar bis Ostindien verkauft wurde. Die aufkommende Konkurrenz rheinischer und mitteldeutscher Unternehmer verursachte einen lange andauernden Rückgang. Das 19. Jahrhundert brachte einen neuen Aufschwung, weil die 1826 gebaute Fahrstraße den Schiefer verbilligte und das Interesse im Lande an einer feuersicheren Bedachung immer größer wurde. 1833 erklärte das Land die Ausbeutung seines wichtigsten Bodenschatzes als Landesregal. Es übernahm ein Jahr später selber den Betrieb der wichtigsten Abbaustelle am linken Talhang bei Engi. 87 Jahre später wurde der defizitäre Landesplattenberg an einen privaten Unternehmer verpachtet. 1961 stellte dieser den Betrieb ein.

Die Schiefer von Engi dienten als Tisch-, Boden-, Ofen- und Dachplatten, für Wandverkleidungen und Fenstergesimse.

Bei Elm begann man erst um die Mitte der sechziger Jahre des 19. Jahrhunderts Schiefer abzubauen. Der rücksichtslos betriebene Tagbau verursachte den großen Bergsturz vom Jahre 1881. Neue Schieferbrüche existierten bis 1928. Die weniger harten Elmer Schiefer verwendete man zur Herstellung von Schreibtafeln.

Kalk und Ziegel

Ziegler und Dachdecker sind in Zürich seit dem 14. Jahrhundert nachweisbar. Im Glarnerland stammen die bis anhin bekannten ältesten Nennungen von Kalk- und Ziegelbrennern aus dem 17. Jahrhundert. Es ist wahrscheinlich, daß die früher für Bürgerhäuser benötigten Dachziegel und Backsteine (Maurer- und Herdziegel) sowie die Ofenkacheln von auswärts bezogen wurden. 1662 gestattete Glarus dem bereits einmal erwähnten Meister Gabriel Knobel von Haslen den Bau eines Kalkofens bei der Ennendaner Linthbrücke. 1714 verlegte man ihn an den Leimenstutz beim Holenstein. 1736 erhielt Meister Jakob Leuzinger Boden zur Errichtung einer Ziegelhütte hinter dem Burghügel zu Glarus, die bis 1868 in Betrieb blieb. Um 1770 entstand die obere Ziegelhütte am Bergli, die bis 1901 produzierte. Lehm *(Leim)* grub man an verschiedenen Stellen.

Ziegeleien, häufig in Kombination mit Kalköfen, entstanden im 19. Jahrhundert in verschiedenen Gemeinden, u.a. in Schwanden, Netstal, Näfels und Niederurnen. Die Erschöpfung der schmächtigen Rohstofflagerstätten und die seit dem Bahnbau mögliche Zufuhr preisgünstiger Produkte führten dazu, daß die Ziegeleien schon um die Jahrhundertwende aus dem Lande verschwanden. Von Bedeutung blieb allein die Fabrikation von Kalk. Ein von Schwanden nach Netstal an den Kalksporn Elggis verlegter Kleinbetrieb wuchs zur bedeutenden Kalkfabrik Netstal AG. Eine ebenso führende Stellung besitzen die auf ausländisches Rohmaterial angewiesenen Eternitwerke in Niederurnen, die seit 1905 die Schweiz mit ihren vielfältigen Asbestzementprodukten bedienen. Begreiflicherweise begegnen wir im Glarnerland recht häufig Gebäuden, deren Dächer und Wände mit Asbestplatten gedeckt und verkleidet sind.

Importierte Baumaterialien

Einige historische Hinweise müssen genügen, mit relativ frühen Beziehungen zu auswärtigen Baustofflieferanten vertraut zu machen.

Im 16. Jahrhundert, möglicherweise schon früher, bestand die Nachfrage nach gut behaubaren S a n d s t e i n e n für Tür- und Fenstergerichte repräsentativer Gebäude. Der im Land vorkommende alttertiäre Taveyannaz-Sandstein eignet sich seiner Härte wegen nicht dafür. Um 1558 baute man in Glarus ein neues Rathaus. Baumeister war Meister Niklaus Marti von Zürich, der seine Gesellen aus der Stadt mitbrachte. Die Bauaufsicht führte der eben zum Landammann gewählte Ägidius Tschudi. Für die Lieferung von behauenen Steinen zu Tür- und Fenstergerichten sowie von Ziegeln ging man am 13. Juni 1558 den Rat von Zürich an. Dieser verwies die Glarner an den Sandsteinbruch zu Bäch am Zürichsee. 1561 spendete das Land zur Verbesserung des Steinbruches dem Steinmetzen in Bäch einen Beitrag von 8 Gulden. Das Portal samt dem Wappen in Sandstein der 1704 bis 1706 errichteten neuen Kapelle in Netstal führte Meister Jakob Böni von Rapperswil aus.

Woher das Glas für die im Glarnerland seit dem 16. Jahrhundert aufkommenden Fenster kam, bleibt uns im einzelnen unbekannt. Eigene Glashütten gab es nie, und fremde Glaser sind sogar noch im 20. Jahrhundert durch die Dörfer gezogen und haben die Bevölkerung mit ihrem langgezogenen Ruf «Glas» auf ihren Service aufmerksam gemacht.

Am Oberrhein, in habsburgischen und säckingischen Ämtern, sollen schon zu Beginn des 14. Jahrhunderts Glashütten existiert haben. In der Eidgenossenschaft blühte die Glasfabrikation erst nach dem Dreißigjährigen Krieg auf. Glaser aus dem Schwarzwald, worunter die Familie Siegwart, gründeten verschiedene Hütten im Napfgebiet. Zu Beginn des 18. Jahrhunderts waren 15 Glasschmelzereien in Betrieb.

1556 ermunterte die Glarner Regierung offenbar erfolglos einen Zürcher Glaser, ins Land zu kommen. Für die oben erwähnte Kapelle in Netstal lieferte ein Heinrich Frei aus dem Luzernischen 2000 Butzenscheibchen, das Hundert zu 3 Gulden.

Zu den importierten Werkmaterialien gehörten schon im Mittelalter E i s e n und E i s e n w a r e n. Oberitalien belieferte damals auch nördlich der Alpen gelegene Gebiete. Mailand galt als Zentrum der Nagel- und Nadelproduktion. In Como und Chur stellte man Eisenwaren her. Die Schiffahrt auf dem Walensee erleichterte die Versorgung des Landes.

1498 stellte der Rat verschiedenen Münchner Kaufleuten, die in der Eidgenossenschaft mit Salz, Sensen und andern Eisenartikeln handelten, Pässe aus, damit die lebensnotwendigen Güter ins Land gebracht würden. Zu Beginn des 17. Jahrhunderts erlaubte man dem auswärtigen Wilhelm Tschapun nur solange Eisenkrämer zu sein, als nicht ein Einheimischer diesen Beruf ausüben wollte.

Eine gewisse Selbstversorgung mit Eisen war für einige Jahrzehnte im 16. und beginnenden 17. Jahrhundert möglich. Von 1530 bis in die vierziger Jahre verhüttete man in Schwanden geringwertige Brauneisenerze der Doggerstufe von der Guppenalp am Glärnisch. Pochwerk, Schmelzhütte und Schmiede befanden sich auf dem Areal der Plattenau am linken Ufer des Sernf, vor seiner Einmündung in die Linth, dem alten Stapelplatz der Sernftaler Schiefer. Ebenso unbefriedigend war der Abbau der gleichen Erze am Nordfuß des Glärnisch im Klöntal. 1572 begannen die fremden Bergleute aus dem Südtirol auf dem «Isenbergli» östlich vom Rodannenberg am See-Ende im Pochwerk und an den Schmelzöfen ihr Werk. Ihr Produkt war nicht konkurrenzfähiger als das Eisen von Schwanden. Zudem wurden die Exporte nach Zürich auf dem Fluß- und Seeweg von Ziegelbrücke an mit höheren Frachtkosten belastet als das Eisen aus dem Seeztal, dessen Transport vertraglich mit Rückfrachten gekoppelt war.

Wohl der bedeutendste Lieferant blieb bis ins 19. Jahrhundert das Bergwerk am Gonzen im benachbarten Sarganserland und die zugehörigen Schmelzöfen im Seeztal. Von 1483 bis 1798 besaßen die 7 Alten Orte – später kam noch Bern dazu – das Bergregal der Landvogtei Sargans. Das Roteisenerz der Malmstufe mit höherem Eisengehalt wurde bis in die 1870er Jahre, zuletzt in Plons bei Mels, verhüttet. Oswald Heer berichtet, daß 1841 und 1842 Roheisen, Eisen und Gußwaren ausschließlich aus dem Kanton St.Gallen eingeführt worden sind. Der Anschluß des Linthtales an das Schienennetz Europas (1859) ermöglichte schließlich die Importe billigen Eisens aus dem Ausland. In Netstal (1857) und Näfels (1865–1928) entstanden im Zusammenhang mit mechanischen Werkstätten Gießereien, die anfänglich auch die heimische Textilindustrie bedienten.

Landauf, landab zeugen Beschläge, Klopfer und Schlösser an Türen und Kasten vergangener Jahrhunderte für die handwerkliche Kunst der Schmiede. Es ist uns nicht möglich, diesem wenig erforschten Handwerk und seinen Vertretern besondere Aufmerksamkeit zu schenken. Ebenso spärlich sind die Nachrichten von den Hammerschmieden des Landes. Im Zusammenhang mit der Eisenerzeugung im Klöntal bestand in Glarus am Gießen (Dorfbach) nach 1577 eine Hammerschmiede, die 1652 in eine Mühle umgebaut wurde. 1677 gestattete die Tagwensversammlung dem Nagelschmied Jakob Gallati, an der Burg «ein Rädlein in den Gießen zu setzen». Wahrscheinlich war Jakob ein Nachkomme des Meisters Baschli Gallati in Netstal, der gemäß Protokoll des Tagwens vom Jahre 1615 als Zins für einen Garten 100 «feste Nagel» zu liefern hatte. 1837 gab es im Kanton 35 «Nagler, Nietli- und Stiftenmacher». In der zweiten Hälfte des 18. Jahrhunderts wurde in Mühlehorn am Meerenbach und zugleich am Walensee, dem Transportweg des Sarganser Eisens nach Zürich, eine Hammerschmiede eingerichtet. 1954 starb der letzte Glarner Hammerschmied. 1966 konnte der restaurierte Bau mit dem oberschlächtigen Wasserrad, den drei Hämmern und sämtlichem Inventar als würdiger Zeuge der früheren Eisenverarbeitung der Öffentlichkeit übergeben werden.

41 Skizze eines Hakenkammes
42 Skizze eines Querschnittes durch die mit Moos gefüllte Balkenfuge
43 Diesbach, vorkragende Blockwand
44 Engi, Blockwand
45 Elm, Hintersteinibach, «Hinderhus», verwitterte *Gwettchöpf* mit *Tubel*
46 Engi, «Chäfertisen», Zwischengwett im Küchenteil
47 Engi, Vorderdorf, «Altes Bergenhaus» 1558, unterbrochenes Zwischengwett

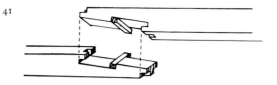
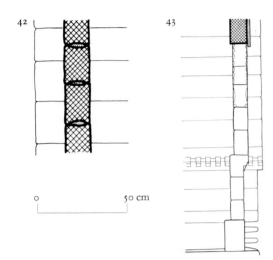

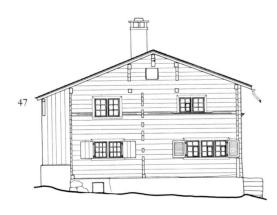

Die Konstruktionsformen der Wand

Das überlieferte ländliche Haus des Glarnerlandes ist ein Wandhaus. Das Geviert der Wände prägt seinen Charakter. Es trägt ein Giebeldach. Die einfachste und entwicklungsgeschichtlich wohl älteste Form weist ein einziges Vollgeschoß mit einem flach geneigten Dach auf. Häuser mit zwei Vollgeschossen überwiegen. Zu ihnen zählen die nachweisbar ältesten Wohnbauten. Die meisten der dreigeschossigen Großhäuser mit steilem Giebel gehören dem 18. Jahrhundert an.

Der Blockbau

Wie überall im nordalpinen Bereich überwiegt auch im Kanton Glarus der Blockbau, dessen Wände aus horizontal liegenden Balken bestehen. Ihre Enden sind derart ineinander gefügt, daß sie einen festen Baukörper, einen Block, bilden. Nach der Form der verwendeten Hölzer unterscheidet man drei Arten: denjenigen aus Rundholz, denjenigen aus halben Rundhölzern, den «Hälblingen», und denjenigen aus Kantholz. Nach der Art des kreuzweisen Gefüges der Balkenenden, die ineinander «verstrickt» sind, nennt man den Blockbau auch «Strickbau». Stehen die Balkenenden vor, bilden sie Vorstöße oder Köpfe, so spricht man von *Chopf-* oder *Gwettstrigg*. Sind die Enden verzinkt, ohne Vorstöße, heißt der Strick *Zapfestrigg*.

Das traditionelle Bauernhaus im Glarnerland ist ein Kantholzblock mit Vorstößen. Aus Rundhölzern errichtete Wohnhäuser gibt es keine. Übliche Verwendung fanden die Rundhölzer beim Bau der Stallscheunen; der Heuraum besteht zumeist aus einem *uuftrööltè* Block.

Die Wand. Die waagrecht aufeinander liegenden, früher mit der Breitaxt gehauenen und später gesägten Kanthölzer ruhen auf einem Mauersockel. Die unterste Balkenlage bildet den Schwellenkranz, *Schwellechranz* oder *Muurfedere*. Die Balken sind bis 18 cm breit und nicht selten bis 60 cm hoch. Manchmal ist auch die zweite und sogar dritte Balkenlage breiter als die darüber liegenden Flecklinge *(Flegglig)*, Hölzer von rund 12 cm Breite und zumeist über 15 cm Höhe. Größere Dimensionen weisen oft die Balken auf, welche die Fensterbank bilden, und die obersten Balken der Traufseiten, die sogenannten *Hoowändlig*. Diese bilden die um das Vordach der beiden Giebelfronten verlängerten Wandpfetten. Übertrifft die Wandlänge diejenige der einzelnen Hölzer, so sind diese in der Länge kammartig (Hakenkamm) ineinandergepaßt (Abb. 41). Die in der Mitte der Lagerflächen der Balken ausgekehlten Hohlräume wurden dicht mit Moos gestopft. Das Gewicht der Hölzer preßt diesen Isolationswulst zur hermetisch schließenden Fuge zusammen (Abb. 42). Beim gut gefügten Balkenwerk ist es tatsächlich schwer, die Fugen zu erkennen. Die Kernrisse in der Mitte der Hölzer sind oft auffälliger.

Flächengliederung. Die Blockwand ragt nie über den Mauersockel vor. Ihre Flucht ist häufig senkrecht. Kommen Auskragungen vor, so sind sie gering. Ein verstärkter Fleckling bildet in diesem Falle die Fensterbank. Auf seine Vorderkante ist dann die darüberliegende Wandfläche vorgeschoben (Abb. 43, 44). Der geringe Vorsprung von etwa 5 cm bleibt nicht selten auf die Giebelfront beschränkt. Aus seiner Wiederholung von Stockwerk zu Stockwerk und der besonderen, durchlaufenden Profilierung der Fensterbänke resultiert eine recht diskrete Flächengliederung.

Die Stabilität der Wände. Holznägel in vertikal gebohrten Löchern, sogenannte *Tubel*, rund 15 cm lange und 3 cm dicke Stifte aus Buchen- oder Erlenholz, verbinden die Balken untereinander (Abb. 45). In erster Linie aber wird die hervorragende Stabilität der Wände und damit des ganzen Blockes durch die Verbände der Ecken und Zwischenwände gewährleistet.

Der Eckverband. Wie einleitend erwähnt, ist die übliche Verbindung der Wände diejenige des «Gwettstrickes»: *Dr Strigg isch gwettet*, ein *Chopf-* oder *Gwettstrigg*. Die Kanthölzer überschneiden sich an den Ecken mit 15 bis 20 cm langen Vorstößen, den *Gwettchöpf* oder *Vorchöpf*. Die Balken sind an den Stellen, wo sie sich kreuzen, oben und unten um so viel eingeschnitten, daß sie dicht aufeinander zu liegen kommen. Der eingeschnittene Teil des Balkens heißt *Hälslig*. Die Vorstöße am Haus heißen *Gwett*. In der Sernftaler Mundart bedeutet *es Gwètt* auch eine unbekannte, meist schwierige, ja sogar gefährliche Stelle in Haus und Hof, Wald und Gebirge. *I weles chaibe Gwètt füersch du mich?*

Das Zwischengwett. Je größer das Geviert der Außenwände wird, um so wichtiger ist die den Block versteifende Funktion der Innenwände. Ihre Vorstöße bilden das *Zwüschegwett*, woran die innere Gliederung des Hauses zu erkennen ist (Abb. 46). Bei Häusern, die vor Mitte des 17. Jahrhunderts errichtet worden sind, durchstoßen nicht alle Balken der Zwischenwände die Außenwand. Die Reihe der Gwettköpfe ist unterbrochen (Abb. 47). Die Balken ohne Vorstöße sind in diejenigen der Hauswand eingenutet. Die jüngeren Blockbauten weisen stets ununterbrochene Zwischengwette auf.

0 5 m

46

48 Mollis, «Rüfihus», «Schwellenschloß» mit Zapfen
49 Mitlödi, «Raihus» 1753,
   «Schwellenschloß» eines Zwischengwetts mit zwei Zapfen
50 Größenvergleich «Spicherhus», Spicherberg, Engi,
   und «Großhus», Elm
51 Konstruktionsschema eines Ständerbaues, Mollis
52 Mollis, Haus «zur Waag», Südfassade
53 Mollis, Haus «zur Waag», heutiger Zustand

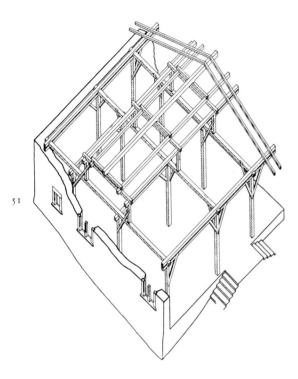

Ein Element des Ständerbaues. Recht häufig durchstoßen die traufseitigen Schwellenhölzer die Frontschwellen mit einem, zwei oder drei durchgeschlitzten, verlängerten Zapfen, die allerdings nicht mit Keilen gesichert sind. Auch die Schwellenhölzer der Zwischenwände, sowohl auf der frontalen Giebelseite wie auf den Traufseiten, weisen das vom Ständerbau übernommene Formelement auf. Beim Blockbau ist dieses sogenannte «Schwellen-» oder «Zapfenschloß» ohne besondere Funktion (Abb. 48, 49).

Größenverhältnisse. Beträchtliche Unterschiede in der Größe der Holzhäuser offenbaren die gesellschaftliche Struktur der Glarner Bauernbevölkerung. Die einstöckigen Berghäuschen haben Grundflächen von rund 5 × 7 m und Firsthöhen von etwa 4 m. Die größten dreistöckigen Großhäuser messen im Grundriß bis 16 × 19 m; ihre Firsthöhen betragen bis 11 m.

Die Abb. 50 illustriert die extremen Bauvolumen von zwei Wohnhäusern im Sernftal. Das «Spicherhaus» unbekannten Alters liegt in rund 1100 m Höhe ü. M. am sonnigen Berghang über Engi Vorderdorf. Noch vor 90 Jahren das Heim einer zahlreichen Familie, dann jahrzehntelang nur zeitweise bewohnt, wird das kleine Berghaus heute als Ferienhaus benützt. Das schmucke «Großhaus» in Elm, ein geschütztes und gepflegtes Denkmal großbäuerlicher Bauweise des 16. Jahrhunderts, fällt jedem Besucher auf. Seine großen und ebenerdigen Kellerräume lassen vermuten, daß sie dem Warenverkehr über den Panixer gedient haben. Eigentümer des stattlichen Baues waren höchst wahrscheinlich die Vertreter der begüterten Familie Elmer, die im Zeitraum von 1594 bis 1696 in aufeinander folgenden Generationen drei bedeutende Landammänner gestellt haben.

Der Ständerbau

Der im Mittelalter stark verbreitete Ständerbau ist für das Schweizer Mittelland und den Jura charakteristisch. Aus ihm entwickelte sich der bedeutend auffälligere Fachwerkbau, der in der Schweiz allgemein unter dem Namen Riegelbau bekannt ist.

Konstruktive Eigenarten. Die Wände des Ständerbaues bestehen aus senkrechten Kanthölzern, den Eck-, Wand- und Firstständern. Je nach der Zahl der Vollgeschosse sind die Ständer in zwei oder mehr Rahmen liegender Balken eingezapft und in den Ecken durch schräge Fuß- und Kopfhölzer versteift. Das untere Rahmenwerk besteht aus den Schwellhölzern, das obere wird *Chranz* oder *Iibund* geheißen. Bei mehrstöckigen Bauten (Abb. 51) sind die Ständer von beträchtlicher Länge. Wenn die großen Gefache mit horizontalen, in die Ständer eingenuteten Bohlen (von etwa 8 cm Dicke) verschlossen sind, spricht man vom «Bohlenständerbau». Ständerbauten weisen bald flache, bald steile Dächer auf. Sie sind in jedem Falle völlig anders konstruiert als diejenigen der Blockbauten. Baumaterialien sind Hart- und Weichhölzer. Für die Schwellen bevorzugte man das widerstandsfähige Eichenholz, für die langen Ständer und für die Bohlen Nadelhölzer.

Das Beispiel des Hauses «zur Waag» in Mollis (Abb. 52, 53). Vor etwa 100 Jahren stellte der Aargauer Linguist und Historiker Jakob Hunziker (1827–1901) auf seinen haus-

54 Mollis, Haus «zur Waag»,
Detail eines Ständers mit Kopfhölzern
55 Mollis, Steinacker, «Glareanhaus». Zeichnung
von Samuel Wilhelm Schindler (1826–1903)
56 Mollis, Steinacker, «Glareanhaus», heutige Ansicht
57 Ennenda, Sturmingen, Ständerbau,
Ansicht hangwärts
58 Ennenda, Sturmingen, Ständerbau,
Detail eines Ständers der Südfassade

kundlichen Reisen durch die Schweiz in Mollis, «außer gemauerten und gewetteten Häusern auch zwei teilweise in Ständern aufgeführte *(g'stüdeti)* Häuser» fest. Er bemerkt im dritten Abschnitt seiner mehrbändigen Monographie des Schweizerhauses, S. 207, daß diese als Einsprenglinge zu betrachten seien. Er nennt und beschreibt recht kurz das Haus «zur Waag» im Oberdorf von Mollis. Hier wurde von 1622 an die zur Versorgung der Dorfbewohner von den Alpen zu liefernde Butter, der «Umgangs-» oder «Mußanken», vom «Ankenvogt» ausgewogen. Noch heute läßt der westliche Hausteil der traufseitigen Südfassade im Oberstock die markanten Merkmale des Bohlenständerbaues er-

kennen: 40 cm breite und mindestens 4,8 m lange Eck- und Wandständer mit den zugehörigen Kopfhölzern (Abb. 54). Darüber erkennt man die kurze Kniestockpartie, die mit senkrechten Hölzern verschalt ist. Der östliche Fassadenteil ist ganz mit Mörtel verputzt, die Giebelwände und die nördliche Traufseite an der Straße bestehen aus Bruchsteinmauern. Hier, wie bei anderen Vertretern der Ständerbauten im Land, ist es ungewiß, ob diese als Mantelmauern jünger sind als der damit verkleidete Ständerbau. Das Alter des stattlichen Zweifamilienhauses, das einen quer zur Firstlinie verlaufenden Mittelgang aufweist, ist nicht bekannt. H. Leuzinger ordnet es dem 16., J. Hunziker der zweiten Hälfte des 15. Jahrhunderts zu. Dorfbewohner schätzen den Bau noch älter ein, er soll schon zur Zeit der Schlacht bei Näfels 1388 bestanden haben.

Die Verbreitung der Ständerbauten im Glarnerland. Wie erwähnt, ist das Haus «zur Waag» nicht das einzige Beispiel einer Ständerkonstruktion, weder in Mollis noch im Kanton. Die ganz oder nur teilweise derart gebauten Häuser sind in den alten Siedlungskernen der Dörfer im Unter- und Mittelland und auch auf dem Kerenzer Berg verbreitet. Weitere Vertreter sind u. a. in Mollis das «alte Rathaus» und im Steinacker das Geburtshaus des berühmten Humanisten Heinrich Loriti, genannt Glareanus (1488–1563), dessen Vater Ratsherr war (Abb. 55, 56). In Näfels verrät das mächtige «Burghus» am Mettlenbach südlich vom Burghügel die Ständerkonstruktion über der Mantelmauer im obersten Stockwerk seiner südlich orientierten Traufseite. Das Volk erzählt, daß vom Burghaus aus ein unterirdischer Gang nach der ehemaligen Burg geführt habe. Diese wurde als Sitz des österreichischen Vogtes 1351 zerstört. An ihrer Stelle entstand 1675 das Kapuzinerkloster Maria-Burg. Für Netstal nennen wir als Beispiel das «Kloster» und das 1952 abgebrannte «Kasino». Das im nördlichen Dorfteil gelegene Haus «Kloster» könnte seiner Bezeichnung entsprechend aus säckingischen Zeiten stammen. In ihm wohnte um 1600 der aus Liestal stammende Landammann Johann Heinrich Schwarz, der das Haus 1597 von Ratsherr J. Stähli gekauft und vergrößert hatte. Das «Kasino» beherbergte rund 200 Jahre früher den bekanntesten Vertreter des ausgestorbenen Geschlechts der Netstaler, Matthias Netstaler, nach Ägidius Tschudi seinerzeit der reichste Eidgenosse. 1416 wurde Netstaler Landammann, blieb aber nur ein Jahr im Amt. Später siedelte er nach Zürich über, wo er das Bürgerrecht erwarb. Wie bei dem Haus «zur Waag» in Mollis ist die Ständerkonstruktion an der Südfassade (Traufseite) des mächtigen Hauskomplexes im Weiler Sturmingen zwischen Ennenda und Ennetbühls festzustellen (Abb. 57, 58). Im Oberdorf von Ennenda lassen die verputzten Fassaden einiger Häuser die Ständerbauweise vermuten. Hier wie in den anderen Gemeinden ist das Äußere und Innere der Gebäude oft derart verändert, daß eine eindeutige Beurteilung unmöglich ist.

Übereinstimmende Merkmale der Ständerkonstruktionen im Glarnerland. Zusammenfassend stellen wir fest: Alle erwähnten Objekte teilweiser oder vollständiger Ständerbauten gehören dem späten Mittelalter, dem 16. und beginnenden 17. Jahrhundert an. Als mehrstöckige Doppelwohnhäuser wurden sie von der Oberschicht der Bevölkerung bewohnt. Quer zum Giebel, von Traufseite zu Traufseite, verläuft ein gemeinsamer Gang, welcher die Wohnungen trennt. H. Leuzinger nennt sie «Mittelganghäuser» (vgl. S. 161 ff.). Die Traufseiten sind in der Regel nach Süden und Norden orientiert. Über geräumigen Kellern reihen sich in südnördlicher Richtung Stube, Küche und Vorratskammer. Im Laufe des 17. Jahrhunderts wurde die Ständerbauweise aufgegeben. Die Begüterten ließen sich Steinhäuser bauen. Die Ständerbauten des Glarnerlandes gehören dem nordalpinen Bereich der flachgiebligen Bohlenständerbauten an.

Der Fachwerkbau

Die reinen Fachwerk-Sichtbauten sind im Glarnerland selten. Erwähnenswert ist nur das schmuckvolle «Stählihaus» in Netstal (Abb. 59). Das mit auffallend ornamental wirkendem Fachwerk versehene Doppelwohnhaus wurde sehr wahrscheinlich von Meister Melchior Stähli 1728 erbaut, dessen Sohn Christian (1685–1747) Ratsherr und Hauptmann war. Weitere Vertreter des reinen Fachwerkes mögen unter den Hüllen späteren Verputzes verborgen sein. Ein kostbares Beispiel eines mit Mörtel zugedeckten Fachwerkbaues ist das von Schiffsmeister Fridolin Wild (1708–1779) im Jahr 1759 in Mitlödi erbaute, vor wenigen Jahren renovierte «Schönenbergerhaus» (Abb. 60). Nahe der Landesgrenze bei Bilten, im Ußbüel, steht ein heute völlig umgestaltetes kleines Bauernhaus, das «Turbehüsli». Seine Gefache waren mit Torf *(Tuurbe)* aufgefüllt. Recht häufig verwendete man im Bereich der Linthebene Rietgräser als Wikkel für die Rutengeflechte, die beidseits mit Lehm verstrichen wurden.

59 Netstal, «Stählihaus» 1728
60 Mitlödi, «Schönenbergerhaus» 1759

Verbreitet sind einfache Fachwerkkonstruktionen mit gemauerten Gefachen bei Nebenbauten, bei An- und Aufbauten. Sie sind oft mit Mauerputz verkleidet. Wer sieht es dem ehemaligen Rathaus des katholischen Standes Glarus in Netstal an, daß es ein um 1745 mit Fachwerk aufgestockter Blockbau ist (Abb. 61). Mindestens seit dem 17. Jahrhundert verwendete man die holzsparende Bauweise für Innenwände (Abb. 62).

Der Steinbau

Das älteste datierte Mauerwerk sind die ausgegrabenen Grund- und Umfassungsmauern des römischen Wachtturmes im «Voremwald» bei Filzbach auf dem Kerenzerberg (vgl. Abb. 18). Der von F. Legler entdeckte Turm stammt aus dem ersten Jahrzehnt nach Christi Geburt. Er diente, zusammen mit entsprechenden Bauten auf dem Biberlikopf bei Ziegelbrücke und der «Strahlegg» bei Betlis am rechten Walenseeufer, für kurze Zeit der militärischen Sicherung des Wasser- und Landweges von Zürich nach den Bündner Pässen. Er soll schon in der zweiten Hälfte des zweiten Jahrzehnts n. Chr. verlassen worden sein. Das ausgegrabene Mauerwerk mit unregelmäßiger Schichtung und oft senkrecht übereinander stehenden Schichtfugen ist für römische Mauertechnik ungewöhnlich. «Man erhält den Eindruck, daß beim Bau Einheimische oder Soldaten mitgeholfen haben, die entweder noch in prähistorischer Trockenmauertechnik befangen waren oder das plattige und harte Steinmaterial nicht auf den römischen Mörtelbau anzuwenden verstanden» (R. Laur-Belart, 1960).

Trockenmauern. Bruchsteine werden schon seit prähistorischen Zeiten ohne Mörtel zu Mauern gefügt. Noch heute sind sie überall anzutreffen: im Tal als Grenzmauern der

61 Netstal, «Altes Rathaus»
62 Mollis, Beglingen, «Großhus», Fachwerk der Gangwand
63 Elm, Goltisberg, Trockenmauerwerk eines Berghüttchens

Liegenschaften, als Wuhre der Runsen und Lawinenschutzbauten einzelner Gebäude, in den Berg- und Alpengebieten sogar als Mauerwerk von Bauten (Abb. 63).

Spätmittelalterliche Massivbauten. Aus dem späten Mittelalter stammen die Ruinen einer im Vergleich zu wichtigen Durchgangstälern der Alpen dürftigen Anzahl von Burgen. Auf Bergsturzhügeln und Felsspornen in geringer Höhe über dem Talboden gelegen, waren sie die Wohnstätten des niedern Adels, der im Dienste des Klosters Säckingen stand. Als die öffentlich-rechtlichen Herrschaftskompetenzen 1288 mit dem Meieramt an die Habsburger übergingen, verloren seine Vertreter ihre Existenzberechtigung. Verschiedene der Ritter und Edlen wanderten nach Zürich aus, und ihre Wohnsitze zerfielen. Die von den Habsburgern übernommenen Burgen in Näfels und Niederurnen (Oberwindeck) wurden schließlich 1351 und 1386 zerstört. Wann die Burgen bei Sool (Sola), Schwändi (Benzigen) und Oberurnen (Vorburg) aufgegeben worden sind, bleibt unbekannt.

Feste Häuser. Spärlich sind die historischen Berichte von festen Häusern inner- und außerhalb der Siedlungen, die als «Türme», als «Burgen» oder «Bürgli» oder als «Wighäuser» bezeichnet worden sind. Es waren Verwaltungsgebäude, Wohnsitze von Beamten, die Steuern und Abgaben zu erheben hatten, selber aber auch Bauern waren. Das Rechtsbuch des Reiches, der in den 1270er Jahren abgefaßte sogenannte Schwabenspiegel, dessen Gesetze auch für unser Land galten, erlaubte den Bau von Steinhäusern bis zu drei Stockwerken, doch ohne Zinnen und Brustwehren zur Verteidigung. Daß es auch im Glarnerland Wohntürme gegeben hat, wie sie aus Graubünden, der Innerschweiz, aber auch aus dem Gaster (Rufi bei Schänis, Kaltbrunn) bekannt sind, daran ist nicht zu zweifeln. Die Vorstellung von einem einzigen Verwaltungszentrum Säckingens in Glarus ist überholt. Über den Aufbau der klösterlichen Administration hat man sich, ungeachtet der in Flur- und Gebäudenamen verbürgten Fakten, nie Rechenschaft gegeben. Die baugeschichtlichen Befunde vermögen hier und dort, bestimmt oder nur wahrscheinlich, die Lücken des schriftlichen Nachlasses aus säckingischen Zeiten zu verkleinern. Verschiedene feste Häuser haben sich bis in die Gegenwart erhalten, allerdings umgestaltet, oft in jüngere Bauten einbezogen.

«Wighaus». Unterhalb von Netstal existierte eine heute nicht mehr feststellbare Siedlung «Wighusen», für die urkundlich 1289 gleichnamige Bewohner nachgewiesen sind. Wighäuser (mhd. *wic*, Kampf) waren Massivbauten, die sich zur Verteidigung eigneten. Das «Wighus» am Fuße der Wiggiskette im Unterland muß wie die Höhenburgen vor dem Erlaß der erwähnten Bestimmung des Schwabenspiegels entstanden sein. «Uolrich Wighus, der Ober», starb um 1318 ohne männliche Nachkommen. «Uolrich Wighus, der Unter», war in Mollis wohnhaft. Seine Nachkommen nannten sich Wiggiser. Um 1400 änderten sie den Familiennamen nach dem Beruf in Schindler um. Noch spärlicher sind die Kenntnisse von einer kleinen Wasserburg im Riet der glarnerischen Linthebene (unterhalb von Mollis?), die nach der Chronik von Johannes Stumpf Stammsitz der nachweisbaren Venner in Omen (Auen?) gewesen sein soll. Die Venner starben um 1470 aus.

64 Schwanden, Hoschet, «Heidenhaus» Grundriß
65 Mollis, Beglingen, «Großhus»
66 Filzbach, Oberdorf, Haus mit Bretterschirm
67 Filzbach, Haus mit Schindelverkleidung

Wohntürme. Das Jahrzeitenbuch von Linthal überliefert uns den Namen von «Hug Wala zer burg» in Rüti. Wir dürfen sicher sein, daß es sich bei dieser Burg um den rückseitigen Mauerkern des Hauses am «Spielhof» handelt, in dem 1972 bei einer Renovation eine Balkendecke zum Vorschein kam, die aus der zweiten Hälfte des 15. Jahrhunderts stammen muß. Damals baute man dem Gebäude den gestrickten Holztrakt an. Der wohnlichere Bau diente als lokales Rathaus. Seine frühere Bezeichnung «Burg» ging verloren, die neue bezieht sich auf den ehemaligen Übungsplatz militärischer Musterungen. Das Haus am «Spielhof» kann in Anbetracht des zerstreuten Säckinger Grundbesitzes kein Einzel-

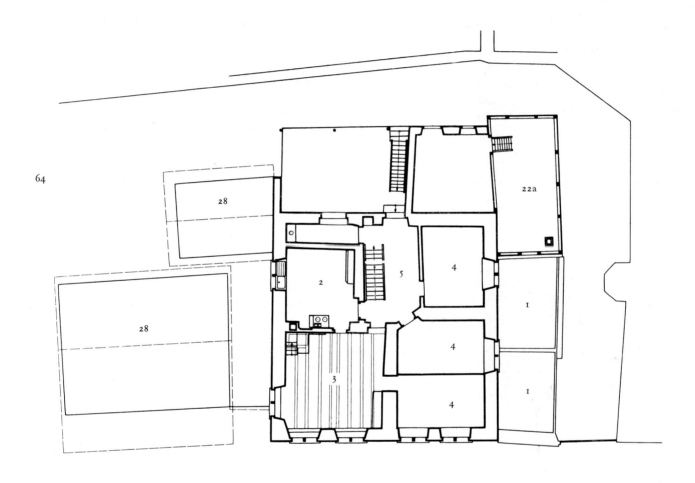

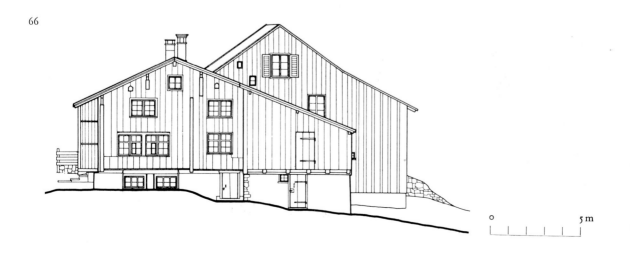

fall sein. Es ist verständlich, daß die Bevölkerung die vor 1395 Säckingen gehörenden Wohnstätten inmitten der Siedlungen nicht wie die Höhenburgen zerfallen ließen. J. Winteler erwähnt in seiner 1946 erschienenen Darstellung der Burgen des Kantons die Aussage des in Schwändi aufgewachsenen Philologen Andreas Baumgartner (1844–1936), wonach mitten im Dorf Schwändi ein «Heidenhaus» den Namen «auf dem Turm» trug.

Nach der volkstümlichen Überlieferung sind «Heidenhäuser» besonders alte Wohngebäude, die in irgendeiner Hinsicht einmal von Bedeutung gewesen sein müssen. Heidenhäuser gibt es auch in anderen Gemeinden, z.B. in

65

67

Schwanden, Nidfurn, Betschwanden, Engi. Das «Heidenhaus» in der Hoschet (Hofstatt) in Schwanden ist ein im Grundriß 12 × 12 m großer Massivbau, dessen Mauergeviert als Ganzes erhalten blieb (Abb. 64). Das Haus «zur Hoschet» in Nidfurn, das Stammhaus der Blumer von Nidfurn, im Grundriß 13 × 13 m, muß ebenfalls aus einem Wohnturm entstanden sein. W. Blumer weist darauf hin, daß die Liegenschaft der Nidfurner Hube des Säckinger Urbars angehörte. Auch die Grundrisse der Heidenhäuser in Betschwanden und Engi (im «Grund») erinnern stark an das Beispiel der im 15. Jahrhundert zum Wohnhaus umgestalteten «Burg» zu Rüti. Turmartigen Charakter haben ferner das massive «Stüssihaus» (15 × 15 m) im Zusingen bei Haslen wie auch das auf Seite 21 erwähnte Doppelhaus in Elm. Wenn Rüti, damals Brückenort nach Linthal, nach dem Klausen-, Sand- und Kistenpaß, ein festes säckingisches Haus aufwies, warum soll Elm am Fuß des bedeutenderen Panixerpasses keinen

Wohnturm aufgewiesen haben? Gotische Stilelemente an Türen und Fenstern, in den Stuben und Kammern zeugen zumeist für den im 15. und 16. Jahrhundert erfolgten Umbau.

Städtische Massivbauten. «Neue» Steinbauten entstanden seit dem 15. Jahrhundert unter dem Einfluß der wachsenden Städte, wo das Holz als Baustoff aus verschiedenen Gründen wenig geschätzt wurde. Die von Zürich beeinflußte Architektur verlieh dem Steinhaus und damit seinen Bewohnern, dem sich entfaltenden Patriziat bäuerlicher Herkunft, ein besonderes Ansehen. Glarus, der durch Landsgemeindebeschluß erkorene Hauptort, erhielt die ersten «städtischen» Steinhäuser. In diesem Zusammenhang ist die vom Bauherrn, Landschreiber Rudolf Mad, selber überlieferte stolze Kunde vom 1465 begonnenen Bau seines Steinhauses verständlich. Er blieb nicht allzulange Einzelfall. Erst langsam und seit dem 17. Jahrhundert rascher fand der Massivbau in den wachsenden Dörfern Eingang, bis er im 19. Jahrhundert «Allgemeingut» wurde. Für das 16. Jahrhundert lassen sich im Flecken Glarus die ersten Häuserreihen feststellen. Im 19. Jahrhundert wuchsen die Zeilen zu neuen Quartieren, Wohnstätten der Arbeiter, Handwerker, Angestellten und Beamten. Der Rückgang der landwirtschaftlichen Bevölkerung erübrigt den Bau von Bauernhäusern. Frei werdender Wohnraum wird von zugewanderten Arbeitnehmern bezogen.

Gemischte Formen

Wie schon erwähnt, sind bei Bauten aus dem 16. und 17. Jahrhundert schützende Mantelmauern, welche die Block- und Ständerbauten kleiden, nicht selten anzutreffen (Abb. 65). Allgemein verbreitet ist das Mauerwerk hingegen als Unterbau, als Rückwand und Feuerwand. Bei den Kleinhäusern der Bergliegenschaften ist der gestrickte Holzbau meist schlecht untermauert. Die Stellung am Hang hätte einen höheren und darum auch sorgfältigeren Unterbau erfordert, wie denn die Häuser im Tal in der Regel ein gut und vollständig ausgebautes Sockelgeschoß aufweisen. Die massive Feuerwand zwischen Küche und Stube, zwischen der Feuerstelle und dem Ofen, ist schon den ältesten erhaltenen Holzbauten aus dem 15. und 16. Jahrhundert eigen. Daß seither die Küchenräume ganz in Stein gebaut wurden, bei Einfamilien- wie bei Mehrfamilienhäusern, erklärt sich aus Sicherheitsgründen.

Die Verkleidung der Außenwände

Zum Schutz und zur Isolation – darum oft nur auf der Wetterseite – oder auch zur (vermeintlichen) Verschönerung sind die Außenwände ungezählter alter Blockbauten verkleidet. Von den Mantelmauern war bereits die Rede. Die Sitte, die Hauswände mit senkrecht oder waagrecht befestigten Brettern zu verschalen oder mit Schindeln zu schirmen, mag schon vor dem letzten Jahrhundert geübt worden sein. Auf dem Kerenzerberg nennt man den Bretterschirm nach H. Marti *Blaini* (Abb. 66), eine mit Schindeln gedeckte Wand *e gschipfeleti Wand* (Abb. 67). Die im Appenzellerland verbreitete Vertäferung ist nicht üblich.

Am stärksten verbreitet ist der Mörtelverputz, der Massivbauten vortäuscht. *Z verblände* ist im letzten Jahrhundert

68 Niederurnen, Rüti, mit Holznägeln gespickter Balken für den Mörtelverputz
69 Nidfurn, Überreste des entfernten Verputzes auf einem Lattengerüst
70 Niederurnen, mit Eternit ungleich verkleidetes Haus

große Mode geworden, *verbländeti Holzhüüser* sind für alle Glarner Fabrikdörfer charakteristisch. Der Kalkverputz haftet entweder auf den mit Holznägeln dicht gespickten Balken (Abb. 68), auf einem feinen Lattengerüst (Abb. 69) oder auf einem Drahtgeflecht. Eternitverkleidungen sind besonders in den letzten Jahren aufgekommen. Gegen die Verbreitung «amerikanischer Wetterschutzverkleidungen» wehren sich die Fachleute und die Vertreter des Heimatschutzes. Neue Varianten häßlicher Fassadeneindrücke zu erwähnen erübrigt sich, es gibt genug abschreckende Beispiele. Auffällig sind die halbierten Häuser, wenn sie nicht gleich oder nicht gleichzeitig verkleidet worden sind (Abb. 70).

Das Dach

71 Rüti, Haus am «Spielhof»,
Kerbschnitzerei an einem Balken der Stubendecke,
Waldohreule, 15. Jh.
72 Netstal, kreuzförmige Luftlöcher

Kein «Dach über dem Kopf haben» bedeutet soviel, wie nirgends zu Hause zu sein. «Das Haus ist so viel wert wie sein Dach». Die im ersten Landsbuch 1448 von den Teilhabern gemeinsamen Hausbesitzes geforderte Sorgfaltspflicht, die «gemächer mitt tecken in eren» zu halten, dokumentiert die für den Zustand des Hauses entscheidende Funktion des Daches. Dächer «machen» Häuser, prägen den Horizont der Siedlung, bestimmen den Charakter und Erlebnisgehalt der «Dachlandschaft».

Volkskundliches

Das Dach schützt den engsten Lebensbereich der menschlichen Gemeinschaft vor den dämonischen Kräften. Bei fast allen Völkern ist es darum Gegenstand von Glaubensvorstellungen und Bräuchen. «Der First galt den Alemannen als der heiligste Teil des Hauses. Sobald das neugeborene Kind ihn erblickte, wurde es als lebens- und damit als erbfähig erkannt» (G. Thürer, Kultur). Oswald Heer (Gemälde, 1846) berichtet, daß es früher Sitte war, das Bett Sterbender, bei denen der Todeskampf lange dauerte, unter den Hausfirst zu stellen. Nach dem Verscheiden habe man das Fenster geöffnet. Warum hat der Schöpfer der Flachschnitzereien an der Stubendecke im Haus am «Spielhof» in Rüti das einzige dargestellte Tier, eine Waldohreule (Abb. 71), auf den Balken geschnitzt, der in der Mitte des Hauses unter dem Firstholz verläuft? Hatte sie das Gebäude vor Blitzschlag, Feuer und anderem Unheil zu bewahren? Möglicherweise sind auch die kreuzförmigen Luftlöcher in den Giebelfeldern der Dachstöcke alter Bauten Zeichen der Abwehr des Bösen (Abb. 72).

Wie anderswo, so auch im Glarnerland, gibt das Aufsetzen der Dachkonstruktion noch heute Anlaß zum Fest der Aufrichte. Einst galt sein Sinn dem symbolhaften Zuschließen des Hauses. Erst im «bedachten» Zustand kann der Neubau unter den Schutz der guten Mächte gestellt werden. Das mit farbigen Bändern geschmückte Tännchen der Zimmerleute ist nicht allein Fest-, sondern auch Glückszeichen und findet vorn am Firstholz den wirkungsvollen Platz. Der Bauherr kredenzt an der *Uufrichti* den *Füürschtwii*. Gemeindeprotokolle vergangener Jahrhunderte berichten von dieser Sitte, der sich weder der Private noch die Gemeinschaft entzog.

Dachform und Dachneigung

Bei den herkömmlichen ländlichen Bauten herrscht das zweiseitige Giebeldach vor, das die Giebelwände frei gibt.

73 Bilten, Unterbilten, atypische Dachform
74 Rüti, Haus mit flachem Giebeldach 1801
75 Matt, Brummbach,
   Haus mit mittelsteilem Giebeldach 1807
76 Haslen, Haus «zum Dachstuhl» 1792
77 Braunwald, Giseneggli, Schindeldach

73

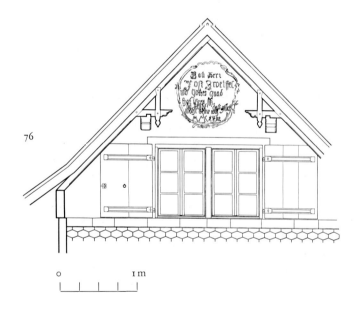

76

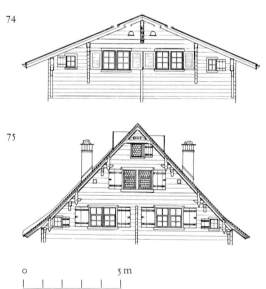

74

75

77

Alle anderen Dachformen sind atypisch (Abb. 73). Dächer mit einer Neigung der Dachfläche zur Horizontalen des Dachfußes von 15 bis 30 Winkelgraden zählt man nach M. Gschwend zu den flachen Dächern. Mittelsteile Dächer weisen Winkel von 30 bis 50° und Steile von über 50° auf. Das ursprüngliche Bauernhaus des Glarnerlandes, ob klein oder groß, trägt ein flaches Giebeldach, das *Tätschtach*. Diese Bezeichnung, deren sprachliche Ableitung ungewiß ist, kann in Anbetracht der Tatsache, daß auch große Häuser flache Giebel tragen, kaum etwas Rückständiges bedeutet haben. Abb. 74 und 75 demonstrieren die Dachneigung von zwei fast gleichaltrigen, mehrstöckigen und durch den First geteilten Doppelwohnhäusern. Das 1801 erbaute, damals mit Schindeln gedeckte Tätschdachhaus (22°) steht an der Hauptstraße im Dorf Rüti. Der 1807 errichtete Strickbau mit mittelsteilem Dach (46°) präsentiert sich am Brummbach bei Matt. Sein Bauherr war Landesseckelmeister Johann Ulrich Elmer (1765–1825). Das Dach ist mit Schiefer gedeckt.

Traditionelle Maße. Nach den Erhebungen von R. Trüb (1947) beurteilten alle Glarner Zimmerleute die Dachneigung, mundartlich *Rööschpi*, nach dem Verhältnis der Giebelhöhe zur Giebelbasis. Danach unterschieden sie z. B. nach den Verhältnissen 1:4 (26°), 1:3 (34°) und 1:2 (45°) Viertel-, Drittel- und Winkeldächer. Der 1871 geborene Zimmermann H. Z. in Elm berichtete, daß das Normalverhältnis bei Häusern 2:7 (30°) und bei Ställen 1:3 betrage, früher sei es bei Schindelbedachung 1:4 gewesen.

Die traditionellen Maße erklären uns die bei alten Holzbauten auffällige Übereinstimmung der Dachschräge bei Häusergruppen (Abb. 36, 154). Wir bewundern die Einheitlichkeit von Gebirgsdörfern, deren Gebäude, Häuser wie Ställe, zudem mit den gleichen Materialien (Gneisplatten) gedeckt sind. Die meisten Flachgiebeldächer der Glarner Wohngebäude, wie auch der Stallscheunen weisen ein Gefälle von 20 bis 25° auf. Die im 18. Jahrhundert auch bei den Bauernhäusern aufkommenden steileren Giebel mit 40 bis 50° Neigung gehören der Kategorie der mittelsteilen Giebeldächer an.

Das flache Giebeldach. Die mundartliche Bezeichnung *Tätschtach* (wie auch *Tätschhus*) ist sicher nicht von romanisch tegia «Dach, Hütte» abzuleiten; *Tätsch* bezeichnet in der Mundart ursprünglich einen «Schlag», dann, wie auch in *Tätschchappe*, etwas Plattes, Flaches. Im Vergleich zum vornehmer wirkenden steileren Giebel mit geknickten Dachflächen fällt das flache Giebeldach wenig auf. Doch muß sein Eindruck zu Zeiten, als es noch mit Latten und Steinen beschwerte Brettschindeln trug, unvergleichlich stärker gewesen sein. Der Städter empfand ihn damals als rückständig. Über die Dächer von Glarus berichtet im 18. Jahrhundert der Zürcher Johann Conrad Fäsi: «Einem Fremden ist es hier anstößig, daß, da in dem Flecken alles einer schönen wohlgebauten Stadt ähnlich ist, die meisten Häuser mit großen Schindeln bedeckt sind; doch wird auch hierin allgemach der Geschmack verbessert». Das flache Giebeldach bietet den Vorteil, daß die winterliche Schneelast vor Sturm und Kälte schützt.

Das steile Dach. Die Steildächer «städtischer» Bauten treten im Hauptort schon im 16. Jahrhundert auf. Doch übertrug sich die Mode vom herrschaftlichen Steinhaus auf das bäuerliche Holzhaus begüterter Landwirte hauptsächlich erst im 18. Jahrhundert. Die Verwendung des Nagels zur Befestigung der Schindeln und des Schiefers erlaubte die Steile. In Haslen heißt noch heute das 1792 von Tagwenvogt, Schützenmeister und Schullehrer Jost Zweifel (1744–1801) erbaute steilgieblige Holzhaus «zum Dachstuhl», ein Hinweis darauf, daß seine Dachform im Dorf als etwas Besonderes empfunden wurde (Abb. 76). Zahlreiche Häuser, die man aufstockte, wurden mit steilen Dächern versehen. Das größere Dachvolumen erlaubte seine bessere Ausnützung mit Kammern, Dielen und Abstellräumen. Der für die Dächer charakteristische Knick der untern Dachfläche läßt für die traufseitigen Räume des obersten Vollgeschosses mehr Licht zu. Der erhöhten Gefahr von Schneeschlipfen begegnete die Landesregierung mit der Forderung von entsprechenden Sicherheitsmaßnahmen. Die Besitzer steilgiebliger Häuser wurden verpflichtet, «den ab ihren Dächern zur Unsicherheit der Landstras gefallenen und weiteren abfallenden Schnee dergestalten» fortzuschaffen, «damit kein Unglück hiraus erfolge». Zudem hatten sie «Latten auf dem Dach vorspannen» zu lassen, «damit nicht durch einesmal herabfallende Schlipf Leuth und Gut in Gefahr und Schaden gesetzt werden» (J. Hefti, 1770 bis 1798).

Die Dachmaterialien

Das mit klafterlangen (1,50 m), 20 bis 30 cm breiten und 2½ bis 3 cm groben Brettschindeln lose gedeckte und mit Schwerhölzern und *Schwaarstai* belastete Dach ist schon lange verschwunden. Die Latten und Steine tragenden Dächer mit nur halb so langen, breiten und dicken Schindeln *(Chlepfschindle)* in 5–6 Lagen sind selten geworden. Wir finden sie noch bei einigen Berghäuschen und Stallscheunen (Abb. 77).

Seit Beginn des 19. Jahrhunderts förderten die Gemeinden die vor Flugbränden sichere harte Bedachung mit Schiefer und Ziegeln durch Prämien. Ein Dachbrand in Ennenda veranlaßte 1843 den Gemeinderat von Glarus zur Verfügung, daß innerhalb von 15 Jahren die Holzdächer mit großen Schindeln und innerhalb von 30 Jahren die mit «Kläpfdachschindeln» zu verschwinden hätten. Neue Häuser durften seit 1825 auf öffentlichem Grund und seit 1845 auch auf privatem Boden nur noch mit harter Bedachung gebaut werden. 1856 hoben die Bürger die unbequemen Fristen auf. Vor dem Brand 1861 war noch die Hälfte der Dächer mit Schindeln bedeckt. Auf Anregung des Gemeinderates von Glarus befaßte sich bereits 1844 der Landrat mit einem Entwurf über die Einführung einer «allgemeinen Steindachung» im ganzen Kanton. Ein kantonales Obligatorium wurde an der Landsgemeinde 1865 verworfen, der Entscheid den einzelnen Gemeinden überlassen. In Netstal z. B. zählte man 1863 noch 460 Gebäude mit Schindeldächern. Von den 391 Bauten mit «hölzernen Umfassungswänden» waren 277 mit Schindeln gedeckt, erst 114 wiesen «harte» Bedachung auf.

Es ist gewiß, daß der Brand von Glarus dazu geführt hat, daß die Schindeldächer schneller als in andern Alpentälern verschwunden sind. Der Straßenbau ins Sernftal in den 1820er Jahren verbilligte den Schiefer, und die Eröffnung der Bahnlinie nach Glarus 1859 erleichterte die Einfuhr von Ziegeln.

78 Engi, Schieferdach
79 Braunwald, Giseneggli, Detail Schindeldach
80 Braunwald, Stachlen, reines Pfettendach einer Stallscheune
81 Braunwald, Läriberg, reines Pfettendach einer Stallscheune
82 Matt, Brummbach, «Stegguet» Firststütze
83 Niederurnen, Rüti, Firststütze

Man nennt die kleinen Schindeln *Schipfi*, die maschinell hergestellten *Schipfeli* (womit Wände verkleidet werden), die Person, die schindelt, *Schipfeler*. Wie schon erwähnt, nannten sich um 1400 die Nachkommen der in Mollis wohnenden Wiggiser *(Wighus)* nach dem heutzutage aussterbenden Beruf. Die Glarner Schindler haben dem Land und auch der Eidgenossenschaft bedeutende Männer geschenkt. Heute soll ein einziger Dachdecker im Kanton, ein gebürtiger Urner, das Metier, Dächer mit Schindeln zu decken, noch ausüben, wobei ihm ältere Urner helfen.

Der Schiefer. Das landeseigene harte Bedachungsmaterial, der tertiäre, ausgezeichnet ebenflächig spaltbare Tonschiefer aus dem Sernftal fand im 19. Jahrhundert allgemeine Verbreitung. Oswald Heer (1846) berichtet: «Am meisten Platten werden seit mehreren Jahren zur Dachdeckung geschnitten. Es werden zu diesen auf 36 Quadratfuß 30 Stück Viereker (Platten von 40×50 cm) bei einer Sprengung von 8 Zoll gebraucht; 65 Steinli (kleinere Platten) bei einer Sprengung von 5 Fuß usw. In unserem Lande werden meistens Viereker gebraucht, welche die solideste Bedachung geben; aus dem Lande ausgeführt werden vornehmlich Steinli und Spitzplatten. Da die Schiefer eine sehr gefällige, dauerhafte, feuerfeste, Hagelwetter aushaltende Bedachung geben, empfehlen sie sich vor allen andern Bedachungsmaterialien, um so mehr, da sie einen viel leichtern Dachstuhl erfordern als die Ziegel. Im Kanton Glarus steht ihrer allgemeinen Einführung am meisten der Übelstand entgegen, daß der Schnee auf denselben nicht hält und dann um die Häuser herum sich anhäuft, doch kann diesem durch Anbringung von Querlatten begegnet werden. Im Kanton Zürich, wo keine so großen Schneemassen fallen wie in Glarus, wenden die Baumeister, welche der Schieferbedachung der Mehrzahl nach abgeneigt sind, da die meisten Ziegelbrennereien besitzen, vorzüglich ein, daß sie heftigen Windstürmen nicht genügenden Widerstand zu leisten im Stande seien. Nagelt man aber die Platten fest (früher wurden sie nur angehängt) und gibt den Dächern eine etwas steilere Lage, werden auch diese Einreden verstummen müssen.»

Wie den Schindeldächern, so ist mit der Aufgabe des letzten Schieferbruches in Engi (1961) auch das Los der Schieferdächer gesprochen (Abb. 78). Ziegel und Eternit sind die Nachfolger. Blech findet allgemein geringe Verwendung.

Die Dachkonstruktion

Form und Neigung des Daches werden vom Dachgerüst bestimmt. Anderseits beeinflußt das zur Verfügung stehende Bedachungsmaterial seine Konstruktion. Für lose Schindeln war ein steiles Dach nicht geeignet. Der materialbedingte bodenständige Flachgiebel der Block- wie der Massivbauten wird von den in Firstrichtung verlaufenden Tragbalken, den Pfetten *(Tachbäum)*, getragen. Diese ruhen auf den Giebel- und Traufwänden. Die Zahl der Pfetten beträgt auch bei Doppelhäusern meistens fünf: eine Firstpfette *(Fürschtholz* oder *Fürschtbaum)* und je zwei Mittel- und Wandpfetten *(Hoowändlig)* (Abb. 132). Die Pfetten tragen die in Richtung der Dachneigung laufenden «Rafen» *(Rafe)*. Auf diesen ruhen die Dachlatten, welche wie die Pfetten horizontal verlaufen. Auf ihnen liegen, lose, genagelt oder eingehängt, die Materialien der Dachhaut (Abb. 79).

Reines Pfettendach. Das Pfettendach ohne Rafen, bei dem bedeutend mehr als fünf Pfetten die großen Schindeln trugen, ist sehr wahrscheinlich die ursprüngliche Dachkonstruktion der Glarner Blockbauten. Recht häufig ist sie noch bei alten Stallscheunen anzutreffen, z. B. auf Braunwald und im Sernftal. Abb. 80 zeigt die Stallscheune der Liegenschaft «Stachlen» (Stachelberg!) auf Braunwald. Ihr Dach trägt auf jedem Giebelholz je eine Pfette (*Chatz-* oder *Schlaafbaum*), mit der Firstpfette insgesamt 11 Pfetten. In ein Pfetten-Rafendach umgewandelt, ist es seit geraumer Zeit mit Eternit gedeckt. Ein Musterbeispiel *vu me gchatzbaumete Tach* bietet, ebenfalls auf Braunwald, die Stallscheune des «Läriberges» (*Läri*, Hilarius). Es weist 37 Pfetten auf, die bis in die 1920er Jahre 90 cm lange und 12 cm breite Brettschindeln trugen (Abb. 81). Seither besteht die Dachhaut aus kleinen Schindeln (*Nagel-* oder *Halbschindle*), die auf einer Verschalung mit quer zu den Pfetten liegenden Brettern (ohne Rafen) befestigt sind.

Firststütze im Giebeldreieck. Ein weiteres altes, im Kanton Glarus aber nur selten feststellbares Konstruktionselement ist der Firstpfosten im Giebeldreieck, der «Giebel-» oder «Mantelstud», auch «Firstsäule» geheißen. Im Wallis, im Berner Oberland und auch in Graubünden nennt man ihn «Heidenbalken». Wie das unverkeilte Schwellenschloß bei Blockbauten ist auch er ein Element der Ständerkonstruktion. Als Mittelpfosten auf dem obersten eingewetteten Balken der Giebelwand eingesetzt, trägt er als Stütze die Firstpfette und gibt den eingenuteten liegenden Hölzern des Giebeldreieckes, die ohne Eckverbindung sind, Halt. Das undatierte Haus im «Stegguet» auf der linken Talseite oberhalb von Matt (Brummbach) wurde kürzlich renoviert (Abb. 82). Das bedeutend kleinere Giebelfeld des Hauses in der Rüti, am Weinberg, in Niederurnen wird von senkrecht angeordneten Hölzern verkleidet (Abb. 83). Die später bessere Balkenbindung im Giebelfeld, in erster Linie aber die Konstruktion des Dachstuhles, haben die Firststütze im Giebeldreieck erübrigt.

Pfetten-Rafendächer. Die Dächer der Glarner Blockbauten sind größtenteils Pfetten-Rafendächer. Das Dach hängt an der Firstpfette und liegt auf den obersten Balken der Traufwände, den Wandpfetten *(Hoowändlig)*, auf. Bei Kleinbauten ruhen die Mittel- und Firstpfetten oft nur auf den Giebelwänden. Bei größeren Häusern werden sie zusätzlich von den Flecklingen der Firstkammerwände oder von einem besonderen Gerüst, dem Dachstuhl, getragen. Der aus vertikalen und horizontalen Balken, oft mit schrägen Verstrebungen errichtete sogenannte «stehende Stuhl» ist die Regel (Abb. 84, 85). Steile Dächer wie z. B. dasjenige des Brummbachhauses in Matt, weisen zwei übereinander angeordnete stehende Stühle ohne Firstpfetten auf (Abb. 86).

Kniestock. Bei den alten Ständerbauten bildet das Pfetten-Rafendach mit stehendem Stuhl einen «Kniestock». So nennt man den im Querschnitt fünfeckigen Dachraum, der halbhohe Seitenwände aufweist (Abb. 87). Die Balken, die von Traufwand zu Traufwand verlaufen (Ankerbalken), liegen über dem Dachboden und erschweren die Nutzung des Dachraumes.

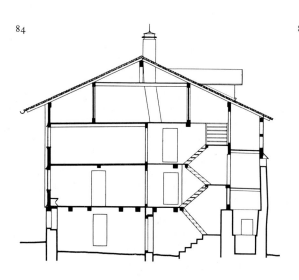
84

85
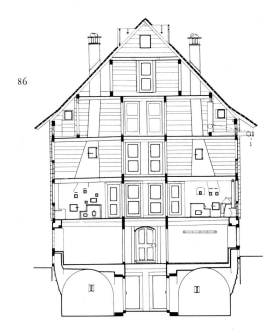
86
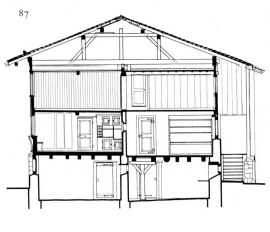
87
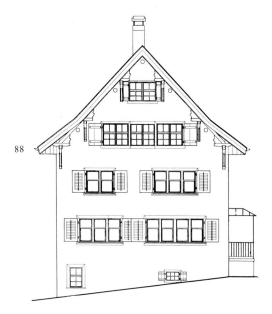
88

0   5 m

84 Elm, Vorderauen, stehender Stuhl, Querschnitt
85 Mollis, Rüfi, stehender Stuhl
86 Matt, Brummbach, übereinander angeordnete stehende Stühle, Querschnitt
87 Mollis, Oberdorf, Kniestock, Querschnitt
88 Hätzingen, «Alter Adler», Sparrendach mit Pfettenzimmerung
89 Schwanden, 2,10 m breiter Dachüberstand, datiert 1680
90 Nidfurn, geknickte Dachfläche eines Sparren-Pfetten-Steildaches
91 Matt, Brummbach, geknickte Dachfläche eines Pfetten-Rafendaches

Sparrendach mit Pfettenzimmerung. Sparren verlaufen wie die Rafen, hangen aber nicht über Pfetten, sondern sind als freitragende Hölzer fest mit horizontalen Querbalken, den Ankerbalken oder Querbindern, verbunden. Die Dachflächen stehen auf den Traufwänden. Das reine Sparrendach, in den Südalpen verwendet, hat keine Pfetten.

Im Glarnerland kommt eine der zahlreichen Mischformen von Sparren- und Pfettenkonstruktionen vor, die im schweizerischen Mittelland verbreitet sind: das Sparrendach mit Pfettenzimmerung und stehendem Stuhl. Die im 18. Jahrhundert gezimmerten mittelsteilen Dächer (mit dem charakteristischen Knick) weisen zumeist Sparren auf, die von Zwischenpfetten (ohne Firstpfette) versteift werden, die ihrerseits auf stehenden Stühlen ruhen (Abb. 88).

Der Dachüberstand

Von seiner Reise ins Glarnerland am 29. und 30. Juli 1776 berichtet der englische Geistliche William Coxe (1747–1828): «Alle Häuser sind wie in Appenzell von Holz gebaut; weit, dauerhaft und fest, mit großen Vordächern, die sehr tief herab und weit über den Grund des Gebäudes herüberhängen. Diese besondre Bauart dient, den Schnee abzuhalten; und das Sonderbare davon stimmt mit der schönen Wildheit des Landes trefflich zusammen». Die Glarner nennen den Dachüberstand allgemein *ds Vortach*, denjenigen der Traufseiten auch etwa *ds Siitevortach*. Zum Schutz der Wände und Fenster, des Hauseinganges und seines Vorplatzes springt es vor allem bei den Bauten aus dem 16. und 17. Jahrhundert beträchtlich weit vor, am weitesten immer über der Hauptfassade, welche je nach der Orientierung des Hauses eine Giebel- oder eine Traufseite sein kann. Die größten Überstände messen bis über 2 m (Abb. 89). Wo Lauben bei jüngeren Häusern die Hauseingänge schützen, sind sie schmäler, ebenso bei den mittelsteilen Dächern des ausgehenden 17. und des 18. Jahrhunderts.

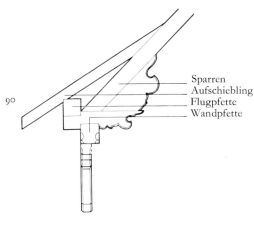

Sparren
Aufschiebling
Flugpfette
Wandpfette

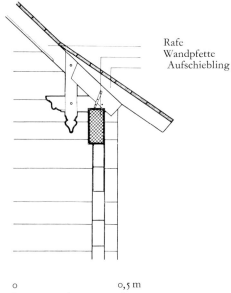

Rafe
Wandpfette
Aufschiebling

0   0,5 m

Rechtsgeschichtliches. Der Dachüberstand war das Objekt einer rechtlichen Bestimmung, die zum Haus- und Landfrieden beitrug. Nicht die Wand, sondern der Dachrand begrenzte den Bezirk des Hauses. Es galt dieser Rechtssatz zu Zeiten der (bis ins 17. Jahrhundert) im Familien- und Sippenverband verankerten Blutrache auch für die öffentlichen Gebäude. Der Geltungsbereich des Hausfriedens reichte z. B. auch beim Rathaus «soweit die Dachtraufe ging» (G. Thürer, Kultur).

Die geknickte Dachfläche. Mit dem Sparren-Pfetten-Steildach des östlichen Schweizer Mittellandes ist begreiflicherweise auch der zugehörige Dachflächenknick ins Glarnerland übertragen worden. Da die Sparren selber nicht vorspringen, ist eine besondere Konstruktion des traufseitigen Dachüberstandes nötig. Sie ist aus Abb. 90 ersichtlich. Die auf den Sparren aufliegenden Aufschieblinge brechen die Dachfläche. Am Dachfuß werden sie entweder vom verlängerten Ankerbalken direkt oder von einer aufliegenden Flugpfette getragen. Interessant ist, daß die dem Sparren-Pfetten-Dach eigene Konstruktion gelegentlich auch bei Pfetten-Rafen-Dächern angewendet wurde (Abb. 91). Der über die traufseitige Wand vorspringende Dachrandteil hat eine meist mehr als 10 Winkelgrade geringere Neigung.

92 Ennenda, Oberdorf,
   Flugpfette mit Streben
93 Ennenda, Oberdorf,
   Flugpfette auf Konsole
94 Haslen, altes Schulhaus,
   Fluggespärre
95 Elm, «Großhus», Klebdächer
96 Netstal, «Rothus»,
   verschalte Klebdächer

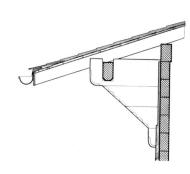

93

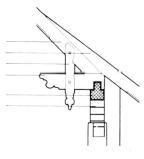

94 Rafe
    Aufschiebling
    Hängesäule
    Stichbalken
    Wandpfette
    Konsole

Stützen des Dachüberstandes. Beim gering vorspringenden flachgiebligen Pfetten-Rafen-Dach genügen als Stützen des Dachvorsprunges auf der Giebelseite die Pfetten, auf der Traufseite die Rafen. Weitausladende *Vortächer* weisen Verstärkungen auf. Auf der Giebelseite sind es besonders mächtige oder doppelte Pfetten, ferner Pfetten mit freien kurzen Streben (Büge) oder mit ausgeschnittenen Blockwandkonsolen. Auf der Traufseite tragen Büge und Konsolen die außerhalb der Wände verlaufenden Flugpfetten, die auch als «Rafenschwellen» bezeichnet werden (Abb. 92 und 93).

Das Fluggespärre beim Steildach. Als typisches Konstruktionselement des steilen Sparren-Pfetten-Daches der Fachwerkbauten hat das auffällige Flugdreieck auch bei Strick- und Massivbauten Verbreitung gefunden. Es stützt den giebel- und traufseitigen Dachüberstand. Auf den vorspringenden Wandpfetten liegen die waagrechten Stichbalken. Diese tragen sowohl die Flugsparren als auch Flugpfetten. Damit die Stichbalken nicht abknicken, sind sie mit senkrechten Hölzern, den Hängesäulen oder Pföstchen, an den Sparren befestigt (Abb. 94). Stichbalken, Hängesäule und Sparre bilden das dekorative Flugsparrendreieck. Anstelle der Hängesäule kommen nicht selten konsolenartige Füllungen vor (vgl. Abb. 88, 90). Ist das Fluggespärre beim Sparren-Pfetten-Dach konstruktiv bedingt, so dient es beim steilen Pfetten-Rafen-Dach als bloßes Zierelement.

Pfetten, Büge, Konsolen und Flugdreiecke werden vom Handwerker besonders gestaltet (siehe Ausdrucksformen S. 87–97).

Klebdächer

Häufig weisen die Wände der Wohnhäuser über Fenstern und Türen Schutzdächer auf, wie sie im voralpinen Bereich von der Innerschweiz bis ins Appenzellerland verbreitet sind. Ursprünglich hatten sie die kostbaren Glasfenster zu schützen. Seit dem 18. Jahrhundert sind sie mehr und mehr zur Zierform geworden. Der Fachmann unterscheidet Vordächer und Klebdächer. Diese werden von leichten Stützkonstruktionen getragen, die an der Wand befestigt sind (Abb. 95), jene lagern auf Vorstößen der Wandbalken.

Klebdächer, große und kleine, unverschalte und verschalte, sind im ganzen Kanton verbreitet. Sie gliedern die Fassaden ungleich stärker als die Fensterfriese der schlichten Blockbauten. Ihre Entwicklung von der mehr naturbezogenen Zweckform zur bloßen Zierform ist offensichtlich.

Mächtig ausladende unverschalte Klebdächer prägen die Giebelfront und teilweise auch die Traufwände des auf S. 47 erwähnten «Großhauses» in Elm, Wohnsitz der schon im 15. Jahrhundert begüterten und politisch führenden Familie Elmer. Keller, erstes und zweites Vollgeschoß stammen wohl aus der Zeit um 1550, das dritte Geschoß und der Dachstock müssen zu Beginn des 17. Jahrhunderts errichtet worden sein. Damals wird man auch die mit Schindeln gedeckten, nicht allein zweckmäßigen, sondern ebenso repräsentativen Klebdächer angebracht haben. Auch steilgieblige Bauten aus dem 18. Jahrhundert besitzen noch unverschalte große Klebdächer. Sowohl beim Bauernhaus im Hinterauen (Elm), um 1745 erbaut, als auch beim 1759 errichteten «Schönenbergerhaus» in Mitlödi (vgl. Abb. 60) kleiden sie die Wetterseite. Das vermutlich 1777 entstandene «Rothus» in Netstal hingegen weist verschalte und weniger stark vorstehende Klebdächer auf, welche die Südfassade bis unter den First zieren (Abb. 96). Die immer kleiner werdenden, über die ganzen Fronten verlaufenden oder nur noch über den Fenstern angebrachten, ausschließlich ornamental wirkenden Dächlein finden schließlich auch bei Besitzern von schlichten Blockbauten Gefallen, die ihre Häuser im 19. und 20. Jahrhundert mit Schindeln und schließlich mit Eternit verkleiden ließen (Abb. 70).

97 Mollis, Rüfi, Kellerluke
98 Elm, Hintersteinibach, Maueröffnungen der Rückwand
99 Mollis, Rüfi, Schlagladen der Rundbogenöffnung des Dachraumes

Konstruktive Einzelheiten

Fenster und Fensterläden

Fenster, Fensterläden und ihre Verkleidungen sind charakteristische Elemente der Wand. Wie Augen prägen sie das Gesicht der menschlichen Behausung. Ihre Entwicklung bietet ein höchst interessantes Kapitel der Kulturgeschichte dar.

Das elementare Bedürfnis nach Luft und Licht unterliegt den technologischen Voraussetzungen, den modischen Vorbildern und dem Lebensstandard der Hausbewohner. Seit dem 16. Jahrhundert sind auch die Fenster der Bauernhäuser zum Gegenstand der architektonischen Gestaltung geworden. Eindrücklich belegt ihre Geschichte den Einfluß des städtischen Vorbildes. Träger des Fortschrittes waren immer die vermögenden Vertreter der Oberschicht. Einfache und ältere Formen haben sich bei den Kleinhäusern der Minderbemittelten länger erhalten.

Die Fenster haben im Laufe der Zeit bedeutend stärkere Veränderungen erfahren als die Türen. Einst waren die mit farbigen Wappenscheiben gezierten Butzenfenster der Stolz des Hausherrn. Zum heimischen Bild des heutigen Bauernhauses gehören die von der Bäuerin mit Blumen geschmückten, spiegelblanken Fenster mit weißgestrichenen Rahmen und Sprossen.

Größe, Anordnung, Form und Beschaffenheit der Fenster, *Pfiischter*, und Fensterläden zeichnen die Fassade des Glarner Holzhauses weitaus stärker als seine Tore und Türen, seine Gwette und Friese. Häßliche Beispiele gewaltsamer Umformung demonstrieren am eindrücklichsten ihre entscheidende ästhetische Wirkung. Unverhältnismäßig große Fenster, moderne doppelverglaste Scheiben ohne Sprossen, dem Holzbau unangepaßte Materialien zerstören die Schönheit einer form- und materialgerechten Gestaltung der Wand.

Vom Luftloch zum Glasfenster. Die Entwicklung der für Belichtung und Belüftung dienenden Öffnungen in der Hauswand betrifft sowohl ihre Größe als auch ihre Anzahl, ihre Form, ihre Anordnung und ebenso die Art ihres Verschlusses. Fensterlose Häuser, in welche Luft und Licht allein durch Türen und Rauchlöcher einzudringen vermögen, können im Glarnerland nicht mehr nachgewiesen werden. Am längsten blieb wohl die Küche ohne besondere Fenster. Die letzten Rauchküchen sind erst vor wenigen Jahrzehnten verschwunden. Schlitzartige Öffnungen haben sich in der Form von Keller- und Giebelluken erhalten (Abb. 97). Mittelalterliches Gepräge zeigen die Maueröffnungen der Rückwände des «Ober- und Hinterhauses» in Elm-Hintersteinibach (Abb. 98). Verschwunden sind auch die Öffnungen schief durchsägter Wandbalken der Wohn- und Schlafräume, die mit den entsprechenden Holzklötzen verstopft werden konnten. Größere Öffnungen wird man mit seitlich verschiebbaren Zugladen der Innenwand verschlossen haben. Die fensterlosen Rundbogenöffnungen des Dachraumes im «Rüfihus» in Mollis (18. Jahrhundert) können mit innern Schlagladen verschlossen werden, die ganz aus Holz konstruiert sind (Abb. 99). Bevor die Wandöffnungen verglast wurden, verwendete man wohl auch im Glarnerland präparierte Tierhäute, geölte Leinwand oder Papier. Dafür sind keine Belege bekannt.

Die sicher langezeit teure Verglasung der Fenster von Profanbauten mit rautenförmigem, schmutziggrünem oder grauem Glas, das in Bleiruten verlegt wurde, mag in den Städten schon vor dem 15. Jahrhundert aufgekommen sein. Von bedeutend größerer Tragweite war die Erfindung der lichtdurchlässigeren, doch immer noch undurchsichtigen Butzenscheiben, welche das Rautenglas verdrängten. In der zweiten Hälfte des 15. Jahrhunderts fanden diese auch in der Eidgenossenschaft erstaunlich rasch Verbreitung. Die reiche Beute der Burgunderkriege (1474–1477) und die Reisläuferei schufen die materiellen Voraussetzungen, die vielen einen höheren Lebensstandard ermöglichten. Der Komfort städtischer Wohnlichkeit kam auch den politisch wie militärisch erfolgreichen Länderorten zugute. Die Schenkungen von Butzenfenstern und ihrem farbenfrohen Schmuck, den Standes- und Wappenscheiben, wurde zur modischen Volkssitte.

Im 17. Jahrhundert begann der Siegeszug des durchsichtigen Glases, der «lauteren» oder «heiteren Schyben». Man schnitt runde und sechseckförmige Scheibchen, die wie die Butzen mit Blei zusammengesetzt wurden. Gegen Ende des 17. Jahrhunderts gelang in Frankreich die Herstellung größerer Glastafeln. Seither verbreitete sich das Sprossenfenster mit den rechteckigen Glasscheiben. Das durchsichtige Glas revolutioniert die Wohnkultur. Ohne daß die Fenster geöffnet werden mußten, war die Außenwelt auch vom Zimmer aus zu erkennen. Das Fenster ist zum Guckfenster geworden. Der Bildschmuck der Fenster wird auf die Wände verlegt. Die Blüte der heraldischen und ornamentalen Glasmalerei stirbt ab.

Fenster- und Wappenschenkungen des Landes Glarus, nicht nur für öffentliche Gebäude, sondern auch an Private, waren bereits um 1500 üblich. «Wahrscheinlich strebte der Rat durch dieses Mittel auch eine Hebung der Wohnkultur an, und Beschlüsse, welche die Schenkung eines Fensters von der Bedingung abhängig machten, daß auch die übrigen Fenster verglast würden, zeigen, wie es ihm darum zu tun war, mit dem primitiven Fensterverhängen und Löcherverstopfen aufzuräumen und die Butzenscheiben oder doch wenigstens die Rautengläser einzuführen» (G. Thürer, Kultur). Für die Jahre 1548 und 1549 können über 30 Schenkungen

100 Elm, Müsli,
   echte und unechte (durchsichtige) Butzen
101 Mollis, Rüfi, bewegliches Butzenfenster
   mit unechten Butzen
102 Schwändi, «Wygellen»,
   Doppelfenster nebst einfachen Fenstern,
   Haus datiert 1755
103 Nidfurn, «Blumerhaus» 17. Jh.,
   symmetrische Anordnung der Fenster
104 Rüti, «Schiffländi», Reihenfenster
   bei einraumbreiten Kleinhäusern
105 Mitlödi, «Raihus» 1752,
   Klappladen mit ausgesägtem Lichtloch
   des ehemaligen Webkellers
106 Diesbach, «Altes Leglerhaus»,
   zerstörter Fensterfries,
   Folge der Vergrößerung des Fensters

festgestellt werden. 1549 beschloß der Rat, in jedes Haus nur ein Fenster zu stiften. 1605 wurden damit nur noch Neubauten bedacht. 1663 schließlich wollte man den Brauch fallen lassen: «Die Verehrung der Schilten und Fensteren solle hinfüro gänzlich abgestrickt sein.»

In den Blättern zur Geschichte der Dorfschaft Rüti berichtet Gottfried Heer, daß es in der Gemeinde anfangs der 1830er Jahre noch kein einziges Fenster mit großen viereckigen Scheiben gegeben habe. Ratsherr und Kirchmeier Kaspar Kundert sei der erste gewesen, «der statt der kleinen, runden Scheiben in seinem an der Straße gelegenen Hause den sträflichen Luxus großer, neumodischer Scheiben sich gestattete. Die kleinen runden oder sechseckigen Scheibchen empfahlen sich dem gemeinen und armen Manne namentlich auch mit Rücksicht auf Reparaturen. Ging ein solches kleines Scheibchen, von einem Stein oder Schneeball oder einem Besenstiel getroffen, auch in die Brüche, so forderte der Glaser für seinen Ersatz 6 oder 8 Mal weniger als für eine große Scheibe. Unter Umständen nahm man aber nicht einmal die Arbeit des Glasers dafür in Anspruch, sondern flickte das Fenster selbst, indem man das ausgebrochene Scheibchen mit ölgetränktem Papier oder mit Lumpen ausfüllte. In jedem Falle aber konnte man mit der Reparatur warten, bis der Glaser Baptist aus Misox kam, der jeweilen im Frühling und Herbst mit seiner Glastrucke durch das Tal zog, um seine Fensterpatienten zu heilen.»

Seither sind die aus undurchsichtigen (Butzen) und durchsichtigen Scheibchen zusammengesetzten Fenster fast überall verschwunden. Als geschätzte Relikte blieben sie zumeist in Dachgeschossen erhalten (Abb. 100, 101). Verschwunden ist auch der farbenfrohe Wappenschmuck. Vorhänge nehmen ihre Stelle ein.

Vom Einzelfenster zur Fensterreihe. Die Hauptfassaden der mittelalterlichen Holz- und Steinhäuser wiesen häufig unregelmäßig angeordnete und verschieden große Fenster auf. Seiten- und Rückwände waren oft ohne Öffnungen. Die Verglasung ermöglichte es, die Fenster, je nach der Funktion des Raumes, zu vermehren und zu vergrößern, womit ihre Anordnung immer eindeutiger die innere Gliederung des Hauses erkennen ließ. Das ursprünglich einfache Fenster wurde zum Doppelfenster, das sich als «Normalfall» bis heute erhalten hat (Abb. 102). Im 16. Jahrhundert zeigen sich auch schon beim Holzhaus Ansätze zu mehrfach gekoppelten Fenstern, zu Fensterreihen. Die Doppelhäuser des 17. und 18. Jahrhunderts überraschen mit einer vollendeten symmetrischen Anordnung der einfach und mehrfach gekoppelten Fenster, die ganz derjenigen der nordostschweizerischen Fachwerkbauten entspricht (Abb. 103). Im 18. Jahrhundert begünstigte die hausindustrielle Handspinnerei die Vergrößerung und Reihung der Fenster des Wohngeschosses auch bei den Kleinhäusern, bei alten wie bei neuerrichteten (Abb. 104). Die Handweberei (19. Jahrhundert) fand ihren baulichen Niederschlag in der Einrichtung von Webkellern, deren Fenster und Fensterläden dafür recht charakteristisch sind (Abb. 105).

Größe und konstruktive Einzelheiten. Die Verwendung von Glas erlaubte größere Wandöffnungen. Vorher mögen sie weniger als 40 cm im Geviert gemessen haben. Die quadratische Form der frühen Luft- und Lichtlöcher scheint sich teilweise noch lange erhalten zu haben. Zerstörte Friese an den Holzhäusern bezeugen die späteren Veränderungen der Fenster, was im Falle der häufigen Mörtelverkleidung des Holzwerkes regelmäßig geschah (Abb. 106). Die Fenster der Ober- und Dachgeschosse sind häufig kleiner als die des Wohnstockes.

Ursprünglich waren die herausgesägten Öffnungen ohne Fenstergestelle, ohne die seitlichen Gewände, Fensterbänke und Fensterstürze. Ihre Vergrößerung führte zunächst zur Konstruktion der Gewände. Sie versteifen die eingenuteten Kanthölzer. Breite Ausschnitte verstrebte man mit einem Mittelpfosten, wodurch das einfache Fenster zum Doppelfenster wurde.

103

Die alten, lichtdurchlässigen, aber nicht durchsichtigen und unbeweglichen Butzenscheibenfenster waren mit einem oder zwei horizontalen Stäben in zwei oder drei Felder gegliedert. Das mittlere oder untere Feld zerlegte man mit einem senkrechten Stab in zwei Hälften. Die eine Hälfte bildete das auf der innern Fensterseite bewegliche Schieberchen (Abb. 101). Die erhalten gebliebenen Butzenfenster weisen zur Hauptsache nur zwei Felder auf. Das obere Feld besteht nicht selten aus durchsichtigen Sechseckgläsern (Abb. 100). Fenster aus durchsichtigen, ebenfalls in Blei gefaßten Rundscheiben (unechte Butzen), die zudem dank der Beschläge (Klobenband und Riegelverschluß) als Ganzes nach innen geöffnet werden konnten, sind Weiterentwicklungen (Abb. 101). Im 18. Jahrhundert kamen die gesproßten, sechsteiligen Fenster mit rechteckigen Scheiben auf. Holznägel halten in den Ekken die Rahmen zusammen, die bei Reparaturen geöffnet werden konnten. Die Gläser sind ohne Kitt in die Nuten der Sprossen eingepaßt. Es ist möglich, daß die hölzernen Sprossen solche aus Blei abgelöst haben. Das Schieberchen (ohne Beschläge) blieb noch längere Zeit erhalten. Die über Winter eingesetzten isolierenden Vorfenster sind die Vorläufer der modernen Doppelverglasung.

Die Fensterläden. Überreste alter Fenster und Fensterläden gehören zum erhaltungswürdigen Kulturgut der Vergangenheit. Die Glarner nennen die alten und neuen Arten der Fensterläden *Brittli* oder *Balche*.

Die teuren, wenig stabilen, schon durch Winddruck leicht verletzbaren Butzenfenster bedurften des Schutzes. Die einfache frühe Art des Verschlusses der fensterlosen Öffnungen

107 Engi, Vorderdorf, Oberegg,
   Kellerluke mit Schieber
108 Haslen, «Locherhaus» 1741,
   seitlich bewegliche doppelte Zugläden
109 Elm, «Zentnerhaus» 1799,
   Fensterfront mit vertikal beweglichen Zugläden
110 Braunwald, «Schwändihüsli»,
   Schlagladen aus drei Brettern mit Einschubleisten
111 Ennenda, Zug- und Klappläden
   nach altem Muster bemalt
112 Haslen, Zusingen, «Stüßihaus»
   auf dem Schwemmkegel des Mühlebächli (Bildmitte)

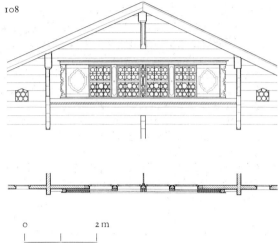

durch Schieber, wie sie bei Kellerluken noch zu finden sind (Abb. 107), fand ihre kunstvolle Anwendung in den mit Riemen oder Stricken nach oben bzw. unten oder aber seitlich verschiebbaren Zugläden (*Balche, Schieber* oder *Schiebbrittli*). Wie das Fensterschieberchen, so erforderten auch die in Schubleisten gleitenden Zugläden keine eisernen Beschläge. Läden und ihr Rahmengerüst mit Zierbrettern kleiden die Reihenfenster der vornehmen Bauernhäuser als geschlossene Einheiten und wirken auf der horizontal strukturierten Blockwand ungemein schmuckvoll (Abb. 108, 109). Die Spuren der früheren Bemalung erinnern an die ehemalige Farbigkeit

Die alten Ladenformen sind noch nicht überall von den meist grün gestrichenen Jalousieläden (*Brittli* oder *Schalusiibrittli*, in jüngerer Mundart *Fänschterläde*) verdrängt worden. Alte Wohnhäuser weisen oft verschiedene Fenster und Fensterläden auf. Die Unterschiede sind auch heute noch funktionell gegeben, richten sich doch die Ansprüche nach Luft und Licht nach der Bedeutung der Räume. Deren Anordnung bestimmt den Wert der Fassade. Die zeitbedingten Veränderungen prägen in erster Linie die Hauptfassade. Darum begreifen wir die Tatsache, daß an den «abgelegenen» Hausfronten die älteren Formen in der Regel eher erhalten blieben.

mancher Holzhausfassade. Das Schnittbild von Abb. 108 zeigt uns das Detail der Konstruktion doppelter Zugläden.

Ebenso alt, wenn nicht sogar älter als die vorwiegend im 18. Jahrhundert vom Fachwerkhaus der Nordostschweiz entlehnten Zugladen (Abb. 59, 60) sind die seitwärts sich öffnenden, in Angeln drehbaren Schlagläden (Abb. 75, 76, 110). Diese sollen beim städtischen Steinbau schon um 1600 üblich gewesen sein. Sie bestehen öfters aus zwei bis drei zusammengefügten, verleimten Brettern, die von zwei horizontalen Querhölzern, den Einschubleisten, versteift werden. Die naturgebräunten Schlagläden präsentieren bedeutend weniger als die bemalten (Abb. 111); sie waren die Läden der Mehrzahl der Bauernhäuser.

Die auf- oder abwärts beweglichen Klappläden sind hier und dort an den Fenstern der ehemaligen Webkeller erhalten geblieben (Abb. 105). Ob sie auch andere Fenster geschützt haben, bleibt ungewiß. Diesbezüglich sind keinerlei Feststellungen möglich.

Fenster und Fensterläden am Beispiel einzelner Wohnhäuser. Die auf Grund von Einzelfällen skizzierte Entwicklung der Fenster und Fensterverschlüsse möchten wir mit einer «ganzheitlichen» Betrachtung der Fassaden ausgewählter Wohnhäuser ergänzen.

Das «*Stüßihaus*» *in Zusingen* (Abb. 112). Das im Weiler Zusingen (zwischen Schwanden und Haslen) auffällig große Haus, ein Steinhaus annähernd quadratischen Grundrisses, ist gemäß Überlieferung das Stammhaus des Zürcher Bürgermeisters Rudolf Stüßi, der 1433 im Alten Zürichkrieg bei St. Jakob an der Sihl fiel. Johann Jakob Blumer erwähnt es 1846 als «sehr altes, großes, zu jener Zeit wohl vornehmes, jetzt ärmlich unterhaltenes Haus, welches einst Rudolf Stüßi, der Vater des berühmten Bürgermeisters, bewohnte, der im Jahre 1375 nach Zürich zog und daselbst in den Rat gewählt wurde». Danach stammt das «feste» Haus aus Säckingerzeiten, aus dem 14. Jahrhundert, doch könnte es auch älter sein.

Möglicherweise stand die Familie Stüßi im Dienst des Frauenstifts von Säckingen, das auch in Zusingen begütert war Im Rahmen einer ersten Inventarisation der «Alterthümer vom Canton Glarus» aquarellierte Linthingenieur Gottlieb Heinrich Legler (1823–1897), Sohn des «Beresina-Legler», Thomas Legler von Diesbach, auch das «Steußi»-Haus (Abb. 113). Das Original, datiert auf Oktober 1846, befindet sich im Museum des Landes Glarus, im Freulerpalast in Näfels. Im zugehörigen handschriftlichen Text berichtet Legler, daß das schlecht erhaltene Haus «sehr feste, gewölbte Keller» aufweise und von mehreren Haushaltungen bewohnt werde. Das gleiche gelte vom «Glareanhaus» in Mollis. «Steinerne Fenster und Thürgerippe» gebe es in beiden Häusern. Eine besondere Darstellung findet die 1697 datierte Gesimstafel über dem Fensterpfosten aus Sandstein in der vorderen Wohnstube (Abb. 114). Dazu bemerkt Legler: «Sie ist eine schöne Holzarbeit auf steinernem Postament. In der Decke befinden sich noch im Holz eingelegt vier Löwen um eine große Eichel.» Die Jahrzahl erinnert an die Renovation einer älteren Stube. Unter der 1697 errichteten flachen Kasettendecke soll sich laut Aussage der gegenwärtigen Eigentümerin eine alte Balkendecke befinden. Die gediegenen Schreinerarbeiten, vor allem die Intarsien der Gesimstafeln und der Decke, zeugen dafür, daß damals das Haus noch wohlhabenden Besitzern gehörte.

Das «Stüßihaus» steht auf der südlichen Flanke des Mühlebächli-Schwemmkegels, unweit des untersten, steilen Hanges, der sogenannten Fuhr, der von der Linth erodiert wurde. Der Flachdachgiebel des Steinhauses verläuft wie diejenigen der Nachbarhäuser in Richtung der Fallinie des Geländes, ungefähr West–Ost (Abb. 112). Vor dem Haus verläuft die 1939 verbreiterte Straße von Schwanden nach Haslen (auf Abb. 12 von links nach rechts). Die beiden Giebelfronten der perspektivisch etwas verzerrten Abbildungen Leglers zeigen die als Läufer und Binder alternierenden Eckquadern, die vom modernen Verputz verdeckt sind. Ob die schwachen Flecken im Mauerwerk der rückseitigen Giebel- und Traufseite (Abb. 113 unten) die damals noch vorhandenen Gerüstlöcher markieren, die heute auch nicht mehr sichtbar wären, kann nicht entschieden werden. Auch sie würden für ein hohes Alter des Steinhauses zeugen. Auffälliger sind die schießschartenartigen Luken. Die meisten sind seit 1846 zu Fenstern vergrößert, einige auch zugemauert worden. Die im Kellergeschoß erhalten gebliebenen Luken sind mit je einem vertikalen glatten Eisenstab verbarrikadiert. Die Luke auf der Straßenseite neben dem Eingang *i ds Underhus* mißt an der Außenseite 28 × 78 cm, die andere, an der Hauptfassade, der südorientierten Traufseite, unter dem Doppelfenster des Mittelganges, 25 × 67 cm. Die Mauerdicke im Erdgeschoß beträgt um die 90 cm. An der Basis der straßenseitigen Hausecken lagern unbehauene Felsblöcke. Die Eingänge in zwei Kellerräume weisen noch heute die ursprünglichen Rundbogen auf. Wie vom Burghaus in Näfels und vom Heidenhaus in der Hoschet von Schwanden, so erzählt man auch vom Stüßihaus, daß ein unterirdischer Gang davon ausgehe.

Die Hauptfassade, die südexponierte Traufseite, weist mit Ausnahme der hintersten Fenstergruppe gleichmäßig behauene, rund 20 cm breite Sandsteingestelle spätgotischen Stiles auf. Die Abbildung 115 stellt das Doppelfenster des breiten Mittelganges von außen (A) und von innen mit der Fensternische (B) dar. Die Breite des Mittelpfostens mißt

12 cm. Das Format der sechsteiligen Sprossenfenster beträgt 62 × 122 cm. Die beiden vorderen Dreiergruppen, die Fenster der schon erwähnten Wohnstube mit der kannelierten Säule werden von einem rund 60 cm breiten Sandsteinquader getrennt. Wie alt diese Fenstergestelle sind, kann in Anbetracht der oft großen Verspätung von Stilelementen nicht beurteilt werden. Die Möglichkeit besteht, daß sie im 16. Jahrhundert eingesetzt worden sind und damals dreiteilige Butzenfenster getragen haben.

Nicht mehr vorhanden sind die von Legler etwas eigenartig gezeichneten Plattendächlein der rückseitigen Giebelfront. Der Vergleich mit dem heutigen Zustand offenbart die

113

starken Veränderungen an beiden Giebelfronten (Abb. 116, 117). Auch die ehemaligen Rundbogen der Außentüren sind verschwunden. Der Eingang unter der Seitenlaube hat eine zusätzliche Türe erhalten. Unter dem *Brüggli* vor dem ursprünglichen Eingang läßt sich das Gewölbe eines alten, vermauerten Tores zum Kellergeschoß erkennen. Es könnte der Zugang für einen vermuteten Pferdestall im hintern Erdgeschoß gewesen sein. Bachablagerungen scheinen ihn verschüttet zu haben. Der hintere Hausteil, etwas schmäler als der vordere, soll einst Ökonomieräume und eine Gesindewohnung aufgewiesen haben. Die Anordnung, Größe und Form der Wandöffnungen, die uns Legler überliefert hat, schließt diese Möglichkeit nicht aus. Das Dach gibt keine Anhaltspunkte für die Altersbestimmung; ein Brand zerstörte am 21. Februar 1968 den vom Technischen Arbeitsdienst (TAD) der dreißiger Jahre nicht aufgenommenen Dachstock.

Das «alte Bergenhaus» in Engi. War das «Stüßihaus» einst von Angehörigen der sozialen Oberschicht bewohnt, so hausten im Bergenhaus in Engi-Vorderdorf bestimmt Bauern, die geringere Ansprüche an das Leben zu stellen hatten. Gehört jenes den «Mittelganghäusern» an (vgl. S. 161ff.), so war dieses ein Holzhaus einfachen Bauplanes, zweiraumbreit

70

113 Haslen, Zusingen, «Stüßihaus».
   Aquarell des «Steußi»-Hauses von G.H. Legler, 1846
114 Haslen, Zusingen, «Stüßihaus»,
   Stube mit Fenstersäule und Gesimstafel (1697)
115 Haslen, Zusingen, «Stüßihaus», Gangfenster mit Nische
116 Haslen, Zusingen, «Stüßihaus»,
   Giebelfront bergseits, Zustand 1930er Jahre
117 Haslen, Zusingen, «Stüßihaus»,
   Giebelfront der Straßenseite, gegenwärtiger Zustand

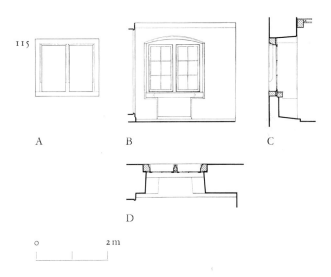

und zweiraumtief mit angebautem Kleinviehstall und Heuraum im Osten und der Laube auf der Nordseite. Das 1936 vom TAD aufgenommene Haus wurde später mit Eternit verkleidet und schließlich im Frühling 1974 abgerissen. Der alte Blockbau – er trug an der Firstpfettenkonsole die Jahrzahl 1558 – hatte einem Wohnblock Platz zu machen. Die Pläne des TAD und die Foto von H. Leuzinger (Abb. 47, 118, 119) sind also von historischem Wert. Was die Fenster betrifft, zeigt die Südfassade eine Reihung von vier Stubenfenstern mit 60 × 100 cm Rahmengröße und 20 cm breiten Gewänden. Ihre Konstruktion wie auch diejenige der gemeinsamen Fensterbank scheint die ursprüngliche zu sein. Auch das quadra-

118

tische Fenstergestell über dem Hauseingang im zweiten Stock (60 × 60 cm) mag unverändert geblieben sein. Das Kammerfenster und das bei der Haustüre hingegen sind wohl später vergrößert worden. Läden wiesen nur die auf die Straße gerichteten Fenster des ersten Vollgeschosses der westlichen Giebelfront auf. Eine ältere Zeichnung läßt erkennen, daß es einst Zugläden gewesen sind.

Ansicht eines Glarner Bauernhauses (Abb. 120). Als letztes Beispiel wählen wir die Reproduktion einer nach eigener Zeichnung erstellten Aquatinta des Zürcher Landschaftsmalers und Kupferstechers Ludwig Heß (1760–1800). Der Strickbau auf hohem Mauersockel unbekannter Lokalität weist verschieden große Fensteröffnungen ohne Läden auf. Die Doppelfenster der Stube bestehen aus Butzenscheiben, dasjenige der Giebelseite über der Kellertüre wird von einem Bretterdächlein geschützt. Die Fenster der Traufseite befinden sich im Schutze der Oberlaube. Das zweite Geschoß besitzt nur kleine Licht- und Luftlöcher, die, wie es scheint, ausgesägte Öffnungen ohne Fenster waren und auch möglicherweise im Innern mit einem Schieber verschlossen werden konnten.

Vorbauten

Das Glarner Bauernhaus weist charakteristische Wandvorbauten auf, die oft konstruktiv miteinander verbunden sind (Abb. 120): den Vorbau vor dem Eingang ins Wohngeschoß (Treppenbrücklein, mundartlich *Brüggli*, *Tänn* usw.), die Galerie unter dem Vordach (Oberlaube, mundartlich *Oberlaube*) und den verschalten Schopfanbau (Laube, mundartlich *Laube*).

Das Treppenbrücklein «Bei vielen Häusern ist der Eingang nicht zu ebener Erde, sondern die erste Treppe ist außen angebracht und führt zu einer Art Balkon, Brückli genannt, der meistens noch sein besonderes Dach hat und mit Brettern eingemacht ist, so daß man darauf auch bei Regenwetter verweilen kann.» Diese Beschreibung des Sachverhaltes, möglicherweise die erste gedruckte, stammt wiederum von Pfarrer K.L. Zwicki, dem Verfasser der recht kurzen Kapitel Mundart, Wohnungen und Kleidung im «Gemälde des Kantons Glarus» (1846). E. Buß, der den Band Glarus (1919) in der Reihe «Das Bürgerhaus in der Schweiz» verfaßte, beschränkte sich in seiner kurzen Darstellung des Bauernhauses auf die «im Freien aufsteigende Holztreppe, die zum Eingang auf der Seite im ersten Stock» führt und «oben nicht selten eine eingemachte Laube, das so genannte Brücklein», bildet. Noch heute bildet ein brückenartiger Vorbau, oft überdeckt, teilweise verschalt, den Eingang ins Wohngeschoß; diese Plattform wird über ein- oder zweiläufige Freitreppen aus Holz oder Stein, mit oder ohne Geländer, erreicht. Die Vorplätze der dem Wetter abgewandten Südfassaden von Häusern mit mächtigem Dachüberstand bedürfen an und für sich keines besonderen Schutzes (Abb. 121, 122). Das überdeckte *Brüggli* aber bietet mehr; es bietet die Vorteile einer Laube. Eine Sitzbank an seiner Brüstung lädt zum gemütlichen Hock, zum Plauderstündchen am Feierabend und am Sonntag ein (Abb. 123, 124, 125). In zahlreichen Fällen verrät die eigene Ständerkonstruktion den späteren Aufbau. Unter dem *Brüggli* befindet sich nicht selten ein direkter Eingang in das gemauerte Kellergeschoß.

118 Engi Vorderdorf, «Altes Bergenhaus» 1558
(1974 abgerissen)
Zustand der 1930er Jahre
119 Engi Vorderdorf, «Altes Bergenhaus» 1558
(1974 abgerissen), Südfassade
120 Ansicht eines Bauernhauses.
Aquatinta von L. Hess (1798)
121 Betschwanden, «Heidenhus»,
niedriges zweitreppiges *Brüggli*,
das vom mächtigen Dachüberstand geschützt wird

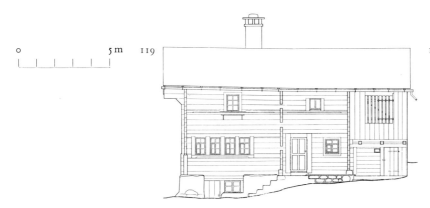

122 Ennenda, Oberdorf, hohes, eintreppiges *Brüggli*
mit Geländer und verschalter Brüstung
123 Diesbach, «Schießerhaus» 1607,
südliche Traufseite,
verschaltes *Brüggli* mit eigenem Dach
124 Diesbach, «Schießerhaus» 1607,
südliche Traufseite,
Ansicht der 1930er Jahre

Die Abbildungen 126 und 127 zeigen ein Haus auf dem Kerenzer Berg, wie es vor annähernd 80 Jahren aussah und wie es sich heute präsentiert. Sie demonstrieren nebst anderem auch den Gestaltwandel des *Brüggli*.

Ist das *Brüggli* ein Bauelement der Ständerbauten? Bei den hochliegenden, weil zumeist vollständig unterkellerten Wohngeschossen der alten Ständerbauten mit ihren breiten, von Traufseite zu Traufseite führenden Gängen (vgl. S. 161ff.) ist die Konstruktion der ein- oder zweitreppigen Brücke wohl die gegebene Lösung. Wir begegneten ihr bereits an der Südfassade des Hauses «zur Waag» in Mollis (Abb. 52,

bürgte. Die zahlreichen Beispiele, ihre geschichtlichen und baugeschichtlichen Fakten verleiten zur Annahme, daß die der Bauweise der «Mittelganghäuser» durchaus entsprechende Konstruktion des *Brüggli* in die Jahrhunderte zurückreicht, da der Hauseingang der auf niedrigem Steinsockel errichteten, einfachen und räumlich anders gegliederten Blockhäuser der nichtbegüterten Talbewohner noch ohne Treppen waren. Wäre es verwunderlich, wenn sich diese Art, das nicht ebenerdig liegende Geschoß der stattlichen Ständerbauten zu erreichen, von den Außentreppen der mittelalterlichen Steinbauten, den Burgen und Wohntürmen, ableiten ließe? Wohl seit dem 16. Jahrhundert, seitdem die modisch

125

53). Als weiteres, allerdings der Vergangenheit angehörendes Beispiel stellen die Abbildungen 128 und 129 die gleich orientierte Hauptfront des 1952 abgebrannten «Kasinos» hinter dem Bühl in Netstal dar, wie diese um 1915 und dann nach einer späteren Außenrenovation ausgesehen hat. Unter dem großräumigen *Brüggli* befand sich der Eingang in das Kellergeschoß. In diesem Haus wohnte um die Wende vom 14. zum 15. Jahrhundert – wie schon auf S. 49 erwähnt wurde – der bekannteste Vertreter des begüterten Geschlechtes der Netstaler, Matthias Netstaler, der 1395 zusammen mit 27 andern Glarnern beim Loskauf des Landes von der Grundherrschaft Säckingen für die Erfüllung der finanziellen Verpflichtungen

repräsentativeren Steinhäuser die altvornehmen Ständerbauten ablösten, wurde das *Brüggli* «Allgemeingut» der Bevölkerung, organischer Baubestandteil der Trauf- oder auch Giebelfront des größer und höher errichteten Blockhauses. Je höher das Kellergeschoß und damit die Diele des Wohngeschosses sich über das Niveau des Terrains erheben, um so steiler werden die Treppen um so kanzelartiger wirkt der Vorbau (Abb. 130, 131).

Die allgemein übliche Bezeichnung *ds Brüggli*, auch *Voorbrüggli* oder *Stägebrüggli*, erklärt sich leicht aus der brückenartigen Konstruktion bei den alten Ständerbauten: die beiden Treppen und die Plattform bilden eine Art Brücke über dem

74

125 Elm, Hintersteinibach, «Oberhus», *Brüggli*, Zustand der 1930er Jahre, rechts anschließend traufseitige Laube
126 Filzbach, Vor dem Wald, Gestaltwandel des *Brüggli*, Ansicht um 1900
127 Filzbach, Vor dem Wald, Gestaltwandel des *Brüggli*, gegenwärtiger Zustand
128 Netstal, «Kasino» (1952 abgebrannt), um 1915, rechts das sogenannte Ambühlhaus
129 Netstal, «Kasino» (1952 abgebrannt), Ansicht vor dem Brand
130 Elm, «Großhus», hochliegendes *Brüggli* der Giebelseite
131 Linthal, Auengüter, Stolden, hochliegendes *Brüggli* auf der Traufseite mit hinterer Laube

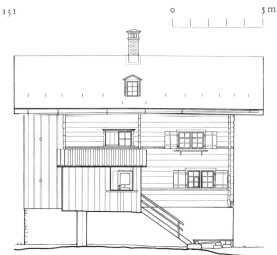

132 Linthal, Auengüter, Stolden,
   Nordfront, hintere Laube mit Ausgang
133 Betschwanden, Chilchmatt, Hinterlaube mit Schweineställen
134 Luchsingen, «Bodenhus» im Abbruch 1937,
   Konstruktionsart der Laube
135 Engi Vorderdorf, im «Chnü», Laube der Westseite

Kellereingang. Die Bezeichnung scheint dann im Lauf der Zeit auf die nur wenig erhöhten, kaum brückenartigen Vorbauten des Blockbaus übertragen worden zu sein. Der gleiche Bauteil wurde im Großtal z. T. *ds Tänn* (die Tenne) genannt, und J. Hunziker (1905, S. 205, 210ff.), der vor rund 90 Jahren durch den Kanton Glarus wanderte und diesen Ausdruck in Näfels, Nidfurn und Linthal notierte, bemerkt, daß «die regelmäßige Wiederkehr der Bezeichnung *Tenn* darauf hin weise, daß die Sache nicht eine beliebige Zutat, sondern ein organisches Glied des Hauses sei». Ist es möglich, daß man vor Jahrhunderten, zu Zeiten eigenen Getreidebaues, vor dem Hause gedroschen hat?

Nach dem Schweizerdeutschen Wörterbuch (XIII, 112 f.) kommt die Bezeichnung *Tenn* für einen balkonartigen Vorbau außer im Glarnerland noch im Kanton Uri und im Oberwallis vor, allerdings als Ausbaute der Scheune, sodann für einen schopfartigen Anbau an Haus oder Scheune im Gaster, in Einsiedeln und in Nidwalden. Ausgangspunkt könnte die ebene Plattform sein bzw. Übertragung von der im alpinen Gebiet zum Teil brückenartigen Dreschtenne (vgl. Simonett, 1968, S. 69ff.).

Die Lauben. Wie in andern Landesteilen, bezeichnet auch in Glarus der Ausdruck *Laube* verschiedene Dinge. Man meint gewöhnlich mit diesem Begriff offene Wandanbauten, häufig von Stützen getragen, die sich über die ganze Länge einer Wand hinziehen. Balkonartige Vorbauten können sich sowohl giebel- wie traufseitig am Haus finden (Schweiz. Idiotikon III, 963 ff.). In Glarus versteht man unter *Laube* – wie bereits erwähnt – einen verschalten Schopfanbau oder eine Galerie unter dem Vordach (*Oberlaube*). Wer im Glarnerland *uf d Laube* oder *uf ds Läubi* (Verkleinerungsform: *Läubli*) geht, sucht den Abort auf.

Laube bezeichnet ursprünglich wohl ein Schutzdach (Kluge, Etymolog. Wörterbuch der dt. Sprache 1963, 425). Nach dem Schweizerischen Idiotikon bezeichnet es ein «untergeordnetes Gemach in oder an einem Wohngebäude, das sich meist neben, vor oder über den eigentlichen, solid gebauten Wohnräumen befindet und als Zugang oder zur Unterbringung von allerlei Geräten und Vorräten verwendet» wird. Ferner sei die Laube auch ein «Außenraum besonders am Haus, eine hölzerne Galerie an einer oder an mehreren Seiten der Häuser, in einem oder beiden Stockwerken oder nur unter der Ausladung des Daches».

Nehmen wir nun Kenntnis, was einige der Männer, die sich mit dem Haus im Glarnerland befaßt haben, von den Lauben berichten! Pfarrer K. L. Zwicki (1846) geht auf ihre Existenz nur mit einem einzigen Satz ein: «Gallerien rings ums Haus finden sich nirgends.» Der Haus- und Sprachforscher J. Hunziker (1905) bietet uns mehr. Das Fazit seiner Beobachtungen in Näfels, Mollis, Nidfurn und Linthal lautet: «Wie regelmäßig im Toggenburg, erscheint die Laube am hintern Giebel – und am Ende der Laube erscheint unter dem Namen *Löübli* der Abort.» H. Leuzinger berichtet: «Bevor wir uns nun dem Innern der Bauernhäuser zuwenden, ist noch die Laube zu erwähnen. Sie ist bei Wohnhäusern jeglicher Konstruktion, auch bei den alten massiven Bürgerhäusern des 16. eventuell 17. Jahrhunderts nicht wegzudenken. Sodann nimmt sie den Abort auf, der dort eine gutbelüftete, hygienische, zweckmäßige Stätte außerhalb der eigentlichen Hauswände erhielt. Der Abort hieß bis in die letzte Generation hinein daher noch *d Laube*. Wie ist die Laube beschaffen? Sie ist ein leichter Riegelbau mit Bretterverschalung, der bald die ganze Rückseite des Hauses bis unter das Dach einnimmt und nur eine Lücke für das Küchenfenster offen läßt oder eine oder beide Seiten des Hauses ziert. Sie dient auch zur Aufbewahrung von Werkgeräten, Stangen und allerlei Hausrat» (Abb. 132, 133).

Es mag sein, daß die Lauben der frühen Stein- und Ständerhäuser spätere Anbauten sind, deren Nebenräume dank der vielseitigen Verwendungsmöglichkeiten – Aufbewahrungsort, Abort, Schutz des Hauseinganges – das Wohnen behaglicher gestalten ließen. Später, sicher seit dem 17. Jahrhundert, sind sie in den meisten Fällen gleichzeitig mit dem Haus errichtet worden.

Ein Beispiel der Bauweise. Die Abbildung 134 stellt uns die übliche Konstruktionsart der Lauben vor: den *Rigel* mit *Schalig*. Die Foto überliefert den Abbruch des «Bodenhus» in Luchsingen, das 1937 der Verbreiterung der Hauptstraße zum Opfer fiel. Die Bretterverschalung auf der Nordseite und der zugehörige Teil des Daches sind bereits entfernt. Das *gstämmt* Balkenwerk liegt bloß. Die auf dem Bild links oben sichtbaren, über die Rückwand des Blockkörpers hinausragenden Wand- und Mittelpfetten zeugen dafür, daß die Laube des großen Zweifamilienhauses aus dem 18. Jahrhundert kein späterer Anbau war.

Die Lauben der Glarner Bauernhäuser sind demnach in der Regel geschlossen, mit vertikal laufenden Brettern verschalt und reichen vom Erdboden bis zum Dach. Ursprünglich weisen sie oft nur Luken und kleine Fenster auf. Sie bieten Platz und zusätzlich Schutz gegen Regen, Wind und Kälte. Sie kleiden verständlicherweise die dem Wetter ausgesetzten Hauswände; die häufig südlich exponierten Hauptfassaden sind immer ohne Lauben. Je nach der Stellung des Hauses handelt es sich dabei um Giebel- oder Traufseiten. Die Lauben an der rückseitigen Giebelfront sind im ganzen Land verbreitet. Wir finden sie in Bilten, in den Auengütern hinter Linthal und bis ins hinterste Sernftal, wo die Bretterwand *Schilt* genannt wird. Besonders auffällig wirken diejenigen der großen Doppelwohnhäuser. In der Regel geben die Lauben die Küchenfenster des Wohnstockes und hier und dort auch Hintertüren des Kellergeschosses frei. In diesen freien Räumen befinden sich nicht selten Schweineställe (Abb. 133). Ebenso häufig wie die giebelständigen sind die einseitig erstellten traufständigen Lauben (Abb. 135). Oft kleiden die Lauben auch mehr als nur eine Front. Ein treffliches Beispiel

136 Linthal, Oberdorf, «Unterer Hof»,
    Traufseite mit *Brüggli* und Laube
137 Linthal, Oberdorf, «Unterer Hof»,
    Grundriß des Wohngeschosses mit den Lauben
138 Niederurnen, Gerbi, Südfassade, Oberlauben
139 Niederurnen, Gerbi, Oberlaube mit gedecktem Brüggli
140 Elm, Sandgasse, einseitige geschlossene Oberlaube

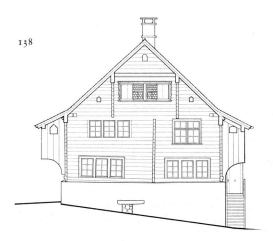

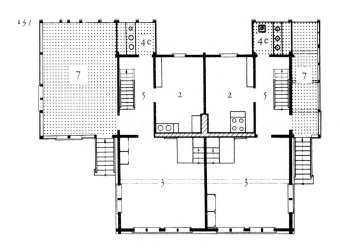

eines Zweifamilienhauses mit Lauben, die sowohl die rückseitige Giebelwand als auch den hinteren Teil der Traufseiten decken, bietet der 1804 errichtete «Untere Hof» im Oberdorf von Linthal (Abb. 136, 137). Geschlossene Lauben kommen auch an einzelnen Stockwerken vor, üblicherweise als sog. *Oberlaube* (der Obergeschosse) und in der Regel an einer oder an beiden Traufseiten. Ihre Schwellen ruhen meistens auf vorstehenden Balken der Blockwand. Hier und dort stützen Streben das Gerüst. Im Unterland fallen die von der Bauweise in den Nachbarlandschaften beeinflußten *Oberlaube* auf (Abb. 138, 139). Sie kleiden in gleicher oder zumindest ähnlicher Form beide Traufseiten der Häuser, die seit dem 18. Jahrhundert gebaut wurden und die mittelsteile, geknickte Dachflächen aufweisen. Wo sich die Hauseingänge befinden, reicht die Verschalung zum Schutze des *Brüggli* bis zum Erdboden. Einseitige *Oberlauben*, zumeist an den flachgiebligen Blockhäusern, sind nicht besonders häufig anzutreffen (Abb. 140). Ein eigenartiges Bild bieten die *Oberlaube* eines 1778 errichteten Zweifamilienhauses in Mollis (Abb. 141). An die steinerne Hinterwand «angeklebt», lassen sie das Gangfenster frei, ragen dafür um die Hausecken auf die Traufseiten vor. Die zwei kleinen Öffnungen verraten die Aborte. Wie ein Schwalbennest hängt die kleine Latrinenlaube über der dreistöckigen Laube an der Rückwand des Großhauses in Elm (Abb. 142). Offene Lauben sind Ausnahmen (Abb. 120, 143). Zu allen Zeiten boten die Lauben willkommene Erwei-

141 Mollis, Hinterdorf, Zweifamilienhaus (1778), «angeklebte» Oberlauben
142 Elm, «Großhus», Rückseite mit Abortlaube. Zeichnung von Hch. Rhyner (1861–1917)
143 Braunwald, Giseneggli, offene Laube eines Berghäuschens

144 Diesbach, «Schießerhaus» 1607, Straßenfront,
    ausgebaute Laube mit separatem Eingang
145 Linthal, Oberdorf, «Murenguet»,
    zu Wohnraum ausgebaute Seitenlaube
146 Näfels, Fahrtsplatz, Haus mit Oberlaube um 1830.
    Lithographie von M.R. Toma
147 Näfels, Fahrtsplatz, gegenwärtiger Zustand

148 Haslen, Zusingen, «Stüßihaus»,
    Rundbogentüre im Kellergeschoß
149 Schwanden, Heidenhaus, «Hoschet»,
    Rundbogentüre im Wohngeschoß
150 Mollis, «Altes Rathaus»,
    zugemauertes Rundbogenportal
151 Schwanden, Heidenhaus, «Hoschet»,
    datierter Türsturz 1540

terungsmöglichkeiten des Wohnraumes. Die Zahl der Häuser, deren Lauben ganz oder teilweise zu Stuben und Kammern aus- und umgebaut wurden, ist nicht gering. Bei bescheidenen Ansprüchen konnte man auf diese Weise auch zusätzliche Wohnungen gewinnen (Abb. 144, 145). Die *Oberlaube* erweiterte man öfters bis auf den Erdboden (Abb. 146, 147).

Türen

Türen schließen ab und verbinden. Türen haben auch zu präsentieren. Türen aller Stilphasen zeugen für den Schönheitssinn der Bevölkerung. Mit der Entwicklung des Wohnhauses wuchs sowohl die Zahl der Innen- als auch der Außentüren.

Die Haustüre führt in die private Sphäre des Hauses. Sie gleicht dem Schlagbaum an der Grenze. Ihre Schwelle trennt außen und innen. Wer sie überschreiten darf, steht als Gast unter dem Schutz des Hausherrn. Dem Feind «weist man die Türe».

Beim ursprünglich einstöckigen und einraumbreiten Bauernhaus gab es zumeist nur eine Außentüre. Sein Keller war von der Küche her durch eine Falltüre zu erreichen. Wohl nach dem Vorbild der Burgen und Wohntürme erschließen schon bei den mittelalterlichen Großhäusern, Stein- wie Ständerbauten, besondere Kellertüren die Kellergeschosse. Treppen verbinden ihre Gänge mit den Wohnstöcken. Mit der Vervielfachung der Stockwerke und Räume vermehrte sich die Zahl der Innentüren. Die Wertschätzung der abzuschließenden Räume wiederspiegelt sich in der «Architektur» der Türen. Die Stubentüren sind in der Regel die schmuckvollsten, die Türen der Keller- und Dachräume hingegen die einfachsten. Die Außentüren sind besonders massiv gebaut. Falltüren, *Felläde*, führen auch auf den Dachraum und hinter dem Ofen aus der Stube in die Stubenkammer. Früher, als es bei den Fenstern der Fall war, erforderten die Türen Beschläge und Schlösser. Sie mögen einst hölzern gewesen sein. Eiserne Beschläge sollen nach Simonett in Graubünden schon um 1200 verwendet worden sein.

Das Türgewände heißt glarnerdeutsch *ds Tüürgricht*. Seine Teile werden mundartlich wie folgt genannt: die Türschwelle *d Schwelle*, älter *d Sell*, die Türpfosten *Tüürpföschte*, im Sernftal *Saabe* (ein Wort rätoromanischer Herkunft, vgl. Schweiz. Idiotikon VII, 34), der Türsturz schließlich *Stuurz, Stüürber, Bschlüüßer* oder *Iibinder*.

Was blieb an alten Türen erhalten? Im allgemeinen sind Kellertüren und Türen des Dachstockes am wenigsten verändert worden. Zu den ältesten *steinernen Türfassungen* gehören sehr wahrscheinlich die Rundbogen im Kellergeschoß des «Stüßihauses» in Zusingen (Gemeinde Haslen) und im Wohngeschoß des «Heidenhauses» in der «Hoschet» zu Schwanden (Abb. 148, 149). Ihre Konstruktion wird durch den Verputz verhüllt. Das Mauerwerk des Kellereinganges im «Alten Rathaus» in Mollis verrät einen früheren Torbogen, der zu den ehemaligen Ratsälen im Erdgeschoß geführt haben soll (Abb. 150). Zu rechteckförmigen Öffnungen abgeänderte Rundbogentüren sind übrigens noch an verschiedenen Objekten festzustellen. Aus dem 16. Jahrhundert stammen die datierten Sandsteinfassungen der Innentüren im Wohntrakt des Hauses am «Spielhof» in Rüti (1537) und des eben erwähnten «Heidenhauses» in Schwanden (Abb 151). Portalen glei-

148

149

150

151

152 Hätzingen, «Großhus»,
   Türgewände des Kellereinganges, 1538
153 Niederurnen, «Vogelhof», Kellertüre 1546,
154 Bilten, «Zithus», Kellereingang 1561
155 Netstal, «Großhus» (1937 abgebrochen),
   zweiflügige Türe
156 Mollis, «Wies»
   Südfassade, zweiflügliges Portal mit Oberlicht
157 Mollis, «Wies», Eingang Nordseite
158 Rüti, Haus am «Spielhof»,
   Türe im Wohngeschoß (heute vermauert)

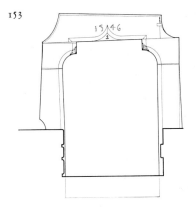
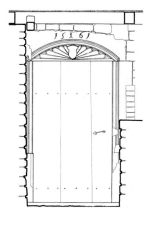

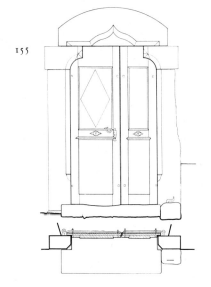
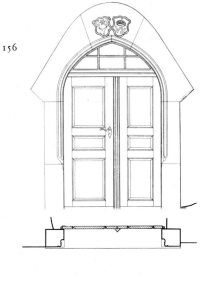

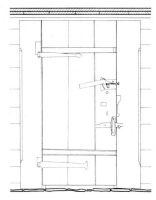

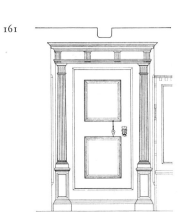

159 Elm, «Großhus», Haustüre, Außen- und Innenseite.
   Zeichnung I.A., 1945
160 Netstal, «Kloster», Türgewände im Wohngeschoß
161 Elm, «Großhus», Schlafzimmertüre

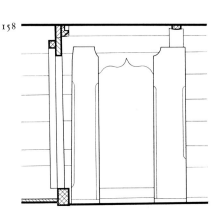

chen die sorgfältig behauenen Sandsteingewände der Kellertüren des «Großhauses» in Hätzingen und des «Vogelhofes» in Niederurnen (Abb. 152, 153). Ihre mit den Jahrzahlen 1538 und 1546 gezeichneten Stürze tragen gotische «Eselsrücken» und Steinmetzzeichen. «Fischblasen» und Wappenschild prägen den Sturz des 1561 errichteten Kellereinganges des «Zithus» in Bilten (Abb. 154). Ein ähnliches Alter dürfte das Türgewände des «Großhauses» in Netstal gehabt haben, das im Zuge der Straßenkorrektion 1937 abgerissen wurde (Abb. 155). Laut Überlieferung soll in ihm Peter Netstaler, ein Enkel des begüterten Landammanns Matthias Netstaler, gewohnt haben (15. Jh.). Aus dem 17. Jahrhundert stammen die Portale der «Wies» in Mollis, eines Hauses, das von Gabriel Schmid erbaut wurde. Er war 1652–1655 Landvogt in Werdenberg, sein Bruder Kaspar amtete von 1666 bis 1696 als Landammann. Sowohl der Eingang in das Kellergeschoß auf der Südseite (Abb. 156) als auch derjenige an der Straße auf der nördlichen Traufseite (Abb. 157) zeugen für das Repräsentationsbedürfnis dieses Vertreters der damaligen Oberschicht.

Zu den ältesten erhaltenen *Holzkonstruktionen* der Außen- und Innentüren gehört das in den 1930er Jahren noch nicht vermauerte Türgewände im Wohngeschoß des Hauses am «Spielhof» in Rüti (zweite Hälfte des 15. Jh.). In die rund 40 cm breiten Türpfosten sind die 20 cm hohe Schwelle und der Sturz mit dem ausgeschnittenen stark geschweiften «Eselsrücken» eingenutet (Abb. 158). Die lichte Weite mißt 160 × 75 cm. Die Köpfe der Pfosten sind auf der Innenseite rund ausgeschnitten. In gleicher Bauweise, doch ohne Spitzbogen des Sturzes, mit gefasten Hölzern, präsentiert sich das rechteckige Türgericht des «Großhauses» in Elm, das aus der ersten Hälfte des 16. Jahrhunderts stammen soll (Abb. 159). Ebenso alt mag die Türfassung im «Kloster» in Netstal sein (Abb. 160). Die mittelalterliche Konstruktionsweise der genuteten Türgerichte entspricht übrigens derjenigen der Fenstergewände. Sie wurde noch lange geübt und blieb am besten im Dachgeschoß der alten Häuser erhalten. H. Leuzinger bemerkt dazu: «Noch bis ins 18. Jahrhundert hinein finden wir die plump behauenen Türpfosten, in welche die Flecklinge der Strickwände eingenutet sind. Der Sturz zeigt bei den ältesten Beispielen den gotischen Eselsrücken; die sehr hohe Schwelle wird vom durchgehenden untersten Balken der Strickwand gebildet. Die reiche Entwicklung, welche die Türpfosten der Innenräume, z. B. in Schwyz und Unterwalden durchlaufen haben, kennen wir im Glarnerland nicht.» Wie überrascht sind wir aber, wenn wir im Gang des dritten Wohngeschosses des «Großhauses» in Elm – es soll in den 1580er Jahren aufgestockt worden sein – vor der Zimmertüre stehen, die in der Abb. 161 dargestellt wird.

Um 1600 wurden bei Stein- und Holzhäusern nachweisbar die Pfosten der Haus- und Zimmertüren bündig mit dem Schwellholz und dem Sturz verzapft. Das meist ebenso bündig in der Wand errichtete Türgewände zeigt je nach der sozialen Stellung des Bauherrn bald einfache, bald reiche Verzierungen, die nicht immer dem Stil der Zeit entsprechen. Das Gewände von Haustüren des 17. Jahrhunderts besteht häufig aus Eichenholz. Ebenso kamen damals die Gangfensterchen über und neben den Türen auf. Diejenigen des 18. Jahrhunderts sind oft mit kunstvoll geschmiedeten Gittern geschützt.

Beispiele von Außentüren. Das 1604 datierte Sturzholz der Kellertüre eines Hauses beim Fridolinsbrunnen im Oberdorf von Ennenda zeigt bloß Spuren gefaster Pfosten. Ebenso einfach ist die Kellertüre des von Pauli Wilhelm 1610 im selben Dorfteil erstellten Hauses (Abb. 40, 162). Das eichene Türgewände vom «Wißhus» in Mitlödi aus dem Jahre 1681 besitzt ein Oberlicht, das von einem einfachen Gitterwerk geschützt wird (Abb. 163). Wie beim vorangehenden Beispiel ist sein Sturz länger als die Breite des Türgerichtes. Als Besonderheit weist er ein profiliertes, gerilltes Band auf. Türsturz und Pfosten – diese auf zwei Drittel der Länge – sind auf der Innenseite gekehlt. Aus Mitlödi stammt ferner die Türe mit der Jahrzahl 1694, die von je einem der zeitlosen Kerbschnitzornamente flankiert und deren Sturz durch einen Zahnfries verziert wird (Abb. 164). Ebenfalls aus dem 17. Jahrhundert stammt das eichene doppelte Türgericht des bergseits der Kantonsstraße in Nidfurn gelegenen «Blumerhauses» (Abb. 165). Einfache Gitter schützen seine seitlichen Gangfensterchen. Kunstvoller sind diejenigen eines Hauses in Mitlödi aus dem Jahre 1742 (Abb. 166). Zu den Schönheiten des mächtigen «Zentnerhauses» in Elm gehören die Haustüren (Abb. 167). Initialen und Jahrzahl krönen die kunstgeschmiedeten Fenstergitter des 1799 von Kaspar Freitag erbauten Doppelhauses.

«Die Türen selbst sind ursprünglich glatte Brettertüren mit Einschubleisten. Sie folgen später dem Zeitgeschmack, und es finden sich noch recht schöne Beispiele von alten, gestemmten und Leistentüren mit prächtig geschmiedeten Türklopfern. Auch sie erlitten das Schicksal, ersetzt zu werden» (H. Leuzinger). Die meisten Türen sind einflüglig. Zweiflüglige kennzeichnen hier und dort die Häuser der Begüterten. Die Konstruktion der Türen ist vielfältig. Herstellungsalter, Bedeutung der abzuschließenden Räume, Prestigegründe und Können des Handwerkers sind Faktoren ihrer Prägung. Einfache Brettertüren sind zeitlos (Abb. 154, 159, 162). Die mit einer doppelten Bretterlage verstärkten Türen dienen selbstverständlich als Haustüren (Abb. 155). Die Anordnung der äußeren gefasten oder gekehlten Leisten prägen das Muster der Leistentüren (Abb. 168, 169). Die Formen der Füllungen der gestemmten Türen sind zumeist rechteckig (z. B. Abb. 156, 166, 167). Intarsien, Malereien und Beschläge schmücken die Türen. Einige Beispiele aus der Zeit um die Mitte des 18. Jahrhunderts wollen abschließend einen Querschnitt vermitteln. Die Haustüren des Hauses «Wygellen» in Schwändi (1755) und des Kellergeschosses des «Suworowhauses» in Elm (1748) sind Leistentüren (Abb. 168, 169). Ebenfalls ins Kellergeschoß führt die gestemmte Türe des 1752 erbauten «Rainhauses» in Mitlödi. Ihre Füllungen zeigen die verblaßte Schönheit großornamentaler Malerei (Abb. 170). Reich ist das Bild einer Türe zur Oberlaube eines andern Wohnhauses (1746) in Mitlödi (Abb. 171). Die Zeichnung der mit Intarsien datierten Stubentüre von 1764 stammt aus dem «Alten Leglerhaus» in Diesbach (Abb. 172). Fünf Jahre früher entstand die vornehme Türe im «Vogelhof» zu Niederurnen (Abb. 173).

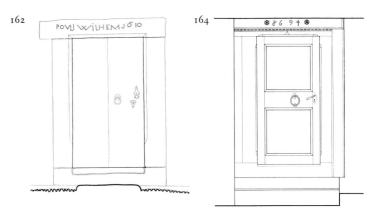

162

164

163

165

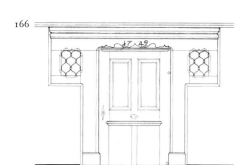
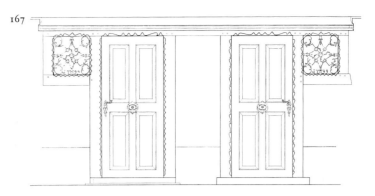

162 Ennenda, Oberdorf, Kellertüre 1610
163 Mitlödi, «Wißhus» 1681,
    Haustüre im Kellergeschoß mit Oberlicht
164 Mitlödi, Haustüre 1694
165 Nidfurn, Zweifamilienhaus, 17. Jh.,
    getrennte Hauseingänge im Kellergeschoß
    mit seitlichen Gangfenstern
166 Mitlödi, Haustüre 1742,
    kunstgeschmiedete Gitter der Gangfenster
167 Elm, «Zentnerhaus» 1799

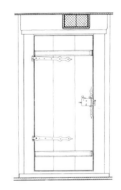

168 Schwändi, «Wygellen» 1755,
    Außen- und Innenseite einer Leistentüre
169 Elm, «Suworowhaus», Leistentüre 1748,
    Kellergeschoß straßenseits
170 Mitlödi, «Raihus» 1752,
    bemalte Haustüre des Kellergeschosses
171 Mitlödi, Türe zur Oberlaube, 1746
172 Diesbach, «Altes Leglerhaus»,
    Stubentüre 1764, Intarsien
173 Niederurnen, «Vogelhof», Stubentüre 1769

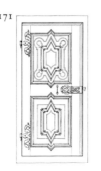
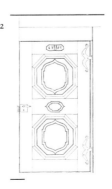

174 Haslen, Haus «im Zaun», Pfettenköpfe
175 Engi, Vorderdorf, «Altes Bergenhaus» 1558, vor dem Abbruch, westliche Giebelfront
176 Engi, Vorderdorf, «Altes Bergenhaus», Wandpfette
177 Netstal, «Kloster», Firstpfettenkonsole
178 Betschwanden, «Heidenhus», Bug mit Rundstäben
179 Siehe Seite 88/89.
180 Obstalden, Wohnhaus 1607, Pfettenköpfe

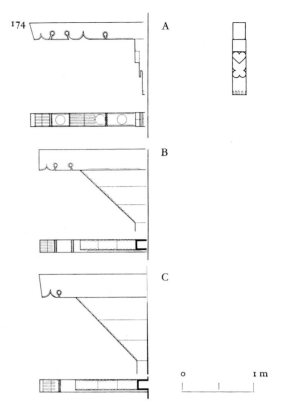

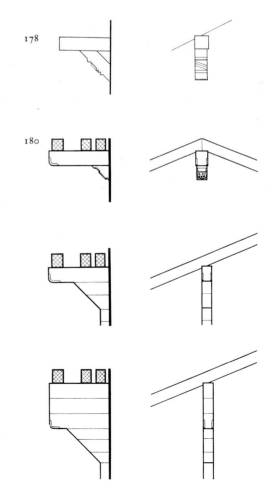

Ausdrucksformen

«Das alte Glarnerhaus trägt den Stempel großer Nüchternheit, die Folge des Druckes harter Arbeit und politischer Abhängigkeit, der früher auf dem Volke lastete und es ihm nur selten gestattete, den Blick über die Bedürfnisse des Alltags zu erheben.» Daß diese Aussage von E. Buß (Bürgerhaus, 1919) wie auch ihre Begründung nicht zutrifft, belegen die zahlreichen Beispiele von Zierformen am und im Glarner Bauernhaus. Wohl wirkt dessen Äußeres als Ganzes recht bescheiden, doch entbehre es des Schmuckes nicht (Abb. 31). Auch der Glarner Bauer war einst stolz auf ein schönes Heim. Wer es sich leisten konnte, der baute größer und schöner. Die wohlhabenden Geschlechter ließen sich repräsentative Häuser errichten, doch ohne den Prunk überladener Zier. «Die an und für sich zurückhaltende Art des Glarners bewahrte das Holzhaus vor einer Überfeinerung seiner Schmuckformen, welche besonders beim westlichen Ausläufer des schweizerischen Alpenhauses, den Häusern des waadtländischen Pays d'Enhaut auffällt und bis zur Grenze des geschmacklich Erträglichen führte» (H. Leuzinger). Seit dem letzten Jahrhundert ging der Bevölkerung aber der Sinn für die traditionellen Zierformen verloren. Als ungepflegte, unbeachtete und darum meist unbekannte Überreste sind diese jedoch noch in allen Gemeinden des Landes zu finden. Restauriert würden sie jedermann auffallen.

Pfettenköpfe und Pfettenträger

Im Schutze der «unnahbaren» Dachüberstände sind die Zierformen der vergangenen Jahrhunderte, Formen und Farben handwerklichen Kunstsinnes, am besten erhalten geblieben. Sogar bei Objekten, die im Laufe der Zeit Veränderungen erfahren haben, können wir sie recht häufig feststellen. Mit oder ohne Feldstecher betrachtet, überrascht uns der Formenreichtum der Pfetten und der sie tragenden Pfettenträger, der Pfettenkonsolen und der Büge auf den Giebel- und Trauf-Vorderseiten. Auf diesen «verborgenen», für das Glarner Bauernhaus charakteristischen Schmuck wies bereits Max Gschwend in seinem Beitrag «Köpfe und Fratzen an schweizerischen Bauernhäusern» (1965) hin. Oft sind die Kerbschnitzereien und Malereien nur noch schlecht zu erkennen.

Profilformen. Von allgemeinem Interesse ist die Feststellung, daß die im 17. und 18. Jahrhundert geschnittenen Profile der Pfetten ein und desselben Hauses in bestimmter Weise variieren: vom First zur Wand werden sie einfacher. Als Beispiel diene das Haus «Im Zaun» in Haslen. Die Abbildung 174 zeigt sowohl die Profilierung und Fasung als auch die ornamentalen Kerbschnitte der First- (A), Mittel- (B) und Wandpfetten (C) wie ihrer Konsolen von der Seite und von unten betrachtet. Mittel- und Wandpfette werden von ungleich großen Konsolen getragen, die aus drei im Winkel von 45° schräg geschnittenen Balken der Außen- und Zwischenwand mit gekerbten Kanten bestehen. Die Firstpfettenkonsole aber ist ein auf die Giebelwand aufgesetztes, besonders gestaltetes Holz mit reiner Zierfunktion. Es trägt in der Regel die Initialen des Bauherrn, des Baumeisters und die Ziffern des Baujahres. Beim gewählten Beispiel sind diese nicht mehr erkennbar. Die Firstpfette ist am stärksten ausgeschnitten. Die Mittel- und Wandpfette bieten der Konsolen wegen weniger Platz zur Profilierung. Wiederholen sich bei der Firstpfette die Formelemente fast auf die ganze Länge ihres Vorstoßes, so beschränkt sich die Gestaltung der Wandpfette auf das Balkenende. Was liegt näher, als ihre Zahl zu reduzieren!

Stilwandel. Eine bescheidene Auswahl von datierten Pfetten demonstriere uns den Wandel des Zeitgeschmackes vom 16. bis ins 19. Jahrhundert.

16. Jahrhundert: «Gotische Kehlen und Rinnen sind typisch für die Bearbeitung von Balken und Fenstergurten des 16. Jahrhunderts; ihnen entsprechen kräftige, einfache Dachvorstöße» (H. Leuzinger). Das 1558 erbaute, nun abgerissene «Bergenhaus» in Engi wies als Pfetten kräftige Vierkanthölzer auf (Abb. 175, 176). Wand- und Mittelpfette wurden von senkrecht und schräg geschnittenen Flecklingen getragen. Ihre Köpfe waren ebenfalls vertikal geschnitten, derjenige der Firstpfette in der unteren Hälfte hingegen abgeschrägt. Die Konsole der Firstpfette war ein aufgesetztes keilförmiges Holz. Seine glatte Oberfläche trug die Jahrzahl, die auf der Fotografie nur mit dem Vergrößerungsglas und auch so nicht vollständig zu erkennen ist. Aus dem 16. Jahrhundert mag auch das Pfettenwerk des «Klosters» in Netstal stammen (Abb. 177). Die Firstpfettenkonsole trägt als Schmuck ein Wappenschild, das von zwei schräg verlaufenden Rundstäben eingerahmt wird. Diese Verzierungen sind ausgeschnitten. Schräg und horizontal gerichtete Rundstäbe weisen auch die giebelseitigen Pfettenträger und die traufseitigen, nun aber vollständig verschalten Büge des «Heidenhauses» in Betschwanden auf, welche die Träger der Flugpfette stützen (Abb. 178, 179). Die Unterkanten der Pfettenköpfe des 1607 von Hans Wild in Obstalden errichteten Wohnhauses sind abgerundet und seitlich gefast (Abb. 180). Die Pfetten sind nicht breiter als die Flecklinge der Wände. Die Firstkonsole trägt im Wappenschild die Jahrzahl und das Meisterzeichen mit den Initialen des Zimmermeisters.

17. und 18. Jahrhundert: Um 1600 scheinen die Pfettenprofile aufgekommen zu sein, die in stilisierter Form Pferdeköpfe, *Rößli*, darstellen. Die ersten datierten Belege stammen aus dem Jahre 1600 vom Oberdorf in Mollis (Abb. 181, 182). Beim Pferdekopf der aus zwei Balken bestehenden Firstpfette des «Alten Leglerhauses» in Diesbach, 1647 erbaut, deuten die Kerben auf der Unterseite das Gebiß an (Abb. 183). Das *Rößli* fand in allen Landesteilen und auch noch im 18. Jahrhundert Verbreitung. Das «Dästerhaus» im Grund in Engi zeigt den einfachen Pferdekopf mit einer recht kunstvollen Pfettenkonsole aus dem Jahre 1672 (Abb. 184). Einfache Formen können aber auch bedeutend jünger sein, jünger als handwerklich anspruchsvollere Variationen (Abb. 185, 186, 187).

Neben dem Pferdekopf dominiert der Drachenkopf. Max Gschwend weist anhand einer Fundortkarte auf zwei Verbreitungszentren im schweizerischen Alpenraum hin: auf ein kleineres im Simmental und auf ein sehr ausgeprägtes im Bündner Oberland und im Glarnerland. Der damalige Verkehr über den Panixer- und Kistenpaß begründet die Nachbarlage der zuletzt genannten Gebiete. Die ältesten der als Drachenköpfe gestalteten Pfettenträger des Bündner Oberlandes stammen aus dem 16. Jahrhundert, und verschiedene Belegorte liegen an der ehemaligen Route der Glarner Viehtriebe nach den tessinischen Märkten, u. a. Waltensburg mit einem Vorkommen aus dem Jahre 1573 und Laax mit einem solchen von 1839. Im Glarnerland kennen wir nur ein einziges Beispiel des im Bündner Oberland als Drachenkopf geschnittenen Pfettenträgers, und zwar dasjenige am höchstgelegenen Berghäuschen (1350 m) auf Wald in der Gemeinde Elm (Abb. 188), dessen Baujahr nicht bekannt ist.

Die als Drachenköpfe profilierten Pfetten hingegen, die wie die *Rößli* überall im Glarnerland Verbreitung gefunden haben, besitzen eine eigene Form. Die ältesten datierten Beispiele stammen ebenfalls aus dem 17. Jahrhundert. Es sind dies die erstaunlich reich differenzierten und ornamentierten Firstpfetten eines Hauses im Ägerten in Bilten (1665) und

179

179 Betschwanden, «Heidehus», in den dreißiger Jahren
181 Mollis, Wohnhaus 1600, Flugpfettenkonsole
182 Mollis, Wohnhaus 1600, Flugpfettenkopf
183 Diesbach, «Altes Leglerhaus» 1647, Firstpfettenkopf
184 Engi, im Grund, «Dästerhaus» 1672, Firstpfette und Konsole
185 Niederurnen, Wohnhaus 1763, Pfettenkopf
186 Filzbach, Wohnhaus 1701, Firstpfettenkopf
187 Diesbach, «Brunnenhus» 1709, Firstpfettenkopf
188 Elm, Wald, Pfettenträger

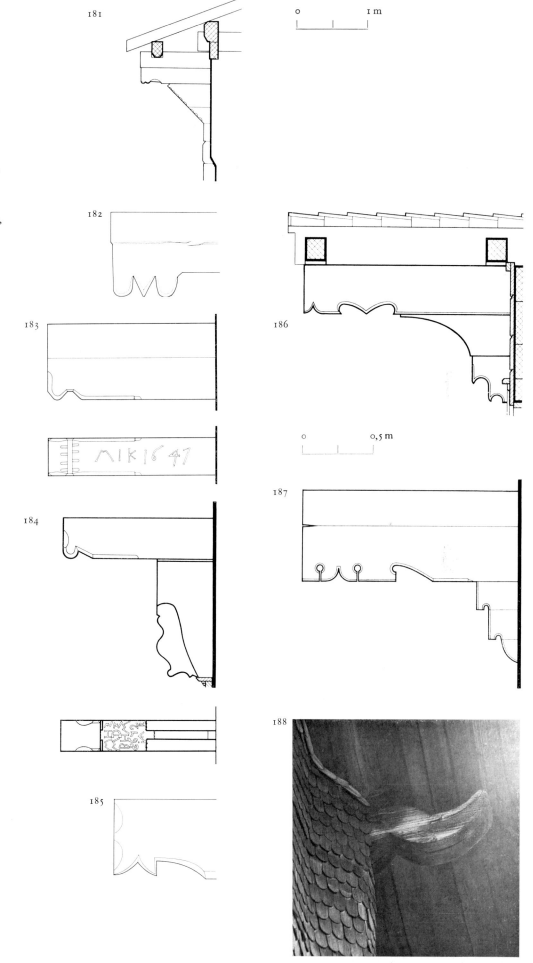

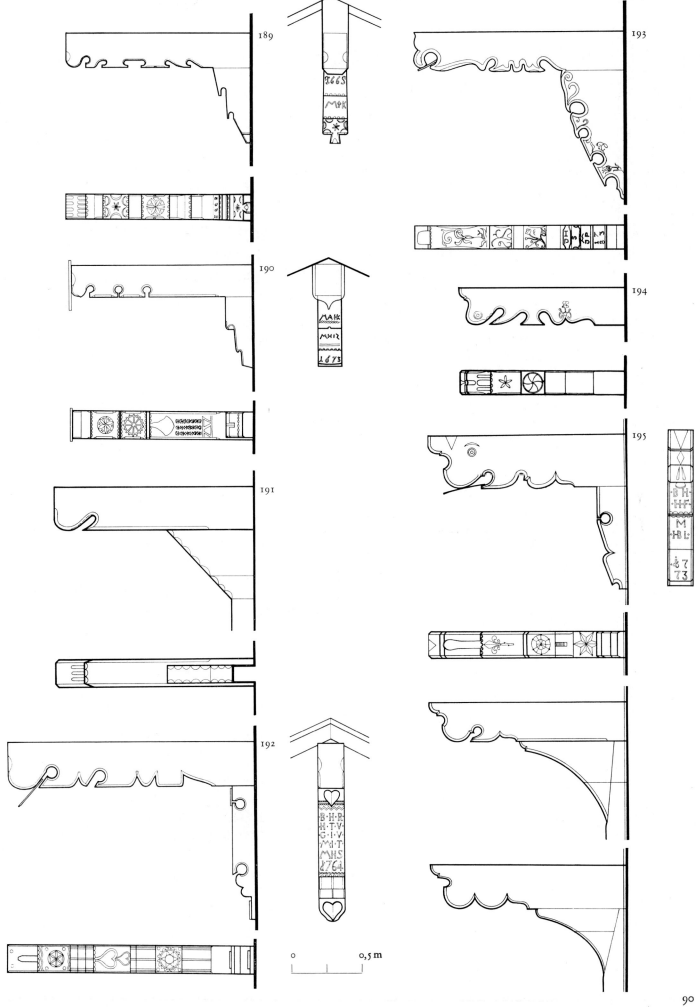

189 Bilten, Ägerten, Wohnhaus 1665,
   Firstpfette und Konsole
190 Haslen, «Untere Schönau» 1673,
   Firstpfette und Konsole
191 Linthal, «Zürcherguet», 1709, Pfettenkopf
192 Rüti, Haus «im Gäßli» 1764,
   Firstpfette und Konsole
193 Mitlödi, Wohnhaus 1783,
   Firstpfette und Konsole
194 Elm, Laisbach, «Kapellenhus» 1785,
   Firstpfette
195 Elm, Vorderauen, Wohnhaus 1773,
   Pfettenprofile
196 Elm, Dorf, First- und Mittelpfette
197 Linthal, Oberdorf, «Unterer Hof» 1804,
   Firstpfette
198 Netstal, Zugband mit Schlangenkopf

196

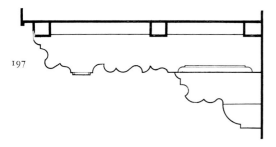

197

198

der acht Jahre jüngeren «Unteren Schönau» in Haslen (Abb. 189, 190). Mit der einfachen Grundform begnügte sich der Bauherr des mehr als 40 Jahre später errichteten Doppelwohnhauses im «Zürcherguet» (1709) in Linthal (Abb. 191). Wie beim Pferdekopf, so hat der Zimmermann auch bei den Drachen die Zähne zumeist mit Kerben markiert. Noch naturalistischer wirken die mit Augen und Zungen versehenen Köpfe verschiedener Firstpfetten. Beim Zweifamilienhaus «Im Gäßli» in Rüti (1764) und bei einem Haus in Mitlödi (1783) besteht die Zunge aus einem Brettchen (Abb. 192, 193). Beim «Kapellenhus» in Laisbach in der Gemeinde Elm (1785), fehlt die Zunge, dafür sind die Augen gezeichnet (Abb. 194). Als besonders ansprechendes Beispiel weist die Firstpfette des 1773 errichteten Wohnhauses im Vorderauen in Elm Augen und Brettchenzunge zugleich auf (Abb. 195). Vergleichen wir alle Pfettenprofile dieses Hauses miteinander, so bestätigt sich auch für die «Drachenkopfhäuser» das Prinzip der vom First zur Wand zunehmenden Stilisierung. Gerade mit diesem Beispiel hat Max Gschwend (S. 154) erstmals darauf aufmerksam gemacht.

In Elm kommen an verschiedenen Häusern Firstpfetten vor, die an der Stirnseite derart eingeschnitten sind, daß sie eher Stierköpfen als Drachenhäuptern gleichen (Abb. 196, 202). Sehr wahrscheinlich sind sie das Werk des gleichen Zimmermeisters.

Betrachten wir schließlich noch die Firstpfette des 1804 erbauten Doppelwohnhauses im «Untern Hof» im Oberdorf von Linthal, so wird uns bewußt, daß die anschaulichen Formen später gotischer Prägung ihren Sinn verloren haben (Abb. 197). Die der Helvetischen Revolution (1798) folgenden Wirren und Notzeiten unterbrechen die Bautätigkeit für mehr als zwei Jahrzehnte. Dann künden sich «in schwachen Spuren die Stilformen der Empire- und Biedermeierzeit an» (H. Leuzinger), eine weitere Entwicklung der traditionellen ländlichen Baukultur ist aber nicht mehr möglich. Die vorhandenen Bauernhäuser genügen. Die landwirtschaftliche Bevölkerung nimmt ab (Abb. 28). Ihre Ansprüche an das Wohnen bleiben über ein Jahrhundert die gleichen.

Herkunft und Motivation der Formen. Ob die mit ausgewählten Beispielen vorgestellten, für unser Untersuchungsgebiet charakteristischen Drachenköpfe der Pfetten eine regionale Besonderheit und eigenständige Leistung der Glarner Zimmerleute sind, kann so lange nicht entschieden werden, als Vergleichsmaterialien, in erster Linie aus angrenzenden Landschaften, fehlen. Das *Rößli* ist im Raum der alpinen Blockbauten allgemein verbreitet. Der Elmer Drachenkopf des Pfettenträgers ist bestimmt bündnerischer Herkunft.

Eine weitere, im Glarnerland seltene Form ist ebenfalls «Leihgabe»: der Schlangenkopf, als Zugband im Fluggespärre oder als Wasserspeier im östlichen Mittelland verbreitet, kommt auch im Zürcher Oberland und im Toggenburg, aber auch an einem Haus bei der «Alten Post» in Netstal vor (Abb. 198). Das Zugband gehört der Ständerkonstruktion der Seitenlaube an.

«Die Auswahl der Schmuckmotive unterliegt Einflüssen, die nachträglich nicht in jedem Fall eindeutig erkannt werden können. Hier spielt nicht nur die Laune des Augenblicks, das Verständnis und die Vorliebe des Bauherrn oder das Können des Handwerkers mit, sondern auch die innere Haltung der am Bau beteiligten Menschen» (M. Gschwend,

S. 139 f.). Nicht nur in Uri oder in Rätien, auch im Glarnerland blieben magische Vorstellungen als Reste heidnischer Zeiten über Jahrhunderte erhalten (vgl. S. 55). Nicht allein die Eule, sondern auch Pferd, Drache, Schlange u. a. spielen im volkstümlichen Bereich die Rolle zauberkräftiger, Unglück abwehrender Tiere. Der Pferdekopf verhindert Unglück, die Schlange tritt als Schutzgeist der Familie auf, der böse Drache wendet das Böse ab. «Wir dürfen als bestimmt annehmen, daß die am Haus angebrachten kopfartigen Verzierungen einerseits einer bewußten Freude des Menschen am Ornament und am Schmuck oder einer gewollten Repräsentation seiner Stellung und seines Reichtums entsprechen, daß sie anderseits aber auch eine geistige Haltung, einen magischen Schutz gegenüber den tatsächlichen und imaginären Umwelteinflüssen dokumentieren» (M. Gschwend, S. 170). Was die Köpfe und Fratzen an gotischen Domen, waren die Köpfe der Pfetten und Pfettenträger auch für das Haus des Glarner Bauern.

Ornamente und Malereien. Die Zier der Pfetten beschränkt sich keineswegs nur auf die Formen der Profile. An schmükkenden Zutaten fehlt es nicht. Die Balkenunterseiten sind die dafür gegebenen Bildflächen. Nebst gefasten Kanten, Kerben und Rillen weisen sie eingeschnitzte Ornamente auf, die farbig herausgehoben wurden. Man könnte vermuten, daß die ersten Zierelemente dieser Art die Kerben und Rillen gewesen sind, welche die Zähne der *Rößli* und Drachenköpfe anzudeuten hatten. Ihnen gesellten sich dann die zeitlosen, mit dem Zirkel konstruierten geometrischen Ornamente zu (Abb. 189). Im 18. Jahrhundert treten pflanzliche Motive auf: Ranken, Stengel, Blätter und Blüten (Abb. 187, 193, 199). Wellenlinien, Sternrosetten und Sonnenrad sind verbreitet (Abb. 192), und die französische Lilie ist häufig anzutreffen (Abb. 195, 200). Geometrische und vegetative Ornamente kommen öfters kombiniert vor (Abb. 194). Eine Deutung der Formen nach ihrem innern Gehalt bietet große Schwierigkeiten. Manche mögen einst abwehrkräftige religiöse Symbole gewesen sein. Für das Glarnerland darf im Vergleich zu Graubünden (s. Simonett, 1968, S. 196) die Lilie wohl nicht als politisches Zeichen der Zugehörigkeit zu einer französischen Partei interpretiert werden. Das ursprüngliche Symbol der Muttergottes mag für den Reformierten zum bloßen Zeichen der Reinheit geworden sein. Pflugschar und Zahnrad der 1673 datierten Firstpfette der «Unteren Schönau» in Haslen lassen auf den Beruf des Bauherrn schließen (Abb. 190).

Eine gute Vorstellung von den früheren Malereien vermitteln hier und dort die noch von bloßem Auge sichtbaren Farbspuren (Abb. 201, 202, 203). Weiß, Schwarz und Rot waren die bevorzugten Farben. Besonders bunt müssen die Drachenköpfe ausgesehen haben, die *Rößli* aber waren selten bemalt.

Firstpfetten und Konsolen

Die besonders verfertigte Konsole der Firstpfette ist die «Visitenkarte» des vornehmen Glarner Bauernhauses, das Aushängeschild, dessen Initialen an den Bauherrn (BH) und an den Baumeister (BM oder nur M) erinnern (Abb. 204). Die Jahrzahl datiert das Baujahr. Es lassen sich auch bei dieser Schmuckform zeit- und sozialbedingte Unterschiede in der Gestaltung sowohl der Konsolenformen als auch der Inschriften, Jahrzahlen und Ornamente feststellen.

Inschriften und Jahrzahlen. Wie bei den geschnitzten Ornamenten der Pfetten, so sind die in die Konsolen eingeschnittenen Buchstaben und Zahlen in vielen Fällen infolge der Verwitterung des Holzes nicht mehr zu erkennen.

Die bereits erwähnten einfachen Konsolen des 16. Jahrhunderts (S. 87) sind noch ohne Initialen. Das «Alte Bergenhaus» in Engi trug die Jahrzahl 1558. Der Wappenschild des «Klosters» in Netstal mag möglicherweise einst auch eine Jahrzahl getragen haben. Nebst dem Meisterzeichen, einer Breitaxt, weist der Schild des 1607 von Hans Wild errichteten Hauses in Obstalden auch die Anfangsbuchstaben seines Namens auf (Abb. 180, 205, vgl. Abb. 39). Bis in die zweite

199 Rüti, Wohnhaus 1801,
  Pfetten und Pfettenkonsole
200 Engi, Vorderdorf, Bergen, Pfette
201 Elm, Laisbach, «Kapellenhus» 1785,
  Unterseite Firstpfette
202 Elm, Müsliweid, Wohnhaus 1789,
  Firstpfette
203 Engi, Vorderdorf, Bergen, Pfetten
204 Elm, Vorderauen, Wohnhaus 1773,
  Firstpfettenkonsole
205 Obstalden, Wohnhaus 1607,
  Firstpfettenkonsole

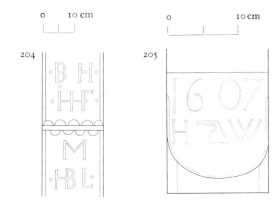

206 Diesbach, «Schießerhaus» 1607, Firstpfette
207 Bilten, Ägerten, Wohnhaus 1665, Firstpfettenkonsole
208 Diesbach, Wohnhaus 1668, Firstpfettenkonsole
209 Mitlödi, «Stegerhaus» 1670, Firstpfette mit Konsole
210 Engi, Wohnhaus 1680, Firstpfettenkonsole
211 Engi, im Grund, «Dästerhaus» 1672
212 Diesbach, «Brunnenhus» 1709, Firstpfettenkonsole
213 Rüti, Wohnhaus 1752
214 Schwändi, «Wygellen», Wohnhaus 1755
215 Matt, «Zur Traube» 1784
216 Elm, Laisbach, «Kapellenhus» 1785
217 Schwanden, Haus Streiff 1680, Pfettenbüge
218 Ennenda, Oberdorf, «Chöhlhof» 1700, Firstpfettenbug
219 Haslen, «Jennyhaus», Jahrzahl im Gang

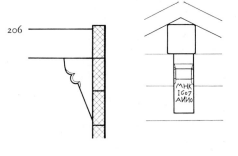
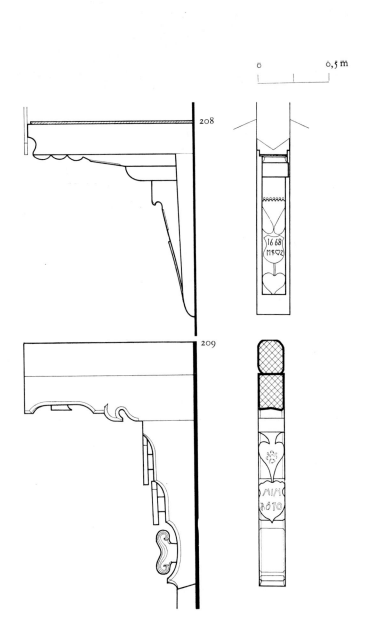

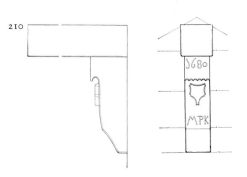
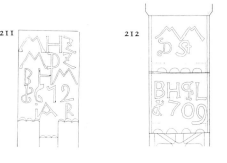

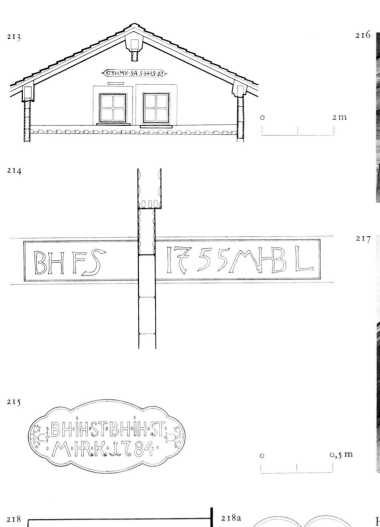

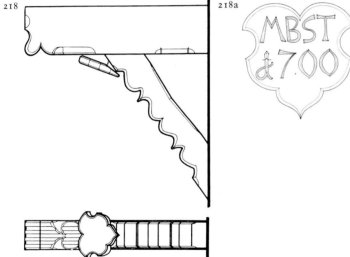

Hälfte des 17. Jahrhunderts hat sich zumeist nur der Zimmermeister verewigt (Abb. 189, 190, 206–210). Das «Alte Leglerhaus» in Diesbach trägt die Inschrift auf der Unterseite der Firstpfette (Abb. 183). Im 18. Jahrhundert werden Bauherr und Baumeister regelmäßig miteinander erwähnt (Abb. 184, 192, 195, 199, 211, 212). Auch bei Stallscheunen können wir Initialen und Jahrzahlen beobachten (S. 150, 173).

Schon in der Mitte des 18. Jahrhunderts werden Bauinschriften band- oder tafelartig auf besondere Bretter gemalt, die unter der Firstpfette Platz finden. Dadurch verliert die besondere Firstpfettenkonsole ihre Bedeutung. Sie verschwindet. An ihre Stelle tritt nicht selten die ältere Form eines meist schräg geschnittenen Pfettenträgers (Abb. 213–216).

Konsolenformen. Die aufgesetzte Firstkonsole hat sich vom einfachen, eingenuteten Keil bis zum differenziert ausgeschnittenen, ja überladenen Holzkörper entwickelt. Seine Formen entsprechen oft denjenigen der Firstpfette (Abb. 193, 209). Einfache Beispiele bieten die Abbildungen 174, 199, 206–208, 210. Die im 16. Jahrhundert aufblühende Vorliebe für die Heraldik äußert sich in den zusätzlich ausgeschnittenen und aufgesetzten Schildern, die oft mit Blatt- oder Herzformen abwechseln (Abb. 208–210). Mit Schildern wurden auch Pfettenbüge geschmückt (Abb. 217, 218).

Jahrzahlen kommen öfters auch an andern Stellen des Hauses vor: auf Türstürzen und an Türen der Keller- und Wohngeschosse (Abb. 151–154, 162–164, 166, 169, 172, 173, an Fenstergittern (Abb. 167, 276), in Gängen (Abb. 219) und in Stuben (Abb. 114). Sie belegen keineswegs immer das Alter des Hauses, vermerken sie doch oft nur die Daten der be-

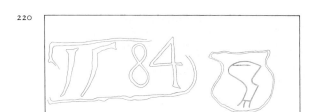

220

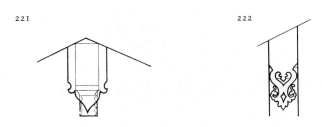

221 222

223

224 225

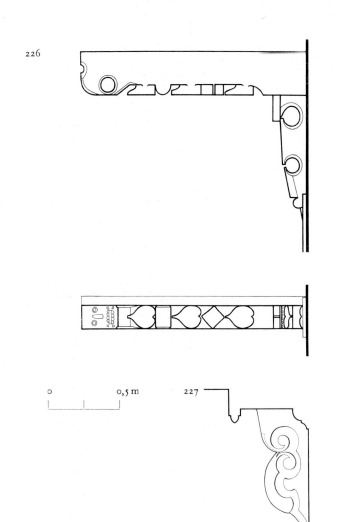

226

227

228

229

220 Netstal, «Höslihaus»
221 Filzbach, Pfettenstirnbrettchen
222 Schwanden, Haus «zur Farb»
223 Hätzingen, «Süßwinkel», bemalte Pfettenstirnbrettchen
224 Schwanden, Heidenhaus «Hoschet»
225 Schwanden, Heidenhaus «Hoschet»
226 Rüti, Wohnhaus 1762, Firstpfette und Konsole
227 Rüti, Konsole für einen Unterzug
228 Rüti, ehemalige Konsole als Holzplastik, restauriert
229 Braunwald, Giseneggli, verzapftes Loch

treffenden Bauteile. Eine besondere Rarität scheint das Familienwappen mit der Jahrzahl 1584 am «Höslihaus» in Netstal zu sein (Abb. 220).

Pfettenstirnbrettchen

Auffälliger als die unter dem Dachüberstand verborgenen Ausdrucksformen der Pfetten sind ihre im Glarnerland verbreiteten Stirnbrettchen. Es scheint, daß sie im 17. Jahrhundert aufgekommen sind. Sie schützen die Stirnseiten der Pfettenbalken, die für die Verwitterung besonders anfällig sind. Über ihren Nutzen hinaus belegen auch sie die Freude und Liebe der Vorfahren am ornamentalen Gestalten. Sie wurden oft besonders zierlich ausgesägt (Abb. 189, 190, 213 217, 221–223). Manche mögen früher bemalt gewesen sein. Nach Simonett (I, S. 53) soll die im Münstertal, Samnaun, Unterengadin und Prättigau verbreitete «Mode» vom Tirol her übertragen worden sein.

Fratzen, Madonnenbilder und Haussprüche

Zu den besonders attraktiven, im Glarnerland aber seltenen «Kuriositäten» unter den Ausdrucksformen gehören die Fratzen oder Masken, welche wie die *Rößli*, Drachen und Schlangen vor den dämonischen Mächten zu schützen hatten.

Zwei steinerne Gesichter zieren den schon mehrmals erwähnten Massivbau des sog. Heidenhauses «Hoschet» in Schwanden. Sie befinden sich an den Außenwänden, nahe der straßenseits gelegenen südöstlichen Hausecke. Ihr Durchmesser beträgt rund 20 cm. Das kleinere Antlitz schaut nach Süden, das größere auf der Traufseite nach Osten (Abb. 224, 225). In der von ihnen «bewachten» Hausecke liegt die Stube, deren Türsturz im Gang die Jahrzahl 1540 trägt (Abb. 151).

An einem 1762 datierten Strickbau in Rüti finden wir an der Unterseite des Firstpfettenkopfes eine eingeschnitzte Fratze, die von M. Gschwend bereits einmal erwähnt und abgebildet wurde (Abb. 226). Ebenfalls aus Rüti stammt der Kopf der geschnitzten Konsole, die in der Stube den Unterzug trug (Abb. 227, 228). Bei der Renovation des Raumes wurde die Konsole herausgeschnitten und schmückt nun als Holzplastik die Stube. Bei der Restauration der Fratze entdeckte man unter ihrem Kinn ein verzapftes Bohrloch, das nachträglich mit einem neuangefertigten vorstehenden Zapfen versehen wurde. Sodann ist mir in der Schlafkammer neben der Stube im Berghäuschen «Giseneggli» auf Braunwald ein verzapftes Loch aufgefallen, das kein Astloch sein kann (Abb. 229). Das ehemals unsichtbar verschlossene Bohrloch erinnert an die volkstümlichen Praktiken der Geisterbannung, im besonderen an die sogenannte Verpflöckung (E. Brunner, 1967). wie sie von Jeremias Gotthelf in seiner «Schwarzen Spinne» unübertrefflich geschildert wird. Es wurde wohl auch im Glarnerland geglaubt, was man im Emmental, im Entlebuch, aber auch in Graubünden davon hielt: «Nicht bloß der grünende Baum ist von Gottheiten bewohnt, auch der verdorrte, der im Strickwerk des Holzhauses sich findet, bleibt in ihrem Besitz» und: «In den Bäumen halten sich die Krankheitsdämonen auf, darum muß man sie wieder zurückführen und verpflöcken» schreibt Christian Caminada. So sollte wohl auch die Arztrechnung aus dem letzten Jahrhundert, die in der gleichen Stube in Rüti in einem Riß des Balkenwerkes gefunden wurde, Wunder wirken. Es ist kaum zu bezweifeln, daß neben der von verschiedenen Glarner Gewährsleuten belegten Hexenpraktik des «Vernagelns» auch das «Verpflöcken» üblich war.

Christliche Übung mit dem gleichen apotropäischen Sinn war es, mindestens die Hauptfassade des Hauses mit Symbolen, Inschriften, Haussprüchen und Bildern religiösen Gehaltes zu zieren. Im Vergleich zur katholischen Innerschweiz oder zu katholisch Bünden, aber ebenso im Vergleich zum reformierten Berner Oberland oder zum Prättigau ist im

230 Oberurnen, «Stuckihaus», vor der Renovation
231 Oberurnen, «Stuckihaus», nach der Renovation
232 Näfels, Haus am Fahrtsplatz, vor 90 Jahren
233 Näfels, Haus am Fahrtsplatz, heutige Ansicht
234 Ennenda, Haus im Oberdorf 1610, Flugpfette, siehe auch Abb. 235

Glarnerland dergleichen Wandschmuck spärlich. Auch darin mag sich im allgemeinen die zurückhaltende, nüchterne Art der Glarner äußern, ihr religiöses Bekenntnis weder auf der Zunge zu tragen noch an der Hauswand zu bezeugen.

Daß in den reformierten Gemeinden kein vorreformatorisches Bildgut erhalten blieb, ist begreiflich. Aber auch in den katholischen Ortschaften ist nur noch wenig zu finden. Das stark verwitterte Madonnenbild am «Stuckihaus» in Oberurnen existiert nicht mehr (Abb. 230, 231). Die flankierenden Medaillons trugen Wappen, darunter das der Stucki, und die Jahrzahl 1643. Diese datierte den Bildschmuck, denn das Haus selber ist bestimmt älter. Erhalten

235 Ennenda, Haus im Oberdorf 1610 (wie Abb. 234)
236 Haslen, Zusingen, «Stüßihaus», Gesimstafel 1697
237 Mollis, Wohnhaus 1763
238 Braunwald, Gisenaggli, verblichene Inschrift

blieb, wenn auch in anderer Form, das Marienbild am steinernen Haus am Fahrtsplatz in Näfels. Die Abbildung 232 stammt von J. Hunziker, der das Haus vor rund 90 Jahren aufgenommen hat. Im Text bemerkt er: «Wandmalereien, wie hier (in Näfels), erscheinen öfter.» Zum Vergleich diene die heutige Ansicht (Abb. 233).

Was den Katholiken die Bilder, das bedeuten den Reformierten die Sprüche. Auf den neuen Glauben beziehen sich die eingekerbten Inschriften auf den Flugpfetten der von Pauli Wild 1600 und 1610 errichteten Häuser in den Oberdörfern von Mollis und Ennenda. Sie beginnen beide gleich: «Auf Gottes Vertrauen steht unser Bauen.» Am Haus in En-

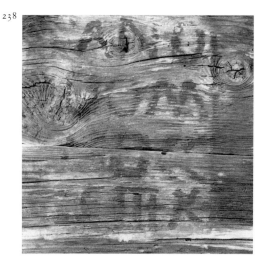

nenda (Abb. 234, 235) ist die mit weißer Ölfarbe ausgestrichene Antiqua gut lesbar. Verkehrte Buchstaben, ungleiche Zwischenräume und unregelmäßig angeordnete Trennpunkte kennzeichnen das Bild der Schrift, wofür noch keine Schablone Verwendung fand. Das U wurde damals als V geschrieben. Wie die prächtige Gesimstafel in der Stube des «Stüßihauses» in Zusingen (Abb. 114, 236) kündet auch das 1763 errichtete Türgericht eines Hauses in Mollis «Soli Deo Gloria» (Abb. 237). Die großartige Einlegearbeit in Zusingen ist das Werk jenes Meisters, der 1697 die ganze Stube neu gestaltet hat. Ungleich bescheidener und doch erstaunlich ist die auf den rohen Hölzern der Außenwand des Berghäuschens «Gisenaggli» auf Braunwald verblichene Inschrift (Abb. 238). Die Spuren der schwarzen Schrift auf weißem Grund lassen gerade noch den Sinn erkennen. Wie kam es wohl dazu, daß am abgelegenen Häuschen auf den Braun-

Vor Unglück u. gefahren Wolles der grosse Gott Bewahren. Ao 1801
B H · AD · M · M P I

waldbergen die mit römischen Ziffern geschriebene, schlecht lesbare Jahrzahl (1757?) mit der lateinischen Formel AN(N)O DOM(INI) eingeleitet wird?

Ebenfalls gering ist die Zahl der Haussprüche, die in der Regel im Giebelfeld der Hauptfassade zu lesen sind. Die Häufung der Beispiele um die vorletzte Jahrhundertwende hat ihren historischen Hintergrund: Revolution, Krieg, Arbeitslosigkeit und Hungersnöte. Im Girlandenkranz des von 1792 erbauten Hauses «zum Dachstuhl» in Haslen heißt es: «Wo Gottes Gnad hat ihren Sitz, da blüht das Glück, wohl ohne Witz» (Abb. 76). Kalligraphisch auffallend, wie üblich mit schwarzer Farbe auf weißem Grund geschrieben, ist der Hausspruch im «Chnü» in Engi (1801): «Vor Unglück und Gefahren woll es der große Gott bewahren» (Abb. 239). Nur ein Jahr jünger ist die Inschrift am Haus des Kirchmeiers (Kirchengutsverwalter) Jesajas Stüßi im Eidschachen bei Linthal: «Den Bau, den hab ich angefangen, nach Gott will ich's vollenden, steht alls in seinen Händen, glückselig ist dies Haus, wo Gottes Segen blüht» (Abb. 240). Vom «Untern Hof» in Linthal (1804) stammt der verblaßte Hausspruch: «Gottes Schutz und Macht dieses Haus und Hof vor Feuer und aller Gefahr woll behüten Tag und Nacht» (Abb. 241, 242). Ebenso restaurationsbedürftig ist die auf eine besondere Tafel gemalte Inschrift vom Jahre 1822 am Haus zur «Hoschtet» im Weiler Müsli (Mösli) in Elm: «Dieses Haus gebt in Gottes Hand, Gott behüt es vor Feuer und aller Gefahr» (Abb. 243). Bedeutend länger ist der Spruch des letzten bildlich belegten Beispieles: «Großer Gott, komm in Gnaden, Segensvater, in mein Haus, sei mit deinem Schutz geladen. Segne mich und all die meinen, laß auf die dein Segen scheinen, die da gehen ein und aus. Segne meinen Lebenswandel, segne Nahrung und den Handel. Segne mein Weib und Kind, segne meine Freund und Feind und die ganze Christgemeinde, die dir angehörig sind, Amen.» Dieses förmliche Gebet schmückt ein 1814 errichtetes Haus in Linthal (Abb. 244). Nur noch teilweise lesbar sind die Haussprüche der wahrscheinlich um 1800 erbauten Holzhäuser im hintern Strickberg auf Braunwald. Beiden gemeinsam ist die Bitte um die Bewahrung vor Lawinen: «Gott woll bewahren immerdar, Diß Haus vor Unglück und Gefahr, vor Für und Blitz und Lauigfahr ...» und «Gott beware dieses Haus und die darinnen wohnen: vor Feur und Lauesgfahr wöll Gott gnädig schonen, Gott wolle diessen Berg beschützen ...».

239 Engi, Vorderdorf, im «Chnü», 1801
240 Linthal, Eidschachen, 1802
241 Linthal, Oberdorf, «Unterer Hof» 1804
242 Linthal, Oberdorf, «Unterer Hof» 1804
243 Elm, Müsli, «Hoschtet» 1822
244 Linthal, Wohnhaus 1814

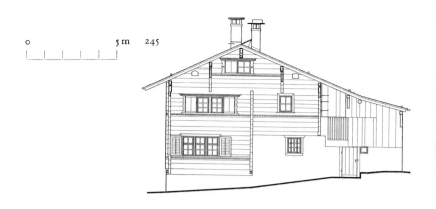

245 Matt, «Thesen-Haus» (Haus von Matthäus)
246 Engi, Haus «im Stettli», Rillengurt
247 Diesbach, «Altes Leglerhaus», Gurtenprofil
248 Netstal, «Kloster», Stubendecke
249 Engi, Vorderdorf, «Altes Bergenhaus» 1558, Gurtenprofil
250 Diesbach, «Altes Leglerhaus», Gurtenprofil
251 Linthal, Auengüter, Haus im «Stolden», Gurtenprofil
252 Nidfurn, Würfelfries
253 Niederurnen, Haus «im Feld»
254 Luchsingen, Haus an der «Sturmgasse» 1703, Rautenfries
255 Sool, Haus «im Dörfli» 1714

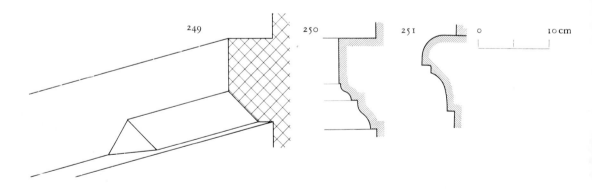

Ziergurten, Zierbretter und Bemalung

Im Verhältnis zum Bereich des Daches weisen die Wände des Glarner Bauernhauses keinen oder nur spärlichen Schmuck auf. Wie schon bei der Konstruktion der Blockbauten erwähnt wurde, präsentieren sie sich im allgemeinen äußerst schlicht.

Ausnahmen machen die Häuser, deren Wände geringe Auskragungen zeigen (S. 45, Abb. 43, 44). Ihre verstärkten Flecklinge bilden das Gesims der Fensterbänke und laufen in der Regel als dekorierte Gurten um die drei Hauptseiten des Hauses. Im naturfarbenen, verwitterten Zustand fällt ihre Profilierung wenig auf. Ihre Wiedergabe geschieht am besten mit Nahaufnahmen und Zeichnungen.

Die oberhalb der Fenster durchziehenden Balken erfuhren im Glarnerland keine besondere Bearbeitung. Sie treten nie als Gurten auf. Ausnahmen begegnen wir bei den Fenstern mit seitlich verschiebbaren Zugläden. Die obern Gesimse ihrer Rahmengerüste zeigen häufig die gleiche Profilierung wie die Gurtbalken (Abb. 245). Die Profilformen der Gurten der verschiedenen Stockwerke ein und desselben Hauses sind meistens einander gleich. Kommen Unterschiede vor, so sind sie gering. Unter den Gurtbalken gibt es keine Konsolen, wie dies z. B. im Prättigau und im Schanfigg der Fall ist. Die Balken des Schwellenkranzes sind nie verziert.

Im Gegensatz zu den vielfältigen und reichen Dekorationen an repräsentativen Holzhäusern in Graubünden und im Berner Oberland überwiegen im Glarnerland als Profiltypen die Würfel-, Rauten- und Konsolenfriese. Rundbogen, Wellenlinien, Eierstäbe, Schuppen, Schnur- und Blattranken sind nicht verbreitet.

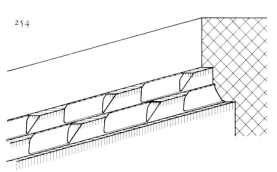

Entwicklung und Beispiele. Für das 16. Jahrhundert sind «gotische Kehlen und Rinnen» charakteristisch (H. Leuzinger). Die Ziergurten waren Attribute solcher Häuser, die Wohlhabenden gehörten und die damals weniger mit Schmuck als vielmehr durch ihre Größe imponierten («Großhus»). Die mit dem Hohlbeitel meist mehrfach horizontal kannelierten Gurten, die Rillengurten, entsprechen durchaus dem gekehlten gotischen Balkenwerk von Stubendecken des 15. und 16. Jahrhunderts. Sie fanden nicht nur in der Innerschweiz und in Graubünden, sondern auch im Glarnerland Verbreitung (Abb. 246, 247, 248). Eine einfachere, vielleicht ältere Profilform wies das abgerissene «Bergenhaus» (1558) in Engi auf. Die untere Kante der an beiden Stockwerken durchlaufenden Fensterbankgurten war lediglich abgeschrägt, wie bei den Rillengurten nur teilweise gefast (Abb. 249). Bedeutend jünger sind wohl die Profile, die im Querschnitt sowohl konkave als auch konvexe Formen zeigen (Abb. 250, 251).

Im 17. Jahrhundert kamen die Friese mit wechselweise senkrechten, waagrechten und schrägen Schnitten auf. Variationen ergeben sich durch die Anzahl der Bandreihen, die Schnittrichtung und die Form der Außenfläche der ausgeschnittenen Holzkörper. Abbildung 252 zeigt die übliche doppelte, Abbildung 253 eine dreifache Reihung des Würfelmotivs. Auch der Rautenfries ist verbreitet. In der gleichen Richtung schräg geschnitten sind z. B. die zweireihigen Rauten an einem 1703 errichteten Haus an der Sturmgasse in Luchsingen (Abb. 254). Gegengleich gerichtet sind sie an einem 1714 erbauten Haus im «Dörfli» Sool (Abb. 255). Konsolenfriese tragen die nur noch teilweise erhaltenen

256 Diesbach, «Brunnenhus» 1709, Konsolenfriese
257 Rüti, «Schießerhaus», Hausecke
258 Diesbach, Konsolenfriese
259 Diesbach, «Altes Leglerhaus», Überrest des Würfelfrieses im dritten Stock
260 Diesbach, «Altes Bergenhaus», Würfelfries
261 Mollis, «Rüfihus», vor der Renovation

262 Mitlödi, «Stegerhaus» 1670
263 Elm, Hintersteinibach, älteres «Fritigenhaus» 1691
264 Elm, «Zentnerhaus» 1799
265 Nidfurn, Haus zur «Hoschet», Giebelfenster
266 Linthal, Auengüter, «Oberer Brantschen» 1770, Giebelfenster

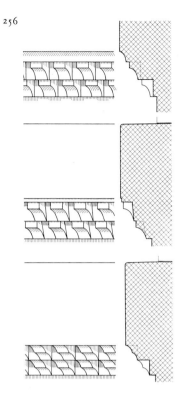
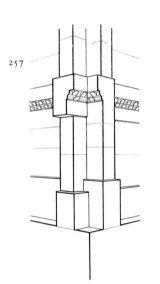

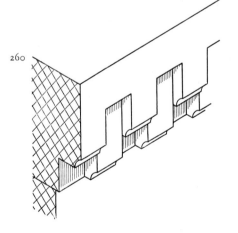
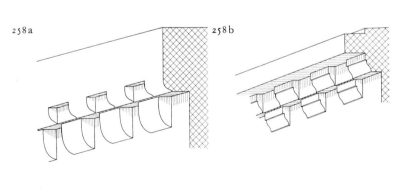

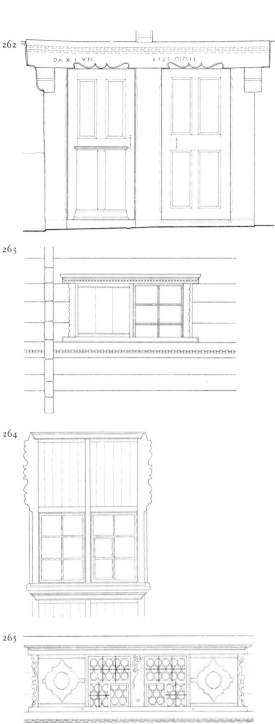

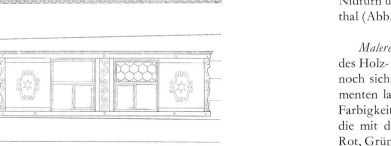

Gurten am «Brunnenhus» (1709) in Diesbach (Abb. 256). Weitere Varianten sind die Friese des «Schießerhauses» in Rüti (Abb. 257) und wiederum eines Hauses in Diesbach (Abb. 258).

Bemerkenswert sind die verschiedenen Friese des «Alten Leglerhauses» in Diesbach; sie belegen verschiedene Bauphasen. Der am dritten Stockwerk teilweise noch vorhandene Würfelfries (Abb. 259, 260) ist zweifellos jünger als der Rillenfries der untern Stockwerke (Abb. 247). Er bezeugt die spätere Aufstockung des Hauses, die sehr wahrscheinlich 1647 vorgenommen wurde; die Firstpfette trägt diese Jahrzahl. Es ist nicht anzunehmen, daß die Rillengurten erst damals geschaffen wurden, weil mit einer derartigen Stilverspätung kaum zu rechnen ist. Der jüngste Fries (Abb. 250) kennzeichnet den seitlichen Anbau. Häufig schmücken Gurtenprofile auch die Sturzhölzer der im Mauergeschoß vorhandenen Haustüren (Abb. 170, 261, 262).

Friese und Zierbretter. Besonders schmuck waren die Fenster- und Ladenverkleidungen der Häuser, die im 17. und 18. Jahrhundert von vermöglichen Bauherren errichtet wurden. Da und dort sind die Rahmengerüste, die Zugläden und seitlichen Zierbretter erhalten geblieben (Abb. 108, 245). Am älteren «Fritigenhaus» in Elm-Hintersteinibach (1691) ziert ein Würfel-Zahnfries das obere Gesims (Abb. 263). Ohne Friese sind die Rahmengerüste am 1799 errichteten «Zentnerhaus». Ihre Koppelung wirkt wie eine Vertäferung der Wand. Die ornamental ausgesägten Zierbretter schmücken die Ladenverkleidung (Abb. 109, 264). Erhaltungswürdige Beispiele bieten die Dachstöcke der Häuser in der «Hoschet» in Nidfurn und im «Oberen Brantschen» der Auengüter in Linthal (Abb. 265, 266).

Malereien. Von der ehemaligen Fassadenmalerei, sowohl des Holz- als auch des Steinhauses, blieb wenig erhalten. Die noch sichtbaren Farbspuren an den verschiedenen Zierelementen lassen auf den großen Verlust an Originalität und Farbigkeit der Dörfer schließen. Wie prächtig müssen sich die mit den kräftigen, leuchtenden Farben Weiß, Schwarz, Rot, Grün und Blau bemalten Zierglieder präsentiert haben! Die außen aufgetragenen Farben haben den Witterungseinflüssen nicht lange standgehalten. Die Malereien der Hauswände hätten stets der Erneuerung bedurft, und dafür ging leider der Sinn verloren.

Hans Leuzinger hat dazu folgende Gedanken geäußert: «Eine wesentliche Steigerung der äußeren Erscheinung bedeutet die farbige Behandlung der Bauten. Zahlreiche Reste weisen darauf hin, daß besonders im 17. und 18. Jahrhundert die Bemalung eine große Rolle gespielt hat. Dieselbe ist nicht dem konstruktiven Kern des Holzhauses, der gewetteten Wand zuteil geworden, sondern vor allem Teilkonstruktionen des Äußern, welche dem Wandel des Zeitgeschmakkes folgend, den eigentlichen Schmuck des Hauses ausmachten: so den Balkenvorstößen unter dem Dach, den Schiebladen und Schiebladeneinfassungen der Fenster, den profilierten Fensterbankgurten, der Haustüre. Dadurch gewannen die Häuser das fröhliche und reiche Aussehen, welches noch Gladbach auf der schon erwähnten Tafel 25 beim Hause der Familien Kundert und Vögeli in Rüti festgehalten hat (Abb. 31) und welches sich das Haus im «Chnü» in Engi aus dem Jahre 1801 noch einigermaßen bewahrt hat (Abb. 267, 268). Immer wieder wird man betroffen von der Frische der freien Pinselführung und Ursprünglichkeit dieser an und für sich primitiven Malereien. Oft handelt es sich um farbige Behandlung auf flachem Grund, oft werden wie bei den Balkenköpfen unter dem Dachvorsprung die bereits vom Zimmermann profilierten, gefasten und gekehlten Zierglieder oder eingekerbte Ornamente farbig herausgehoben.»

267

Vom Ratsherrenhaus im «Chnü» in Engi (1801) liegen farbige Skizzen vor. Sie wurden 1932 von Lehrer Martin Baumgartner sel. gezeichnet: Die Rahmengerüste der Fenster, die Zierbretter und die Zugladen sind rot, die Ornamente auf den Zugladen, den oberen Gesimsen und die Umrandung der Zierbretter schwarz und weiß mit grau als Zwischentönen (Grisaille). Die Abbildung 267 zeigt die gezeichneten Formen der Ornamente besser als die Fotografie (Abb. 268). Die Ornamente schmücken die Zugläden der Traufseite des Hauses da, wo sich der Hauseingang befindet. Die talseitige Giebelfront hingegen weist Rauten auf, mit einem roten Oval in der Mitte und mit wechselweise schwarz in weiß übergehenden Viertelssektoren. Bei den oberen Gesimsen der Rahmengerüste gehen die Farben schwarz und weiß in Streifen ineinander über. Ob die vorhandenen Überreste ursprünglich sind, wissen wir nicht. Es ist kaum möglich, daß die Malereien mehr als ein Jahrhundert überdauert haben, ohne jemals erneuert worden zu sein. Die Frage der Originalität, sowohl der Form als auch der Farbgebung, stellt sich immer. Sie ist häufig nicht zu beantworten. Wer will z.B. behaupten, daß die von H. Leuzinger am Großhaus in Elm festgestellten Flachmalereien des obersten Vollgeschosses – rote Rahmengerüste, grüne Zugläden – in die Bauzeit des Hauses, in das 16. Jahrhundert, zurückreichen?

Wie farbig das von E. Gladbach vor rund 100 Jahren gezeichnete Haus in Rüti (Abb. 31) ausgesehen hat, wissen wir nicht. «Die Dachpfetten, die Würfelfriese der Fensterbänke und die teils abwärts, teils seitwärts zu schiebenden Läden sind bemalt und bilden den einzigen Schmuck der Fassade» des 1742 errichteten Hauses, nur soviel berichtet Gladbach im Text seiner Beschreibung der 1885 veröffentlichten Radierung. Dem Ornament der Zugläden des Wohngeschosses (Abb. 269) entspricht dasjenige des 59 Jahre später gebauten, soeben beschriebenen Hauses im «Chnü» in Engi (Abb. 267). Ebenfalls aus der Mitte des 18. Jahrhunderts stammen die Häuser am Rain in Mitlödi (1752) und im «Wygellen» in Schwändi (1755). Die Abbildungen 270 und 271 dokumentieren die Ornamente der im Dachstock erhaltenen Zugläden. Das Ornament des großen Ladens am «Raihus» ist auch an der Haustüre im Kellergeschoß erhalten geblieben, (Abb. 170). Bei den kleinen seitlichen Läden des Dachge-

267 Engi, Vorderdorf, im «Chnü», 1801, Zugladen
268 Engi, Vorderdorf, im «Chnü», 1801, Zugladen
269 Rüti, Haus 1742. Ausschnitt Fenster des 1. und 2. Stockes (E. Gladbach 1885)
270 Mitlödi, «Raihus» 1752, Zugladen im Dachstock
271 Schwändi, «Wygellen» 1755, Zugladen im Dachstock

272 Diesbach,
«Brunnehus» 1709,
Hauseingang

273 Mollis,
Haus auf dem «Mürli»,
Südfassade

274 Matt, Brummbach,
«Stegguet», Kellerfenster

275 Nidfurn,
Haus zur «Hoschet»,
Oberlicht

276 Elm, Hintersteinibach,
jüngeres «Fritigenhaus»
1784, Hausgangfenster

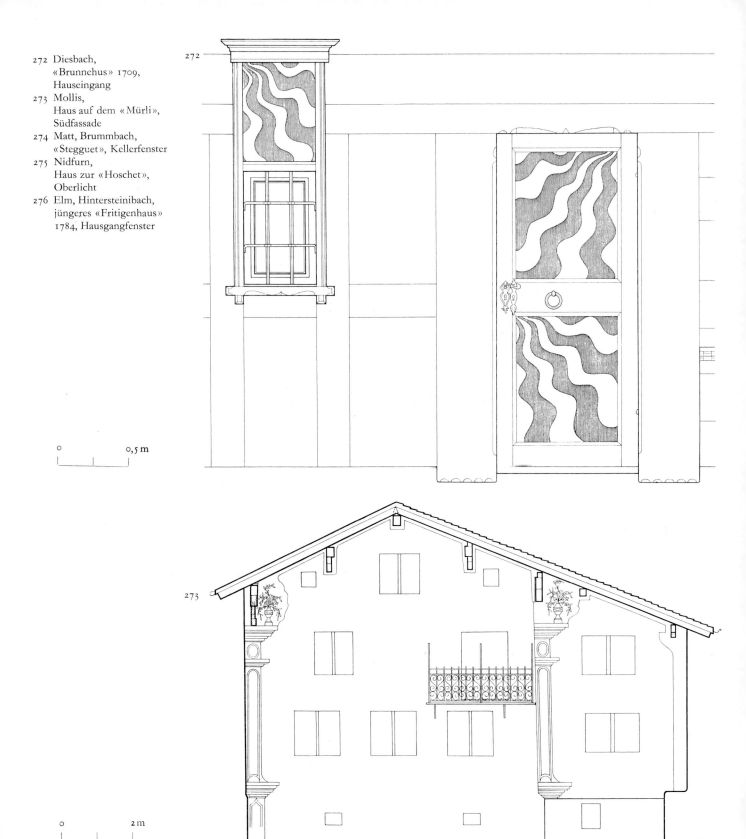

schosses hat der Maler die eckständigen Figuren weggelassen (Abb. 270). Das Motiv der «geflammten» Läden und Türen, «gesunkenes städtisches Kulturgut», mag schon im 17. Jahrhundert Verbreitung gefunden haben. Die Häuser in Rüti («Schießerhaus»), Diesbach («Brunnenhus», 1709, Abb. 272) und Ennenda (Abb. 111) sind auf jeden Fall alle älter als die vorher erwähnten.

Von den früher häufigen Malereien an Massivbauten oder auf dem Verputz geblendeter Wände ist wenig übrig geblieben. Nennen möchten wir, ohne darauf einzugehen, das «Schönenbergerhaus» in Mitlödi (1759) und das wahrscheinlich im 18. Jahrhundert von Johann Jakob Leuzinger (1694–1770), Säckelmeister (Finanzverwalter) der Evangelischen, bewohnte Haus «auf dem Mürli» in Mollis (Abb. 273). Interessant ist die Bemerkung von Hans Conrad Escher (von der Linth) in seinen «Fragmenten über die Naturgeschiche Helvetiens», wo er im ersten Heft seine im Juli 1792 erste Reise durch das Glarnerland nach dem Klausenpaß beschreibt: «Diess ganze große Thal ist ein Bild einer stark bevölkert reichen Gegend. Keine zerfalle Hütten, keine arme Bätler, wenig ödes Land kommt dem Reisenden zu Gesicht: viele Häuser sind mit Meerhäfen u. d. g. bemahlt, vermutlich zum Andenken der weiten Reisen ihrer Besitzer.» Daß diese Malereien nicht die Wohnungen von Bauern, sondern die städtischen Häuser der Großhändler schmückten, ist selbstverständlich.

Noch ist nicht alles verschwunden, was einst zu den besonderen Schönheiten der stattlichen Holzhäuser zählte. Was noch feststellbar ist, sollte im Interesse der Allgemeinheit erhalten bleiben. Dazu gehört bestimmt auch das Vergänglichste am ländlichen Haus, die wenn möglich originale Bemalung. Eine gründliche Inventarisation und fachmännische Untersuchung müßte dem Katalog der wünschenswerten Restaurationen zugrunde liegen. Eine vollständige Wiederherstellung des früheren Gesamtbildes wird auch beim Bauernhaus nur in seltenen Fällen möglich sein. Die Schwierigkeiten liegen nicht nur im Finanziellen. Die individuellen Hindernisse sind oft noch größer, besonders bei Objekten, die mehreren Besitzern gehören. Partielle Restaurationen sind keine Ideallösungen, unter Umständen lassen sie sich dennoch rechtfertigen. An Vorbildern fehlt es im eigenen und in andern Kantonen nicht. Können wir es uns leisten, alles, was bis heute erhalten blieb, endgültig zu verlieren?

Handwerkerkunst der Schmiede und Schlosser

Zu den unaufdringlichen, nicht minder reizvollen Ausdrucksformen gehören die Sonderleistungen der Schmiede und Schlosser, die zum großen Teil mit den Arbeiten der Zimmerleute und Schreiner verbunden sind. Mit beherrschter Technik der Eisenbearbeitung, mit Phantasie und viel Geduld schufen sie erstaunliche Zierformen. Nicht allein im städtischen Haus, auch im Bauernhaus bewundern wir köstliche Werke kunstsinniger Meister. Wohl ist vieles verkauft und durch Fabrikware ersetzt worden. Dennoch sind mannigfaltige Zeugen verschiedener Stilepochen erhalten geblieben, die der Fachkundige nach Form und Funktion zu ordnen weiß. Mit einer kleinen Auslese soll auch den schmiedeeisernen Erzeugnissen Beachtung geschenkt werden.

Gitter. Die Vergitterung von Scharten, Luken, kleinen Fenstern, zumeist im Kellergeschoß, stellte keine künstlerischen Anforderungen. Eisenstangen, ohne oder mit abgesprengten Zinken, genügten als Schutzeinrichtung (Abb. 97, 274). Fenster aus Glas sind erst später dazugekommen. Die Oberlichter (über den Haustüren) und die kleinen Gangfenster (neben den Haustüren) tragen bald einfache Gitter aus durchgezogenen Vierkantstäben, bald herrliche Kunstschmiedearbeiten mit Jahrzahlen und Initialen (Abb. 163, 165–167, 271, 272–276). Größere Fenstergitter (Abb. 277) sind selten, ebenso Geländer (Abb. 272).

274

275

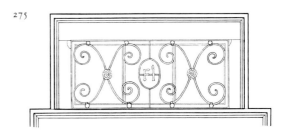

276

277  278

281  286  287

Schmiede und Schlosser fertigten eine Vielzahl von Beschlägen für das Haus und die Möbel. Türen und Fenster benötigten Bänder, Griffe und Schlösser, die Haustüren auch Klopfer. Höchst selten findet man noch Angelhaken, Kloben und Nägel aus Holz (Abb. 278).

Türbeschläge und Schlösser. Die Bänder der Angelhaken, besonders der Stuben- und Kammertüren, erfahren mit Ziselierungen die reichste Ausgestaltung (Abb. 279, 280). Türschilder und Drücker (*Tüürfalle*), Griffe, Ringe, Knöpfe mit schmucken Schildern bereichern Haus-, Zimmer- und Schranktüren (Abb. 281–288).

277 Bilten, Unterbilten, Haus Marti
278 Mollis, Rüfi, Schlagladen der Rundbogenöffnung im Dachraum
279 Schwändi, Haus «im Glängg», Schlafzimmertüre
280 Elm, «Großhus», Bänder Stubentüren
281 Elm, Hintersteinibach, «Hinderhus», verschieden alte Türbeschläge
282 Schwändi, Haus «im Glängg», Türschild und Drücker
283 Niederurnen, «Vogelhof», Türschild, Drücker und Griff
284 Elm, «Großhus», Schrank-Schlüsselschild
285 Elm, «Zentnerhaus» 1799, Schrank-Schlüsselschild
286 Elm, Hintersteinibach, «Oberhus», Kastentüre
287 Linthal, Oberdorf, «Murenguet», Türknopf
288 Elm, «Zentnerhaus» 1799, Türknopf-Schild

Alte Türschlösser sind geheimnisvolle mechanische Kunstwerke (Abb. 279, 289–292). Vor der Einführung elektrischer Läutwerke meldete man sich mit wirkungsvollen Klopfern (Abb. 293–296).

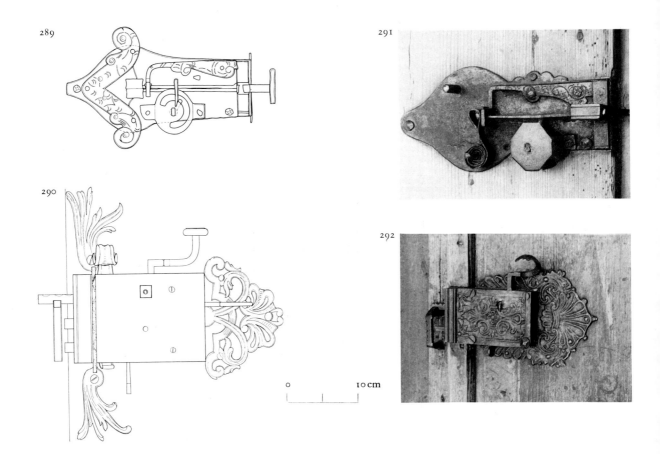

289 Linthal, «Wydehus», Zimmertür-Schloß
290 Elm, «Zentnerhaus» 1799,
    Haustür-Schloß
291 Elm, Hintersteinibach, «Oberhus»,
    Kastentür-Schloß
292 Niederurnen, «Vogelhof»,
    Stubentür-Schloß
293 Braunwald, Giseneggli, Türklopfer
294 Diesbach, «Altes Leglerhaus», Haustüre
295 Elm, Hintersteinibach,
    jüngeres «Fritigenhaus» 1784, Türklopfer
296 Schwändi, «Wygellen», Türklopfer

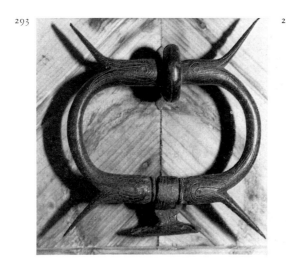

297, 298 Braunwald, Giseneggli, Stube

Wohnkultur

Hausbau und Wohnkultur müssen in den Zusammenhang der zeitgebundenen sozialen Differenzierung der Gesellschaft gerückt werden. Bereits Jahrhunderte vor der industriebedingten Umschichtung der Glarner Bevölkerung, zu Zeiten überwiegend bäuerlichen Erwerbes, gab es wesentliche soziale Unterschiede. Schon im 14. Jahrhundert war Wohlstand kein Privileg der Adeligen, der Städter und der Klöster mehr.

Reiche Leute haben immer anders gewohnt als arme. Wohlhabende stellen höhere Ansprüche an Haus und Wohnung, sowohl was den Raumbedarf als auch was die Raumqualität betrifft. Ohne Zweifel gehörten die Bauherren der mehrstöckig errichteten sogenannten Heiden- und Großhäuser in den alten Siedlungskernen – teils Massiv-, teils Ständer- und Strickbauten – der Oberschicht an. Der Kleinbauer hingegen bewohnte bis in das 18. Jahrhundert hinein ein viel bescheideneres, meist sogar nur einstöckiges Haus.

Wenn auch unter den Glarner Bauern äußerer Prunk verpönt blieb, so leisteten sie sich doch besonderen Wohnkomfort. Wie in den Städten der reiche Bürger die Lebensformen der Adeligen nachahmte, so hat der selbstbewußte Angehörige der bäuerlichen Oberschicht im Glarnerland von der ihm nicht unbekannten städtischen Kultur, nicht zuletzt derjenigen Zürichs, profitiert. Die begüterten Familien schätzten größere Wohnungen, mehr und größere Räume, Räume mit kostspieliger handwerklicher Ausstattung. Der Glanz ihrer Häuser verblich im 19. Jahrhundert. Den Komfort des städtischen Steinhauses, der Villa des Fabrikherrn, vermochten sie nicht zu bieten.

Die Stube

Die Stube ist der rauchfreie Raum, der einst am deutlichsten die soziale Stellung des Hausbewohners erkennen ließ. Ihr Ursprung ist im «gehobenen Wohnstil der Burgen, der Städte und Klöster zu suchen, und erst im späten Mittelalter wird die bäuerliche Stube in Anlehnung an oberschichtliche und urbane Vorbilder entstanden sein» (W. Meyer-Hofmann, 1970, S. 336).

Wir gehen nicht fehl, wenn wir annehmen, daß die Stube *(d Stube)* zuerst in den Häusern der begüterten Glarner Verbreitung gefunden hat, in den Behausungen der Bauern, die in verantwortlicher Stellung der geistlichen und weltlichen Herrschaft dienten. Es mag dies schon vor, sicher aber seit dem 15. Jahrhundert der Fall gewesen sein, nachdem das Land politisch und wirtschaftlich unabhängig geworden war. Belege sind die baulichen Veränderungen von festen Häusern aus säckingischen Zeiten (Ein- und Anbauten von Kammern und Stuben) im 15. und 16. Jahrhundert und die damals neu errichteten «Mittelganghäuser» (vgl. S. 49 und 161 ff.).

Allmählich wird die Stube auch zum üblichen und geschätzten Bestand des einfachen Bauernhauses geworden sein. Ihre unschwer herstellbare Abgrenzung von der Wohnküche durch eine Wand und vom ursprünglich offenen Dachraum durch eine Decke war der erste entscheidende Schritt sowohl zur größeren Wohnlichkeit als auch zur weiteren Entwicklung des ländlichen Hauses.

Die Stube im Haus des Kleinbauern. «Dem Bedürfnisse eines einfachen Bergvolks war bald entsprochen mit einem warmen, Sturm und Regen trotzenden Hause, daher auch jetzt noch große Einfachheit bei den Häusern gewöhnlichen Schlags» (K. L. Zwicki, 1846, S. 365). Wir können uns die ersten Stuben in den Häusern der grundschichtlichen Bevölkerung wohl vorstellen. Sie glichen den bescheidenen Stübchen der noch im 18. Jahrhundert erstellten einstöckigen Berghäuschen (S. 141 ff.). Verschiedene dieser Kleinbauten, schon lange nur noch periodisch oder überhaupt nicht mehr benutzt, sind im ursprünglichen Zustand erhalten geblieben, aber leider nicht selten dem Zerfall preisgegeben.

Treten wir nun – durch die Küche – in die kleine, niedrige Stube ein, so befindet sich diese talwärts, meist sonnenhalb neben einer schmalen Kammer. Im Grundriß quadratisch, mißt sie 4×4 m. Ihre lichte Höhe vom Bretterboden bis zur Bretterdecke beträgt nur 1,85 m. Die gestrickten Wände tragen kein Getäfer. Sie sind roh, aber gehobelt, so, wie es die Stube des nur noch als Ferienhaus bewohnten «Giseneggli» auf Braunwald zeigt (Abb. 297, 298). Boden und Decke bestehen aus dicken Brettern, welche in die Blockwände eingenutet sind und in der Mitte des Raumes durch einen vierkantigen Balken getragen werden *(ds Träämi* oder *der Underzuug* oder *der Tilbalgge)*. Das zuletzt eingesetzte Dielenbrett, der keilförmige *Trüber* oder *Bschlüüsser*, wurde von außen durch einen hiezu bestimmten Ausschnitt im betreffenden Wandbalken eingetrieben. Auf diese Weise brachte man beim Schwinden des Holzes immer wieder einen völlig satten Zusammenschluß der Decke und Boden zugleich bildenden Bretter zustande.

Die Ausstattung des Zimmers ist denkbar einfach. In der Ecke der gemauerten Küchenwand und der Zwischenwand, die Stube und Kammer trennt, befindet sich der steinerne Ofen *(der Ofe)*. Ihm schräg gegenüber steht der solide Tisch *(der Tisch)*. Dahinter ist die Eckbank *(der Eggbangg)* an den Blockwänden befestigt, davor bieten die bewegliche Bank und Hocker *(Böggli)* anspruchslose Sitzgelegenheiten. Auf

Wandkonsolen und Ofen liegt Hausrat. Kleider hangen an Türen und Wänden.

Mit der wirtschaftlichen Entwicklung des Landes, der materiellen Besserstellung seiner Bewohner, ist manche Stube des «kleinen Mannes» geräumiger und behaglicher geworden. Für eine reichere Ausstattung sorgte der einheimische Möbelschreiner. Das zu Beginn des 17. Jahrhunderts aufkommende Exportgewerbe der Tischmacherei muß dessen Handwerk stark gefördert haben.

K. L. Zwicki (1846, S. 366) berichtet: «Die Stuben sind in der Regel getäfelt und hell, und die runden Scheiben haben auch hier meist weichen müssen und werden nur noch im Winter für Doppelfenster gebraucht. Wandschränke sind gewöhnlich und an den Wänden laufen ahornene Bänke fast ringsum, ebenso um den Ofen, der meist aus dicken Schieferplatten besteht, die, wo sie zusammengehen, mit Holz eingefaßt sind. Die Tische sind ebenfalls meist eingefaßte Schieferplatten, die Stühle von Ahornholz mit auseinander strebenden Füßen und mannigfach ausgerandetem Rücken». Lebendiger wirkt die Schilderung von M. Baumgartner in «Schweizer Volkskunde» (1953): «In die echte Sernftalerstube gehört ein Plattentisch, ein blank gescheuerter übrigens, auf dessen schwarze Fläche sich so herrlich zeichnen und schreiben läßt! Mag die schwere Platte nun auf schräggestellten, geschnitzten oder auf schlichten, lotrechten Beinen ruhen, mag der Tisch in der hellen Wandbankecke oder in der Mitte stehen, von Stühlen umsäumt, das ist nicht entscheidend. Er ist auf jeden Fall Schwerpunkt, lebendige anziehende Mitte des häuslichen Lebens. Nur der Großvater im grauen *Büffel* (einer Art handgestrickter Weste) nimmt im Winter lieber mit dem *Ofebänggli* vorlieb, wo er seinen Rücken an den mit großen, flachgewölbten Messingknöpfen verzierten Ofenplatten (auch aus Schiefer) wärmen kann (Abb. 299). Und hinter dem Ofen, auf der schmalen und stotzigen *Ofestege*, sitzen am Abend etwa die Kinder und kramen aus den alten, wurmstichigen *Ofetrugge* (die einzelnen Tritte dienen zusätzlich als Schubladen) die alten *Bäichüe* (Wirbel- und Fußknochen von Kühen) oder die schönen farbenen Glaskugeln hervor, die dem Großvater und dem Vater in ihrer Jugendzeit als Spielzeuge gedient haben. Über der Stube befindet sich die *Stubechamer*, die über die erwähnte *Ofestege* unmittelbar von der Stube aus zu erreichen ist. Der aufklappbare *Ofelade* dient nicht nur als Öffnung zum Durchschlüpfen; er ersetzt auch ein wenig die Zentralheizung, indem die überflüssige Wärme der Stube hier ungehindert in die Kammer strömen kann.»

Über die zeitbedingten Wandlungen in der Innenausstattung der Glarner Bauernstube berichten leider keine Quellen. Auch ihr Mobiliar wird nach Form und Bauart mehr und mehr zum Gegenstand ästhetischen Empfindens, zum Objekt der Präsentation geworden sein. Wir dürfen annehmen, dass die im 18. Jahrhundert geübte Handspinnerei es zahlreichen Bauernfamilien ermöglicht hat, ihre Wohnräume «modisch» einzurichten. Vorbilder boten die Stuben der Oberschicht. So ist z. B. die dekorativ ausgesägte, mit Schnitzereien gezierte Stabelle *(d Sidele)* auch im Glarnerland zum ländlichen Sitzmöbel geworden. «Wohnwände» mit Kasten und Kästchen *(Gänterli)*, mit eingebauten Ruhebetten *(Guutsche)*, Buffets *(Puffet* oder *Büffee)* mit Schautablaren, nicht selten mit eingelegten Ornamenten und zierlichen Beschlägen versehen, fanden allgemein Verbreitung (Abb. 300–

299

300

301

299 Elm, Hintersteinibach, älteres «Fritigenhaus», Stube
300 Elm, Hintersteinibach, «Oberhus», Wandschrank
301 Matt, Brummbach, «Stegguet», Stube
302 Braunwald, Haus Schönwetter, Stube
303 Rüti, Haus am «Spielhof», Stube

302

303

302). Der Kachelofen verdrängte den gemauerten Steinofen. Man begann die getäferten Wände mit populärer Graphik weltlicher und religiöser Darstellungen zu schmücken. Kruzifix, Heiligenbilder und Wallfahrtsandenken gehörten in die Stuben der Katholiken, Bibel, Psalmen- und Andachtsbücher in die Wohnräume der Reformierten. Die bedeutend später eingeführte Kommode *(ds Komood)* und über ihr die Wand wurden zu eigentlichen Gedenkstätten der Familien: Eingerahmte Andenken erinnerten an Geburt, Taufe, Konfirmation, Heirat und Tod von Angehörigen. Die Wanduhr im Wanduhrkasten *(Ziithüüsli)* ersetzte das Zeitgefühl.

Von der Wohnkultur der vergangenen Jahrhunderte ist wenig erhalten geblieben. Altes hat Neuem Platz gemacht. Die Entwicklung der Wohnansprüche und Wohneigenheiten nahm keine Rücksicht auf das Bestehende. Restaurationen waren unbekannt. Die industriellen Produktionsmethoden beschleunigten den Wandel des Zeitgeschmackes. Was nicht im eigenen Haushalt der Axt und dem Feuer zum Opfer fiel, geriet später in die Hände des Antiquitätenhändlers.

Die soziale Umschichtung der Glarner Bevölkerung, die Emanzipation der Jungen, die frühen Heiraten und damit die Lockerung der Familiengemeinschaft, die Auflösung der Großfamilie haben im Vergleich zu andern alpinen Gebieten die traditionellen Ordnungen viel früher gesprengt. Die zunehmende Individualisierung lockerte schon im 18. Jahrhundert die starren Formen der patriarchalischen Hausgemeinschaft und minderte ebenso die scharfen Gegensätze der Glaubensparteien. Wir wissen nicht, wann die bewußte Wertschätzung der oft diagonal zur Ofenecke gelegenen «Kultecke» über dem Tisch verloren ging und ob und wie lange eine bestimmte Sitzordnung der Bauernfamilie am Stubentisch traditionelle Gepflogenheit war.

Beispiel von Stuben der oberschichtlichen Bevölkerung. Es ist verständlich, daß das Repräsentationsbedürfnis der bäuerlichen Oberschicht nicht nur das Äußere des Hauses, sondern in erster Linie deren Stuben prägte. Hier und dort dienten die oft saalmäßig großen Räume auch als Rats- und Wirtsstuben. Raumgröße und Stubendecken, die am ehesten erhalten blieben, zeugen für ihre besondere Wertschätzung und Funktionen. Gekehltes Balkenwerk mit oder ohne Kerbschnitzereien, Inschriften, Initialen und Jahrzahlen erlauben eine stilmäßige und zeitliche Einordnung. Die Stubendecke im Haus am Spielhof in Rüti im Glarner Hinterland, die nachweisbar älteste, stammt aus dem 15. Jahrhundert. Gotische Sichtbalkendecken sind aber auch in den Häusern erhalten geblieben, die 1607 und 1610 von den Meistern Hans und Pauli Wild in Filzbach und Ennenda errichtet wurden. Weitere Beispiele sind aus Betschwanden, Schwanden, Glarus, Netstal und Oberurnen bekannt. Wie im Stüßihaus in Zusingen, so werden bestimmt noch einige profilierte Balkendecken unter jüngerem Getäfer verborgen liegen.

Im Haus am «Spielhof» in Rüti (Abb. 29) kam 1972 bei Renovationsarbeiten eine gotische Decke zum Vorschein, die einem Raume angehörte, der einst 7,0 m lang und 5,4 m breit war (Abb. 303). Dreizehn Balken in Abständen von ungefähr 30 cm tragen die eingenuteten, nicht verzierten Dielenbohlen. Sie weisen hingegen rustikale Kerbschnitzereien auf. An ihren Enden wiederholt sich die Grundform eines herzförmigen Blattes, wobei die Details der Blattfläche,

304, 305 Rüti, Haus am «Spielhof», Stube
306 Betschwanden, «Heidenhus», Stube
307 Schwanden, sog. Heidenhaus «Hoschet», Stube
308 Ennenda, Oberdorf, Haus Aebli, Stube
309, 310 Filzbach, Oberdorf, Stubendecke 1607 heute (verschandelt)
311 Elm, «Großhus», Stube

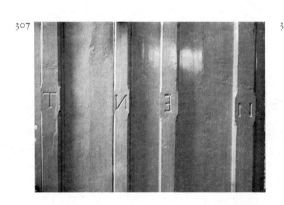
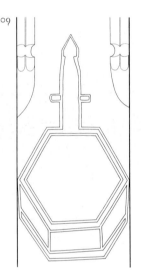
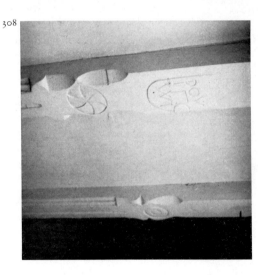

des Stieles und des Stielgrundes vielfältig variieren. Die einzige Darstellung eines Tieres, einer Eule, ist schon in einem früheren Kapitel vorgestellt worden (S. 55, Abb. 71). Von den Blattornamenten laufen 3,5 cm breite Hohlkehlen gegen die Balkenmitte zu. Ihren 19 cm langen, 17 cm breiten und 0,5 cm über die Balkenflächen erhabenen Achteckfeldern sind Rosetten eingekerbt. Die in der Kreisteilung mit dem Zirkel konstruierten und mit dem Messer geschnitzten Ornamente bieten jene zeitlosen Motive, die in weltweiter Verbreitung teilweise schon den Grundschichten früher Kulturen angehörten. In der Mitte der Decke füllt auf rot getöntem Grund ein großes Christusmonogramm den Kreis (Abb.

ken wir die drei Jahre früher entstandene, rund 5 m × 5 m große Stubendecke in Filzbach. Die Enden der doppelt gekehlten Balken sind mit geometrischen und figürlichen Kerbschnitzereien geziert. Besonders interessant ist die Darstellung eines doppelröhrigen Dorfbrunnens. Der mittlere Balken trägt die Symbole von Sonne und Mond (Abb. 309, 310). In seiner Mitte befindet sich das Meisterzeichen (Abb. 39). Ein weiterer Balken weist folgende Inschrift auf: VERTRUW ALL ZIT DEM LIEBEN GOTT SO KUMST DU NIT ZUO SCHAND NOCH SPOTT.

Gut erhaltene Wohnräume ländlicher Bauten, die einer bestimmten Stilperiode angehören, sind im Glarnerland aus-

311

304). Neben ihm befindet sich als dritte Ausnahme und große Seltenheit ein im untern Teil beschädigtes geschnitztes Fridolinwappen. Es ist mit «Maria» in gotischen Lettern überschrieben (Abb. 305).

Mehrfach gekehlt, aber ohne Verzierungen sind die 14 Balken der 6,8 × 4,8 m großen Stubendecke des «Heidenhauses» in Betschwanden (Abb. 306). Im gleichnamigen und kaum jüngeren Haus in der «Hoschet» zu Schwanden tragen die acht einfach gekehlten Balken der 5,4 × 5,0 m großen Decke in ihrer Mitte je einen Buchstaben des Wortes «Sunentag» (Abb. 307). Das massiv gebaute Haus muß dem Walser Baumeister Peter Sunnentag gehört haben, der nachweisbar in Schwanden wohnte und 1535 ins Glarner Landrecht aufgenommen worden ist. Gut erhalten blieb die 1610 von Pauli Wild gezimmerte Decke (5,4 m × 4,8 m) im Haus der Familie Aebli im Oberdorf in Ennenda (Abb. 308, vgl. Abb. 40). Seinem Vater, Hans Wild, verdan-

gesprochene Seltenheiten. Daß wir die wenigen Beispiele in Häusern des ehemals gehobenen Bauernstandes und nicht in Wohnungen von Kleinbauern finden, ist selbstverständlich.

Das «Großhus» in Elm (Abb. 50, 130) birgt im nördlichen Erdgeschoßteil eine Stube im rustikalen Stil der Renaissance (Abb. 311). Ihre Grundfläche mißt 5,25 m × 6,0 m, ihre Höhe beträgt 2,35 m. Türen und Einbaumöbel – Tellergestell, Buffet und Schränke – präsentieren mit typischen «Architekturfassaden». Diese Stube scheint nicht die ursprüngliche zu sein. Sehr wahrscheinlich entstand sie erst im späten 16. Jahrhundert, als dem Haus ein drittes Vollgeschoß aufgestockt wurde.

Besser unterrichtet sind wir über die prächtige Stube im «Stüßihaus» im Weiler Zusingen der Gemeinde Haslen (vgl. S. 69f., Abb. 112–117). Sie datiert aus dem Jahre 1697. Damals ließ der Besitzer die Stube (5,5 m × 6,0 m × 2,1 m) neu gestalten: die Wände täfern und die gotische Balkendecke mit einer flachen Kassettendecke überziehen. Die einfache Stubentüre wurde zum Portal, sie erhielt einen bekrönenden Giebel (Abb. 312). Handwerklich anspruchsvolle Intarsien lenken den Blick auf das Mittelfeld der Decke. In vier Feldern, rund um den traubigen Zapfen auf schuppenförmiger Basis, schreiten Löwen gegeneinander. Umgeben sind sie von einem erhabenen Ring, der mit dem gleichen Fries geschmückt ist wie der Abschluß der Decke und Wände (Abb. 313).

Auch die Bauernstube hat im Laufe der Zeiten mehr oder weniger «entstellende» Veränderungen erfahren. Wohnkomfort ist zeitbedingt. Wer will und kann heute Verständnis und Interesse für den kulturhistorischen Wert einer alten Stube aufbringen? Wer fühlt eine Verpflichtung, den alten, von der Feuerpolizei abgesprochenen Ofen zu erhalten? Wieviel Platz läßt sich mit der praktischen Zentralheizung gewinnen! An Beispielen fehlt es nicht. Als einziges sei die Stube des «Vogelhofes» in Niederurnen erwähnt. Der originale Wohnraum aus dem Jahre 1769 hat bei der notwendigen Renovation vor einigen Jahren verschiedene Veränderungen erfahren, welche die Planaufnahmen des Technischen Arbeitsdienstes der dreißiger Jahre zu historischen Dokumenten machten (Abb. 314, 315). Sein besonderes Schmuckstück, der bemalte Stubenofen, blieb jedoch erhalten.

Der Stubenofen

«Ohne Ofen keine Stube, ohne Stube keine Häuslichkeit» (R. Weiss). Der Ofen im rauchfreien Gemach – von der Küche aus geheizt – blieb über Jahrhunderte außer dem Herdfeuer in der Küche die einzige Wärmequelle im Bauernhaus. Im Winter der begehrte Treffpunkt der Familie, ist er noch immer in manchem Haus Inbegriff der Wohnlichkeit, die in dieser Jahreszeit auch vom Landwirt geschätzt wird. Bis an die Schwelle des Zeitalters der Zentralheizung und Radiatoren gliederte und möblierte der Ofen die Stuben aller Bevölkerungsschichten. Auch in der bescheidensten Stube war er das zentrale Objekt der Wohnkultur. Mit dem Feuer in der Küche und dem Ofen in der Stube sind uns unersetzliche Werte verloren gegangen. Rechtsquellen, Sprichwörter, Redensarten und Brauchtum der Vergangenheit erinnern an ihre einstige Bedeutung.

Von Öfen und Hafnern berichtet E. Buss in seiner grundlegenden Schrift über «Die Kunst im Glarnerland» (Glarus, 1920). Er beschränkt sich dabei auf Objekte in den alten «Herrenhäusern». Im Sommer 1973 betreute Albert Ruosch (Ennenda) die Ausstellung «Ofenkeramik im Glarnerland», die im Freulerpalast zu Näfels anhand von Leihgaben und museumseigenen Beständen erstmals auf die Entwicklung des Ofens seit dem 13. Jahrhundert im allgemeinen und auf den kulturhistorischen Wert des Kachelofens im besonderen aufmerksam machte. Die Aufnahmen des Technischen Arbeitsdienstes der 1930er Jahre bieten einige interessante Beispiele. Seither sind weitere alte Schiefer- und Kachelöfen verschwunden. Es ist das Verdienst von Architekt Hans Leuzinger, daß die Kacheln von verschiedenen abgebrochenen Öfen im Freulerpalast magaziniert liegen. Ein eigentliches Inventar der alten Öfen im ländlichen wie städtischen Haus des Glarnerlandes steht aber noch aus.

Die im Schutt der Burgruinen von Sola (Sool) und Oberwindegg (Schlößli Niederurnen) gefundenen Fragmente von einfach gearbeiteten unglasierten, röhrenförmigen Becherkacheln mit rotem Brand und spiralig verlaufender Riefelung sind die ältesten Spuren von Öfen im Kanton (Abb. 316). Nach W. Meyer stammen sie aus der Zeit um 1200. Besonders interessant ist in diesem Zusammenhang die 1127 urkundlich belegte Existenz einer Keramikmanufaktur in Niederurnen. Arnold II. von Lenzburg, Landgraf des Zürichgaus – die Lenzburger stammen aus dem Gaster – vergabte vor seinem Ableben dem Gotteshaus Schänis verschiedene Besitzungen in Niederurnen, mit Ausnahme einer Parzelle (Lehmgrube?), wo seine Leute für sein Haus Gefäße zu drehen pflegten. In Niederurnen wirkte in der zweiten

312

313

Hälfte des 17. Jahrhunderts bis 1721 die bekannte Hafnerfamilie Neeracher.

Im Bauernhaus soll der Stubenofen nicht vor dem 15. Jahrhundert Eingang gefunden haben. Wir dürfen annehmen, daß in diesem ersten Jahrhundert der wirtschaftlichen und politischen Freiheit sich die Trennung von Küche und Stube auch im Haus des ehemals Unfreien durchzusetzen begann. Nach dem Vorbild auf den Burgen mag dies in den Häusern der Beamten und Freien bereits früher geschehen sein.

Steinofen. Erstaunlicherweise ist im «Kloster» in Netstal bis Ende der 1930er Jahre ein Kuppelofen erhalten geblieben, der nach Form und Bau den Typus repräsentierte, wie er im Spät- und Hochmittelalter in den Stuben der oberschichtlichen Bevölkerung verbreitet gewesen sein muß. So mögen die Öfen auf den Burgen Sola und Oberwindegg aus-

312, 313 Haslen, Zusingen, «Stüßihaus», Stube
314, 315 Niederurnen, «Vogelhof», Stube
316 Sool, Burgruine Sola, Röhrenkacheln

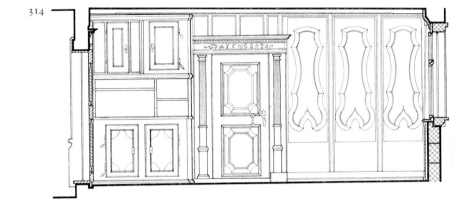

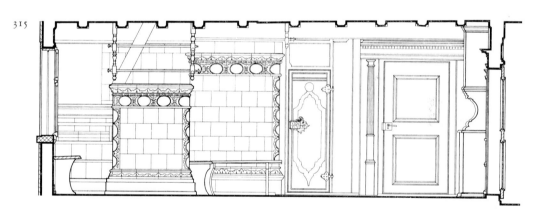

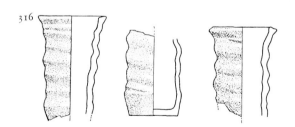

317, 318, 319 Netstal, «Kloster», Kuppelofen
320 Mühlehorn, Erkelin, Berghaus, Stubenofen
321 Matt, Brummbach, Haus 1807, Schieferofen
322 Matt, Krauch, Eisenofen
323 Mollis, «Rüfihus», grüne Kachel eines abgebrochenen Ofens
324 Mollis, im Hagnen, grüne Ofenkachel

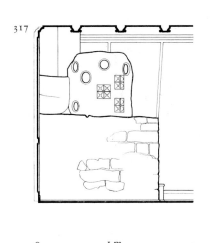

gesehen haben. Der *Gupfofe* von Netstal ist uns in Plänen, Photographien und in einer Zeichnung erhalten geblieben (Abb. 317, 318, 319). Nach P. Thürer soll das «Kloster» aus dem 16. oder 15. Jahrhundert stammen. Ein höheres Alter des Hauses kann nicht belegt werden. Für das erstaunlich lange «Überleben» des Ofens sprechen Aussehen, Konstruktion und die feststellbaren späteren Veränderungen. Die dem unförmigen Steinwürfel aufgesetzte Kuppel vergrößerte die wärmespendende Oberfläche wirkungsvoll. In ihrem obern Teil waren rohe konkave Näpfe (Häfen) eingesetzt. Die unregelmäßig verteilten quadratischen, glasierten Blattkacheln waren jüngeren Alters. Ursprünglich mündete die

320

321

Öffnung des Rauchkanales direkt in den Küchenraum. Wohl erst im letzten Jahrhundert baute man einen engen Rauchabzug ein, der in den Kamin führte. Ob die isolierende Mörtelschicht an der Wand zur Küche, das hölzerne Ofengestell und die steinerne und hölzerne Ofentreppe ebenfalls spätere Zutaten waren, kann nachträglich nicht mehr entschieden werden.

Wahrscheinlich haben die ersten Öfen in den Bauernstuben noch einfacher ausgesehen. Sie mögen denjenigen geglichen haben, die nur noch selten in Kleinhäusern der Bergliegenschaften zu finden sind: niedrige, massige Würfel, aus Bruch- oder Bollensteinen gemauert und mit Steinplatten abgedeckt. Auf dem Kerenzerberg verwendete man hiezu den Melsersandstein (Abb. 320). Als Bindemittel diente Lehm oder fetter Kalkmörtel. Die Ofenwände wurden mit Kalk weiß getüncht. Auch das hölzerne Gestell fehlte nicht.

Schieferofen. Wie der Schiefertisch *(Blattetisch)*, so darf der Schieferofen als «Spezialität» des Glarner Schiefergewerbes gelten (Abb. 321). Ob schon vor dem 17. Jahrhundert die gemauerten Öfen mit Schieferplatten aus dem Sernftal bekleidet worden sind, ist nicht bekannt. Pfarrer Johannes Marti schrieb ins Elmer Kirchenbuch, daß der Ofen in der Wohnstube des Pfarrhauses im Jahre 1690 neu errichtet und mit «schwarzen Steintafeln aus Matt» verschalt wurde. Die Schieferöfen sind vor allem im Sernftal verbreitet. Als preisgünstigere Variante beliebte seit dem letzten Jahrhundert der *Eisenofen* (Abb. 322). Seine Decke besteht aus Schiefer, die mit Ölfarbe bestrichenen Wände aber aus Eisenblech. Eine entsprechende Bemalung vermag sogar Kacheln vorzutäuschen.

Kachelofen. Glasierte Blattkacheln fanden in der Eidgenossenschaft schon im 14. Jahrhundert Verwendung. Zürich muß damals ein bedeutendes Zentrum der Hafnerkunst gewesen sein.

Die historischen Belege für eine entsprechend frühe Verbreitung von Kachelöfen im Glarnerland fehlen. Erstmals erfahren wir aus einem Ratsprotokoll vom November 1615, daß dem «Ofner aus Winterthur» für den Ofen im Ratshaus 10 Gulden und 12 Schillinge bezahlt wurden. Wer von den damals lebenden Vertretern der renommierten Winterthurer Hafnergeschlechter Erhart, Graf, Kaufmann, Meyer und Pfau in Glarus arbeitete, ist unbekannt. Gardeoberst Kaspar Freuler ließ sich in seinem Palast in Näfels (1642 bis 1647) u.a. zwei Prunköfen von Hans Heinrich Pfau und einen von Hans Heinrich Brennwald, beide aus Winterthur, bauen. Eine Kachel von 1674, als Museumsgegenstand im Dachgeschoß des Freulerpalastes zu besichtigen, ist mit AP signiert (Abraham Pfau).

R. Weiss (Häuser und Landschaften, 1959, S. 129f.) schreibt, daß der Kachelofen ein «Vorrecht» der begüterten Bauernsippen des Schweizer Mittellandes gewesen sei. Im alpinen Bereich hingegen sei allgemein der primitive Vorläufer, der gemauerte Steinwürfel, üblich geblieben. Im Glarnerland aber fanden die einfarbigen grünen Kachelöfen (mit und ohne Schablonenmuster) im 18. Jahrhundert auch in den einfachen Bauernhäusern Verbreitung (Abb. 323, 324). Die hablichen Bauern vermochten sich sogar den Luxus künstlerisch dekorierter Öfen einheimischer und auswärtiger Meister zu leisten. Namentlich bekannt sind eine Reihe glarnerischer Ofenbauer, u.a. aus Glarus Leuzinger und Simmen und aus Näfels Feldmann, Fischli, Gallati und Schwitter.

Ihre blau bemalten Kacheln mit Schäfermotiven, idyllischen Landschaften, Blatt- und Blütenmustern rahmen bläuliche oder flaschengrüne Füllkacheln (Abb. 325, 326, 327). Auswärts kamen die Ofenbauer- und Kachelmalerfamilien der Landolt in La Neuveville und der Laager in Bern zu Ehren. Zu den fremden Meistern, die im 18. Jahrhundert im Lande tätig waren, gehörten u. a. Joh. Caspar und Joh. Josef Ruostaller von Lachen, Heinrich Bleuler von Zollikon und Matthias Neeracher von Stäfa. Von Neeracher ist ein Ofen erhalten geblieben, der 1759 im städtischen Haus des Ratsherrn und ennetbirgischen Gesandten Jost König entstand, rund 100 Jahre später aber als «Okkasion» in ein kleines

325

326

Bauernhaus nach Matt disloziert wurde (Abb. 328, 329). Von einem unbekannten Hafner stammt der heute im Freulerpalast magazinierte Ofen vom Wygellen-Haus in Schwändi, dessen Wappenfriese eine besondere Bedeutung haben müssen (Abb. 330, 331).

Im 19. Jahrhundert wandelte sich der Geschmack zum einfarbigen Ofen dezenter Tönung, was sich auch im Bauernhaus gelegentlich offenbarte. So ersetzte man z. B. im Rüfihaus in Mollis den grünen Ofen mit dem Schablonenmuster (Abb. 323) durch den Ofen (Abb. 332), der 1973 abgebrochen wurde. 1837 waren im Land 26 Hafner und Ofner tätig (O. Heer, Gemälde, 1846, S. 447).

Kunst, Ofenwinkel und Ofengestell. Zu den allgemein verbreiteten Attributen des Stubenofens gehört einmal der Teil, der seitlich gegen den freien Raum anschließt, in Verbindung mit dem Herd in der Küche, der «Kunst» (dem *Chuurscht* oder auch *Chuuscht*) steht und darum vom Herdfeuer erwärmt wird. Er ist entweder nur als Wand (*Chuurschtwand*) oder auch als Sitz- oder Liegeplatz (*Chuurschtbänggli* oder *Sitzchuurscht*) gestaltet. Wie der Ofen, so weisen auch diese in der Regel mit Türchen aus Eisen oder Messing verschließbare Hohlräume auf, *ds Oferohr* oder *ds Oferöhrli*, worin man u. a. Speise und Trank warmhält, Äpfel schmort, Schuhe trocknet, die Kirschsteinsäcklein *(Chriesisegg)* oder Bettflaschen wärmt (Abb. 320, 325, 326, 332).

Was wäre der Ofen ohne den engen Raum zwischen der Ofen- und Stubenwand, ohne Ofenwinkel (*Ofeschmugg* oder *Hinderofe*)! Die Stiege hinter dem Ofen ist der angenehme «Winterweg» in die Stubenkammer, *an obere Staafel*, wie der humorvolle Bauer meint. Sie erspart den Weg durch das kalte Treppenhaus. Bei den ganglosen Kleinhäusern ist sie die

325 Matt, Brummbach, «Stegguet», Stubenofen
326, 327 Niederurnen, «Vogelhof», Stubenofen
328, 329 Matt, Stalden, Stubenofen
330, 331 ehemals Schwändi, «Wygellen», Ofenfries
332 Mollis, «Rüfihus», Stubenofen

einzige Verbindung mit den Räumen des obern Stockwerkes. Ihr erster Teil besteht aus einer soliden Treppe aus Holz, seltener aus Stein *(Ofetritt)*. Die Holztreppe birgt in der Regel Schubladen *(Ofetrugge)*, worin Spielsachen und Flickwäsche versorgt werden. Auf ihrer Plattform oder auf dem Ofen selber setzt die kurze, leiterähnliche Ofentreppe *(Ofestägli, -stegli)* an, das mehr oder weniger steil zum viereckigen *Ofeloch* in Stubendecke und Kammerboden ansteigt. Mit dem Kopf oder Rücken stößt man die Falltüre *(der Fellade oder Ofelade)* auf. Im Winter erwärmt bei offener Türe die aufsteigende Stubenluft das Schlafzimmer.

Alt wie die gemauerten Steinöfen sind auch die hölzernen Ofenumrandungen. Querlatten verbinden die senkrechten Stützen an den Ofenkanten, die vom Boden bis an die Decke reichen. Das Ofengestell schützt die Ofenkanten und ermöglicht, Wäsche zu trocknen oder den Raum über dem Ofen auf den zwei äußern Seiten mit Tüchern abzuschließen. Zierlicher wirken Leisten mit Zierschnitten, gedrechselten Stangen und Zapfen (Abb. 321). Kachelöfen sind meist ohne Umrandung. Ihr Gestell beschränkt sich lediglich auf drei Hängepfosten und ihre Querstäbe.

Der Ofen ist der winterliche «Brennpunkt» der familiären Gemütlichkeit. Zu ihm gehört die Ofenbank *(Ofebangg)*, der Lieblingsplatz der Eltern und Großeltern, oft ersetzt oder ergänzt durch das Ruhebett oder Kanapee *(ds Kanebee, der Diwaan;* Abb. 299). Hinter und auf dem Ofen tummeln sich die Kinder. Der Ofenwinkel ist ihr beliebter Zufluchtsort.

Die Küche

Ursprünglich bestand das Haus nur aus einem einzigen Raum, der alle Wohnbedürfnisse zu befriedigen hatte, zugleich Feuer-, Wohn- und Schlafstätte war. Um das offene Feuer des zentral gelegenen Herdes versammelten sich alle seine Bewohner. Das Feuer spendete Wärme und Licht und kochte die Speisen gar.

Wie lange im Glarnerland das Einraumhaus verbreitet blieb, ist nicht faßbar. Wie schon erwähnt, geschah seine Aufteilung in Küche und Stube seit dem späten Mittelalter. Niemand weiß, wann es endgültig verschwunden ist. Wir dürfen annehmen, daß die urtümliche Wohnweise vereinzelt noch lange existiert hat. Mündliche Überlieferungen weisen darauf hin. So soll z.B. die «Rauchhütte» in Ennenda, das oberste Haus am alten Weg nach dem «Büntli», ursprünglich ein einräumiger Bau gewesen sein. Die starke Besiedlung der Bergliegenschaften im 18. und die Entwicklung der Alpwirtschaft besonders im 19. Jahrhundert machen es verständlich, daß sowohl das einräumige Berghäuschen als auch die einräumige Alphütte früher als in andern Gebirgsgegenden aufgegeben wurde.

Die dem späten Latein entlehnte Bezeichnung «Küche» (lat. coquina) wurde von den Klöstern (St. Galler Klosterplan, 9. Jahrhundert) und Burgen übernommen, wo man in eigens dazu bestimmten Räumen kochte und briet.

Frühe Aufschlüsse über die glarnerischen Verhältnisse vermitteln die ältesten bekannten feuerpolizeilichen Vorschriften des Feuer- und Wachtbriefes vom Flecken Glarus aus dem Jahr 1470. Drei Feuerschauer hatten schon damals alle Feuerstätten zweimal im Jahr zu kontrollieren, es seien Öfen, Ofenwände, Küchenherdstellen und die Wände dabei. Von Kaminen ist noch nicht die Rede. Damals war die Anzahl der Feuerstätten das statistische Maß für die Größe einer Siedlung. Aegidius Tschudi zählte um 1560 im Hauptort 136 Häuser mit «hundertsiebenundvierzig kuchifhüürstett». Sechs Häuser besaßen je zwei Küchenfeuerstätten, das Spital wies deren fünf auf.

Im Gegensatz zur wohnlichen Stube blieb die Küche *(d Chuchi)*, auf der Schattenseite des Hauses gelegen, oft bis in die Gegenwart ein dunkler, ungemütlicher Raum. Ihre aus Gründen der Feuersicherheit gemauerten, roh verputzten Wände waren nicht selten fensterlos und, wie das sichtbare Deckengebälk, schwarz von Ruß und Pech. Der mit Schiefer- oder Sandsteinplatten belegte Fußboden – diese Platten wurden mit Fegsand gereinigt – machte die ländliche Küche weder wärmer noch freundlicher. Das Mobiliar war denkbar einfach, Tisch und Bänke die einzigen Möbel. Eine Vertiefung in der Mauer der Rückwand barg den Vorläufer des Küchenkastens, das Gestell, *d Schafräiti*. Am Boden oder auf einer Bank standen die kupfernen Wasserkessel, die am Dorfbrunnen gefüllt werden mußten. Aus ihnen schöpfte man das Wasser mit der kupfernen oder weißblechernen *Wasserchelle, mit der Gatze*. Ein primitiver Rinnstein, *der Ferggel*, entleerte das Abwasser durch die Mauer ins Freie.

Der Herd. Feuerstätte, Herd, Feuer und Rauch waren die weitverbreiteten Rechtssymbole des eigenen Hausstandes. Zahlreiche Sprichwörter und Redensarten erinnern an die zentrale Bedeutung des Herdes. Bräuche weisen auf kultische Motive hin.

Der in seiner Bürgergemeinde ortsansässige Glarner war nur bei «eigen Füür und Rauch» berechtigt, den Bürgernutzen zu beanspruchen. Im 18. Jahrhundert förderten verschiedene Gemeinden den Wohnungsbau mit Beiträgen. Netstal z.B. beschloß 1730: «Wer eine Füürstatt auf Gemeindeboden baut, bekommt 10 Klafter Platz (Boden) umsonst, wer auf eigenen Grund baut, 4 fl. (Gulden) aus dem Tagwensäckel». Der Brauch der «Hausräuche» weist auf die Einweihung der Feuerstätte hin. Als *Huusräuchi* oder «Hushahnen» war er auch im Glarnerland bekannt. Unglück brachte das häusliche Fest einem Gastgeber am 7. Juni 1711, als mitten in der Nacht in Glarus zwei Häuser in Flammen aufgingen, wobei ein Greis und ein Kleinkind umkamen. «Das Feuer hat in der Leutnant Streiffen Kuchi seinen Anfang genommen, wo es nicht recht gelöscht worden war, als die Hausgenossen am selbigen Abend einen sog. Hushahnen genossen und es sich dabei lustig gemacht» (Winteler, Glarus, 1961, S. 82).

Einst lag die Feuerstätte in einer Vertiefung im Erdboden oder ebenerdig auf festgestampftem Lehm, weshalb das Wort «Herd» im Dialekt noch immer Erdboden und Erde bedeutet. Ungleich bequemer war die auf einem Mauersockel in Knie- oder Gürtelhöhe gelegene Steinplatte, *d Häärd- (Heerd-)* oder *d Füürblatte*. Das Bild der ehemaligen Küche im Suworowhaus in Elm (Abb. 333) zeigt links den offenen und rechts den später errichteten geschlossenen Herd. *A der Hääl* oder *Hääli*, der verstellbaren Herdkette, hing der Kochkessel über dem Feuer. Auf dem schmiedeisernen, dreifüßigen *Pfannechnecht* schob die Hausfrau die Pfanne in die Glut. Pfannenknechte oder Pfannenbretter – wie sie hier und dort noch in Sennhütten Verwendung fin-

126

333 Elm, «Suworowhaus», ehemalige Küche
334 Mühlehorn, Erkelin, Berghaus, Küche
335 Luchsingen, Bärensol, Berghaus, ehemalige Küche

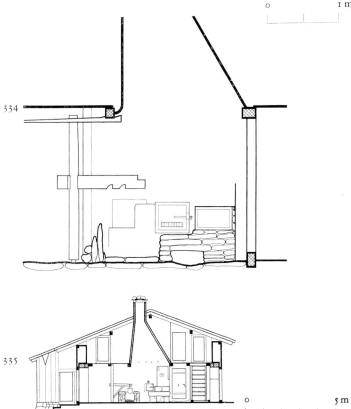

den – ermöglichen es, die heißen Kochgefäße auf den Tisch zu stellen, aus denen man ohne Teller aß.

Solange das Haus nur aus einem Raum bestand, war seine Mitte der gegebene Platz für den Herd. Im Küchenraum aber, der durch die Abtrennung von der Stube kleiner geworden war, ermöglichte der an die Wand gerückte Herd größere Bewegungsfreiheit. Sodann wurde er mit dem Aufkommen von Stubenöfen, die als «Hinterlader» von der Küche aus bedient werden, an die Zwischenwand der beiden Räume plaziert. Diese mußte feuersicher gebaut werden. Balkenwerk überzog man mit Mörtel. Noch besser als Fachwerkwände schützen Steinmauern.

Das Einfeuerhaus ist mit der Abtrennung der Stube zum Zweifeuerhaus geworden. Wo dieses erhalten blieb, liegen wie üblich die beiden Feuerstellen, die zum Kochen und die zum Heizen, nebeneinander.

Die alte Bauernküche – Kennzeichen hirtenbäuerlicher Existenz – diente oft auch als Sennraum. Dann wies sie eine dritte Feuerstelle, einen zweiten Herd, auf. Wie in der Sennküche der Alphütte stand neben der zumeist halbkreisförmig ummauerten *Füür*- oder *Wellgrueb* (*erwelle* heißt «zum Sieden bringen»), ein drehbarer Kesselträger, der *Chessiture*. An seinem Querarm hing das *Sännchessi* (Abb. 334, 335). Diese Einrichtung zur Milchverarbeitung blieb in verschiedenen Berg- und Talhäusern im Unterschied zu dem schon längst eingeführten geschlossenen Kochherd bis in die Gegenwart erhalten.

In zahlreichen Bauernhäusern brannten noch im 19. Jahrhundert offene Feuer zum Kochen. Oswald Heer (Gemälde, 1846, S. 434) berichtet im Kapitel über den Waldbau von den holzfressenden schlechten Feuereinrichtungen, «die man namentlich in den hintern Gemeinden noch antrifft, wo häufig noch auf offenen Herden gekocht wird und wo die ungewöhnlich großen Öfen von sehr dicken gemauerten Wänden gebildet sind». Und Gottfried Heer (Blätter..., 1910, S. 12 f.) erinnert an die kantonale Feuerordnung von 1837, die allein in der Gemeinde Rüti sieben Hausbesitzer zur Erstellung von Kaminen verpflichtete. «Bis 1837 fanden sich in Rüti noch sieben Häuser mit Küchen, die keine Kamine besaßen, vielmehr, wie in Sennhütten, war auch in diesen Hütten dem Rauch gestattet, sich selbst einen Ausweg zu suchen.»

Der geschlossene Herd. Die Einführung des geschlossenen Herdes in die Eidgenossenschaft fällt nachweisbar in die zweite Hälfte des 16. Jahrhunderts. Süddeutsche Erfinder ersuchten die Tagsatzung, ihre «Holzersparungskunst» auch in helvetischen Landen bauen zu dürfen. Der Sparherd – überall «Kunst» genannt – fand Eingang in die Küchen der städtischen Häuser. Das einheimische Hafnergewerbe verbreitete ihn auch auf dem Lande. Die Wärme des Herdes konnte schließlich auch für die Stube nutzbar gemacht werden.

Der frühe «deutsche Sparherd» bestand lediglich aus einem gemauerten kastenförmigen Aufsatz auf der alten Feuerplatte. Er mag dem rekonstruierten Herd im 1976 restaurierten Landvogt-Schießer-Haus in Linthal geglichen haben (Abb. 336). Die Deckplatte, zumeist aus Sandstein, wurde später aus Eisen verfertigt. Die Pfannenlöcher konnten mit Hilfe von verstellbaren Blechringen, später mit ineinanderpassenden, gußeisernen Reifen der Pfannengröße angepaßt werden. Im 19. Jahrhundert kam der «französische

336 Linthal, «Landvogt-Schießer-Haus», rekonstruierte Küche
337 Elm, Bauernküche mit «französischem» Herd
338, 339 Elm, Maienboden, Backofen

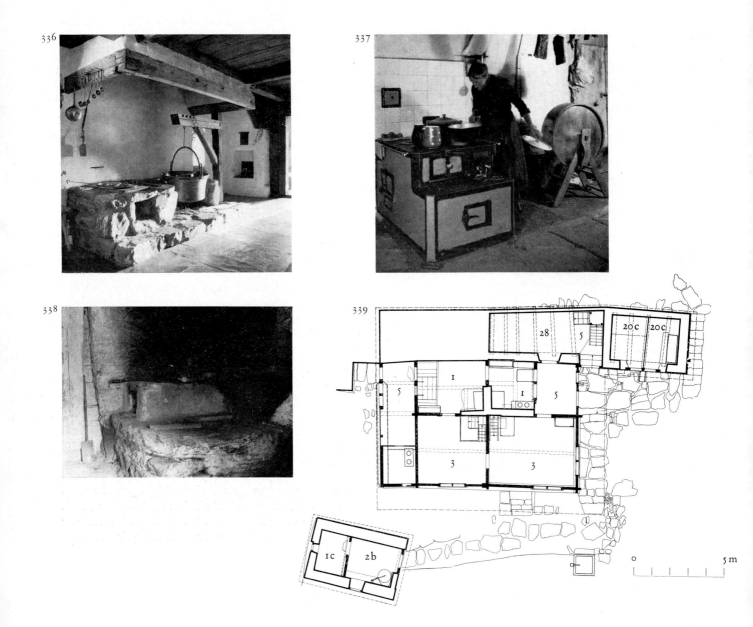

Herd» auf, der die gemauerte Steinplatte als Unterbau erübrigte. Die Vorteile des eisernen Herdes machten ihn auch im Bauernhaus beliebt. Wasserschiff, Tellerwärmer, Bratofen, Aschenbehälter und Türchen mit regulierbarer Luftzufuhr zeichneten ihn aus. In alten Küchen ist er immer noch anzutreffen (Abb. 337).

Der Sparherd muß – wiederum dank der regen auswärtigen Beziehungen – recht früh im Glarnerland bekannt geworden sein. Daß er zunächst in den Häusern der Begüterten eingerichtet wurde, steht außer Frage. Noch um die Mitte des letzten Jahrhunderts war der einfache «deutsche» Herd stark verbreitet. K.L. Zwicki berichtet 1846, daß man fast überall Feuerstellen aus Sandstein mit mehreren Löchern antreffe und daß es eine große Ausnahme sei, wenn in einem Hause auf einer bloßen Herdplatte gekocht werde. Bezeichnet der Zürcher den Nebenofen in der Stube, die vom Herdfeuer geheizte Sitzbank mit dem zugehörigen Wandteil, als «Kunst» *(d Chouscht)*, so nennt der Glarner den geschlossenen Herd *d Chuurscht* oder *Chuuscht*, die Einrichtungen in der Stube hingegen *d Chuurschtwand* und *ds Chuurschtbänggli*.

Der Stubenofen als Backofen. Besondere Backhäuser, in der Art, wie sie in den inneralpinen Selbstversorgungsgebieten bis ins 20. Jahrhundert verbreitet waren, lassen sich im Glarnerland nicht nachweisen. Die frühe Aufgabe des Getreidebaues (15. Jh.) und die damit verbundene Fremdversorgung mit Korn – Zürich war der erste und lange Zeit wichtigste «Brotkasten» der Glarner – förderte das Bäckergewerbe. Bereits 1416 war den Glarner Bäckern erlaubt, wöchentlich acht «Stuck» Korn in Zürich zu beziehen (F. Kundert, 1936, S. 186). «Schon im 16. Jahrhundert war man vom Hausbacken so weit abgekommen, daß eine große Zahl von Bäckern die Brotversorgung weitgehend übernehmen konnte.» (H. Thürer, Mollis, 1954, S. 325). Zahlreiche Bäcker waren wohlhabend. «Es ist auffallend, wie manche unter ihnen Ratsherren, Dorfbeamte und Milizoffiziere waren. Viele hielten Knechte und Mägde.» (E. Dürst, 1951, S. 81 Anm.). Wo es keine Bäcker gab, buk man zu Hause. Anno 1794 wies z.B. das Sernftal noch keine Bäckerei auf. Im Hinterland war das Gewerbe nur spärlich vertreten. Besondere Hausbacköfen waren selten. Der zeichnerisch und photographisch in den 1930er Jahren aufgenommene Backofen im Haus Maienboden nördlich von Sulzbach (Elm) ist nicht mehr vorhanden (Abb. 338, 339). Überall verwendete man die Stubenöfen zum Backen, sogar im Hauptort, wo es mehr als einen Bäcker gab. Die Glarner Feuer- und Wachtordnung des Jahres 1771 bestimmte unter anderem, daß nur in guten Stubenöfen Brot gebacken werden durfte (H. Spälti, 1911, S. 95).

Der Kamin. Solange die Küche ohne Decke war, entwich der Rauch des offenen Feuers durch Löcher im Dach oder in den Giebelwänden. Der raucherfüllte Dachraum staute die Wärme. Das Bauholz wurde vortrefflich konserviert, Ungeziefer vertrieben. Bei offenem Feuer war die Brandgefahr relativ gering. Funken und Rauch kühlten sich rascher ab, als dies im geschlossenen Kamin der Fall ist. Kaminlose Rauchküchen blieben – wie früher erwähnt – im Glarner Bauernhaus bis ins 19., in Berghäuschen bis in das gegenwärtige Jahrhundert erhalten.

Ursprünglich benennt das Lehnwort «Kamin» den offenen Herd mit Rauchfang und Rauchkanal, das heutzutage wieder Mode gewordene Cheminée. Die Einrichtungen des Rauchabzuges trugen bereits im Hochmittelalter zur Wohnlichkeit der Küchen in Klöstern und Burgen bei. In West- und Süddeutschland, in der Schweiz und im Tirol ist die Bezeichnung «Kamin» auf den Rauchkanal, den Schornstein, eingeschränkt worden.

Nach R. Weiss (Häuser und Landschaften, 1959, S. 116 ff.) fand der Kamin in den bäuerlichen Wohnbauten der süd- und inneralpinen Gegenden seit dem 17. Jahrhundert Eingang, was z.B. für das Engadin gut belegt ist. Weitgehend ungeklärt hingegen sei der Zeitpunkt der Verbreitung der steinernen Kamine in den übrigen alpinen Gebieten.

Der Glarner Feuer- und Wachtbrief von 1470 erwähnt keine Kamine, aufgezählt werden nur Öfen, Ofenwände, Küchenherdstellen und deren Wände. Auf dem Holzschnitt von Glarus (nach der Zeichnung von Hans Asper) in der Chronik von Johannes Stumpf 1547 weisen aber einzelne Häuser Kamine auf. Sofern man der Abbildung einen dokumentarischen Wert zumißt, darf man annehmen, daß es sich dabei um die seit dem 15. Jahrhundert entstandenen «städtischen» Steinhäuser handelt. Bedeutend sicherer ist die Aussage der Zeichnung von Jan Hackaert 1655, auf der viele Häuser Kamine aufweisen. Daß Rauchfang und Rauchkanal zuerst in den Stein- und Holzhäusern der oberschichtlichen Bevölkerung Verbreitung gefunden haben, ist gewiß. Schriftliche Berichte bestätigen den Kamin erst für das 18. Jahrhundert. Christoph Trümpi, Pfarrer in Schwanden, berichtet vom Erdbeben im Dezember des Jahres 1755: «Unsere Häuser und Thürme schienen zu wanken, hin und her wurden Kamine abgeworfen. Glocken haben angeschlagen» (Chronik 1774, S. 606). Im Zusammenhang mit der Ausbeutung der Tuffsteine im Marglen der Gemeinde Betschwanden erwähnt er: «Ehedem waren diese Tugsteine statt der Zieglen gebraucht; die älteste Camin sind aus solchen verfertiget» (S. 38). Die feuerpolizeilichen Vorschriften der Gemeinden bezeugen ebenfalls den «jungen» Beruf des Kaminfegers, der wie andernorts auch im Glarnerland keine Familiennamen geliefert hat. In der Geschichte von Mollis ist zum erstenmal 1711 vom Kaminfeger die Rede (Thürer, 1954 S. 78) Er unterstand dem Tagwenvogt und hatte zusammen mit den Ratsherren die Feuerschau vorzunehmen. Die Kamine mußten zweimal im Jahr gereinigt werden. 1736 beklagte sich Kaminfegermeister Fabian Vogel in Glarus, daß etliche Tagwenleute die Kaminreinigung nicht durchführen ließen. Die Ordnung von 1771 bestimmte wiederum, daß alle halben Jahre einmal gefegt werden mußte. Die Taxe für die Reinigung eines gewöhnlichen Kamins betrug einen Batzen. Verschiedene Betriebe waren verpflichtet, den Kaminfeger vierteljährlich zu empfangen. 1837 zählte man 18 Kaminfeger im Land (O. Heer, Gemälde. 1846, S. 448).

Vom Flammenstein zum geschlossenen Rauchabzug. Über die Entwicklung des Kamins fehlen auch im Glarnerland Belege, die ein lückenloses Bild ergeben könnten. Schriftliche Hinweise sind kaum aufzubringen. Verschiedene eingeschossige zwei- und dreiräumige Berghäuschen demonstrieren die ursprüngliche Rauchküche. Bergwärts gelegen, war diese bis unter das Schindeldach offen. Eine vorkragende Steinplatte an der Wand, *der Flammestäi* – wie er in den alten Sennhütten mit offener Feuerung noch zu sehen war – fing die Funken ab. Als man im zweistöckigen Haus über der Küche eine Decke einzog und dadurch die Küchenkammer als zusätzlichen Schlafraum gewann, war ein künstlicher Rauchabzug unerläßlich. Die offene Feuerstelle wurde mit einem pyramidenförmigen Rauchfang, em *Chämischooß*, überdacht. Er verengt sich in der Kammer, wo er viel Raum beansprucht, zum Rauchkanal, zum *Chämi*, das den Rauch über das Dach hinaus ableitet (Abb. 86, 340, 341). Schwarze, verrußte Balken verraten hier und dort, daß einst der Rauchabzug nur bis in den Dachraum, in die sogenannte *Rueßtili*, reichte. Im Haus «im Krauch» in Matt diente ein Bretterverschlag über seiner Öffnung als Räucherkammer.

Da die frühesten feuerpolizeilichen Vorschriften im föhnreichen Glarnerland älter sind als die Einrichtungen des Kaminschosses und des Kamins, ist es wohl verständlich, daß beides in den Dörfern seit jeher aus Stein errichtet werden mußte. Dies bestätigt der bereits erwähnte Bericht von Pfarrer Christof Trümpi, daß dafür Tuffsteine verwendet worden sind.

Der zumeist eckständige *Rauchfang* stützt sich zweiseitig auf das Mauerwerk der Küchenwände ab. Die beiden andern Flanken ruhen auf einem kräftigen Traggerüst, an dem auch der häufig in die Küche vorkragende Teil befestigt ist. Das Traggerüst selber besteht aus einem durchlaufenden Balken der Decke und einem Träger, der rechtwinklig dazu eingesetzt ist (Abb. 339). Die Größe des Rauchfanges variiert von 1 m × 1 m bei einfachen bis 2,75 m × 1,5 m bei doppelten Feuerstellen. Allgemein üblich waren die Dimensionen von 1,5 m × 1,5 m. Mit einer Klappe ist der Rauchfang abschließbar (Abb. 337, 340, 341). An eisernen Querstäben im Kaminschoß hingen die Feuerkette und das Fleisch zum Trocknen und Räuchern. Die Kamintüre in der Küchenkammer erleichterte den Zugang zu den wichtigen Nahrungsvorräten des Viehbauern. «Fleisch, und zwar meist geräuchertes, erscheint nur am Sonntag, und an diesem nicht immer, auf dem Tisch des Kleinbauern. Besser schon leben die vermöglichern Bauersleute; da wird jeden Spätherbst, wo möglich ein Schwein und eine Kuh eingemetzget und im Kamin gedörrt, und liefern nun für alle Sonntage des Jahrs Speck und Fleisch, das in einer Gerstensuppe gekocht wird.» (O. Heer, Gemälde, 1846, S. 369). *Schwiinis* und *Liinis*, geräuchertes Schweine- und Rindfleisch, und die Gerstensuppe sind Speisen, die früher weit verbreitet zur Feier des Jahreswechsels genossen wurden.

Als der Sparherd aufkam, baute der Ofner einen kurzen Rauchkanal in die Brandmauer. Dann trat der Rauch wie derjenige des Stubenofens durch Öffnungen unter dem Rauchfang wieder in den Küchenraum aus. Mit der im 19. Jahrhundert erfolgten Umstellung vom einfachen Sparherd auf den französischen Herd geschah der letzte Schritt zur rauchfreien Küche: der Rauchabzug wurde vollständig geschlossen, der Rauchfang verlor seine Funktion. Verschlossene Austrittsöffnungen und Schieber zur Regulierung der Luftzufuhr verraten noch die früheren Verhältnisse. Wer die Kosten des Abbruchs scheute, ließ die Öffnung des Kaminschosses verschließen.

Der im Freien endende Kamin trägt als schützenden Abschluß den Kaminhut (*Chämihuet*). Wie überall sind seine behördlich nicht vorgeschriebenen Formen vielfältig, nicht selten Ausdruck individueller Schmuckbedürfnisse.

Die Kammern

Das Bedürfnis, Wohnen und Schlafen zu trennen, führte zur Ausscheidung von besonderen Schlafräumen, zum Bau von «Kammern». Das Lehnwort aus der Antike verrät sowohl seine oberschichtliche Herkunft als auch die späte Differenzierung des Hauses im germanischen Siedlungsbereich. Küche, Stube und Kammer prägen seit dem Mittelalter auch die Raumstruktur des einfachen Glarner Bauernhauses.

Im zweiräumigen, eingeschossigen Haus benutzte man zusätzlich zur Stube auch den niederen Dachraum über der Stube, *ds Triil*, als Schlafplatz. Hier schliefen auf Laubsäcken am Boden die älteren Kinder. Anfänglich gegen den Küchenraum offen, schloß man ihn später teilweise oder ganz mit Brettern ab. Der Giebelraum war über eine Leiter zu erreichen. Eine kleine Öffnung an der Firstwand vermochte ihn nur spärlich zu erhellen. Das vordeutsche Wort *ds Triil* ist dem Glarner Älpler als Sache am längsten bekannt geblieben: so heißt seine primitive Schlafstätte unter dem Dach der alten Sennhütte (S. 203).

Die erste eigentliche Schlafkammer entstand durch die Unterteilung des Stubenraumes. «Diese bekommt durch die spezialisierende Abtrennung von der Wohnstube ihre familiäre Intimität, während die Stube durch das Verschwinden der Betten an kultivierter Wohnlichkeit gewinnt.» (R. Weiss, 1953, S. 143). Die ursprüngliche Bezeichnung *Schlaafgade* erinnert eindeutig an seine Funktion und zugleich an die im Vergleich zur Küche und Stube untergeordnete Bedeutung. Erhalten blieb auch der Ausdruck *Schlaafgade-Huus*, womit dieses Haus von jenem unterschieden wird, das keine Kammer neben der Stube aufweist. Beim mehrstöckigen Haus ist der zumeist kleine Raum neben der Stube zur Nebenstube, zum *Stübli* oder *Näbet-*, *Nebetstube*, geworden, das nur gelegentlich als Schlafraum dient. K. L. Zwicki (Gemälde, 1846, S. 367) berichtet von den einfachen Berghäuschen: «Ein Stübchen, und wenn es hoch kömmt, ein kleines Gemach daneben und eine Küche, die zugleich der Eingang ist, machen das ganze Haus aus. Das Bett ist unbeweglich und hat Raum für drei bis vier Personen.» Beispiele bieten einige fast unveränderte Bauten, die zumeist nicht mehr oder nur zeitweise benutzt werden.

Erlaubte die Hebung des Daches um einen halben Stock bereits den Einbau einer Dachkammer, so erhielt der zweistöckige Strickbau im Oberstock mehrere Kammern. Über der *Stube* liegt die *Stubechamer*, über dem *Schlaafgade* (Nebenstube), die *Schlaafgadechamer* oder der *Obergade* genannt, und über der *Chuchi* die *Chuchichamer*. Ferner nutzte man den Dachraum oft noch durch den Einbau einer Firstkammer (*Fürschtchamer*) aus.

In der Stubenkammer schlafen die Eltern. Größe und Lage sind begreiflicherweise von der Stube abhängig. Sofern das Vordach nicht zu große Schatten wirft, ist sie ein sonniger Raum. Im Winter steigt die warme Luft des Stubenofens durch die offene Falltüre (S. 126). Die Küchenkammer wurde auch vom mächtigen Rauchfang temperiert.

Auf den Ausbau der Kammern verwendeten die Vorfahren keine besondere Sorgfalt. Auch dies ist ein Hinweis auf die geringe Wertschätzung der Schlafgemache. Die Wände zeigen gewöhnlich das roh gehobelte Balkenwerk. Erst seit dem 19. Jahrhundert werden sie getäfert. «Die Bettgestelle von Tannenholz sind sehr einfach und bei den Wohlhabenden mit vielen Farben, meist aufs geschmackloseste bemalt, sowie Koffer und Schränke, die gewöhnlich die Namen ihrer Besitzer mit der Jahrzahl ihrer Verehelichung tragen» (K. L. Zwicki, Gemälde, 1846, S. 366). Die wandfesten Betten boten recht einfache Lager. Man schlief auf dem *Laubsagg* oder *Lauber*, der jeden Herbst mit neuem dürrem Buchenlaub gefüllt wurde. Als Kopfpolster diente der *Hauptlauber*. Begüterte Bauern hingegen ruhten in Himmelbetten. Ein prächtiges Muster aus dem Jahre 1587 blieb im Großhaus in Elm erhalten (Abb. 342, 343). Die beweglichen Möbel haben die eingezimmerten Bettgestelle und auch die Himmelbetten endgültig verdrängt. Älter als die Schränke sind die *liggete Chäschte*, die heutzutage als Antiquitäten begehrten Truhen.

Die Speisekammer. In den schon im 15. Jahrhundert mehrstöckig erbauten Häusern der Oberschicht gibt es keine Nebenstuben. Die Schlafkammern befinden sich in den obern Stockwerken. Der dritte, hinter der Küche liegende, zumeist kleine Raum des Wohngeschosses, trägt die alte, kaum noch bekannte Bezeichnung *Chämete*; jüngere Ausdrücke sind *Gmächli*, *Spiis-Chamer* oder *Spiis-Chäller*.

Das Kellergeschoß

Der Keller – *Chäller*, *Cheller*, aus althochdeutsch *kellari* zu lateinisch *cella*, Zelle, Kammer – ist für den Glarner Bauern der wichtigste Speicherraum und daher baugeschichtlich älter als Nebenstube und Kammer, Hausflur und Abtritt. Die Haltung von Vorräten an Milch, Butter, Ziger, Käse u. a. zur Selbstversorgung oder auch für den Verkauf, erfordert gut geschützte Räume, die im Winter nicht zu kalt, und im Sommer nicht zu warm sind. Besondere Speicher haben im Glarnerland nur geringe Verbreitung gefunden (S. 189). Die frühe Aufgabe des Getreidebaues erklärt das Fehlen der Speicher, die für seine Produkte nötig sind.

Das Kellergeschoß im Haus des Viehbauern befindet sich höchst selten ganz unter der Erdoberfläche (Ab. 86). Ob und wie tief es eingesenkt ist, wird wesentlich vom Gelände beeinflußt. In Häusern in Hanglage reicht, sofern der ganze Wohnstock unterkellert ist, nur der bergseitige Teil mehr oder weniger tief in den Boden hinein. Geländewinkel und

340 Diesbach, «Brunnenhus», Hausquerschnitt
341 Linthal, «Wydenhus», Hausquerschnitt
342, 343 Elm, «Großhus», Himmelbett 1587 mit Intarsien an der Kopfwand (heute im Freulerpalast in Näfels)

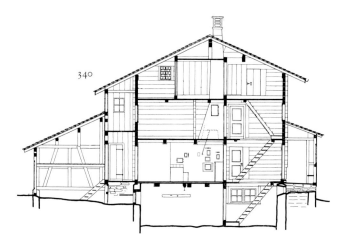

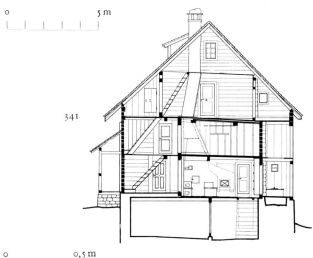

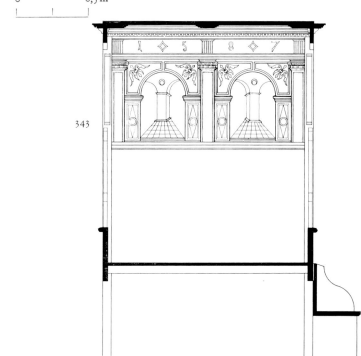

Größe des Grundrisses entscheiden darüber. Auf ebenem Gelände bildet in den meisten Fällen das Erdgeschoß den Kellerstock. Oft verhinderte ein hoher Grundwasserstand eine tiefere Lage. Was die Größe des Kellergeschosses betrifft, sind alle Übergänge vom kleinsten Gelaß bis zur völligen Unterkellerung großer Mehrfamilienhäuser feststellbar. Keller mit Gewölben kommen vereinzelt vor (Abb. 86, 344). In der Regel tragen die Balken, welche auf dem Mauersockel aufliegen *(d Underzüüg)*, die aus Brettern bestehende Kellerdecke *(d Chällertili)*. Schrägböden ließen nur wohlhabende Bauherren einziehen (Abb. 345).

Kleinhäuser in Hanglagen. Bei den einfachsten Berghäuschen bildet der Mauersockel, der den talseitigen Hausteil trägt, den Keller. Die Küche ist ebenerdig. Als einziger Zugang dient eine steinerne Innentreppe, deren Öffnung oft mit einem Klappladen verschlossen werden kann. Bei größeren Häusern unterkellerte man auch die Küche, wodurch ein hinterer, besserer Kellerraum gewonnen wurde.

Bei Häusern auf ebenem Gelände ist fast immer der ganze Grundriß als Kellergeschoß ausgebaut. Die üblicherweise in Firstrichtung laufenden Gänge in den stattlichen Doppel-

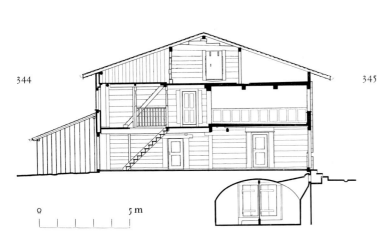

344

345

346

347

Als Kellerboden genügt der gestampfte Erdboden. Teurer und reinlicher sind Pflästerungen mit Bollen- oder Bruchsteinen. Beläge mit Schieferplatten waren zeitweise Mode gewesen. Die Kellermauern weisen zumeist nur kleine Wandöffnungen auf. Fensterlose Luken wurden einst mit Eisenstäben versehen (Abb. 97). Originell ist die Kellerluke mit Holzschieber (Abb. 107). Die Verwendung von Glas ermöglichte auch eine Vergrößerung der Kellerfenster. Die Anzahl und ebenso die Lage der Zugänge variieren. Bald ist das Kellergeschoß nur von innen, dann wieder nur von außen, recht häufig aber sowohl von innen als auch von außen zugänglich. Die soliden, einfachen Außentüren befinden sich an Trauf- wie an Firstseiten. Wo im Erdgeschoß ein Gang vorkommt *(Underhuus)*, ist sein Eingang hier und dort der einzige Hauseingang, seine Türe die Haustüre (S. 80ff.).

wohnhäusern des 18. und 19. Jahrhunderts weisen die Treppen zu den Wohngeschossen auf. Die mit normal großen Fenstern versehenen vorderen Räume beidseits der Gänge dienen teilweise noch heute als Krämerladen, Magazin oder Werkraum (Abb. 163, 165). Der Glarner nennt einen solchen Raum *Boge*. Sachlich trifft dies für die Gemache mit gewöhnlichen Holzdecken nicht zu. Die Bezeichnung «Bogen» scheint entlehnt zu sein. Vermutlich ist sie eine Übertragung der stadtzürcherischen Verhältnisse, wo offene gewölbte Lauben und Bogengänge Kaufläden und Magazine waren.

Webkeller. Nach dem Niedergang der Baumwoll-Handspinnerei bot in der ersten Hälfte des 19. Jahrhunderts die Handweberei den Kleinbauern der abgelegenen Landesteile willkommenen Nebenverdienst. Um 1840, als bereits die

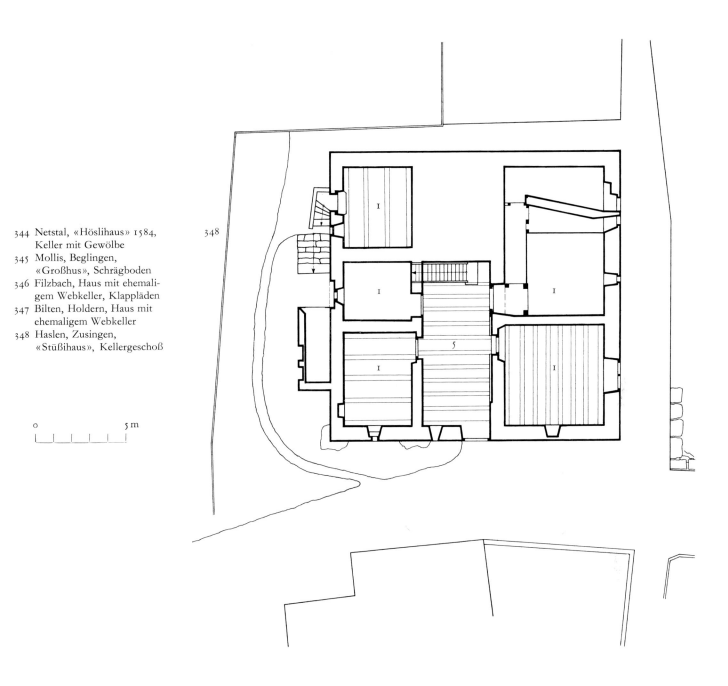

344 Netstal, «Höslihaus» 1584, Keller mit Gewölbe
345 Mollis, Beglingen, «Großhus», Schrägboden
346 Filzbach, Haus mit ehemaligem Webkeller, Klappläden
347 Bilten, Holdern, Haus mit ehemaligem Webkeller
348 Haslen, Zusingen, «Stüßihaus», Kellergeschoß

Konkurrenz der mechanischen Weberei zu spüren war, sollen noch etwa 2000 Handwebstühle in Stuben, Nebenstuben und Kellern in Betrieb gewesen sein. 1837 woben in Schwändi von 718 Einwohnern 149 Personen, im Wahltagwen Kerenzen 285 Leute von insgesamt 1514 Einwohnern. K. Kasthofer berichtet 1825, daß in Mollis beinahe in jedem Keller Frauen oder Mädchen mit Weben von Leinwand beschäftigt waren, wofür der Flachs eingeführt werden mußte. Im Jahre 1825 meldeten sich in Bilten 28 Bürger, die neue Häuser bauen wollten, «darunter auch solche mit Webkellern». Es sind nur wenige der hölzernen Webstühle erhalten geblieben. Auffällig präsentiert sich die längst vergangene Hausindustrie mit den typischen Klappläden der ehemaligen Webkeller (Abb. 105, 346, 347).

Beispiele von frühen Bauten der Oberschicht. Vor dem Loskauf der Glarner von Säckingen (1395) war der Keller (Kellermeister) nebst dem Meier der wichtigste Beamte der Grundherrschaft. Er wohnte auf dem Kelnhof und war Verwalter der Naturalabgaben an Grundzinsen und Zehnten. Daß es dafür Vorratsräume gab, ist selbstverständlich. Auch die Burgen, Wohntürme und festen Häuser wiesen im Erdgeschoß taugliche Kellerräume auf. Ebenso weisen die Großhäuser der bäuerlichen Oberschicht des 15. und 16. Jahrhunderts – z.B. in Schwanden, Nidfurn, Betschwanden vgl. S. 52 f.) – massiv gemauerte Kellergeschosse mit großen Kellern, zum Teil mit Gewölben, auf.

Vom «Stüßihaus» in Zusingen wird berichtet, daß in einem der Keller Pferde eingestallt wurden, was Ringe an der Wand vermuten lassen (Abb. 348). Ein historisch besonders interessantes Beispiel bietet das «Großhus» in Elm, das aus der ersten Hälfte des 16. Jahrhunderts stammt. Der Gang im Kellergeschoß verläuft parallel zur Dorfstraße, quer zum Dachfirst und quer zu den Gängen in den Wohngeschossen (Abb. 349). Die Vermutung, daß die bis 2,5 m hohen Keller einst als «Sust» dem Saumverkehr über den Panixerpaß dienten, ist keineswegs abwegig. Der von Trauf- zu Traufseite führende Kellergang des freistehenden Gebäudes soll den Zu- und Weggang der Saumtiere erleichtert haben, ohne den Verkehr auf der schmalen Straße zu stören. Diese Interpretation wird um so wahrscheinlicher, als das Haus Eigentum der reichen Elmer-Sippe war, deren Vertreter im 16. und 17. Jahrhundert zu den führenden Männern des Landes gehörten.

Der Hausflur

Als «Hausflur» bezeichnen wir alle Teile im Innern des Hauses, die den Zugang zu den verschiedenen Räumen ermöglichen. In Größe und Lage ist er grundsätzlich von der historisch gewordenen Raumordnung abhängig. Von dieser berichtet der nächste Abschnitt.

Die einheimischen Bezeichnungen *Vorhuus* und *Huusgang* entsprechen sachgemäß den uns geläufigen Fremdwörtern Vestibül und Korridor. *Underhuus* nennt der Glarner den Gang im Kellergeschoß. Allgemein verbreitet ist der Ausdruck *Stägehuus, Stegehuus* für die Treppenräume.

Beim einfachsten Bautyp des nur aus Wohn- und Küchenteil bestehenden Kleinhauses der Berggebiete gibt es keinen Hausflur. Man gelangt trauf- und meistens auch beidseits direkt in die Küche. Die Entwicklung brachte die Abtrennung eines Vorraumes (dem *Vorhuus*), von dem je eine Türe in die Stube und in die Küche führte. Dadurch ist die Küche vor Zugluft geschützt.

Beim zweistöckigen Einfamilienhaus wird der obere Stock über die Ofentreppe und durch das Ofenloch in der Stubendecke erreicht. Eine schmale Wandtreppe im Vorhaus, die zu einem Vorplatz führt, erleichtert schließlich den Zugang zu den Kammern. Ebenso gelangt man vom Vorhaus in das mehr oder weniger ausgebaute Kellergeschoß. Beim Doppelhaus des einfachen Bautypus sind Hausflur und Treppen gleich angeordnet.

Die im 18. und 19. Jahrhundert errichteten Doppelhäuser weisen nur im Kellergeschoß Gänge auf, von denen Treppen in die Vorräume der Wohngeschosse führen (Abb. 350). Die Großhäuser des 15. und 16. Jahrhunderts hingegen besitzen in allen Stockwerken geräumige Mittelgänge.

Die Treppen sind in der Regel einläufig, steil und ohne Geländer. Die primitive Blockstiege *(Totzstege)*, die im «Großhus» (1538) in Hätzingen das Erdgeschoß mit dem Wohnstock verband, ist erst vor einigen Jahren durch eine Treppe ersetzt worden. Oft schließt eine Gattertüre den Zugang zur gefährlich steilen Kellertreppe ab. Eine Art Treppenrost dient als Geländer (Abb. 351, 352).

Das Holzwerk der fensterlosen Vorräume und Gänge wurde einst mit Kalkbrühe überstrichen (Abb. 353). Seit dem 17. Jahrhundert erhellen Oberlichter, Gangfensterchen und Fenster die Gänge und Vorräume (Abb. S. 84f.).

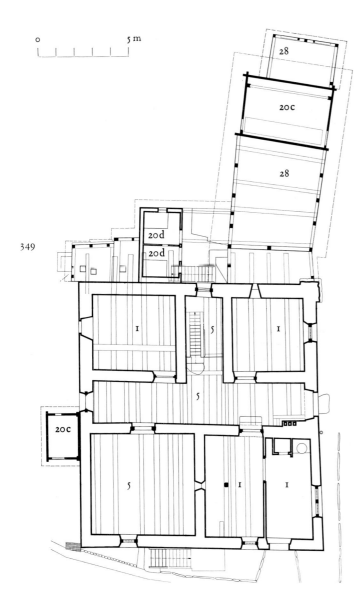

349

349 Elm, «Großhus», Kellergeschoß
350 Mollis, im Hagnen, Gang im Kellergeschoß
351 Mollis, «Rüfihus», Gattertüre zur Kellertreppe
 (vor der Renovation)
352 Mollis, «Rüfihus», Geländerrost
 (vor der Renovation)
353 Elm, Hintersteinibach, «Oberhus»,
 fensterloser Gang

Der Abtritt

Besondere Räume für die elementarsten Bedürfnisse der Menschen, wie sie in den Provinzen des römischen Weltreiches benutzt wurden, waren den Germanen unbekannt. Das klerikale Bauwesen des Mittelalters hat jedoch die römische Tradition weitergeführt. So weist der Klosterplan von St. Gallen aus dem 9. Jahrhundert eine mehrsitzige Anlage auf. Im Hochmittelalter wurde der Abtritt auch in den Adelsbauten üblich. Auf den Burgen verrichtete man die Notdurft in Erkern, die ins Freie hinausführten. Schließlich

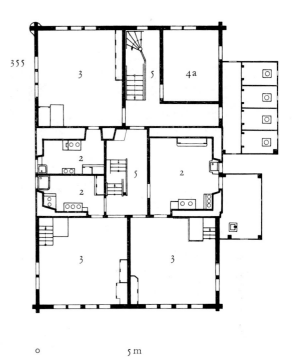

354, 355 Nidfurn, «Guflenhus», angebaute Abtritthäuschen

fand der «heimliche» Raum auch in den städtischen Steinhäusern des Hochmittelalters Verbreitung.

Im Glarnerland gehört der Abtritt des Bauernhauses schon seit dem 18. Jahrhundert den trauf- oder rückseitigen Lauben an (S. 77–80, Abb. 136, 137). Deshalb wird er allgemein *d Laube*, *ds Läubi* oder *ds Läubli* genannt. Früher mag er bloßes Anhängsel am Haus gewesen sein (Abb. 142). Die Bezeichnung *Hüüsli*, kleiner Raum, mag darauf zurückzuführen sein, bedeutet doch *Huus* auch «Teil eines Hauses, einzelnes Gemach», wie *Vorhuus*, *Underhuus*. Ob der Glarner ursprünglich das Freie und im Winter den Stall aufgesucht hat, wird uns nicht überliefert. Ein Musterbeispiel für angebaute *Hüüsli* bietet das fünf Wohnungen besitzende «Guflenhus» in Nidfurn. Vermutlich stammt es aus dem ausgehenden 17. Jahrhundert. Sein Bauplan gestattete den Anbau von Lauben nicht (Abb. 354, 355).

Kleine Fenster sorgen für Licht und Frischluft (Abb. 132, 133, 141). Ein Bretterkasten mit einem oder mehreren kreisrunden Löchern, die mit Holzdeckeln verschließbar sind, bietet genügend Sitzplatz, wobei die Löcher mit kleinerem Durchmesser für Kinder reserviert (Abb. 137) bleiben. Ein Bretterschacht führt in die gemauerte Jauchegrube, die durch eine verschließbare Öffnung entleert werden kann (Abb. 132). Bevor Wasserklosetts und Schwemmkanalisation eingerichtet wurden, haben die Bauern auch die Gruben der nichtbäuerlichen Häuser periodisch entleert und die *Hüüsligülle* auf ihre Wiesen geführt.

355a Luchsingen, Alp Oberblegi Unterstafel
Inneres einer Alphütte

Raumstrukturen
der traditionellen Hausbauten

Der Formenreichtum des traditionellen Bauernhauses in der kleinräumigen Schweiz verlockt seit den Anfängen der Hausforschung zur Unterscheidung von Haustypen. Jede Typisierung hängt allgemein von der Betrachtungsweise und speziell von der Wahl der Beurteilungskriterien ab. Sicher ist, daß das Haus als Ganzes mehr ist als die Teile, aus denen es besteht. Als Komplex verschiedenwertiger Formelemente kann es nur schwer gewertet werden. «Jede Entscheidung für das eine oder das andere bestimmende Merkmal wäre willkürlich, einseitig und unrealistisch, wie eben jede Typenbildung unrealistisch ist. Man kann nur einzelne Merkmale oder Elemente, niemals komplexe Typen in genauer Raumbindung darstellen» (R. WEISS, Häuser und Landschaften, S. 30f.). So sprechen wir am besten von Hausformen und unterscheiden Formengruppen. Ein spezifisch glarnerischer Bauernhaustyp existiert nicht. Eine Wertung der einzelnen Merkmale und damit der Hausformen des Glarnerlandes wird erst aus gesamtschweizerischer Übersicht möglich sein.

Unter der Hausform will nicht allein die äußere Erscheinung verstanden sein. Wesentlicher ist die innere Form, die Anzahl und Anordnung der verschiedenen Zwecken dienenden Räume, die Raumordnung oder Raumstruktur. Wie beim Kristall die Anordnung der Massenteilchen, das Raumgitter, die äußere Form bedingt, so stehen Raumstruktur und Aussehen des Hauses in engem Zusammenhang.

Begriffe

Der Hausforscher unterscheidet grundsätzlich *Ein- und Mehrhausbau*. Beim Einhausbau sind Wohn- und Wirtschaftsräume konstruktiv einheitlich unter einem Dach vereinigt. Ihm begegnen wir im Jura und im Mittelland, aber auch im Engadin. Der Einhausbau dient verschiedenen Zwecken, er ist ein Mehr- oder Vielzweckbau. Die bauliche Einheit von Wohn- und Wirtschaftsteil bestimmt den Einbau- oder Einhof. Täuschen seine Teile einen einheitlichen Bau nur vor, waren diese ursprünglich getrennte Baukörper – wofür die Anordnung der Räume zeugt –, so spricht man vom sekundären Vielzweckbau.

Beim Mehrhausbau kommen Wohn- und Wirtschaftsräume getrennt in verschiedenen Gebäuden vor. Er ist im alpinen Raum verbreitet. Im Extremfall dienen einzelne Gebäude sogar nur einem Zweck. Sie sind Einzweckbauten, die einen Mehr- oder Streuhof bilden.

Entscheidend ist die Anordnung der wichtigsten Räume im Haus. Liegen diese übereinander, wie dies nur in den südlichen Alpentälern vorkommt, so spricht man von der *vertikalen Raumordnung*. In den übrigen alpinen Gebieten, im Mittelland und im Jura ist die *horizontale Raumordnung* das Übliche. Küche und Stube, Kammer und Vorraum liegen dann nebeneinander; sie bilden das Hauptgeschoß, das eigentliche Wohngeschoß.

Im Glarnerland dominiert der Mehrhausbau. Seine traditionellen Bauernhäuser sind Einzweckbauten, sind Wohnhäuser. Die Wirtschaftsgebäude stehen davon getrennt. Vielzweckbauten sind zumeist sekundär entstanden.

R. WEISS (Häuser und Landschaften, S. 155 f.) unterscheidet bei den Wohnbauten zwischen Einhaus- und Mehrhauswohnungen. Die Einhauswohnung, bei der alle Wohnräume unter demselben Dach vereinigt liegen, ist in der Schweiz die Regel. Mehrhauswohnungen kommen z. B. in Skandinavien vor, wo Stuben (Sommer-, Winter- und Badstuben), Küchen (Feuerhaus) und Kammern (Schlafhaus) als getrennte Blockbauten nebeneinander stehen. Ferner unterscheidet Weiss nach der Zahl der charakteristischen Räume in der Einhauswohnung – Küche, Stube, Kammer – Einraum-, Zweiraum- und Dreiraumwohnungen. Diese sei in der Schweiz das Normale. Eine Vermehrung der Räume komme immer nur durch eine Vervielfachung von Kammern und Stuben oder durch Nebenräume der Küche zustande. Das Dreiraumschema bleibe auch hier die Grundlage. Als Repräsentanten der Zweiraumwohnung mit Wohnküche und Kammer erwähnt Weiss das Tessiner Haus, als Einraumwohnung die primitive Alphütte.

Nach der Anzahl der Haupträume, die in der Firstrichtung aneinandergrenzen, unterscheidet man zudem *ein- und mehrraumtiefe Häuser*. Wesentliche, die Größe der Häuser bestimmende Merkmale sind die Anzahl der Geschosse und der Wohnungen, die sich neben- und übereinander befinden können.

Die Grundrißvarianten des Wohngeschosses

356 Grundrißvarianten von zweiraumtiefen Einzelwohnhäusern mit zwei- und dreiräumigem Wohngeschoß (Firstrichtung senkrecht)
357 Mollis, Oberstock, Berghaus Brünneliberg, Erdgeschoß
358 Mollis, Oberstock, Berghaus Brünneliberg, 1937
359 Mollis, Oberstock, Berghaus Brünneliberg, 1979

Die Anordnung der Haupträume im Wohngeschoß – Küche und Stube, zu denen sich die Schlafkammer oder Nebenstube und der Vorraum oder Gang gesellen –, erlaubt allgemein verschiedene Kombinationsmöglichkeiten. Die im Glarnerland vorwiegenden Varianten sollen anhand von Beispielen charakterisiert werden. Ihre Entwicklung läßt sich in einem räumlich so kleinen Kanton besonders gut verfolgen.

Übrigens kann man die innere Einteilung der Häuser bei den meisten Blockbauten schon von außen an den Balkenköpfen der Innenwände erkennen, die über die Außenwände vorragen.

Alle Darstellungen des Technischen Arbeitsdienstes – Grundrisse, Aufrisse und Schnitte – stammen aus den dreißiger Jahren. Die in der Nachkriegszeit, in erster Linie seit den sechziger Jahren, erfolgten Veränderungen durch Außen- und Innenrenovationen bleiben hier unberücksichtigt. Auf die von H. Leuzinger stammenden älteren Fotos wird in der Bildlegende besonders hingewiesen. Abbildungen der unmittelbaren Vergangenheit mögen hie und da die baukonjunkturellen Wandlungen von Fassaden vor Augen führen. Eine zahlenmäßige Erfassung der einzelnen Varianten wäre nur bei einer vollständigen Aufnahme aller Bauten sinnvoll.

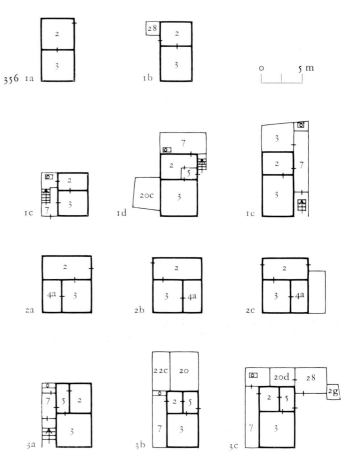

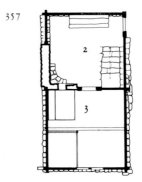

Das zweiraumtiefe Einzelwohnhaus

Die zweiraumtiefe Verbindung von Küche und Stube gilt allgemein als die Grundform des alpinen Hauses. Im Glarnerland ist sie ebenfalls häufig vertreten.

Einraumhäuser kommen auch im Bereich der Temporärsiedlungen nicht mehr vor (vgl. S. 197). Prähistorische Überreste fehlen, ebenso direkte Belege für die mittelalterlichen Wohnbauten der einfachen Bauernbevölkerung. Mauerwerk von Kirchen und Burgen zeugt für die ältesten Baudenkmäler. Der Burgenforscher W. Meyer berichtet, daß mit dem Übergang von der reinen Holz- zur Steinburg (Beispiel Froburg bei Olten) auch der Wechsel vom einräumigen zum doppelräumigen Wohnhaus eingeleitet worden sei. Wie rasch die Ablösung des Einraumhauses mit der Urküche als Allzweckraum in Glarnerland geschah, bleibt unbekannt. Die Stube mit dem gedeckten Ofen soll im einfachen Bauernhaus nicht vor dem 15. Jahrhundert Eingang gefunden haben (vgl. S. 115).

Offen bleibt ferner die Frage, ob Küche und Stube ursprünglich durch Zusammenbau einst getrennter Häuser (addierend) oder durch Aufteilung eines Hauses (dividierend) entstanden seien. R. Weiss (Häuser und Landschaften, S. 157) meint, daß diese Bauweise dem Schweizer Mittelland und dem Jura, jene aber dem alpinen Raum eigen sei. Die beschränkte Länge von geraden und gleichmäßig dicken Stämmen erlaube nur den Bau von verhältnismäßig kleinen Baukörpern. Die Ausmaße der einfachen, kleinräumigen Blockbauten im Untersuchungsgebiet, die einst bestimmt zahlreicher gewesen sind, sprechen eindeutig für dividierende Entstehungsweise.

Zweiräumiges Wohngeschoß (Abb. 356, Varianten 1a–1e)

Kleinhäuser mit zweiräumigem Wohngeschoß sind als Streusiedlungen und in den Dörfern in allen Landesteilen verbreitet.

Die einfachsten, ursprünglichsten Beispiele weisen ein einziges Vollgeschoß auf, das lediglich aus Küche und Stube besteht. Ihre originalen Formen und Einrichtungen entsprechen ohne Zweifel den frühen zweiräumigen Wohnstätten der Kleinbauern, die damals den weit überwiegenden Teil aller Behausungen des Landes ausgemacht haben. Als spärliche Zeugen, oft vernachlässigt oder verändert, finden wir sie im Bereich der Berggüter (vgl. S. 11).

Die Berghäuser, zwei- und mehrräumige, ein- und mehrgeschossige, waren im 18. Jahrhundert größtenteils Dauersiedlungen (vgl. S. 31 ff.). Der Niedergang der Heimindustrie und das Aufblühen der Fabrikindustrie im folgenden Jahrhundert führten zur Entvölkerung der Bergliegenschaften.

Private und Bürgergemeinden (Tagwen) kauften die Güter auf und ließen viele Gebäude abtragen. Hier und dort erinnern Mauerreste an die Höhenflucht; davon berichten auch die Grundbücher, welche seit den 1840er Jahren Auskunft geben. In der Bergregion des ganzen Kantons sind schätzungsweise mehr als 200 Gebäude, wovon rund die Hälfte Wohnhäuschen, verschwunden.

Beispiele: Berghäuschen Brünneliberg, 930 m ü. M., Gemeinde Mollis (Abb. 356/1a, 357–359).

Das eingeschossige Kleinhaus im Berggebiet von Obstock soll einst als Dauersiedlung eine stattliche Familie beherbergt haben. Dann blieb es jahrzehntelang unbewohnt. Seit Mitte der sechziger Jahre ist es zum niedlichen Ferienhäuschen geworden. Der zugehörige Stall wurde abgetragen. Der Grundrißplan von 1937 zeigt die ausgeräumten Räume des nicht mehr unterhaltenen Objektes. Bergseits und ebenerdig lag die kaminlose Küche. In seiner südöst-

358

359

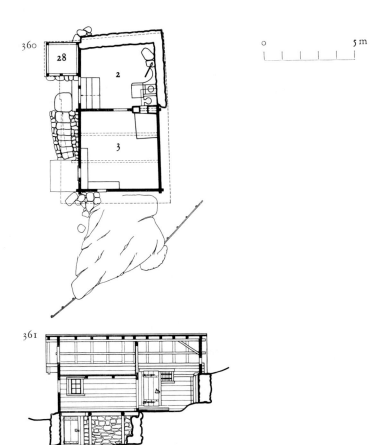

lichen Ecke befanden sich noch Überreste der Feuerstelle und die Öffnung des steinernen Stubenofens. Der Rauch zog durch die Ritzen des Schindeldaches ab. Eine Steintreppe führt noch immer in den Keller unter der Stube. Der Küchenraum war bis unter das Dach offen, die Stube hingegen besaß eine Bretterdecke, die den Zutritt des Rauches und den Abfluß der Ofenwärme erschwerte. Eine eingebaute mehrschläferige Bettstatt von 150 × 185 cm erinnerte daran, daß die Stube auch als Schlafzimmer zu dienen hatte.

Berghäuschen in den Gäsibergen, 1000 m ü. M., Gemeinde Mühlehorn (Abb. 360, 361). Im Unterschied zum Brünneliberg ist diese Wohnstätte bis anhin ihrem ursprünglichen Zweck nicht entfremdet worden. Die Bewirtschaftung der Bergliegenschaft als Maiensäß erfordert ihren Unterhalt. Die Küche ist in den Hang eingeschnitten und bis zum Dach offen, die Kaminröhre und der Rauchfang aus Blech sind eine spätere Zutat. Der Giebelraum über der Stube des anderthalbstöckigen Blockbaues ist gegen die Küche abgeschlossen. Die Türe zu diesem Schlafgemach wird über eine Leiter erreicht. Der Keller unter der Stube ist von außen zugänglich. Ein pultförmiges Bretterdach schützt den tiefliegenden Eingang.

Kleinhäuser mit zweiteiligem Wohngeschoß und zwei Vollgeschossen kommen z. B. in den Dörfern des Hinterlandes noch recht häufig vor. Sie genügen begreiflicherweise den Wohnbedürfnissen ihrer Bewohner bedeutend besser als die eben skizzierten Berghäuschen. In der Regel ergänzen Lauben (s. S. 77 ff.) die Haupträume. Sie bieten Platz für Holz und allerlei Hausrat, enthalten den Abort und die Treppen, die das Obergeschoß erschließen.

Beispiele: Das besonders kleine *Sagehüüsli* im Oberdorf von Linthal (Abb. 356/1 c, 362) steht nicht mehr. Es fiel der Verbreiterung der Straße zum Opfer. Abb. 363 zeigt ein noch bestehendes Objekt mit Kleinstall und Schopf in Oberurnen. Verschiedene Kleinhäuser wurden «modernisiert» (Abb. 364).

Es gibt auch stattlichere Kleinhäuser. Interessant ist die Bauweise eines Hauses im Dorfquartier «Süeßwinkel» der Gemeinde Hätzingen (Abb. 223, 356/1 d, 365). Der vordere Hausteil (Stube und Stubenkammer) ist gestrickt, der hintere (Küche und Küchenkammer) gemauert, die Hinterlaube – wie üblich – einfaches Fachwerk mit Bretterschalung. Das Kellergeschoß ist nur von außen zugänglich. Eine Steintreppe führt zu seiner tiefgelegenen Türe im Mauersockel der Giebelfront. Der Hauseingang befindet sich im Schutz des 1,5 m breiten Dachüberstandes an der östlichen Traufseite. Vom Treppenbrücklein gelangte man einst direkt in den Küchenraum. Die dünne Bretterwand, die einen Windfang abtrennt, ist offensichtlich erst später konstruiert worden. Das Obergeschoß ist über die steile Außentreppe und durch die obere Laube oder durch die Öffnung in der Stubendecke hinter dem Ofen zu erreichen.

Das letzte Beispiel der Häuser mit zweiräumigem Hauptgeschoß gehört einer auffallenden Zweiergruppe in der «Schiffländi» im Dorf Rüti an (Abb. 104, 356/1 e, 366). Beide Gebäude stehen eng nebeneinander auf felsigem Grund, nahe am rechten Ufer der Linth. Der hohe Mauersockel birgt die von außen zugänglichen Kellerräume. Die geschlossene Laube an der nördlichen Traufseite dient auch als «Treppenhaus» für beide Stockwerke. Die erste Stiege führt zur

Haustüre, die den unteren Laubengang abschließt. Von ihm aus öffnen sich Türen in die Stube und Küche. Die zweite Treppe im später angebauten hintersten Hausteil erschließt die obere Laube, von der aus die Schlafzimmer zugänglich sind.

Das Nachbarhaus (Abb. 356/3a) weist ein dreiräumiges Hauptgeschoß auf. Der dritte Raum ist das Vorhaus, das eigentliche Treppenhaus für die Schlafkammern und die obere Laube. Der kleine Bauabstand beider Häuser macht es verständlich, daß ihre traufseitigen Lauben nebeneinander liegen. Lauben befinden sich allgemein dort, wo der Licht-

360 Mühlehorn, Berghaus in den Gäsibergen, Erdgeschoß
361 Mühlehorn, Berghaus in den Gäsibergen, Längsschnitt
362 Linthal, Oberdorf, Kleinhaus (vor dem Abbruch)
363 Oberurnen, Kleinhaus
364 Betschwanden, Kleinhaus
365 Hätzingen, Haus im «Süeßwinkel», Erd- und Obergeschoß
366 Rüti, Haus in der «Schiffländi», Erdgeschoß

362

363

364

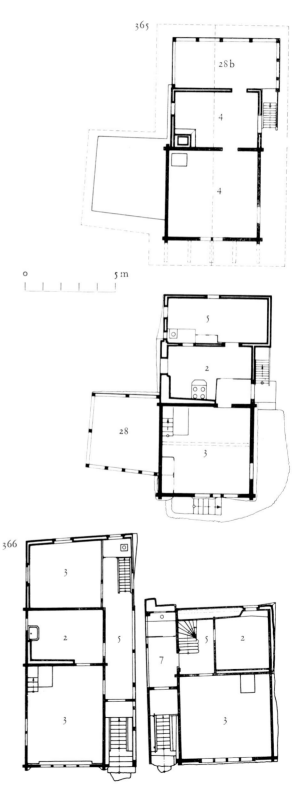

365

366

einfall für die Innenräume und die Sicht ins Freie am geringsten beeinträchtigt wird.

Unweit der beiden Häuser befindet sich an der Hauptstraße eine ähnliche Zwillingsgruppe, deren Fassaden nach Südsüdwesten orientiert sind (Abb. 367). Wir dürfen annehmen, daß diese Gebäude zur gleichen Zeit gebaut wurden. Das eine trägt die Jahrzahl 1802 an der Giebelpfette. Die Häuser der «Schifflände» könnten älter sein.

Dreiräumiges Wohngeschoß (Abb. 356, Varianten 2a–3c)

Die Häuser, deren Hauptgeschoß drei Räume aufweist, lassen zwei Formgruppen erkennen. Bei der einen reicht die Küche noch immer von Traufseite zu Traufseite, während neben der Stube eine Kammer (*Schlaafgade*, s. S. 130) vorkommt. Bei der andern Variante nimmt die Stube die ganze Hausbreite ein, und der dritte Raum, das Vorhaus (s. S. 134), befindet sich vor der Küche. Wann diese beiden Formen der Raumgliederung aufgekommen sind, kann nicht festgestellt werden. Sicher ist, daß solche Häuser auch noch im 18. Jahrhundert errichtet worden sind.

Beispiele: Die Abbildungen 356/2a–2c zeigen die Grundrisse eingeschossiger Berghäuschen, die einst Dauersiedlungen gewesen sind. Ihre quadratischen Formen entsprechen einander. Im Vergleich zu den Berghäuschen mit zweiräumigem Wohngeschoß (Abb. 356/1a/1b) sind ihre Giebelseiten um die Breite der Kammern größer. Die Stuben liegen immer sonnenseits.

Das seit bald hundert Jahren nicht mehr ständig bewohnte, nun als Ferienhaus benützte «Spicherhus» (Abb. 356/2a, 368, 369) befindet sich in rund 1100 m Höhe ü. M. am südexponierten Berghang über Engi-Vorderdorf im Sernftal. Auch hier wohnten Generationen kinderreicher Familien. Die Abbildung 50 auf S. 46 demonstriert seine bescheidenen Dimensionen im Vergleich zum «Großhus» in Elm. Die Zugänge zur Küche und zum Keller (unter der Stube und Kammer) befinden sich auf der östlichen Traufseite.

Das verlassene Berghäuschen «Gilbiberg» (Abb. 356/2b, 370) auf der Wiesenterrasse von Leuggelen (900 m ü. M.) am westlichen Talhang oberhalb von Nidfurn und Leuggelbach, entspricht nach Größe, Bauweise und Raumgliederung dem Speicherhaus. Sein Keller ist über eine Steintreppe von der Küche aus zugänglich. Der Stubenofen ist mit Schieferplatten verkleidet. Daneben bemerkt man die in der Wand eingeschnitzte Jahrzahl 1722.

Gut erhalten ist das als Ferienhaus gepflegte, schon öfters erwähnte und mit Abbildungen vorgestellte «Giseneggli» auf Braunwald (1410 m ü. M.). Eine geschlossene Hinterlaube und die zierliche offene Seitenlaube erweitern den Wohnraum (Abb. 371, vgl. Abb. 77, 143, 229, 238, 297, 298).

Anderthalbgeschossige Häuser bergen anstelle des offenen Giebelraumes (s. *Triil*, S. 130) eine Firstkammer, die hier und dort erst später eingebaut worden ist.

Beispiele: Das 1720 errichtete Haus auf dem «Bodenberg» (1186 m ü.M.), unterhalb der Grenzmauer zum Unterstafel der Alp Oberblegi im Berggebiet von Luchsingen gelegen, wird seit geraumer Zeit als Ferienhaus benützt (Abb. 372). Ursprünglich führte eine einfache Holztreppe aus der Küche zur Dachkammer und eine Steintreppe in den Keller im vor-

367 Rüti, Hausgruppe
368 Engi, Spicherberg, Berghaus vor 40 Jahren
369 Engi, Spicherberg, Grundriß
370 Nidfurn, Leuggelen, Gilbiberg
371 Braunwald, Giseneggli, Bleistiftskizze von H. Witzig, 1943
372 Luchsingen, Bodenberg

367

370

371

372

368

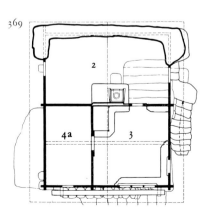

369

deren Hausteil. Die gleiche Raumstruktur wies das im selben Berggelände vorhandene Haus im «Bärensol» auf (1144 m ü. M.). Es besteht – mit Ausnahme der Laube auf der Nordseite – ganz aus Stein, was bei Berghäusern ungewöhnlich ist (Abb. 356/2c, 373, 374). Das Baujahr ist nicht bekannt. Das ebenfalls seit Jahrzehnten als Ferienhaus dienende Gebäude könnte aus der ersten Hälfte des letzten Jahrhunderts stammen. Wie seine Küche vor bald fünfzig Jahren aussah, zeigt die Abbildung 335 auf S. 127. Sie muß ursprünglich eine Rauchküche gewesen sein, wofür die geschwärzten Dachbalken zeugen. Decke, Kamin und Kaminschoß wurden später errichtet. Unter der Treppe zum Boden über der

373

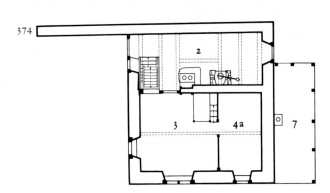

374

373 Luchsingen, Bärensol
374 Luchsingen, Bärensol, Erdgeschoß
375 Matt, Haus im Stalden vor 40 Jahren
376 Matt, Haus im Stalden, Erd- und Obergeschoß

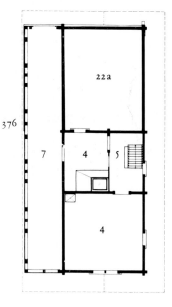

376

Küche und zur Firstkammer befindet sich die Kellertreppe.

Bei der zweiten Variante der Raumgliederung des dreiräumigen Wohngeschosses fehlt, wie oben ausgeführt, die Kammer; neben der großen Stube und einer kleineren Küche findet sich ein Vorraum, im Glarnerdeutschen *Vorhuus* genannt, von österreichischen und deutschen Hausforschern als Eckflur bezeichnet. Der Vorraum ist Windfang. Er trennt Küche und Stube. Von ihm aus gelangt man durch separate Türen in die beiden Haupträume des Hauses. Beim mehrgeschossigen Gebäude dient er zugleich als Treppenhaus.

Die folgenden drei ausgewählten *Beispiele* stellen Objekte vor, die der Talzone angehören. Die Grundrißmaße ihrer Haupträume (ohne Lauben und Anbauten) entsprechen einander. Jedes Haus weist ein Obergeschoß und eine geschlossene traufseitige Laube auf. Die Laube des schon erwähnten Hauses in der «Schiffländi» im Dorf Rüti (Abb. 356/3a, 366) ist zugleich der Hauseingang. Bei den alleinstehenden Häusern im «Stalden» von Matt (Abb. 356/3b, 375, 376) und des

375

«Vorderen Gigerhofes» in Engi (Abb. 377, 378) kommen die Lauben, wie üblich, auf der Wetterseite vor. Sie sind von der Küche her zugänglich. Die Hauseingänge befinden sich im Schutz der Dachüberstände auf den südlichen Traufseiten. Sie führen direkt in die Vorräume, die von Fenstern neben den Haustüren erhellt werden. Beide Gebäude sind sekundäre Vielzweckbauten, die einst Wohnstätten von Kleinbauern waren.

häuser. Erd- und Obergeschoß sind die Regel. Das Obergeschoß wird über die Treppe des Vorraumes erreicht. Seine Gliederung entspricht derjenigen des Erdgeschosses: Über der Stube liegt die *Stubechamer*, über dem Schlafgaden (Nebenstube) die *Schlafgadechamer* und über der Küche die *Chuchichamer* (s. S. 130). Der darüber vorhandene Dachraum bietet meistens Platz für eine nicht abgeschrägte Firstkammer.

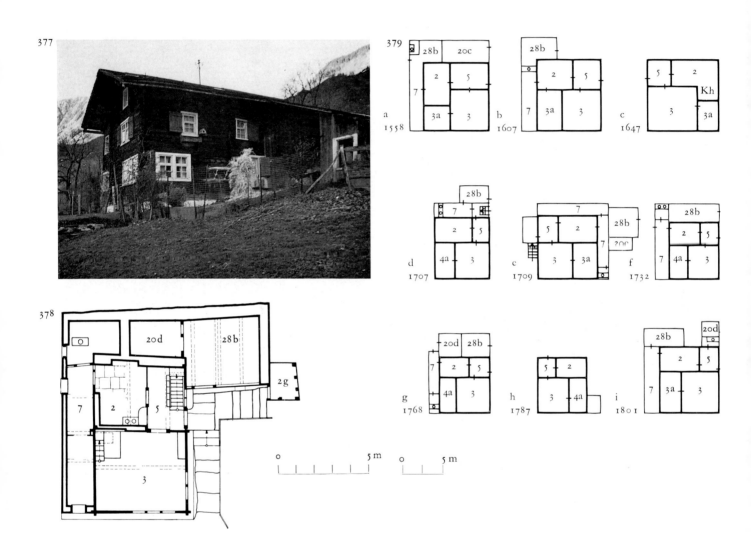

Vierräumiges Wohngeschoß (Abb. 379 a–i)

Das allgemein verbreitete zweiraumtiefe Gebäude mit vierräumigem Wohngeschoß ist die üblichste Form des bäuerlichen Einfamilienhauses. Seine Raumstruktur – Küche und Vorraum im hintern, Stube und Kammer (bzw. Nebenstube) im vordern Hausteil – genügte den Wohnbedürfnissen zahlreicher Generationen. Die einfache, klare Grundrißgliederung ist über Jahrhunderte «Mode» geblieben, wobei höchstens das Äußere der Häuser zeitbedingte Stiländerungen erfahren hat. Ihre Zweckmäßigkeit und ebenso die Familientradition der Zimmermeister (s. S. 38) begründen das erstaunliche Beharrungsvermögen. Die Anordnung der Räume richtet sich im Einzelfall nach der Sonne oder nach dem Wegnetz, im Dorf auch nach der Stellung der Nachbar-

Beispiele: Alle neun Beispiele der vierräumigen Wohngeschosse von verschieden großen Grundrissen (Abb. 379 a–i) zeigen die gleiche Anordnung der Räume. Mit Ausnahme eines Berghäuschens (Abb. 379h) gehören sie Häusern von Dorfsiedlungen an. Ihre Auswahl geschah allein auf Grund der bekannten Baujahre. Die chronologische Reihenfolge belegt am besten die Kontinuität dieser allgemein verbreiteten Raumstruktur. Das zur Verfügung stehende älteste Beispiel datiert aus dem Jahre 1558, das jüngste Haus der aufgeführten Reihe entstand 243 Jahre später.

Das «alte Bergenhaus» im Vorderdorf von Engi, dessen Firstbug die Jahrzahl 1558 trug, existiert nicht mehr (Abb. 379a). Es wurde 1974 abgerissen (s. S. 70, 72; Abb. 47, 118f., 175f.). Das von Hans Wild 1607 gezimmerte Haus in Filz-

148

377 Engi, «Vorderer Gigerhof» vor 40 Jahren
378 Engi, «Vorderer Gigerhof», Erdgeschoß
379 Grundrisse von zweiraumtiefen Einzelwohnhäusern mit vierräumigem Wohngeschoß (Baujahr, Firstrichtung senkrecht)
380 Filzbach, Haus im Dörfli
381 Diesbach, «Brunnenhus»
382 Diesbach, «Brunnenhus», Keller-, Erd-, Ober- und Dachgeschoß

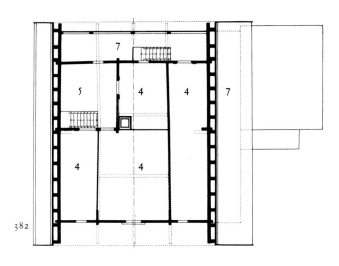

382

380

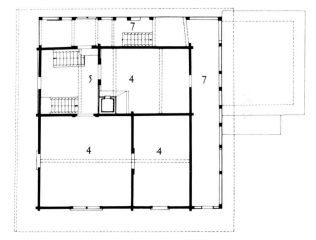

381

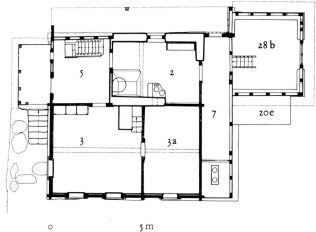

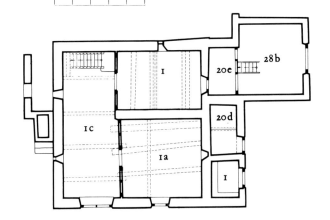

bach steht noch, blieb aber vor entstellenden Veränderungen nicht verschont (Abb. 380). Die ursprüngliche Raumstruktur des Wohngeschosses (Abb. 379b) wurde ebenfalls verändert. Bedauernswert ist die Unterteilung der Stube ihrer Decke wegen (s. S. 37f., 117; Abb. 309f.). Die mit Kerbschnitzereien geschmückten Balken sind mit Farbe überstrichen. Der Firstpfettenkopf des «alten Leglerhauses» in Diesbach (Abb. 183, 259) präsentiert die Jahrzahl 1647. Erd- und erstes Obergeschoß sind älter als das aufgestockte zweite Obergeschoß, durch das der stattliche Bau eine zweite Wohnung erhielt (s. S. 105; Abb. 106, 172). Das Besondere des Erdgeschosses ist der Winkel oder Kellerhals (Kh) der Küche mit der Kellertreppe. Von ähnlich großem Bauvolumen sind das «Brunnenhus», 1709 in Diesbach errichtet (Abb. 379e, 381), und das von Ratsherr Adam Marti im Jahr 1801

149

im «Chnü» in Engi-Vorderdorf erbaute Haus (Abb. 383; vgl. S. 100, Abb. 135, 239, 267f.). Von kleineren Häusern stammen die Grundrisse Abb. 379d (Sool, 1707), 379f und 379g (Engi, Hoschet, 1732, und Fuhr, 1768).

Das kleinste Haus der aufgeführten Beispiele ist das anderthalbgeschossige «Schwändihüsli» (1220 m ü. M.) im Gelände des Tschudiberges auf Braunwald (Abb. 379h, 110, 384). Dem verwahrlosten Kleinhaus, dessen Räume teilweise als Gerümpelkammer und Hühnerstall dienen, dürfte ein besseres Los gewünscht werden. Der erhaltungswürdige Blockbau zeugt für die Besiedlungsgeschichte der Bergterrasse. Auf dem zerschnittenen Balken unter der Firstpfette sind die Jahrzahl 1787 und die Initialen M(eister) FK gerade noch lesbar. Der zugehörige Stall hinter dem Häuschen weist die Jahrzahl 1783 auf. Besitzer und Bauherr beider Gebäude war damals noch ein Angehöriger der Familie, die dem Tschudiberg den Namen gegeben hat. Beleg dafür sind die Initialen über dem Heutor der Stallscheune. Verschiedene Befunde aber verraten, daß sowohl der Stall als auch das Haus ursprünglich niedriger gewesen ist. Ihre Aufstockung in den erwähnten Jahren der Inschriften geschah ohne Zweifel im Zusammenhang mit der allgemein feststehenden Tatsache, daß Braunwald erst im 18. Jahrhundert dauernd besiedelt wurde. Dadurch, daß das Dach gehoben wurde, gewann die Familie im «Schwändihüsli» eine nicht abgeschrägte Dachkammer. Noch jünger sind Kaminschoß und Rauchkanal. Sie bestehen aus Tuffsteinplatten, die auf Braunwald selber, in der Nähe des Hösliberges, gebrochen wurden. Wie bei den meisten Kleinhäusern ist nur der vordere Hausteil unterkellert. Ein Gestell mit Gitterrost, das die steile steinerne Kellertreppe in der Küche teilweise überdacht, schützte vor Unfällen und diente zugleich als Abstellfläche. Der Weg in die Firstkammer führt über die Ofentreppe in der Stube. Der kubische Steinofen ist mit Schieferplatten verkleidet. Der Hauseingang befindet sich auf der fensterlosen Nordwestseite, der Türsturz ist mit einem «Eselsrücken» verziert.

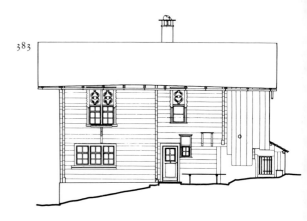

383

384

Varianten der beschriebenen Raumgliederung des Wohngeschosses ergeben sich dadurch, daß die vier Räume in bezug auf die Firstrichtung anders angeordnet sind.

Das Haus mit dem Wohngeschoß der Abb. 386a steht im Weiler Voglingen der Gemeinde Obstalden. Die Giebelfront mit Stube, Vorhaus und Eingang unter der Oberlaube ist nach Süden orientiert (Abb. 387f.). Vor ihr führt der Fußweg ins Mühletal an den Walensee hinunter. Die Außenwände des Vorhauses und der Küche sind einfache Fachwerkkonstruktionen.

Der First des «Althus» in Filzbach verläuft hingegen in West-Ost-Richtung. Stube und Vorhaus (mit der Haustüre) befinden sich auf der südlichen, Küche und Vorratskammer auf der nördlichen Traufseite; Holzschopf, Stall und Scheune unter dem gleichen Dach charakterisieren den sekundären Vielzweckbau (Abb. 386b, 389f.). Dieselbe Gliederung weist

383 Engi, Haus im «Chnü», Südansicht
384 Braunwald, Berghäuschen in der Schwändi
385 Braunwald, Berghäuschen in der Schwändi, Keller, Erdgeschoß, Dachgeschoß und Querschnitt
386 Grundrißvarianten von zweiraumtiefen Einzelwohnhäusern mit vierräumigem Wohngeschoß (Firstrichtung senkrecht)
387 Obstalden, Haus im Weiler Voglingen
388 Obstalden, Haus im Weiler Voglingen, Erdgeschoß
389 Filzbach, «Althus», Südansicht

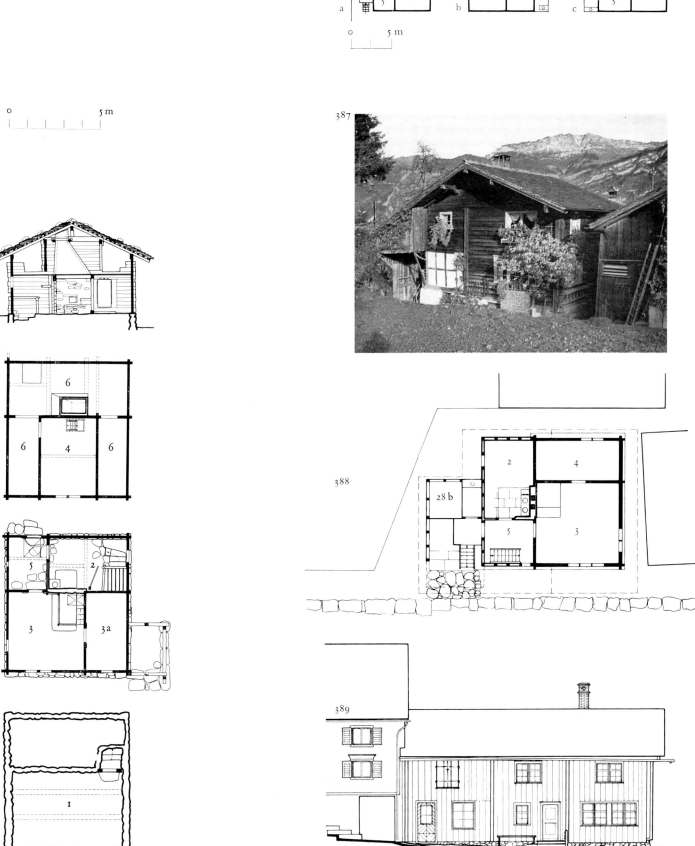

390 Filzbach, «Althus», Erdgeschoß
391 Matt, «Stegguet»
392 Matt, Haus im «Krauch»
393 Matt, Haus im «Krauch», Erdgeschoß

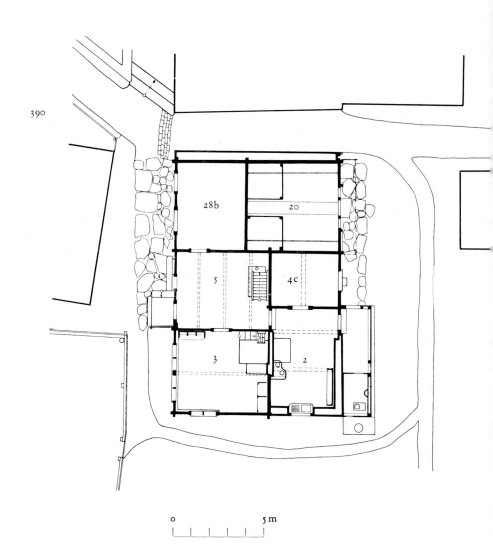

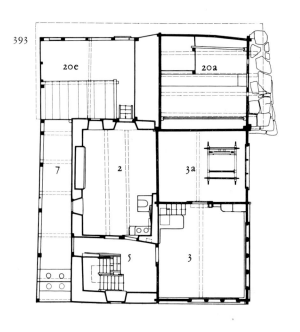

das Erdgeschoß des auffälligen Hauses im «Stegguet» in Matt auf (Abb. 390). Der «Heidenbalken» im Giebeldreieck der nach Osten gerichteten Hauptfront läßt auf ein hohes Alter schließen (s. S. 59; Abb. 82). Der Kern des Hauses dürfte vor dem 17. Jahrhundert gebaut worden sein. Die zahlreichen Anbauten – so die Kammern und die Laube auf der einen, Stall und Scheune auf der andern Traufseite – sind eindeutig jüngeren Datums. Wie beim «Althaus» in Filzbach befindet sich die Küche auf der Nord- und die Stube (Abb. 301) auf der Südseite. Ungewöhnlich ist die Türe, die beide Räume direkt verbindet, sie fehlt sonst bei allen aufgeführten Bei-

spielen von vierräumigen Wohngeschossen. Die obere Füllung der Stubentüre zeigt auf der Innenseite beschädigte Intarsien. Die Überreste lassen einen Doppeladler erkennen. Daß der alte Stubenofen (Abb. 325) von Umbauten nicht verschont blieb, verraten die verkehrt eingesetzten Kacheln mit einem Girlandendekor des 18. Jahrhunderts.

Liegt das «Stegguet» auf der linken, so befindet sich das stattliche Haus im «Krauch» (Abb. 392) auf der rechten, sonnigeren Talseite im Dorf Matt. Bei gleicher Firstrichtung ist darum die Hauptgiebelfront mit dem Hauseingang im Kellergeschoß nach Westen gerichtet. Stube und Nebenstube sind traufseits nach Süden orientiert (Abb. 386c, 393). Eine geschlossene Laube kleidet die hintere Traufseite. Die Hauswände des nördlichen Hausteiles (ohne die Laube) bestehen bis zum Dachstuhl aus Bruchsteinmauern. Die angebaute Stallscheune auf der Ostseite wies noch vor vier Jahrzehnten ein Pultdach auf. Seit 1978 genügt das alte und interessante Haus, dessen Baujahr ebenfalls nicht bekannt ist, den zeitgemäßen Ansprüchen des neuen Eigentümers und seiner Familie nicht mehr. Gewisse Veränderungen mußten, wie überall, bei Restaurationen in Kauf genommen werden. Der Ausbau des geräumigen Dachstockes – bei dem die Räucherkammer entfernt wurde (s. S. 130) – erforderte zwei Lukarnen *(Guggeere)*. Unter anderem mußte der Eisenofen in der Stube ersetzt werden (Abb. 322). Den neuen Ofen schmücken die Kacheln von Hans Conrad Bleüler, Zollikon («fecit 1756»), die im Freulerpalast in Näfels aufbewahrt wurden.

394

Das Doppelwohnhaus

394 Luchsingen, Weiler Adlenbach
395 Grundrisse der Wohngeschosse
    von zweiraumtiefen Doppelhäusern
    (Baujahr, Firstrichtung senkrecht)
396 Linthal, Auengüter,
    Haus der Liegenschaften «Zürcherguet» und «Bärenplanggen»

Die auffälligste Erscheinung unter den traditionellen Wohnbauten ist das Doppelwohnhaus. Mit seinem behäbigen Baukörper, mit den breiten, fensterreichen Giebelfronten von mindestens zwei Vollgeschossen prägt es das alte Orts- und Siedlungsbild (Abb. 394). Die Wohneinheiten befinden sich nicht übereinander wie im Wallis (Stockwerkeigentum), sondern nebeneinander. So ist es bei Doppelwohnhäusern im übrigen Alpenraum allgemein üblich. Unter dem gemeinsamen Dach sind zwei voneinander getrennte Wohnungen mit gleichem oder ähnlichem Grundriß vereinigt.

Doppelwohnhäuser lassen sich im Glarnerland schon seit dem 15. Jahrhundert nachweisen. Auf gemeinsamen Besitz an Häusern weist schon das erste Landsbuch von 1448 hin. Die Landsgemeinde von 1573 entschied, daß ein Miteigentümer eines «vom Boden bis an das Tach» geteilten Hauses mit getrenntem Eingang ohne Einspruch des Partners wirten dürfe (S. 35 f.). Die meisten «geteilten» Häuser entstanden im 17. und 18. Jahrhundert. Der Helvetische Kataster, zu Beginn des 19. Jahrhunderts erstellt, führt eine Vielzahl von Doppelwohnhäusern auf. In Mollis z. B. waren es 42 von insgesamt 205 Häusern.

Die auffällig starke Verbreitung des Doppelwohnhauses im Glarnerland ist kaum zufällig. Die Wertschätzung des landwirtschaftlich genutzten Bodens als kostbare Winterfutterbasis und die finanziellen Vorteile partnerschaftlichen Bauens haben dazu Vorschub geleistet. Die Bauherren mögen nicht selten miteinander verwandt gewesen sein. Die Bestimmungen über die unentgeltliche Abgabe von Bauholz zeugen auch für das Interesse der Gemeinden an der sparsamen Verwendung von Bauland (S. 31 und 36).

Das zweiraumtiefe Doppelwohnhaus

Auch beim Doppelwohnhaus lassen sich verschiedene Grundrißformen des Wohngeschosses unterscheiden. Die Formen des Einzelwohnhauses mit drei- und vierräumigen Wohnstöcken eignen sich vorzüglich zur Verdopplung.

Im ganzen Land, in- und außerhalb der Dörfer, im flachen Gelände und an Hängen, trifft man die spiegelbildlich verdoppelte Variante des dreiräumigen Wohngeschosses mit seitlichem Vorhaus und Küche im hintern und der Stube im vordern Hausteil (Abb. 356/3). Über den Küchen und Stuben befinden sich im obern Stock die Küchen- und Stubenkammern. Ein einfaches Beispiel bietet das 1709 errichtete verhältnismäßig kleine Zweifamilienhaus der Liegenschaften «Zürcherguet» und «Bärenplanggen» auf der nördlichen Flanke des mächtigen Schwemmkegels der Auengüter hinter Linthal (Abb. 395 a, 396). Das unterkellerte Gebäude mit

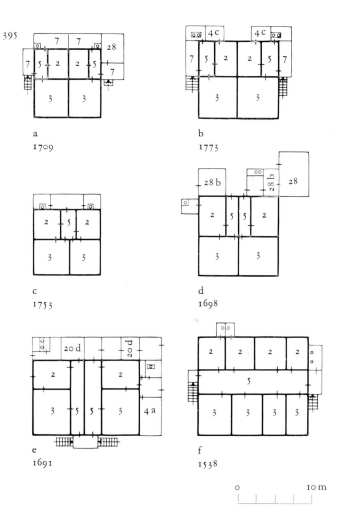

397 Linthal, Auengüter, Haus der Liegenschaften «Zürcherguet» und «Bärenplanggen»
398 Betschwanden, Doppelhaus an der Kantonsstraße
399 Elm, Müsliweid
400 Niederurnen, Gerbi
401 Filzbach, Haus am Filzbach
402 Rüti, Haus am oberen Gäßli

403 Rüti, Haus am oberen Gäßli, Wohnstock
404 Rüti, Haus am oberen Gäßli, Kammerstock
405 Mollis, Hinterdorf

niedrigem Mauersockel weist zwei Vollgeschosse auf. Das mittlere Zwischengwett reicht bis in den Kammerstock. Die seitlichen Zwischengwette versteifen den Dachstock. Die Firstkammern sind durch eine Bretterwand getrennt. Der linke Hausteil erfuhr 1966 bedeutende Veränderungen. Oberlaube und neuer Anbau anstelle des ehemaligen Schopfes verbesserten die Wohnqualität (Abb. 397). Stattlicher sind die Häuser mit drei Wohngeschossen, zum Beispiel das Haus an der Kantonsstraße in Betschwanden (Abb. 398) und dasjenige in der «Müsliweid» in Elm (Abb. 399). Aus dem Unterland stammt die Aufnahme des Doppelwohnhauses mit mittelsteilem Dach, geknickter Dachfläche und Flugdreiecken. Es befindet sich am Gerbisträßchen in Niederurnen (Abb. 400). Ein Repräsentant vom Kerenzerberg – mit flachem Giebeldach – ist das schmucke Haus am Filzbach in Filzbach (Abb. 401).

Die Verdoppelung des dreiräumigen Wohngeschosses mit seitlichem Eingang ist – dies darf auch ohne statistische Belege nochmals betont werden – die verbreitetste Grundrißform des traditionellen Zweifamilienhauses. Doppelhäuser, bei denen ein Hausteil oder beide neben der Stube noch eine Nebenstube oder Kammer, traufseits gelegen oder zwischen den Stuben, aufweisen, sind hingegen selten oder nicht bekannt. Aus dem Jahre 1801 stammt das Haus am oberen Gäßli in Rüti (Abb. 402–404). Zwischen den Stuben liegt ein Nebenzimmer, der *Schlafgaade*, das im ersten Stock dem einen, im zweiten dem andern Hausteil angehört. Abb. 402 zeigt das gegenwärtige Aussehen des von Gastarbeitern bewohnten Hauses.

Fügt man zwei dreiräumige Wohngeschosse so zusammen, daß die Vorhäuser nebeneinander zu liegen kommen, so entsteht der Grundriß einer weiteren, recht verbreiteten Form des Doppelhauses (Abb. 395 d). Ein gutes Muster bietet das 1778 erbaute Haus im Hinterdorf von Mollis (Abb. 405). Die nebeneinander liegenden Eingänge an der Hinterseite führen von der Straße in den Wohnstock. Das *Underhuus* im hohen Bruchsteinsockel weist ebenfalls getrennte Gänge auf. Die beiden Haustüren befinden sich an der Vorderfront. Über den seitlich angebauten Gruben der Rückseite liegen die Aborte der Oberlauben (Abb. 141). Achtzig Jahre älter (1698) ist das Haus im Feld in der Gemeinde Niederurnen (Abb. 395 d). Weitere datierte Häuser dieser Grundrißform sind das «Raihus» in Mollis (1660), das massive «Meßmerhaus» in Ennenda (1700), ferner Häuser in Haslen (1673), Sool (1714) und Matt (1784). Stattliche Bauten dieser Art mit getrennten Gängen im gemauerten Erdgeschoß sind in zahlreichen Gemeinden erhalten geblieben (Nidfurn, Abb. 103). Der eindrücklichste Vertreter ist das 1799 von Kaspar Frei-

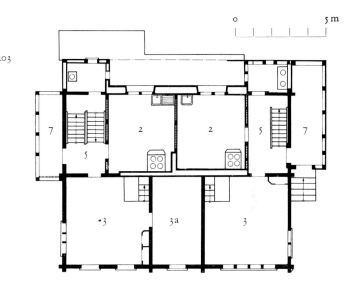

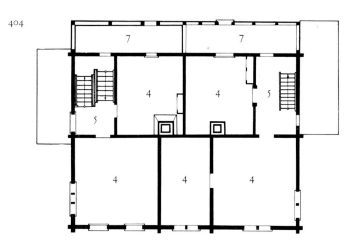

tag (1745–1830) errichtete «Zentnerhaus» schräg gegenüber der Kirche von Elm. Der Bauherr war Tagwenvogt, Ratsherr, Gesandter und Richter. Seine Initialen und die Jahreszahl zieren die Fenstergitter der Haustüren (Abb. 167). Die Fassade ist schlicht, ohne Zierat. Sie wirkt durch ihre Größe, die guten Proportionen und die Symmetrie der Fensterreihen (Abb. 109). Das mächtige Haus – seine Breite mißt 15 m, die Giebelhöhe über Boden beträgt 13,5 m und die Tiefe 12,5 m – weist ein Kellergeschoß, ein Erdgeschoß, drei volle Wohngeschosse und ein Dachgeschoß auf (Abb. 406,

406 Elm, «Zentnerhaus» vor 50 Jahren
407 Elm, «Zentnerhaus», Wohngeschoß
408 Mitlödi, «Raihus» 1753
409 Mitlödi, «Raihus», Wohngeschoß
410 Elm, Müsli, «Hoschtet»
411 Nidfurn, «Blumerhaus» 1666

406

407). Es hatte zwei Familien zu dienen. Die Trennwand verläuft senkrecht durch die Mitte des Hauses vom Giebel bis zum Keller hinunter. Hier und im Erdgeschoß besteht sie aus Mauerwerk. Nachfolger der Freitag waren Angehörige der Zentner. Obwohl seither die Besitzer und Bewohner mehrmals gewechselt haben, ist ihr Name dem Haus verblieben. Heute sind im Doppelhaus vier Wohnungen eingerichtet, eine Zeitlang waren es deren drei. Im Erdgeschoß befinden sich zwei Verkaufsläden.

Ebenso alt, wenn nicht noch älter, ist die Variante eines gemeinsamen Vorhauses zwischen den Küchen des Hauptgeschosses, wobei auch der Gang im Erdgeschoß ungeteilt ist (Abb. 395 c). Es mag diese Form einer ursprünglichen Verwandtschaft der Hausbesitzer entsprochen haben. Das «Raihus» in Mitlödi stammt aus dem Jahr 1753 (Abb. 408f., vgl. 49, 105, 170). Bedeutend geräumiger sind z. B. entsprechende Häuser in der Gemeinde Elm. Das jüngere «Fritigenhaus» im Weiler Hintersteinibach wurde 1784 errichtet (Abb. 37, Haus rechts im Bild). Das Haus der «Hoschtet» im Müsli entstand 1822 (Abb. 410). Die Tafel unter dem Giebel nennt als Baumeister Rudolf Knobel und als Bauherrn Rudolf Freitag (Abb. 243). Ein Haus im Thon ob Schwanden trägt die Jahrzahl 1561, ein «Blumerhaus» in Nidfurn diejenige von 1666 (Abb. 411). Massive Häuser in Mitlödi datieren aus den Jahren 1681 und 1746.

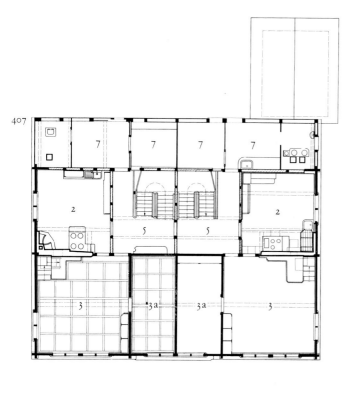

407

410

408

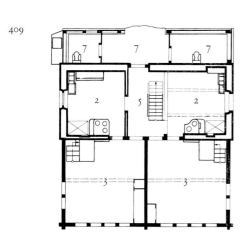

409

411

Als Einzelfälle dürfen die zweiraumtiefen Häuser gelten, bei denen ein gemeinsamer Gang zwischen den Stuben liegt, wobei sich der Haupteingang begreiflicherweise in der Mitte der Hausfront befindet. Dies ist bei den Häusern unbekannten Alters zuhinterst im Elmer Hinterland der Fall, beim «Oberhaus» (Abb. 125) und «Hinderhus» (Abb. 412).

Spärlich vertreten sind auch die Häuser mit durchgehenden Gängen, mit Mittelkorridoren, die entweder in Firstrichtung oder quer dazu verlaufen. Beispiele mit gemeinsamen Gängen kommen in verschiedenen Dörfern vor, u.a. in Oberurnen, Netstal, Schwanden, Nidfurn, Hätzingen, Linthal und Engi. Einige dieser Bauten gehören nachweis-

412 Elm, Hintersteinibach, «Hinderhus»
413 Netstal, «Höslihaus»
414 Elm, Hintersteinibach, älteres «Fritigenhaus» 1691
415 Hätzingen, «Großhus»
416 Linthal, «Landvogt-Schießer-Haus»

bar dem 16. Jahrhundert an. Beim «Höslihaus» in Netstal, das ein Familienwappen mit der Jahrzahl 1584 aufweist (Abb. 220), verläuft der Gang von der Trauf- zur Traufseite (Abb. 413), ebenso bei einem Haus in der Plattenau in Schwanden (1579). Zu den Häusern mit getrennten Gängen, die in Firstrichtung verlaufen, gehören ein «Blumerhaus» in Nidfurn (1687) und das ältere der beiden «Fritigenhäuser» in Hintersteinibach (Abb. 36, Haus links im Bild, 395 e, 414).

Bei allen erwähnten Beispielen liegten Stube und Küche hintereinander. Diese enthält in der Regel beide Feuerstellen, diejenige zum Kochen und daneben diejenige zum Heizen des Stubenofens. Für das Glarnerland ungewöhnlich ist die

415

416

Raumaufteilung: ein Mittelgang trennt Stube und Küche, das Feuer im Stubenofen muß vom Gang her unterhalten werden. In dieser Beziehung ist das «Großhus» in Hätzingen ein seltener Fall (Abb. 395 f.). Im hohen Mauersockel befinden sich die Kellerräume, wozu man von der Nordwestseite, von der alten Landstraße her, direkten Zugang hat. Der Sturz des Kellerportals trägt die Jahrzahl 1538 (Abb. 152). Auf das beträchtliche Alter weisen auch die unterbrochenen Gwettköpfe der Zwischenwände hin (Abb. 415). Steile Außentreppen und ihre *Brüggli* führen in den breiten Mittelgang. Wir vermuten, daß das Vierfamilienhaus ursprünglich von zwei miteinander verwandten Familien bewohnt wurde. Urkundliche Belege fehlen. Wann die ehemals großen Räume aufgeteilt worden sind, bleibt unbekannt. Eine gleichartige Gliederung wies das 1530 erbaute, 1976 restaurierte und renovierte «Landvogt-Schießer-Haus» in Linthal auf. Es beherbergt im Erdgeschoß das Dorfmuseum von Linthal (Abb. 416).

Das dreiraumtiefe Doppelhaus

Auch das dreiraumtiefe Doppelhaus kommt in verschiedenen Varianten vor. Allen gemein ist die Reihenfolge der Räume im Hauptgeschoß. Hinter der Stube liegt wie üblich die Küche. Ihr folgt nun als dritter Raum die *Chämete* oder *Gmächli* genannte Küchen- oder Vorratskammer.

Mehrheitlich verläuft ein durchgehender, entweder gemeinsamer oder getrennter Mittelgang in Firstrichtung oder quer dazu. Entsprechend befinden sich die Haupteingänge auf Giebel- oder Traufseiten. Hans Leuzinger nennt diese Häuser Mittelganghäuser. Verschiedene tragen nicht umsonst den

Namen «Großhus», sind sie doch von außergewöhnlicher Größe. Die Maße ihrer Grundfläche betragen bis zu 16 m × 17 m. Sie stammen vorwiegend aus dem 15. und 16. Jahrhundert und waren die Wohnstätten von angesehenen und begüterten Familien. So ist es begreiflich, daß die dreiraumtiefen Doppelhäuser geringe Verbreitung haben.

Der bedeutendste Repräsentant der Variante mit ungeteiltem Gang, der in der Firstrichtung verläuft, ist das schon wiederholt erwähnte «Großhus» in Elm (Abb. 50, 130, 417a, 418). Es gehört zu den besterhaltenen Zeugen bodenständiger Bauweise und steht darum seit 1954 unter Denkmalschutz. Bauherren und Besitzer waren die Angehörigen des

417 Grundrisse der Wohngeschosse von dreiraumtiefen Doppelhäusern (a, b, c Baujahr unbestimmt, Firstrichtung senkrecht)
418 Elm, «Großhus»

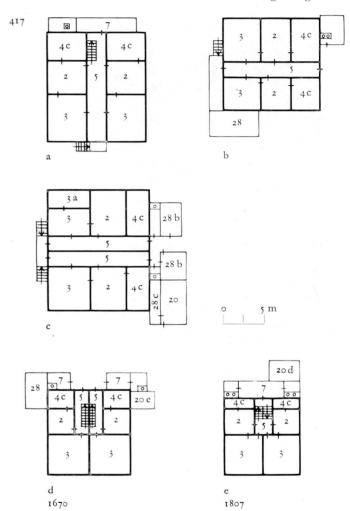

wohlhabenden, politisch führenden Geschlechtes der Elmer. Sie waren Richter, Ratsherren, Pannerherren, dienten als Landvögte und Gesandte und bekleideten auch die höchsten Ämter des Landes; sie besaßen Alpen und exportierten wohl auch Vieh nach Oberitalien. Sehr wahrscheinlich in der ersten Hälfte des 16. Jahrhunderts errichtet, wies das Haus ursprünglich zwei Vollgeschosse auf. In seinen Kellerräumen stapelte man vermutlich die Waren des damals wichtigen Saumverkehrs über den Panixerpaß (S. 134, Abb. 349). Das dritte Vollgeschoß und das Dachgeschoß gehören auf Grund von verschiedenen Formmerkmalen einer späteren Bauetappe an. Vermutlich wurden sie im letzten Viertel des 16. Jahrhunderts aufgestockt. Verwandtschaftliche Beziehungen der Elmersippe bestanden damals mit dem Ge-

162

418

419 Filzbach, Haus Restaurant Baumgarten
420 Mollis, Haus in der «Wies»
421 Matt, Brummbach, Haus 1807
422 Linthal, Auengüter, Meißental
423 Linthal, Auengüter, Meißental, Südfront
424 Näfels, Häuser am Herrenweg
425 Elm, Obmoos
426 Schwanden, Vorderdorf, Anbau an ein Doppelhaus
427 Schwanden, Vorderdorf, Änderung des Giebels infolge Aufstockung

419

420

424

425

421

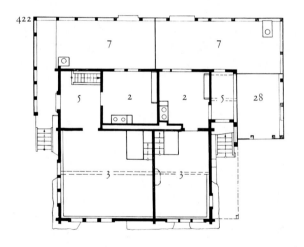
422

423

schlecht der Milt, genannt Elsener, in Bilten. Für deren Reichtum zeugt das «Elsenerhaus», das 1608 erbaut wurde und 1618 eine ungewöhnlich reiche Täferstube im Stil der späten Renaissance erhielt. Vom gleich strukturierten Haus in Filzbach, dem heutigen Restaurant Baumgarten, fehlen baugeschichtliche Daten (Abb. 419).

Etwas häufiger und nicht minder alt sind die Varianten mit gemeinsamen und geteilten Mittelkorridoren, die quer zur Firstrichtung verlaufen. Die Haupteingänge dieser Häuser, die zum Teil Ständerkonstruktionen sind, befinden sich begreiflicherweise auf der südexponierten Traufseite. Vertreter mit gemeinsamem Mittelgang sind z. B. in Mollis das schon erwähnte Haus «zur Waag», Abb. 52–54, 417b), ebenso das «Glareanhaus» im Steinacker (Abb. 55 f.) und das «Großhus» auf Beglingen (Abb. 65). In Netstal gehört das neuerdings renovierte «Kloster» und in Zusingen/Haslen das massive «Stüßihaus» (Abb. 112–117) dieser Formgruppe an. Getrennte Mittelgänge weisen in Mollis das Haus im oberen Steinacker (Abb. 417c) und das Haus in der «Wies» auf (Abb. 156f., 420). Dieser Art war auch das 1952 abgebrannte Kasino in Netstal, welches das Stammhaus der reichen Netstaler gewesen sein soll (Abb. 128f.). Wie das «Stüßihaus» und das Haus in der «Wies» ist auch das mächtige «Bleichihus» in Nidfurn ein ausgesprochener Vertreter der seit dem 16. Jahrhundert massiv errichteten Bürgerhäuser.

Dreiraumtief, aber mit nicht durchgehenden Mittelgängen, die nur bis zu den Stuben reichen, sind das 1670 datierte «Stegerhaus» in Mitlödi (Abb. 417d) und das 1807 von Hans Ulrich Elmer als Bauherr errichtete «Brummbachhus» in Matt (Abb. 86, 417e, 421).

An- und Umbauten

Nebst den mehr oder weniger «rein» erhaltenen Hausformen bestehen Häuser, bei denen es ohne detaillierte Untersuchungen unmöglich ist zu entscheiden, ob die Abweichungen von den eben skizzierten «Normhäusern» schon immer bestanden haben oder späteren Veränderungen zu verdanken sind. Ebenso zahlreich sind die Wohngebäude, bei denen nachträgliche Änderungen eindeutig feststellbar sind.

Das Wachstum und die industriebedingte Umschichtung der Bevölkerung seit dem 18. Jahrhundert förderte die Nachfrage nach Wohnraum stark. Das Heiratsalter sank, die Zahl der Familien nahm zu. In der zweiten Hälfte des 19. Jahrhunderts muß der Wohnungsmangel besonders groß gewesen sein. Schon damals bewohnten zugewanderte Fabrikarbeiter alte Bauernhäuser. Viele Häuser waren überfüllt. Hans Thürer (Netstal, S. 122) berichtet z. B., daß Ende der 1870er Jahre im Doppelhaus «Kloster» in Netstal gleichzeitig dreißig Personen wohnten, die neun verschiedenen Haushaltungen angehörten, denen aber nur drei Küchen zur Verfügung standen.

Bevor die Gemeinden im 19. Jahrhundert neue Bauquartiere erschlossen, mußte der Bevölkerungszuwachs innerhalb der bestehenden Siedlungen Platz finden. Die einfachste Lösung der damaligen Wohnungsnot bestand in der Aufteilung der bestehenden Räume, wobei entsprechende Einschränkungen in Kauf zu nehmen waren. Einfamilienhäuser wurden für zwei, Doppelhäuser für drei und mehr Familien eingerichtet. Dasselbe geschah durch Anbauten und Aufstockungen. Kombinationen möglicher Maßnahmen zur Vermehrung der Wohneinheiten sind nicht selten.

Ein einfaches Beispiel der Aufteilung bestehender Räume bietet das Haus der Liegenschaft «Meißental» der Auengüter (Linthal). Der Grundriß des Wohngeschosses (Abb. 422) läßt die Teilung der ursprünglich größeren Küche deutlich erkennen. Der Nebenraum der Stube – einst Schlafgemach – wurde zur Stube der zweiten Wohnung. Diese erhielt durch den Anbau von Lauben auf ihrer Traufseite den neuen Zugang. Zur Vergrößerung des Kammergeschosses hob man

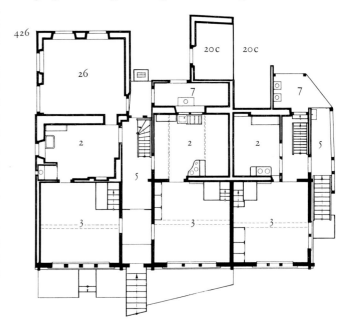

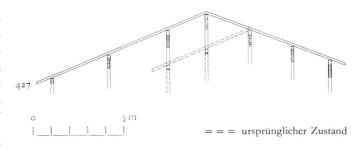

= = = ursprünglicher Zustand

das Dach, was beim Blockbau keine Schwierigkeiten bietet (Abb. 423). Wann diese Veränderungen geschahen, bleibt unbekannt.

Gut erkennbar sind die traufseitigen Erweiterungen bei giebelständigen Häusern unter verlängerten Dachflächen (Abb. 424). Bei niedrigen Tätschdachgebäuden mußte dabei der Dachstock gehoben werden (Abb. 425). Ein zeitlich belegbares Beispiel stammt aus Schwanden. Der traufseitige Anbau einer dritten Wohnung an ein Doppelhaus im Vorderdorf erforderte eine Aufstockung, die nachweisbar 1761 geschah (Abb. 426). Dabei wurde die ehemalige Firstpfette zu einer Mittelpfette (Abb 427). Ihre Konsole ist mit den Initialen des Baumeisters HZ, des Bauherrn MI und des Baujahres 1682 geziert. Die neue Firstpfette trägt die Anfangsbuchstaben FB und FH.

Anbauten bei traufständigen Gebäuden führten schon vor dem 19. Jahrhundert zur Bildung von Häuserreihen. Diese sind die Vorläufer der später massiv gebauten Zeilen von nichtbäuerlichen Wohnhäusern in den neu erschlossenen Bauquartieren, die außerhalb der alten Siedlungskerne auf ehemaligem Allmendboden der Bürgergemeinden entstanden sind. Reihen von kleinen zweiraumtiefen Tätschdachhäusern – im Zürcher Oberland *Flarz* geheißen – blieben in verschiedenen Dörfern erhalten, u. a. in Mollis, Ennenda und Schwanden.

Besonders interessant ist die Baugeschichte des unweit der Hauptstraße in Nidfurn gelegenen «Guflenhus». Daten sind nicht bekannt. Das wegen seiner Abtrittshäuschen (auf der östlichen Traufseite) bereits vorgestellte Haus zählt fünf Wohnungen (Abb. 354). Drei Küchen befinden sich im ersten, zwei weitere im zweiten Wohngeschoß. Der Grundrißplan des ersten Wohngeschosses läßt deutlich erkennen, daß der nördliche Hausteil an die massiv gebaute Rückwand des ehemaligen Doppelhauses angebaut wurde. Die Küche der westlichen Traufseite wurde aufgeteilt. Überbleibsel von Zwischengwetten des ehemaligen Daches über dem zweiten Wohngeschoß der südlichen Giebelfront (Abb. 428) verraten die vertikale Erweiterung des vorher nur zwei Vollgeschosse aufweisenden Hauses. Wahrscheinlich sind beide Änderungen, Anbau und Aufstockung, gleichzeitig vorgenommen worden.

428

430

Die knapp 25 m lange Häuserreihe im Oberdorf in Mollis besteht aus vier Häusern. Die Abb. 429 zeigt ihren Zustand vor rund fünfzig Jahren, die Abb. 430 den gegenwärtigen. Das Haus A ist der älteste Teil. Er soll aus dem Jahre 1610 stammen. Die Bohlenständerkonstruktion seiner nördlichen Traufwand bezeugt das hohe Alter. Die Holzkonstruktionen der später angebauten Häuser sind diejenigen des Blockbaues. Über die Raumgliederung der Wohngeschosse orientiert der Grundrißplan (Abb. 431).

Nicht selten sind in den alten Siedlungskernen wahre Labyrinthe von ineinander geschachtelten Häusern und Nebengebäuden, Häuserkomplexe mit komplizierten Wohn- und Eigentumsverhältnissen, entstanden.

428 Nidfurn, «Guflenhus», Ansicht von Südwesten
429 Mollis, Oberdorf, Hausreihe vor 50 Jahren
430 Mollis, Oberdorf, Hausreihe, gegenwärtiger Zustand
431 Mollis, Oberdorf, Hausreihe, Grundriß der Wohngeschosse

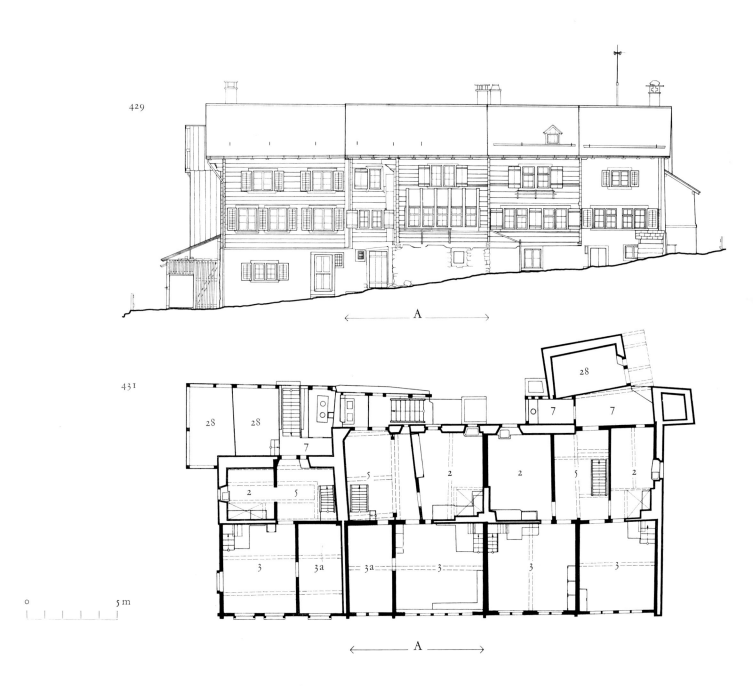

Zusammenfassung

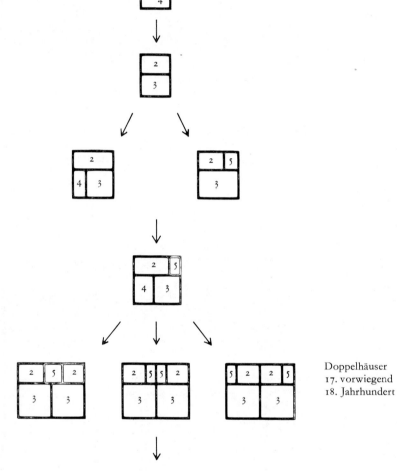

432 Entwicklung der am häufigsten verbreiteten
Grundrißformen der Wohngeschosse
der zweiraumtiefen
Einzel- und Doppelwohnhäuser

Doppelhäuser
17. vorwiegend
18. Jahrhundert

Varianten mit Nebenstuben

Die Hauslandschaft

Die bäuerliche Landschaft des Glarnerlandes, seiner Tal-, Berg- und Alpstufe, trägt seit 600 Jahren die Charakterzüge der alpinen Gras-Vieh-Wirtschaft. Das Bauernhaus dieser Zeitspanne ist das Heim des Hirtenbauern. Als solches hat es sich entwickelt, ist zur bescheidenen Wohnstätte des Kleinbauern und auch zum Großhaus der Wohlhabenden geworden. Es steht in der Regel vom Stall getrennt. Ausnahmen betreffen vorwiegend Kleinbauten.

Die traditionellen Bauernhäuser des Glarnerlandes gehören zwei Formgruppen an, wobei Sonderfälle unberücksichtigt bleiben: die eine wird vom spärlich vorkommenden dreiraumtiefen Doppelhaus mit Mittelgang repräsentiert, und die andere umfaßt die verschiedenen Varianten des allgemein verbreiteten zweiraumtiefen Einzel- und Doppelwohnhauses.

Das dreiraumtiefe Mittelganghaus. Doppelhäuser, deren Wohnungen von durchgehenden Gängen in Firstrichtung oder quer dazu geteilt sind, kommen nur in geringer Zahl vor. Die historisch bedeutsamen Vertreter gehören dem 15. und 16. Jahrhundert an. Als Großhäuser waren sie die Wohnstätten von Familien der damals wirtschaftlich und politisch führenden Geschlechter. Die Ständerbauten (mit mehr oder weniger Mauerwerk) sind eindeutige Ableger der damals im Schweizer Mittelland, dem natürlichen Verbreitungsgebiet der Laubhölzer, üblichen Konstruktionsart. Ihre relikthafte Streuung ist bestimmt Ausdruck der politischen und sozialen Verhältnisse der Zeit vor und nach der Befreiung des Landes von der Grundherrschaft des Frauenklosters in Säckingen. Es ist möglich, daß die Verbreitung der Bauweise im Zusammenhang mit der säckingischen Administration geschah. Ob die Kemenate, die wie die Küche dem Mauerteil des Hauses angehört, als zentraler feuersicherer Aufbewahrungs- und Vorratsraum diente und als solcher ein Element der damaligen Selbstversorgungswirtschaft war, kann nicht belegt werden.

Das zweiraumtiefe Einzel- und Doppelwohnhaus. An einer Entwicklung des alpinen Blockbaues – als Rohstofflieferanten dienten die Fichtenwälder – aus einem ursprünglichen Einraumhaus zum zwei-, drei- und vierteiligen Haus, das übrigens recht lange nur eingeschossig war, ist nicht zu zweifeln (Abb. 432). Der Ausbau des anfänglich kaum nutzbaren Dachraumes führte konsequenterweise zur Aufstockung, zum zwei- und mehrstöckigen Haus. Das niedrige Mauerfundament wuchs zum stattlichen Mauersockel, dessen Geviert geräumige Keller enthielt. Mehr oder weniger steile Treppen, aus Holz oder Mauerwerk, führten zur Plattform vor der Haustüre, *Tenn* oder *Brüggli* genannt. Einfach konstruierte, bretterverschalte Lauben verkleideten Trauf- und Rückseiten des giebelständigen Ein- und Mehrfamilienhauses. Breitausladende Dachüberstände der Tätschdächer schützten Wände und Fenster. Die gekuppelten Fenster erhielten in geschweift ausgesägten Einfassungen versenkbare Zug- und Schiebeläden. Das bescheidene Schmuckbedürfnis äußerte sich aber auch in den Fenstergurten, in den häufig profilierten Firstpfetten, ihren Konsolen und Stirnbrettchen; rustikale Malereien kamen auf.

Im 18. Jahrhundert verbreitete sich das vornehme Steildach des städtischen Hauses, ohne aber das Tätschdach zu verdrängen. Klebdächer wurden modische Attribute. Im Innern des Hauses veränderte sich wenig. Die traditionelle Raumgliederung entsprach den Ansprüchen der Bauernfamilie. Sie genügte auch für die heimindustrielle Tätigkeit.

Mit den Kriegs- und Hungerjahren um die Wende zum 19. Jahrhundert geht die Baukonjunktur für Bauernhäuser zu Ende. Der um die Mitte des 19. Jahrhunderts einsetzende Aufschwung der mechanisierten Textilindustrie brachte andere Maßstäbe. Fabriken und neue Dorfteile dominierten. Die alte Zimmermannstradition brach ab. Mit dem Bedürfnis, die alten Häuser der neuen Zeit anzupassen, verschwand zunächst der sonnverbrannte Strick unter Putz und anderen Verkleidungen. Die Fenster wurden vergrößert und Jalousieläden an Angeln befestigt. Schiefer und Ziegel ersetzten die Schindeln.

Wie die Daten der Baujahre einzelner Häuser erkennen lassen, darf angenommen werden, daß im Glarnerland die Entwicklung zum zweiraumtiefen und mehrgeschossigen Bauernhaus schon im 16. Jahrhundert abgeschlossen war. Die einfachsten Formen überlebten als Berghäuschen, die zum großen Teil sogar erst im 18. Jahrhundert errichtet wurden, während in den Tälern die meisten der repräsentativen Doppelhäuser entstanden. Über Größe, Bauform und Ausstattung entschieden die Ansprüche des Bauherrn und seiner Familie im Rahmen der finanziellen Möglichkeiten und der Bautradition der Zimmerleute.

Ein Glarner Bauernhaus-Typus? Gibt es ein typisches Glarner Bauernhaus? Gibt es überhaupt ein Glarner Bauernhaus? Die Antwort auf die erste Frage wurde bereits in der Einleitung des dritten Teiles über die Raumstrukturen der traditionellen Hausbauten gegeben. Zur zweiten Frage meinte Hans Leuzinger: «Das Glarner Bauernhaus nimmt in der Gesamtentwicklung der schweizerischen Bauernhäuser am Nordabfall der Alpenkette keine Sonderstellung ein. Es stimmt weitgehend, auch hinsichtlich des Grundrisses, über-

432a

432a Luchsingen-Adlenbuch
433 Linthal, Auengüter, neues Bauernhaus im «Brantschen» (1950)

Er fühlte sich auch als Denkmalpfleger ganz seiner Heimat verpflichtet, ihrer Vergangenheit, Gegenwart und ihrer Zukunft. Er war ein Pionier in Fragen der Orts- und Landesplanung. Zahlreiche Werke in- und außerhalb des Glarnerlandes, Restaurationen und Neubauten, zeugen für sein künstlerisches Sensorium. Das Holzhaus war ihm nicht zu wenig. Er baute u.a. das 1948 abgebrannte Bauernhaus im Brantschen (Auengüter, Linthal) neu auf (Abb. 433). Von ihm stammen auch verschiedene Ferienhäuser in Braunwald.

ein mit dem Alpenhaus, das Robert Durrer für Unterwalden beschrieben hat» (Siedlungs- und Bauformen, 1966, S. 44). Auch heute ist eine Antwort auf die zweite Frage nicht leicht zu geben. Sie wird erst dann möglich sein, wenn die entsprechenden Untersuchungen sämtlicher Nachbargebiete der angrenzenden Kantone eine vergleichende Übersicht gestatten. Erst wenn man weiß, welche Elemente der Bauformen eigenständig sind und welche von außerhalb des Landes stammen oder wenigstens von außerhalb beeinflußt wurden, ist es auch möglich, die Eigenleistungen der Zimmerleute zu werten.

Daß der Ständerbau, das Steildach und die Klebdächer aus der nördlichen Nachbarschaft stammen und daß auch der früher bedeutende Paßverkehr nach Süden gewisse Einflüsse erkennen läßt, ist keine neue Erkenntnis. Regionale Unterschiede der Bauformen und gewisser Bauelemente innerhalb des räumlich kleinen und einheitlichen Landes sind höchstens in quantitativer Hinsicht feststellbar. So sind Steildach und Klebdächer im Unterland häufiger verbreitet als im Groß- und Sernftal. Kartographische Darstellungen der zahlenmäßigen Verbreitung konstruktiver und formaler Kriterien setzen aber vollständige Aufnahmen voraus.

433

Charakteristik. Die traditionellen Bauernhäuser im Kanton Glarus sind überwiegend Mehrhausbauten horizontaler Raumordnung, vorwiegend zweiraumtiefe Einzweckbauten, Einzel- und Doppelwohnhäuser gemischter Bauweise (Holz- und Steinteil) mit den ursprünglichen flachen und spätern steilen zweiseitigen Giebeldächern (Satteldächer), die konstruktiv Pfetten-Rafendächer sind. Ihre einfach gegliederten Baukörper bilden eine erstaunlich einheitliche Formgruppe – und dies scheint das Charakteristische zu sein –; ihre klaren Grundrißformen sind das Ergebnis einer auffallend konsequenten Entwicklung. Die Bauernhäuser im Glarnerland sind schlichte Häuser, die nicht mehr scheinen wollen, als was sich ihre Bewohner fühlen. «Die an und für sich zurückhaltende Art des Glarners bewahrte sein Holzhaus vor einer Überfeinerung seiner Schmuckformen» (H. Leuzinger).

Bauernhäuser und Heimatschutz. Die bäuerliche Bevölkerung des Glarnerlandes wohnt noch immer größtenteils in ihren herkömmlichen Häusern. Die Gefährdung ihres Bestandes besteht weniger im Ersatz durch Neubauten als vielmehr – wie schon seit dem letzten Jahrhundert – in verschandelnden Renovationen. Als initiativer Architekt und geschätzter Restaurator war Dr. h. c. Hans Leuzinger Gründer und mehr als zwanzig Jahre lang Obmann der seit 1932 bestehenden glarnerischen Vereinigung für Heimatschutz.

«Glarner, sei stolz auf dein altes Holzhaus!» Hans Leuzingers Aufruf anläßlich seines Vortrages an der Tagung der Schweizerischen Gesellschaft für Volkskunde und Eröffnung seiner einmaligen Ausstellung im Kunsthaus Glarus 1953 blieb nicht ungehört. Sein langjähriges erzieherisches Wirken förderte das Bewußtsein der Verantwortung für Haus, Siedlung und Landschaft. Heimatschutz, Denkmalpflege und Stiftungen fanden Unterstützung von Bund, Kanton, Gemeinden und Grundeigentümern. Die Erfolge blieben nicht aus. Elm und Mollis z. B. wurden für ihre Wettbewerbsarbeiten im Europajahr für Denkmalpflege und Heimatschutz 1975 preisgekrönt. An Beispielen gut restaurierter Bauernhäuser fehlt es nicht. Am 12. September 1981 erhielt Elm den Henri-Louis-Wakker-Preis des Schweizer Heimatschutzes.

Wanderer, kommst du ins Glarnerland, vergiß nicht zu schauen, was dir die schlichte Schönheit seines alten Holzhauses bietet!

433a

Wirtschaftsbauten

433a Diesbach, Hoschet, Stallgruppe
434 Weissenberge ob Matt, Streusiedlung

434

Seit der Aufgabe des Getreidebaues im 15. Jahrhundert ist der Glarner Landwirt Viehbauer. Die alpine Viehwirtschaft des Landes stand jahrhundertelang im Zeichen des überwiegend nach Oberitalien orientierten Viehhandels, des sog. Welschlandhandels. Erst im 19. Jahrhundert gewann die Milchwirtschaft – im Tal wie auf der Alp – bei schwindender Bedeutung der Viehexporte und steigender Nachfrage der wachsenden nichtbäuerlichen Bevölkerung den Vorrang. Wie das Grünland, Wiesen und Weiden, so gehören auch die Wirtschaftsbauten der Viehwirtschaft zu den auffälligen Elementen der bäuerlichen Kulturlandschaft (Abb. 434).

Es existiert kein umfassendes Inventar der Wirtschaftsbauten. Darum ist es nicht möglich, allen Formen gerecht zu werden. In erster Linie gelten die folgenden Ausführungen den traditionellen Verhältnissen.

435 Linthal, Auengüter, Hof Reitischachen
436 Elm, Schwändi
437 Netstal, alter Stall im Schutz einer Trockenmauer
438 Netstal, moderne Stallscheune mit Betonwand
439 Elm, Obmoos, giebelständige Stallscheune, 1687

Die Stallscheune

440 Elm, Obmoos,
giebelständige Stallscheune, 1687
Querschnitt und Rückseite
441 Elm, Obmoos,
giebelständige Stallscheune, 1687
Erdgeschoß
442 Elm, Obmoos,
giebelständige Stallscheune, 1687
Obergeschoß

Was ist der Hirte ohne Herde, die Herde ohne Futter, ohne die Möglichkeiten zu überwintern, ohne Stall und ohne Scheune? Im Stall stellt der Bauer seine Tiere ein. In der Scheune speichert er das Winterfutter. Was liegt näher, als daß beide Funktionen in einem einzigen Gebäude vereinigt werden! Die Stallscheune, auch «Heustall» und im Glarnerland üblicherweise *Gade* genannt, ist für den Hirtenbauern so wichtig wie sein Wohnhaus. Gaden heißen auch seine einzelnen Räume. Der Heustall ist die eigentliche Arbeitsstätte des Bauern. Hier verbringt er im Sommer und erst recht im Winter den größten Teil seines Arbeitstages. Hier pflegt er den engsten Kontakt mit seinen Tieren. Die Winterfütterung im Stall dauert je nach der Höhenlage des landwirtschaftlichen Betriebes mehr oder weniger als ein halbes Jahr.

Der Bauer bewirtschaftet in der Regel mehrere Wiesenparzellen, größere oder kleinere, *Güeter* oder *Güetli*. Arrondierte Betriebe sind seltener. Das Heu und Emd der einzelnen Liegenschaften wird an Ort und Stelle in den zerstreut liegenden Gaden gespeichert, im Heimstall, Feldstall und Bergstall. Der Bauernhof des Glarners ist ein Streuhof. Die herkömmliche Betriebsweise erspart den Transport von Futter und Mist, der zur Düngung der verschiedenen Fettwiesen nötig ist. Dafür zwingt sie zu wiederholten Wanderungen von Mensch und Tier. Im Winter *verstellt* der Bauer sein Vieh von Stall zu Stall und verfüttert *(hürtet)* das dort gespeicherte Dörrfutter.

Anzahl und Größe der Gaden sind prinzipiell von der Anzahl und Größe der einzelnen Futterflächen abhängig. Naturbedingte Unterschiede im Futterertrag und betriebswirtschaftliche Verhältnisse schaffen Abweichungen. Die wichtigste Stallscheune ist normalerweise diejenige des Heimgutes, der Heimstall. Im Bereich der Streusiedlung und oft auch im Weiler steht sie meist unmittelbar neben dem Wohnhaus (Abb. 434, 435). In den geschlossenen Siedlungen, wo sich die Bauernhäuser in den alten Dorfteilen befinden, ist ihre Entfernung größer.

Die giebelständige Stallscheune

Die alten Gaden sind mehrheitlich giebelständig (Abb. 436). Die einen sind – abgesehen vom niedrigen Mauerfundament – ganz aus Holz gezimmert, bei den andern besteht das Erdgeschoß teilweise oder ganz aus Mauerwerk. Ihre Orientierung ist wie die der Wohnhäuser von verschiedenen Faktoren abhängig. Ihrer oft exponierten Lage wegen sind viele Gaden den Naturgewalten ausgesetzt. Lawinengefährdete Standorte zwingen zu Schutzeinrichtungen (vgl. S. 15). Die Staublawinen z.B., die über die jähen Felswände

des Wiggis bei Netstal niederstürzen, erzeugen unliebsame Druckwellen. Zum Schutz eines bejahrten Stalles in der Randzone genügt eine Trockenmauer (Abb. 437). Zentraler steht die große moderne Stallscheune. Sie bedarf einer armierten Betonwand (Abb. 438).

Ein gutes Beispiel eines alten Stalles bietet ein Objekt der Liegenschaft Obmoos in Elm. Wie die Inschrift unter dem Giebel der Frontseite bezeugt – MMBG 1687 – ist es bald 300 Jahre alt. Es hat verhältnismäßig wenig Veränderungen erfahren. Der Gaden ist ca. 9 m breit, 5,5 m tief und hat eine Firsthöhe von 6,5 m (Abb. 439–442). Sein Erdgeschoß ist –

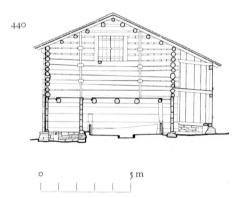

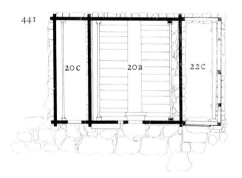

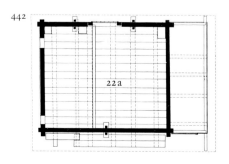

wie es die Wände der Wohnhäuser sind – lückenlos aus Flecklingen *(Flägg)* mit Vorstößen *(Vorchöpf)* gestrickt (vgl. S. 45). Auf dem Kantholzblock ruht als Obergeschoß die Scheune. Ihre Wände bestehen aus wenig behauenen Rundhölzern, sie sind *uuftröölt*. Die schmalen Fugen sind für die Lüftung wichtig. Da die Außenwände durch keine Zwischenwände versteift sind, werden sie allgemein durch Keile *(Binder* oder *Zange)* verstärkt. Besonders wichtig sind diese in schneereichen Gebieten für die Giebelwände zur Stabilisierung der Balken der Giebeldreiecke. Die Vorderseite des Stalles im Obmoos weist einen, die Rückseite zwei Schwertkeile auf. Dazwischen befindet sich in über 4 m Höhe das Heutor. Zusätzlich verbinden vertikale Holzdübel die Balken miteinander.

Wie das Tätschdach des Wohnhauses, so war auch dasjenige des Gadens mit Brettschindeln ohne Unterzug gedeckt (vgl. S. 57). Latten und Steine beschwerten die bis 90 cm langen und 12 cm breiten Bretter. Entsprechend war das Dachgerüst einfacher Konstruktion, ein reines Pfettendach *(gchatzbaumet)*. Die Vielzahl der Pfetten *(Chatz-* oder *Schlaufbäum)* als Träger der Brettschindeln erübrigten die Verwendung von Rafen (vgl. S. 59, Abb. 80 und 81). Die Bedachung ist begreiflicherweise der Teil der Stallscheune, der am häufigsten erneuert werden muß. Bei Aufstockungen zur Vergrößerung der Scheunen hatte man die Dächer ohnehin neu zu decken. Die spätere Verwendung der kleinen Nagelschindeln verlangte eine Dachverschalung. Allgemein sind heute die meisten Gaden mit Ziegeln oder Eternit gedeckt. Daß der Wechsel vom althergebrachten Schindeldach zur Hartbedachung später geschah als beim Haus, ist begreiflich.

Das Stallgeschoß ist in der Regel mehrteilig. Neben dem Großviehstall *(Chuegade)*, befindet sich der schmale Nebenstall für Kleinvieh *(Zuegade)*. Dahinter oder ebenfalls seitlich liegt der Raum für die Streue *(Streuigade* oder *Äuscht)*.

Vor dem Gebäude bilden meist nur roh behauene Steinplatten einen schmalen Vorplatz *(Bsetzi)*. Häufig tragen die vorragenden Balken der Heudiele *(Tilbäum)* Pultdächlein, die die Stalleingänge, das Bänklein und den Dengelstein besser schützen. An den Vorplatz schließt der heute oft ummauerte Platz für den Miststock *(Mischtwürfi)* an, wo sich darunter auch die Jauchegrube *(Güllegruebe)* befindet. Ursprünglich kannte man für beide Dünger keine besonderen Einrichtungen. Die Jauche lief in die Wiese hinaus. Später versenkte man hölzerne Kasten in die Erde *(Güllechaschte)*. Eine bessere Lage als die neben dem Stall konnte der Brunnen zum Tränken der Tiere nicht haben.

Kleine, aus der Blockwand herausgeschnittene Öffnungen mit Schiebeläden oder Fensterchen, manchmal beidseits der Türe, vermögen die Stallräume nur dürftig zu erhellen. Abseits gelegene Ställe weisen auch heute noch kein elektrisches Licht auf. Die Türe zum Kuhstall ist zweiteilig, derart, daß der untere, oft größere Flügel geschlossen und der obere zur Lüftung offen bleiben kann.

Der größte Raum des Stallgeschosses ist der Kuhstall. Traditionelle Maße seiner Grundfläche waren 5 m in der Breite und 6 m in der Tiefe. Beidseits vom Schorrgraben *(Mischtgrabe)* steht und liegt das Vieh mit dem Kopf gegen die Seitenwände auf den leicht nach dem Graben geneigten Ständen. Das beste Maß des Standes *(Brugg* oder *Läger)* sei 165 bis 167 cm; wenn er länger sei, gebe es schmutzige Tiere,

443

444

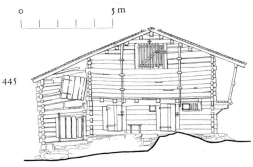

445

446

447

443 Sool, Doppelstall
444 Braunwald, Tschudiberg
445 Matt, Auen
446 Matt, Auen
447 Braunwald, Stachlen
448 Netstal, im «Lerchen»

erklärte ein alter Bauer. Für eine Kuh rechnete man früher mit einer Breite von 90 cm (3 Schuh), so daß der übliche Kuhgaden insgesamt zwölf Vertreterinnen der Rindviehgattung Raum gewähren konnte. Schon lange ist dieser bereits für zehn Großvieheinheiten zu klein und zu niedrig. Die Höhe des Stalles bis zur Balkenunterseite mißt etwa 1,7 m, bis zu der darüberliegenden Bretterdecke 2 m. Das Vieh wird mit Ketten an die wandständigen Futterkrippen (*Baarme*) gebunden. Diese bestehen aus Bohlen, die vertikal in die seitlichen Pfosten (*Baarmestögg*) eingenutet sind. Die Krippe soll nicht höher als 60 cm sein. Über beiden, entweder an der Vorder- oder an der Rückwand, befindet sich an der dicht gefügten Bretterdecke je ein rechteckiges Heuloch (*Rüsche*). Es kann mit einem Schieber geschlossen werden. Stallwärme verdirbt das Futter. Durch das Heuloch steigt der Bauer auf den Heuboden, hier stößt er das Futter in die Krippe hinunter. Der verlängerte Barmenstock dient als einfache Blockstiege (*Totzstäge*).

Die Haltung von Pferden und Schmalvieh, von Schafen und Ziegen, ist für den hauptberuflichen Betrieb aus verschiedenen Gründen kaum lohnend. Darum hat der Pferde- oder Kleinviehstall, der *Zuegade*, zumeist seine ursprüngliche Bedeutung verloren. Wenn die Futterkrippe überflüssig ist, wird sie herausgebrochen. Der Raum wird häufig als Schopf verwendet. Hier lagert der Bauer im Sommer das Grünfutter für das Vieh, das im Heimstall verbleibt. Schweine sind Haustiere. Ihre Ställe (*Schwiigädeli*) gehören zum Wohnhaus.

Seitlich oder hinter den Stallräumen befindet sich der Streuegaden. Die Streue ist ein wesentlicher Bestandteil des für die Graswirtschaft unerläßlichen Mistes. Wo kein Getreide geerntet wird, fällt auch kein Stroh an. Der Glarner Bauer war seit jeher auf die Wald- und Riedstreue angewiesen. Ahorn, Buche und Erle liefern die willkommene Laubstreue. Vor Mitte des letzten Jahrhunderts soll man auch Fichtennadeln und Moos zusammengekratzt haben. Laubferien ermöglichten es einst der ganzen Familie, bei trockenem Wetter im Spätherbst mit Besen, Rechen, Tüchern und Streuenetzen (*Streuigare*) in den Wald zu ziehen. Das schönste Laub, das Bettlaub, füllte man in die frisch gewaschenen Bettsäcke ein. In der Linthebene mähte man regelmäßig die Riedwiesen, die vor der integralen Melioration während des Zweiten Weltkrieges reichlich vorhanden waren. Seither wird bei günstiger Verkehrslage vermehrt Stroh aus den Ackerbaugegenden des Schweizer Mittellandes zugekauft.

Über den Stallräumen liegt der Heugaden. Er ist zumeist einräumig, bei Doppelställen hingegen aufgeteilt (Abb. 443). Die Bretterdecke des Stalles bildet den Heuboden (*Heutili*).

Auf ihm liegen die Futtervorräte für den langen Winter, die im Netz oder Tuch durch das entsprechend große *Heutoor* eingetragen werden. Dieses befindet sich unter dem Giebel, entweder auf der Vorder- oder auf der Rückseite. Das gewöhnlich einflüglige Tor ist etwa 1,5 m breit und ebenso hoch, groß genug für den Durchlaß der *Buurdi* Heu. Bei Ställen am Hang kann das Futter am besten von der Rückseite eingebracht werden. Heutzutage ersparen Heugebläse die mühsame Arbeit, Heu und Emd bündelweise auf Nacken und Rücken über die steile Leiter einzutragen (Abb. 444). Auf der Höhe der Torschwelle liegt die abmontierbare leiterartige Heubrücke (*Heubrugg*), deren Querverbindungen (*Rippi*) Bretter tragen. Von ihr aus wird das Futter auf den Raum verteilt und zum Heustock festgestampft. Der Platz bei den Heulöchern wird frei gehalten. Zuunterst kommt das Heu, darüber das Emd, und wo ein weiterer Schnitt eingebracht werden kann, zuoberst das zweite Emd zu liegen. Während der Winterung sticht der Bauer den Heustock mit dem Schrotmesser von oben nach unten ab, so daß er dem Vieh gemischtes Futter von verschiedenen Ernten verabreichen kann.

Als besonderes Beispiel einer traditionellen giebelständigen Stallscheune darf das nicht datierte Gebäude im «Auen» der Gemeinde Matt erwähnt werden (Abb. 445–446). Für sein hohes Alter zeugt das eingeschnittene Kreuz auf dem Balken über dem Heutor. Vielleicht ist es der älteste Gaden im Land, eine Rarität, die möglicherweise aus dem 16. Jahrhundert stammt. Die südöstliche Traufseite weist als Seltenheit eine Art offene Laube auf. Als wandständige Histe muß sie einst zum Trocknen von Korn, Gerste und Flachs gedient haben. Die Photo aus den 1930er Jahren zeigt uns auf dem Vordächlein der Giebelfront zum Trocknen ausgelegtes Gras und anschließend die im Sernftal schon lange verwendeten Heinzen (*Staggle*), die aus einem Pfahl mit zwei bis vier wechselständigen Querstäben bestehen. Seither hat sich am Aussehen des «Patriarchen» wenig geändert. Ein mächtiger Neubau in der Nachbarschaft hat ihm Museumscharakter verschafft.

Abweichungen von der beschriebenen herkömmlichen Form der Stallscheune sind mannigfaltig. Sie sind sowohl konstruktiver als auch funktioneller Art. Ist das Erdgeschoß nur dreiseitig aus Mauerwerk aufgeführt, so besteht seine Frontseite aus Flecklingen, die in seitliche Ständer eingenutet sind (Abb. 447). Stark verbreitet, besonders in den untern Landesteilen, sind die *gstämmte Gäde*. Bei dieser holzsparenden Bauweise des Obergeschosses sind Bohlen in Ständer eingenutet (Abb. 448). Am auffälligsten wirken die traufständigen Stallscheunen und die «Herrengaden».

449 Netstal, alte traufständige Stallscheune
450 Oberurnen, Schwändital, Brunnenberg
451 Engi, Au
452 Bilten, Kusterwies
453 Mollis, Fencheren
454 Glarus, Oberdorf

449

451

Die traufständige Stallscheune

Analog zur Verbreitung der steilgieblichen Bauernhäuser kommen die traufständigen Gaden in den untern Landesteilen häufiger vor als im Hinterland und im Sernftal. Die eingeführte Form mag, wie alte Vertreter schließen lassen, schon im 18. Jahrhundert dank ihrer Vorteile Verbreitung gefunden haben. Der wegen seiner Lawinenmauer erwähnte alte Gaden am Fuß der Wiggiswand in Netstal mag aus dieser Zeit stammen (Abb. 449, 450). Derjenige im «Brunnenberg» des Schwänditales (Oberurnen) wird etwas jünger sein. Bedeutend jünger sind die Stallscheunen in der «Au» in Engi (Abb. 451) und in der «Kusterwies» in Bilten (Abb. 452). Diese weist zwischen zwei Stallräumen ein Futtertenn und auf der Rückseite eine große Rampe auf, die als Einfahrt ins Obergeschoß führt, jene besitzt drei Stallräume. In Bilten verdeutlichen verschiedene Objekte den großen Vorteil der traufseitigen Bauten. Alte Gebäude können unschwer durch Anbauten erweitert und modernisiert werden. Das Futtertenn mit seitlichen Futterlöchern erübrigt die traditionellen Heulöcher der Stalldecke. Remisen bieten Platz für den Maschinenpark. Im Walenseetal sind Ställe verbreitet, die eine nach vorn geschlossene *Vortili* besitzen. Ableger finden sich auch im Raum Kerenzen (Abb. 453).

452

Die «Herrengaden»

So, wie sich das Haus der Begüterten in der Regel von demjenigen der weniger finanzkräftigen unterscheidet, so unterscheiden sich auch die Gaden. Grundbesitz ist und war auch vor Jahrhunderten Kapitalanlage. Sei es, daß die erfolgreichen Handelsmänner und Fabrikherren des 18. und 19. Jahrhunderts – die meisten haben sich aus dem Bauern- und Gewerbestand emporgearbeitet – Wiesen und Weiden samt Gebäuden als Erbe empfangen und weiter vererbt oder dank ihrer finanziellen Möglichkeiten erst erworben haben, sie waren in der Lage, auf ihren verpachteten Liegenschaften «vornehmere» Stallscheunen bauen zu lassen. Über die «Herrengaden» existieren weder Inventar noch Beschreibungen. Auf die Unterschiede zu den beschriebenen «gewöhnlichen» Stallscheunen soll nur anhand von einigen Abbildungen eingegangen werden.

Der wohnhausähnliche giebelständige «Neue Stall» im Oberdorf von Glarus – die Abb. 454 ist eine Kopie einer Zeichnung – wurde von Ratsherr, Kaufmann und Unternehmer Johann Heinrich Blumer im Jahre 1799 erbaut. Blumer führte als Schwiegersohn von Landmajor Johann Heinrich Streiff (1709–1780), dem Begründer des glarnerischen

453

454

450

Zeugdruckes, den Fabrikbetrieb am Oberdorfbach bis 1799 weiter. Vier Jahre später ließ sein Bruder, Chorrichter Johann Jakob Blumer, der «philosophische Kaufmann», die traufständige Stallscheune im «Oberen Lindenguet» auf dem mächtigen Schwemmfächer des Buchholzes errichten (Abb. 455). Jünger ist der durch seine Dachform auffällige Gaden am untern «Bül» in Netstal (Abb. 456). Auch wurden in alte Gaden für sommerliche Aufenthalte *Stübli* eingebaut und diese mit kleinen Veranden versehen (Abb. 457).

Beispiele von Feldställen im Glarner Mittelland (Abb. 458)

455

Am rechten Talhang nördlich von Ennetbühls (Gemeinde Ennenda), unmittelbar an den Lauf der Linth anschließend, sind von 18 Stallscheunen nur fünf Blockbauten mit gestricktem Erdgeschoß und *uuftrööltem* Obergeschoß. Sie liegen dem Dorf am nächsten. Acht der Gaden sind giebel-, die übrigen zehn traufständig. Kein einziger ist mehr mit Schindeln bedeckt.

Die älteste der Blockbauten ist *ds Oberschte Gade* (Abb. 459). Er dürfte rund 300 Jahre alt sein. Besitzer im letzten Jahrhundert war Artillerieoberst Jakob Streiff von Glarus, Besitzer der Stoffdruckerei auf der «Insel». Mit etwa 8 m größte Firsthöhe ist der traufständige Gaden ein stattlicher Bau, der wohl für die Vermögensverhältnisse des unbekannten Bauherrn zeugt. Das Obergeschoß besteht aus behauenen kantengerundeten Balken. Die Westwand wird von zwei verschraubten Zungenkeilen verstärkt. Der hangwärts gelegene Streuegaden ist ein später errichteter Ständerbau mit Bretterverschalung.

456

Der üblichen giebelständigen Form entspricht der doppelte Gaden für die zwei Güter des vorderen und hinteren «Nest» (Abb. 460). Seit vielen Jahren gehört das Gebäude einem einzigen Betrieb an. Eine leichte Wand trennte vorher die Scheune. Der eine Bauer brachte das Heu durch das Tor der Frontseite, der andere durch dasjenige der Rückseite ein. Die zwei Stallräume fassen je zwölf Stück Großvieh. Bevor die Liegenschaft mit fließendem Wasser versorgt wurde, speicherte eine Zisterne das Wasser der einen Dachhälfte.

Ein Beispiel einer Ständerkonstruktion gibt die Stallscheune im vordersten «Schlatt» (Abb. 461). Sie soll – wie es der ehemalige Besitzer meinte – über 150 Jahre, ihr Schieferdach über 80 Jahre alt sein. Schieferdächer mit Nord–Süd-Firstrichtung seien haltbarer als bei einer West–Ost-Orientierung. 1942/43 wurde auch dieser Gaden mit fließendem Wasser versorgt, so daß der Bauer nicht mehr auf die dreißig Kubikmeter fassende Zisterne angewiesen ist.

457

Auffallend sind ferner die drei traufseitigen doppelten Stallscheunen im hintern «Schlatt». Ihre Rückseiten sind bis unter das Dach gemauert. In beiden Geschossen dienen schießschartenähnliche Öffnungen zur Lüftung der Streuegaden.

455 Glarus, Lindenguet
456 Netstal, Unterer Bül
457 Ennenda, im Geizen
458 Feldställe im Glarner Mittelland
459 Ennetbühls, Rain
460 Ennetbühls, Nest
461 Ennetbühls, Schlatt

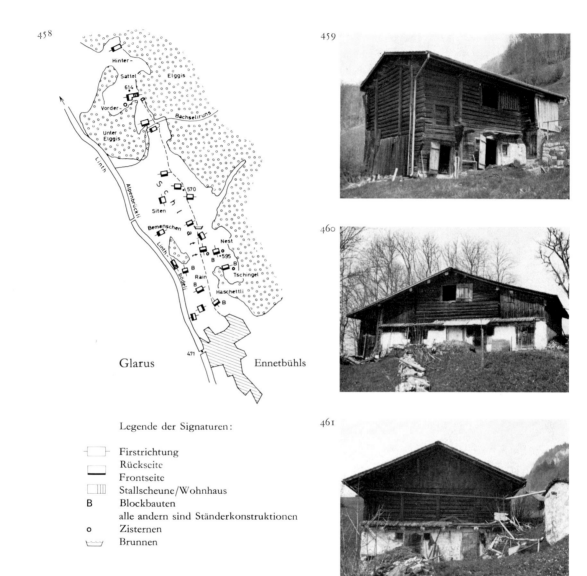

Legende der Signaturen:

- ⊢ Firstrichtung
- ▭ Rückseite
- ▬ Frontseite
- ⫿⫿⫿ Stallscheune/Wohnhaus
- B Blockbauten
  alle andern sind Ständerkonstruktionen
- o Zisternen
- ⌣ Brunnen

Wandlungen

Seit dem Zweiten Weltkrieg stellen die Mechanisierung und Motorisierung der Betriebe mannigfache neue Anforderungen. Umgebaute und neugebaute Stallscheunen, mit oder ohne Siloanlagen, sind auffällig zahlreicher als neue Bauernhäuser (Abb. 462). Der wirtschaftliche Zwang zur Rationalisierung, Güterzusammenlegungen und Nutzungsänderungen machen Ökonomiegebäude überflüssig. Güterwege und Sträßchen erlauben den Transport von Mist und Heu über größere Distanzen. Moderne Normställe bieten genügend Raum sowohl für die Maschinen als auch für das Heu der entfernt liegenden Parzellen. Mit dem Erlös für Gebäude und Bauland vermag der Bauer, Neubauten, Maschinen und Fahrzeuge zu finanzieren. Was in der jüngsten Vergangenheit zerfällt, sind lediglich Bauten, die sich nicht oder nur finanziell untragbar zur Umwandlung in Ferienhäuser eignen (Abb. 463). Ställe und Schöpfe der Häuser, deren Inhaber keine Bauern sind, werden für andere Zwecke umgestaltet (Abb. 464).

462 Linthal, Auengüter
463 Nidfurn, Leuggelen, Eggberg
464 Matt, Auen
465 Mollis, Oberdorf

Sekundäre Vielzweckbauten

466 Nidfurn, Dorf
467 Netstal, Dorf
468 Engi, Au
469 Haslen, Rütihof

466

467

Wenn auch die Trennung von Haus und Gaden die Regel ist, so findet der Besucher des Glarnerlandes zumeist in den Dörfern beide aneinander gebaut und nicht selten unter dem gleichen Dach vereinigt. Oft sieht man es den Gebäuden an, daß der eine oder andere Teil später errichtet worden ist. Ebenso häufig sind Kleinbauten, Ställchen und Schöpfe, mit dem Wohnhaus vereint (Abb. 465).

Die getrennte Bauweise ist ohne Zweifel die ursprüngliche. Die sekundären Vielzweckbauten sind in den meisten Fällen die Folge der industriellen Entwicklung des Landes seit Beginn des 18. Jahrhunderts, Ausdruck des sozialen Wandels seiner stark wachsenden Bevölkerung. Die Nutzungsberechtigung des Bürgers am Wald, an Weiden, Wiesen und Wildheu der Bürgergemeinden gestattete es den Kleinbauern und Fabrikarbeitern, kleine Viehbestände zu halten, die in den verschiedenen Notzeiten des 19. Jahrhunderts von besonderer Bedeutung waren.

Es lassen sich verschiedene Formgruppen von sekundären Vielzweckbauten feststellen. In zahlreichen Fällen befinden sich Wohn- und Wirtschaftsteil traufseitig unter dem gleichen Dach nebeneinander, wobei in der Regel die Stallscheune als Anbau erscheint (Abb. 391, 466, 467). Es ist nicht auszuschließen, daß beide Teile auch miteinander entstanden sein können. Beim Beispiel in Engi ist klar, was wem angegliedert wurde (Abb. 468). Es kommt sicher selten vor, daß man im Tal einen Gaden mit einer Wohnung ergänzt. Die Ansicht vom «Rütihof» in Haslen demonstriert die Tatsache, daß ohne architektonische Skrupel auch großen Bauernhäusern Wirtschaftsräume angehängt worden sind (Abb. 469). Im allgemeinen zeugen jedoch die asymmetrischen Vielzweckbauten mehrheitlich für ehemalige Klein- und Zwergbetriebe, deren Wirtschaftsteil heute andern Zwecken dient.

468

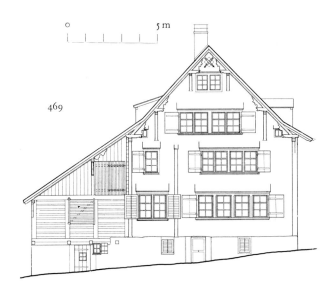

469

470 Matt, Stalden, Südfront
471 Matt, Stalden, Erdgeschoß
472 Filzbach, Obermatt
473 Ennenda, «Alte Wiese»

Die Zahl der giebelständigen Gebäude, bei denen Wohn- und Wirtschaftsteil hintereinander vorkommen, ist geringer. Oft sind sie ungleicher Firsthöhe, manchmal auch seitlich versetzt. Das kleine Haus mit angebauter Stallscheune im «Stalden» in Matt (Abb. 375, 376, 470, 471) ist ein einfaches Beispiel.

Sekundäre Vielzweckbauten mit rechtwinklig zueinander verlaufenden Firsten (Kreuzfirst) sind Ausnahmen. Der Hof «Obermatt» in Filzbach z. B. veranschaulicht diese im appenzellisch-toggenburgischen Raum übliche Bauweise (Abb. 472). Das Obergeschoß der noch unveränderten Stallscheune ist ein Ständerbau mit Bretterverschalung. Die über eine Außentreppe (schräge Doppellinie vor dem giebelständigen Haus auf der Abbildung) erreichbare geschlossene Vordiele ist ein schmaler Laubengang. Er vermittelt einen Eingang in den dahinter liegenden Heugaden. Das Heutor auf der Rückseite hat seine ursprüngliche Funktion verloren. Das Heugebläse befördert das Dürrfutter durch die geöffnete Verschalung der freien Giebelseite. Näher beim Haus befindet sich der Kuhstall. Im Zugaden werden Kälber und Ziegen gehalten. Das Haus stammt sehr wahrscheinlich aus dem 18. Jahrhundert. Seine Fassade mußte renoviert werden. Ihr Strick ist bis auf die Höhe des Giebeldreieckes mit Verputz und darüber mit einer Holzschalung verkleidet. Das Wohngeschoß ist traditionell vierräumig. Hinter der Nebenstube und Stube auf der nach Südosten gerichteten Giebelseite befinden sich die Küche und das Vorhaus. Eine geschlossene Laube schützt den Hauseingang. Der obere

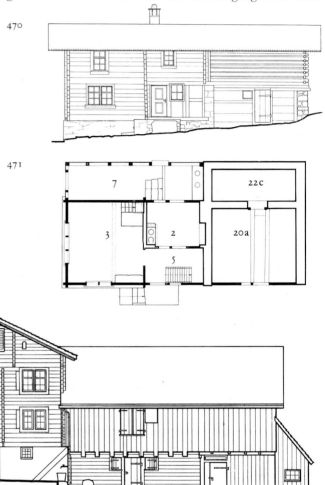

Teil ist eine gestrickte Oberlaube, der untere eine bloße Ständer-Bretterkonstruktion, die bis zum Küchenfenster die Rückseite des Hauses kleidet. An die Laube schließt vorn ein Nebengebäude an. Der hohe Mauersockel trägt Blockwände ohne Vorstöße. Die Hütte ist bestimmt viel jünger als Haus und Gaden. Der Kamin verrät die Feuerstelle im Untergeschoß. Einst war sie Feuergrube eines Sennereiraumes, das Obergeschoß diente als Speicher. Im Grundrißplan der 1930er Jahre wird das Gebäude als Waschhaus bezeichnet. Heute besitzt es keine besondere Funktion mehr.

Das Zusammenrücken oder Zusammenbauen von Wohn- und Wirtschaftsgebäuden läßt außer den beschriebenen «klassischen» Fällen eine Vielzahl beliebiger Anordnungen zu. Etwas Besonderes stellt die Gadenreihe an der Hintergasse der Häuserzeilen dar, die in der «Alten Wiese» in Ennenda in in den 1820er Jahren errichtet worden sind (Abb. 473).

Sennhüttchen

474 Elm, Hintersteinibach
475 Elm, Hintersteinibach

Sennhüttchen, *Sännhüttli*, auch *Milchhüttli* oder nur *Hüttli* genannt, sind Relikte ehemaliger Wirtschaftsweise. Obwohl sie ihre ursprüngliche Funktion verloren haben, sind verschiedene der meist schmucklosen Kleinbauten im Bereich der Dörfer und Streusiedlungen der Tal- und Bergregion erhalten geblieben. In der Regel sind es massiv gebaute, eingeschossige, ein- oder zweiräumige private Sennereigebäude, die häufig auch als Schlachthaus und Waschküche dienten.

Die Küche ist der ursprünglichste Sennraum. Als Lager- und Speicherraum für Milch und Milchprodukte genügte der Keller. In allen alten Küchen befand sich neben dem Kochherd die Feuergrube mit dem drehbaren Galgen, an dessen Querarm der Käsekessel hing (vgl. S. 127f.), und Keller fehlten nie, selbst bei den einfachsten Kleinhäusern nicht.

Im 19. Jahrhundert gewann die Milchwirtschaft an Bedeutung, der Viehhandel nach Oberitalien verlor an Interesse. Die Zahl der Kühe nahm zu, der durchschnittliche Milchertrag stieg an. Überall da, wo die Absatzmöglichkeiten von Konsummilch im Verhältnis zur Produktion während der Wintermonate klein waren, wuchs – lange bevor es Milchzentralen gab – das Bedürfnis nach besonderen Sennereilokalitäten. Dasjenige der Alpbewirtschafter, der Senntenbauern, die selber auch viele Kühe hielten, mag besonders groß gewesen sein. So ist es verständlich, daß seit der zweiten Hälfte des letzten Jahrhunderts in den nicht oder nur schwach industrialisierten Gemeinden des Sernftales, des Kerenzerberges sowie in Bilten Sennhüttchen besondere Verbreitung fanden. Die Zentrifuge erleichterte nicht allein auf den Alpen, sondern ebenso in den Heimbetrieben der Großbauern die Verarbeitung der im Winter gewonnenen Milch zu Butter und Ziger. Wegen der modernen Zentralisierung des Milchhandels und der Milchverarbeitung wurden diese Hüttchen überflüssig, anderen Zwecken dienstbar gemacht oder wüstgelegt.

Beispiele: In der Gemeinde Elm sind zahlreiche Sennhüttchen, alles hofeigene, erhalten geblieben. Im Elmer Hinterland befindet sich am linken Talhang, 1380 m ü. M., das *Hüttli* vom «Goltisberg» (Abb. 63). Es gehörte früher den Senntenbauern Elmer, die hier wie im Hüttchen ihres Hofes im «Hinderauen» jeweils im Frühling die Milch verarbeiteten. Seit vielen Jahren ist das neben dem Stallgebäude gelegene zweiräumige Goltisberghüttchen nur noch Unterkunfts- und Kochraum, der beim Heuen und Füttern benutzt wird. Der Kesselgalgen ist abmontiert, die Feuerstelle verändert. An der Zwischenwand zum nicht mehr benutzten Milchkeller sind Jahrzahlen und Initialen eingeritzt. Die älteste Angabe datiert aus dem Jahre 1871. Das Hüttchen repräsentiert eine alte Hüttenform. Die Trockenmauern tragen ein hölzernes Dachgerüst. Das vordere Giebeldreieck besteht aus Rundbalken, mit Ausnahme der zwei untersten, die kantig behauen sind. Die Fugen der darüberliegenden drei Rundhölzer ersetzten einst den Kamin. Die Giebeldreiecke der Zwischenwand und der Rückseite sind mit Flecklingen dicht gefügt, was für die gute Isolation der hangwärts eingetieften Milchkammer nötig war. Die Schindeln des Daches liegen direkt auf den zahlreichen Pfetten.

Zweiräumig ist auch das stattliche Sennhüttchen der «Meulihoschet» im Weiler Hintersteinibach (Abb. 474, 475). Es entstand 1908, zur Zeit, da die Zentrifuge in Elm heimisch wurde. Die Sennküche, in der die Eigentümer auch kleine Magerkäse für den Eigengebrauch zubereiteten, diente später nur noch zum Schlachten und zum Räuchern des Fleisches. Die Milchkammer ist zur Gerümpelkammer geworden.

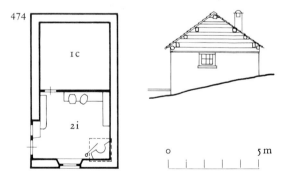

474

475

Älter ist das Hüttchen des Hofes im «Vorderauen» (Abb. 476, 477). Es soll vor der Jahrhundertwende errichtet worden sein. Der angebaute Schopf entstand später. Der einräumige Kleinbau war Küche und Milchkeller zugleich. Der Boden ist mit Steinplatten belegt. In der auszementierten Rinne fließt das Wasser einer Quelle durch den Raum. Fleischbank und Holztrog weisen daraufhin, daß hier vor Jahren der Bauernmetzger Pankraz Elmer Vieh schlachtete.

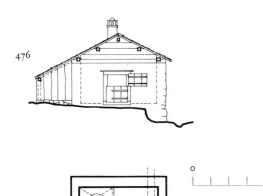

Weitere Beispiele in Elm (Obmoos) sowie auf dem Kerenzerberg in Filzbach und in den Gäsibergen ob Mühlehorn belegen die Abbildungen 478, 479 und 480. Als letztes Objekt soll das Hüttchen des «Oberen Rietberges» auf Braunwald (1245 m ü. M.) vorgestellt werden (Abb. 481). Es befindet sich am Sträßchen nach dem Unterstafel der Brächalp, wo Quellen fließen. Eine solche sprudelt im Milchkeller, wo früher im Frühling und Vorsommer die Milch gekühlt wurde. Die alte Foto zeigt das ehemalige Schindeldach, das vor Jahren durch Wellaluminium ersetzt wurde. Durch die Dachspalte der damaligen Giebelkonstruktion über dem vorderen Raum, dem *Sännchucheli*, zog der Rauch ab. Das neue Dach ohne Kamin verrät, daß in dieser Hütte kein Feuer mehr entfacht wird.

476 Elm Steinibach
477 Elm, Steinibach
478 Elm, Obmoos
479 Filzbach, Dorf
480 Mühlehorn, Gäsiberge
481 Braunwald, Rietberg

479

480

481

482 Rüti, Dorf
483 Mollis, Rüfi
484 Mollis, Hinterdorf
485 Elm, Hintersteinibach

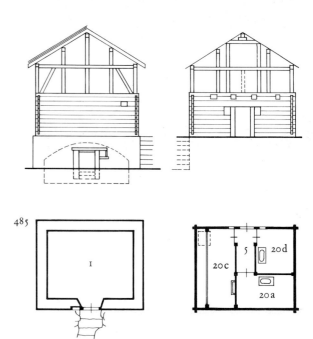

0 5 m

Speicher

Sprachgeschichtlich leitet sich die Bezeichnung «Speicher» vom spätlateinischen spicarium, Kornspeicher, ab. Spica bedeutet Ähre. Es mag uns diese Ableitung daran erinnern, daß man einst die Ähren mit der Sichel von den Halmen schnitt, so wie dies z.B. in Afrika die Eingeborenen bei der Hirseernte tun. Die Anfänge der Vorratshaltung reichen weit in prähistorische Zeiten zurück.

Gibt es oder gab es Speicher im Glarnerland? Dem Kleinbauern genügten wohl zu allen Zeiten die Räume des Hauses für seine bescheidenen Vorräte. Die Familien sozial höheren Standes, welche die stattlichen Häuser des 15. und 16. Jahrhunderts bewohnten, verfügten über den besonderen Vorratsraum der Küchenkammer (*Chämete* oder *Gmächli*, vgl. S. 131). Freistehende Speichergebäude, die zur Lagerung von Naturalgaben dienen konnten, hat es schon zu Zeiten der säckingischen Grundherrschaft gegeben.

Mit der Aufgabe der Selbstversorgung des Landes mit Brotgetreide hat die Zahl der Speicher wahrscheinlich kaum zugenommen. Die beträchtlichen Einfuhren an Korn und Salz machen es aber verständlich, daß nie alle verschwunden sind. Mißwachs, Teuerung und Hungersnöte zwangen wiederholt zu Mehranbau und Vorratshaltung. Korn, Gerste, Hafer, Flachs und Hanf, auch Salz und anderes mehr fand immer wieder Platz in den Speichern von Bauern, Händlern, Müllern und Bäckern. In den 50er und 80er Jahren des 18. Jahrhunderts versuchte man, gemeindeweise Vorräte von Korn und Salz anzulegen, die vom Land subventioniert wurden. Von einem zentralen Kornhaus jedoch wollten die Bürger nichts wissen.

Direkte historische Belege über Speicher sind spärlich. Von Gütern «zem Spicher» und «zem Mülispicher» ist im 1518 neu geschriebenen Linthaler Jahrzeitenbuch die Rede. Im Jahrzeitenbuch von Schwanden, das 1523 neu angelegt wurde, figuriert die Bezeichnung «Spicher» mehrmals, so z.B. als «Acher zum Spicher», «Buchlis Spicher» u.a. Das Netstaler Platzbuch vom 25. Juni 1694 – ein Vorläufer des Grundbuches – verzeichnet eine größere Anzahl von Speichern. Als Flurname überlebt *Spiicher* in Schwändi, Engi und Elm.

Die in verschiedenen Gemeinden erhalten gebliebenen freistehenden Speicher sind weder konstruktiv noch formal etwas Besonderes. Mit den «Schatzkästlein» der Emmentaler und Entlebucher Höfe lassen sie sich nicht vergleichen. Jeden Schmuckes bar, sind sie meist zweigeschossig mit je einem Raum. Der Unterbau, zumeist aus Mauerwerk (Abb. 482), birgt einen Keller. Darauf ruht ein gutgefügter Block. Außentreppen führen zu den Räumen, die alles aufzunehmen hatten, was trocken gelagert werden mußte.

Frontlauben (mit oder ohne Geländer) benützte man zum Trocknen des Erntegutes (Abb. 483, 484).

Seit dem Verlust der ursprünglichen Funktion versehen die Speicher andere Aufgaben. In Rüti benutzte man einen Speicher sogar als Arrestlokal. Bauliche Veränderungen sind begreiflicherweise die Folge neuer Zweckbestimmungen. So wurde z.B. der Speicher neben dem älteren «Fritigenhaus» in Elm in den 1870er Jahren zur Stallscheune für Kleinvieh und Schweine umgebaut. Noch den alten Zustand zeigt der in den Hang eingetiefte, massive Keller mit gewölbter Decke. Darin bewahrte man im Frühling die Milch auf, die nachher in der Küche verarbeitet wurde. Der ehemalige Speicherraum dient noch immer als Stallung. Das oberste Geschoß, die Heudiele, ist eindeutig der jüngste Bauteil. Seine mit Brettern verschalte Ständerkonstruktion verrät in allen Teilen die spätere Aufstockung (Abb. 485).

Zigerspeicher

Im 17. Jahrhundert förderte die gewerbliche Produktion von Schabziger den Bau von speziellen *Zigerspüchern*. Fast jedes Dorf verfügte über eine Zigermühle *(Zigerriibi)*, und zu jeder gehörte sachgemäß auch ein der Produktionsmenge entsprechend großer Speicher. Auf den Gestellen ihrer Räume trocknete das würzige Glarner Nationalprodukt so langsam, daß die von der Holzform befreiten Zigerstöcklein nicht aufrissen. Als harte Kräuterkäse waren sie dann haltbar und transportfähig. In Fässer verpackt, wurde das in Europa geschätzte Nahrungsmittel sogar nach Übersee exportiert.

Wohl das schönste Relikt eines alten Zigerspeichers ist in Diesbach erhalten geblieben, allerdings ohne die Einrichtungen, die zur Stapelung der Ware dienten. Sein Alter ist unbekannt. Wenn nicht sogar aus dem 16., so wird es sicher aus dem 17. Jahrhundert stammen. Die Konstruktion der Türgerichte und der quadratischen Fensteröffnungen sind Merkmale der Zimmermannsgotik des 16. Jahrhunderts. Mit Stilverspätungen ist allerdings immer zu rechnen. Die gefällige Erscheinung des unterkellerten zweigeschossigen Blockbaus wird durch einen später angebauten Schopf beeinträchtigt. Eisenstangen mit abgesprengten Zinken sowie offenbar später angebrachte alte Sägeblätter vergittern die Öffnungen der Wände und Türen, die vor allem der Lüftung der Speicherkammern zu dienen hatten. Vertikale Holzstäbe ergänzen die «Panzerung» der Türe im Untergeschoß. Die größte Firsthöhe des Gebäudes mißt ungefähr 6 m; im Grundriß ist der Block mit 4×4 m quadratisch. Dieser wird auf seiner Rückseite um eine geschlossene Laube in ver-

486 Diesbach, Dorf
487 Diesbach, Dorf
488 Netstal, Dorf
489 Netstal, Dorf

schalter Ständerkonstruktion von 1 m Breite erweitert. Die südliche Traufseite mit den Eingängen in den untern und obern Speicherraum weist eine offene Oberlaube auf, wohin eine Außentreppe führt (Abb. 486, 487).

Die Mehrzahl der *Zigerrübene* – seit dem 17. Jahrhundert an den Bachläufen entstanden – war im Glarner Unterland in Betrieb. Allein in Mollis existierten einst vier Fabrikationsstätten, in Netstal drei (Abb. 488). Heute bestehen im ganzen Kanton nur noch fünf modernisierte Kleinbetriebe. Der Konzentrationsprozeß hat verschiedene Speicher überflüssig gemacht. In Netstal ist ein solcher in ein Wohnhaus umgebaut worden (Abb. 489).

Käsespeicher

Rund ein Viertel aller Glarner Alpbetriebe stellt fette Käse her. Ihre Pflege geschieht geraume Zeit im Käsespeicher *(Chääsgade)*, der sich in der Regel auf dem Unterstafel befindet. Daß der Älpler den jungen Käse nur an einem einzigen Ort lagert und daß es von Vorteil ist, ihn von den oberen Hüttenplätzen hinunterzutragen, ist verständlich. Alle Örtlichkeiten, die den Namen der Sache tragen, liegen im Bereich der untersten Weidegelände: Chäseren im Roßmattertal (Gemeinde Glarus), Chäseren, Chäsgade und Chäsgadewald im Diestal und Sernftal (Gemeinden Diesbach, Betschwanden und Engi).

Die mittelalterliche Einzelsennerei benötigte keine Käsespeicher. Die spätere Konzentration des Alpbesitzes und das damit verbundene Pachtsystem begünstigten die Entwicklung der Fettkäserei für den Export. Diese gewann erst im 18. Jahrhundert an Bedeutung. Anreiz boten dem Sentenbauern die steigenden Käsepreise, die lohnender waren als die behördlich tief gehaltenen Butterpreise.

Aus dem 18. Jahrhundert stammt zum Beispiel der als Holzschopf verwendete Käsespeicher im Unterstafel der Alp Jetz im Elmer Hinterland (Abb. 490, 491). Die Jahrzahl im Giebeldreieck der nach Norden orientierten Türfront verrät, daß er 1787 errichtet wurde. Das eingeschossige und einräumige Gebäude ist ein einfacher Strickbau. Die Kanthölzer messen 15 cm × 15 cm. Der Grundriß mißt 3,25 m × 4 m, die Höhe der traufseitigen Wand 2,1 m und die des Firstes 2,9 m. Zwei schmale, mit Eisen versehene Schlitze auf der Rückseite dienten der Lüftung. Von den Käsetablaren an den Längswänden zeugen nur noch die Löcher im Abstand von rund 15 cm, in denen Holzzapfen als Träger steckten. Besser isolierte Räume bieten die seit dem 19. Jahrhundert massiv gebauten Käsespeicher (Abb. 492, 493).

490 Elm, Alp Jetz Unterstafel
491 Elm, Alp Jetz Unterstafel
492 Luchsingen, Alp Oberblegi Unterstafel
493 Luchsingen, Alp Oberblegi Unterstafel

494 Schwändi, Ennetecken
495 Elm, Erbstürli
496 Elm, Erbstürli
497 Elm, Erbstürli

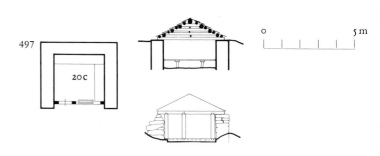

Ziegenställe

Die Zahl der namenkundlichen Belege der vielhundertjährigen Ziegenhaltung ist groß. Im Bereich der Dörfer und Heimgüter erinnern die Geißgassen und Geißwege an die frühere Bedeutung des Schmalviehs. In der Alpstufe sind es u.a. Geißgadenalp (Oberseetal, Näfels), Geißtal und Geißstafel (Matt).

Ziegenherden gab es schon zu Zeiten der säckingischen Grundherrschaft. Über Gewohnheit entstanden die Weiderechte der lokalen Wirtschaftsverbände, der Genossamen. Im 16. und 17. Jahrhundert häuften sich die Streitigkeiten mit den Alpbesitzern, eine Folge der damaligen Expansion der Alpwirtschaft. Die Urteile der Prozesse lauteten fast immer zugunsten der Genossamen; diesen soll weiterhin erlaubt sein, «mit den Geißen zu fahren, zu etzen und zu weiden, wann sie wollen, wie von Alters her» (Alp Jetz, 1565). Wer seine Ziegen nicht auf privatem Grund weiden und hüten konnte, war verpflichtet, diese mit der dörflichen Herde ziehen zu lassen. Der freie Weidgang im Tal war verboten. Die naschhaften Tiere mußten mit den «gemeinen Hirtenen fahren, bei 10 Gulden Buß» (Landsgemeindebeschluß 1629).

Der vom Ziegenhirt (*Gäißer*) geleitete und gehütete Herdenzug ist in jeder Hinsicht die beste Form der Weideorganisation. Die Nutzung von Weideland, das für Großvieh ungeeignet ist, schmälert den Heuertrag für die Winterung nicht. Die jeden Abend vom Weidgang zurückkehrenden Milchspender versorgen die Bevölkerung, ohne daß Heimkühe gehalten werden müssen, was wiederum dem Heustock für die Winterfütterung zugute kommt. «Ganze Dörfer trinken im Sommer nur Geißmilch, und oft ist kein Maß Kuhmilch um kein Geld zu bekommen» (P. Scheitlin, 1816). Die Ziege war nicht immer und überall nur die «Kuh des armen Mannes».

Wie über den Winter, so stallte man die Herdenziegen auch über Nacht während der Weideperiode im Zugaden der Heimställe oder in besonderen Kleinställen ein. In verschiedenen Gemeinden errichteten die Ziegenhalter besondere Sommerställe, die zu Gruppen vereinigt, hier und dort auffällige Dörfchen bildeten: *d Gäißgadestatt* oder (in Engi) *Gäißestatt*. C. SIMONETT (II, S. 47) stellt für Graubünden fest, daß diese Sommerdörfchen für Ziegen in Walsersiedlungen und in walserisch beeinflußten Gegenden vorkommen.

Seit dem Zweiten Weltkrieg sind alle Ziegenherden eingegangen, ausgenommen die von Elm-Steinibach. Die noch vorhandenen Sommerställe, Zeugen der früher bedeutenden Ziegenhaltung, sind oft dem Zerfall preisgegeben.

Beispiele: Die Herde von Schwändi und Thon (Schwanden) wurde schon 1930 aufgehoben. Das malerische Hüttendörfchen der Ziegenhalter von Schwändi unter den mächtigen Buchen im Ennetecken auf der rechten Seite der Guppenrunse ist verschwunden. Eine alte Foto – von H. Brunner vor der Jahrhundertwende aufgenommen – erinnert an die primitive Bauart der 26 zwischen Felsblöcken verteilten *Gäißgädeli*: Pultdach auf Trockenmauerwerk, Brettschindeln mit Steinen beschwert – eine einfachere und billigere Konstruktion ist kaum denkbar (Abb. 494).

Elm war immer die ziegenfreundlichste Gemeinde. Vor dem Bergsturz (11. September 1881) existierten vier Herden. Damals ging diejenige der verschütteten Höfe im Untertal ein. Bis in die 1950er Jahre wiesen die Herden von Schwändi, Dorf-Obmoos und Steinibach zusammen noch 800 bis 1000 Tiere auf. Heute besteht nur noch diejenige von Steinibach. 1978 zählte man in der ganzen Gemeinde nur noch 111 Ziegen. Verschiedene der erhaltenen Stallgruppen haben ihre ursprüngliche Bedeutung verloren. Über die Bauart der Ziegenställe vor rund hundert Jahren berichtet die ebenfalls von H. Brunner stammende Foto der kleinen Stallgruppe beim «Erbstürli» im Elmer Hinterland (Abb. 495). Die Ställchen haben Tätschdächer; ein einziges besitzt noch ein Schwerdach. Bei den andern sind die Schindeln direkt auf die zahlreichen Pfetten genagelt. Seiten- und Rückwände bestehen aus Trockenmauerwerk. Die Konstruktion der Frontseite ist am besten beim obersten Ställchen erkennbar. Auf einer Schwelle sind mit ungleichem Abstand drei Pfosten eingenutet. Sie tragen den ersten Balken des vorn wie hinten *uuftröölten* Giebeldreieckes, dessen Enden auf den Seitenmauern ruhen. In Tür- und Eckpfosten eingenutete Bohlen bilden die Vorderwand.

Der zweite Kleinstall ob dem Alpgatter ist auf der Foto als Ruine ohne Dach zu erkennen. Er wurde im Jahr 1903 von A. R(hyner) neu errichtet. Jahrzahl und Initialen befinden sich an der oberen Querleiste der inneren Türe. Einzelheiten zeigen die zeichnerische Aufnahme vom 10. August 1956 (Abb. 496, 497). Das bis 75 cm mächtige Rohmauerwerk aus Kalksteinen unregelmäßiger Schichtung trägt die Giebeldreiecke der Vorder- und Rückwand. Auf ihren Rundhölzern liegen wie bei den alten Stallscheunen die Pfetten ohne Sparren (*gchatzbaumets* Dach). Die 42 cm × 15 cm großen Schindeln sind mit Nägeln befestigt. Die Vorderwand ist nur mit senkrecht verlaufenden Brettern verschalt. Die Türen sind mit einfachen Klobenbändern montiert: die äußere schließt lückenlos, die innere, die sich begreiflicherweise nach innen öffnet, ist ein dreiviertel hohes Gatter. Auf den beiden *Bänggli* (B) im Innern, rund 50 cm

498 Elm, Schwändi
499 Matt, Wissenberge
500 Mühlehorn, Geißegg

über dem Erdboden, schlafen die Ziegen. Im kleinen Trog, dem *Salzchängel*, wird ihnen von Zeit zu Zeit Salz und Kleie verabreicht. An der bankfreien Seitenwand liegt ein 50 cm langes und 15 cm breites Kantholz am Boden, das als Unterlage für den Melkstuhl dient.

Seit 1903 wurden alle übrigen Ziegenställe der Lokalität «Erbstürli» erneuert. Sie sind wie diejenigen an der Straße vor der Alpweide Ständerkonstruktionen mit Bretterverschalung. Die neuesten gehören zum Weiler Hintersteinibach; die alten mußten vor einigen Jahren der Verbreiterung der Straße weichen (Abb. 36).

Erhalten – doch ohne ihre ursprüngliche Funktion und darum vom Zerfall bedroht – sind die Stallgruppen von Elm-Schwändi, des Wissenberges und der «Geißegg» auf dem Kerenzerberg. Die Ställe an der Straße nach Elm, gegenüber dem Weiler Schwändi, bilden den Anfang der mauerbewehrten *Gäißgaß*, die durch die Heuwiesen zu den Weidearealen des linken Talhanges führte. Mehrheitlich sind sie neuere Ständerbauten mit Pultdächern (Abb. 498). Die Stallgruppen des Wissenberges ob Matt und der «Geißegg» östlich vom Meerenbach ob Mühlehorn weisen Blockbauten auf (Abb. 499, 500).

498

499

Alpgebäude

501 Matt, Krauchtal
502 Braunwald, Alp Bräch, Bergeten
503 Braunwald, Alp Bräch, Bergeten
(Zustand vor der Ausgrabung)

Das Alter der Alpwirtschaft im Glarnerland ist unbekannt. Die Funde der 1971 durchgeführten Grabungen auf dem 1650 m hoch gelegenen Weidegelände «Bergeten» des Bräch-Oberstafels – der ersten archäologischen Untersuchung einer Alpsiedlungswüstung in der Schweiz – weisen in das 12. bis 15. Jahrhundert zurück. Da die Besiedlung der Talgründe älter ist, darf ohne weiteres angenommen werden, daß auch die Nutzung der Naturweiden über der Waldgrenze und der im Zusammenhang damit entstandenen Rodungen innerhalb des Waldgürtels viel weiter zurückreichen. Am hohen Alter des alpinen Hirtentums zweifeln weder Historiker noch Archäologen. Ob seine Wurzeln sogar in die Bronzezeit zurückreichen? Abwegig scheint der Gedanke keineswegs zu sein. Die Erforschung höher gelegener Siedlungsplätze, der über der natürlichen Waldgrenze liegenden «Heidenhüttchen», z.B. derjenigen im Sernftal, vermöchte uns sehr wahrscheinlich neue Erkenntnisse zu liefern (Abb. 501).

Alpsiedlungen, seit jeher die Voraussetzung für die Nutzung der Gebirgsweiden, sind Sommersiedlungen. Wie alle Temporärsiedlungen gewinnen sie für die Haus- und Siedlungsforschung besondere Bedeutung, da sie Bau- und Wohnverhältnisse vergangener Zeiten am längsten bewahrt haben. Während sich die bäuerliche Wohnkultur der Dauersiedlung oft reich entfaltet hat, verblieb diejenige der alpwirtschaftlichen Sommersiedlungen bis in die Gegenwart auf dem Stand vergangener Jahrhunderte.

Die Geographie der Glarner Alpsiedlungen ist noch nicht geschrieben. Erste Informationen vermitteln die Grundbücher und die Alpinspektionsberichte, die den baulichen Zustand der Alphütten und Alpställe beschreiben. Ein Inventar, das auch den Kriterien der Hausforschung Rechnung trägt, existiert aber noch nicht. Darum beschränken sich die folgenden Ausführungen in erster Linie auf einen Abriß der historischen Entwicklung der Sennhütte.

Die Sennhütte

Seit den Anfängen der Milchverarbeitung auf den Alpweiden gibt es die Sennhütte. Sie ist das wichtigste Alpgebäude, bietet dem Älpler Wohn-, Schlaf- und Arbeitsraum. Im Vergleich zur wirtschaftlichen Entwicklung des Glarnerlandes sind die Einrichtungen und der Komfort seiner Sennhütten erstaunlich rückständig geblieben. Von den über 290 Alphütten des Kantons entspricht nur ein kleiner Prozentsatz dem Wunschbild der jungen Generation. Erst nach dem Zweiten Weltkrieg begann man Hütten zu bauen, die den zeitgemäßen Ansprüchen sowohl des Betriebes als auch des Personales entsprechen.

Einraumhütten eines mittelalterlichen Alpdörfchens. Das früheste Bild einer Alpsiedlung vermittelt die bereits erwähnte Grabung auf dem Oberstafel der Alp Bräch. Ausführlich und reich illustriert, orientiert der 1973 erschienene Bericht «Bergeten ob Braunwald, ein archäologischer Beitrag zur Geschichte des alpinen Hirtentums» (Verlag W. Geiser, Basel). Verfasser sind: der Grabungsleiter Werner Meyer-Hofmann, bekannter Burgenforscher (Grabungsbericht), Maria-Letizia Boscardin (Katalog der Kleinfunde), Suzanne Meier (Tierknochenfunde), Max Gschwend (Siedlungsplätze und Baureste) und Jost Hösli (Bergeten und die «Heidenhüttli» in der Glarner Geschichte).

Das Weidegelände «Bergeten» weist eine Vielzahl von Gemäuern wüstgelegter Hütten auf. Im Mittelpunkt der Untersuchung stand der Hauptplatz am Pfad vom Bergetenseeli nach dem «Tüfels Chilchli». Dieser läßt 11 rechteckige Hüttenreste erkennen. Ihr Trockenmauerwerk aus unterschiedlich großen, mehr oder weniger platten Kalksteinen fügt sich trefflich in die natürliche Umgebung eines Blockfeldes ein (Abb. 502, 503).

504 Braunwald, Alp Bräch, Bergeten (Rekonstruktionsversuch)
505 Braunwald, Alp Bräch, Bergeten
506 Braunwald, Alp Bräch, Bergeten, Station 1 Hütte 8

Die einräumigen Bauten, konstruktiv mit alten Ziegenställen – Hirtenhüttchen vergleichbar – trugen sehr wahrscheinlich schindelgedeckte Giebeldächer, einzelne wohl auch Pultdächer (Abb. 504) Ihre Grundrisse messen zwischen 6 und 27,5 Quadratmetern. Sechs Hütten besaßen Feuerstellen, die sich an einer Seitenwand oder in einer Ecke befanden. Das Fragment einer Herdkette, einer *Hääli*, wie sie heute genannt wird, beweist den Gebrauch von kleinen Kesseln, in denen nicht nur Speisen, sondern auch Käse zubereitet wurde. Spuren von Einrichtungen für drehbare Kesselgalgen konnten nicht festgestellt werden.

Wozu die Hütten ohne Feuerstelle Verwendung fanden, bleibt ungewiß. Möglicherweise dienten sie als Speicher für Milchprodukte, für Lebensmittel, für Holz u.a. oder auch als Schlafräume. Von insgesamt 487 Knochenfragmenten, die in den Hütten und auf ihren Vorplätzen gefunden wurden, konnten 270 bestimmt werden. Von diesen stammen 98% von teilweise jungen Rindern, von Ziegen und Schafen. Die starke Zerstückelung der Knochen und ihre Schnittspuren lassen sie als Speiseabfälle erkennen. In Anbetracht des auch heute noch häufigen Steinschlages im Bereich der «Legerwand», wo nur das Jungvieh weidet, darf angenommen werden, daß das Fleisch von verunfallten Tieren den

Speisezettel der Älpler bereicherte. Dies würde auch die Tatsache erklären, daß keine Knochen von Schweinen zu finden waren. Unter den Kleinfunden überwiegen eiserne Gegenstände: Messer, Schnallen, Hufeisen und Hufnägel. Unerwartet kam eine Maultrommel zum Vorschein, ein Brummeisen, das als Musikinstrument («Trümpi») in Hirtenkulturen weit verbreitet ist.

Interessante Details bieten uns zwei besondere Beispiele: Foto und steingerechte Aufzeichnung (Abbildungen 505 und 506) illustrieren die Überreste der Hütte 8 am Hauptplatz der Grabung. Ihre Vorderwand bestand sehr wahrscheinlich aus Holz. Der seitlich angebrachte 90 cm breite Eingang war mit flachen Platten ausgelegt. Eine bis 10 cm mächtige, schwärzliche Kulturschicht bedeckte den Innenraum. Sie enthielt vorwiegend Tierknochen. In der Ostecke lag die gut erhaltene Feuerstelle, seitlich von Steinen eingefaßt. Eine dünne Aschenschicht und kleine Partikel verkohlten Holzes überzogen die gerötete Unterlage. In der diagonal gegenüberliegenden Ecke kamen die Reste eines Holzrostes zum Vorschein, der offenbar aus kreuzweise übereinander angeordneten Tannenstämmchen bestanden hatte und als Unterlage einer Schlafpritsche betrachtet werden darf.

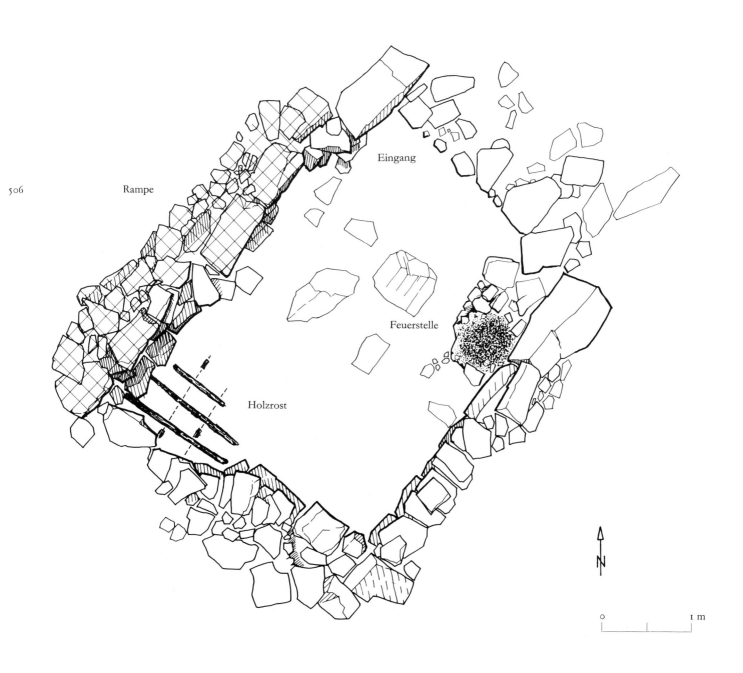

506

507 Braunwald, Alp Bräch, Bergeten
508 Braunwald, Braunwaldalp Oberstafel
509 Braunwald, Alp Bräch Oberstafel

Das zweite Beispiel führt uns rund 250 m östlich vom Hauptplatz zu den Wüstungen der Hütten 12 und 13 im Bereich großer Felsblöcke (Abb. 507). Die Hütte 12 war unterteilt. Eine einhäuptige Mauer im Innern trennte den ebenerdigen vorderen Teil, der ohne Feuerstelle war, vom hinteren, dessen Boden etwa einen Meter tiefer lag. Durch die Mauer der Rückwand führte eine kanalartige Öffnung, durch die das Wasser des nahen Bächleins fließen konnte. Hier wurde einst Milch gekühlt. Die an die Milchkammer anschließende Hütte 13 besaß eine Feuerstelle. Ihr Boden war mit einem mächtigen Haufen platter Steine überdeckt.

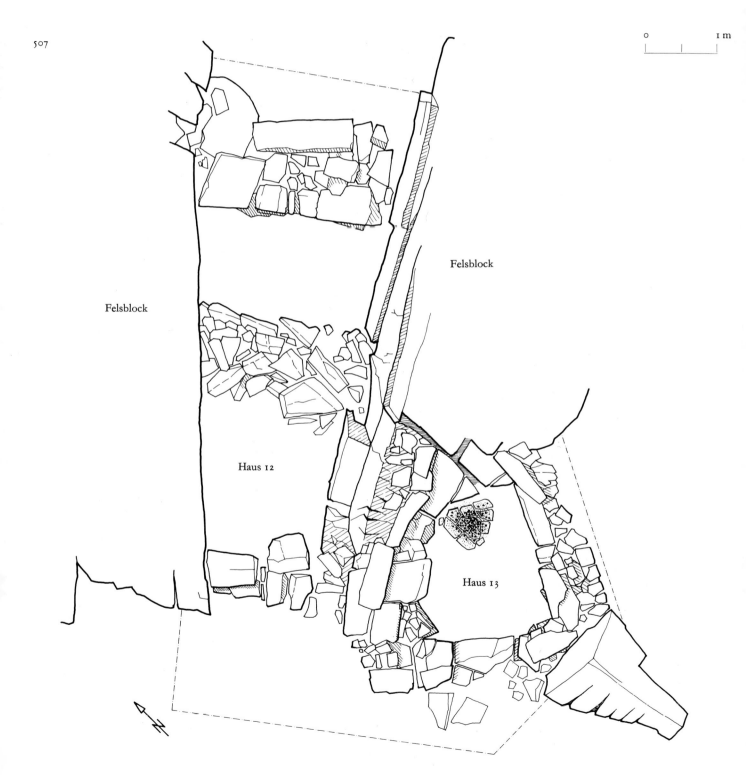

Der eiförmige kleine Grundriß und die ungewöhnliche Ansammlung von Steinen erlauben den Schluß, daß die Baute ein kuppelartiges falsches Gewölbe getragen und zur Verarbeitung der im benachbarten Keller aufbewahrten Milch gedient habe. Der einzige datierbare Fund, ein Messer aus dem 13. oder 14. Jahrhundert, spricht dafür, daß diese Hütten zur gleichen Zeit wie diejenigen des Hauptsiedlungsplatzes benützt wurden.

Die zwei- und dreiräumige Sennhütte. «Für das 15. Jahrhundert ist ein merkliches Nachlassen der Funde festzustellen. Offenbar ist damals der Siedlungsplatz allmählich verlassen worden. Gegen 1500 wird man die letzten Hütten aufgegeben haben, wobei alles brauchbare Material, Bauholz und fahrbare Habe weggeführt worden ist.» Diese Bemerkungen aus dem Grabungsbericht von Werner Meyer-Hofmann (S. 22) gelten möglicherweise auch für andere Glarner Alpen.

Nach der politischen und wirtschaftlichen Befreiung des Landes am Ende des 14. Jahrhunderts bahnte sich ein vielfältiger Wandel an. Die marktwirtschaftlichen Möglichkeiten – Exporte von Milchprodukten nach Zürich, Pferde- und Viehhandel nach Oberitalien – förderten das Streben nach Alpbesitz. Alpen, die einer Vielzahl von Teilhabern gehört hatten, gelangten in den Besitz von wenigen. Viele wurden Privatalpen einzelner Familien. Im 17. und 18. Jahrhundert waren Alpen und Alpanteile Eigentum wohlhabender Personen, die selber nicht mehr dem Bauernstande angehörten. Auch die Kirchen des Landes vergrößerten den schon früh durch Spenden und Stiftungen erworbenen Alpbesitz durch Kauf. Später, seit der Mitte des 18. Jahrhunderts, ging der größte Teil aller Alpen in den Besitz der Bürgergemeinden über. Diese Entwicklung führte begreiflicherweise auch zu einer betrieblichen Konzentration. Die Einzelsennerei wurde vom Pachtbetrieb abgelöst. Senntenbauern werden schon im 15. Jahrhundert erwähnt, das Glarner Senntenbauerntum wuchs zum eigentlichen Berufsstand heran.

Die Alpbetriebe der Senntenbauern erforderten größere Hütten. Der Typ der zweiräumigen Sennhütte, der noch heute auf einigen Alpen anzutreffen ist, mag baugeschichtlich älter sein als der dreiräumige, der im 18. Jahrhundert aufgekommen sein muß. Baudaten vor dem 19. Jahrhundert sind nicht bekannt. Renovationen, Neubauten, Verlegung des Hüttenplatzes, lokale Anpassungen wird es in Anbetracht der zerstörerischen Naturgewalten im Hochgebirge immer gegeben haben. Unterschiede in der Größe der Bauten sind ebenfalls verständlich. Allgemein baute man die Hütte so einfach und billig wie möglich. Bei schlechten Wegverhältnissen war man völlig auf die Baumaterialien der Umgebung angewiesen. «Auf den höchsten Alpenstäflen, die außer der Region des Holzwuchses sind, besteht das ganze äußere Gebäude nur aus trocknen, aufeinander gelegten steinernen Mäuerchen, die statt des Mörtels durch eingesteckte kleine Steinchen befestigt sind; selten ist es der Fall, daß wirklich Kalk hinaufgetragen und mit Kalk gemauert wird. Inwendig ist die Hütte mit einigen wenigen hölzernen Balken ausgebaut. Auf den niedern Alpen hingegen macht man die meisten aus übereinander gelegten Balken, deren Zwischenräume bisweilen mit Tannenrinde bedeckt oder mit Moos ausgefüllt sind, damit der Wind nicht in das Innere der Hütte eindringen könne. Das hölzerne, fast ganz platte Dach wird überall mit tannhölzernen Schindeln bedeckt, die einige darauf gelegte Felsenstücke beschweren und gegen heftige Windstöße sichern. Weil kein eigentliches Kamin gemacht wird, so ist entweder in dem Dach oder unter demselben in der Mauer eine hinlängliche Öffnung gelassen, wo der Rauch seinen Ausgang hat, der sich freilich öfters in der Hütte versteckt und alles anschwärzt» (Steinmüller, 1802, S. 119f.).

Trotz besser und größer gebauten Hütten blieb die archaische Primitivität der Wohn- und Arbeitsverhältnisse

508

509

teilweise bis in unsere Zeit hinein erhalten. Da die meisten Alpen, auf denen die Milch verarbeitet wird, nur von einem Betrieb *(Sännte)* bewirtschaftet werden – es sind fast vier Fünftel aller Alpen mit Sennereibetrieb – ist die Einzelsiedlung, die heutzutage aus Sennhütte und Stall besteht, die weitaus verbreitetste Siedlungsform. «Alpdörfchen», die mit den mittelalterlichen Vorläufern nicht mehr verglichen werden können, kennzeichnen diejenigen Alpen, auf denen die Gebäude mehrerer Sennten am gleichen Hüttenplatz vorkommen. Die besten Muster bieten die Alpen Braunwald und Bräch (Abb. 508, 509).

Frühe Beschreibungen der zwei- und dreiräumigen Sennhütte: Johann Jakob Scheuchzer (1672–1733), Zürcher

Stadtarzt und Polyhistor, bereiste das Glarnerland in den Jahren 1703, 1705 und 1710. Er wanderte das erste Mal von Flims aus über den Segnespaß nach Elm, das zweite Mal taleinwärts bis zur Pantenbrücke hinter Linthal, über die Alpen Bärenboden – Fiseten und den Klausenpaß ins Schächental; die dritte Bergreise galt dem Freiberg im Kärpfgebiet. Einer seiner bedeutendsten Gewährsmänner und Mitarbeiter war Johann Heinrich Tschudi (1670–1729), Pfarrer in Schwanden, Verfasser der ersten Glarner Geschichte. Tschudi, dessen Freundschaft mit Scheuchzer auf seine Studienzeit in Zürich zurückgeht, orientierte den großen Gelehrten mündlich und schriftlich über alle möglichen Eigentümlichkeiten und Neuigkeiten des Glarnerlandes.

Scheuchzer beschreibt als erster die *zweiräumige Sennhütte*, die damals im Glarnerland noch allgemein verbreitet gewesen sein muß: «Die Wohnung des Sennen ist die sogenannte Sennhütte, ein durchleuchtiges, von hölzernen, aufeinander gelegten Balcken aufgebautes, mit Tannrinden bemauertes, mit hölzernen Schindeln bedecktes und mit großen Steinen beschwertes Häußlein, dessen Ästreich [Boden] eine bloße oder mit Tannrinden bedeckte Erde; dessen Thüren, Schlösser, Riegel, Küchen-Geschirre alle von Holz. Diese nach der bequemen Einfalt der ersten Erden-Einwohner eingerichtete Wohnung wird abgetheilt in zwey Haubt-Gemächer: Das erste behaltet den Namen des großen Hauses, Käsehütte, weilen darin der Käse verfertigt wird; da finden sich alle zu der Käsemachung nöthigen Werckzeuge, des Sennen Bette, die sogenannte in Form eines Amphitheatri von Steinen gebaute Hell, Herd oder Feuerstatt. Der andere Theil des Hauses ist der Milchgaden, Milchkeller, weilen da die Milch hingestellet und behalten wird, liegt deßwegen gemeinlich gegen Norden, woher die kalten Lüfte wehen» (Naturgeschichte 1746, S. 59).

Zu Beginn des 19. Jahrhunderts beschreibt Johann Rudolf Steinmüller (1773–1835) «Die Alpenwirthschaft des alten Kantons Glarus» (Winterthur 1802). Steinmüller, Nachkomme einer im 17. Jahrhundert aus der Pfalz eingewanderten Familie, war Pfarrer in Mühlehorn, in Obstalden, dann in Gais und Rheineck, St. Galler Erziehungsrat, Förderer des Schulwesens und der Landwirtschaft, bedeutender Naturforscher, zünftiger Ornithologe.

Steinmüller schildert als erster die *dreiräumige Sennhütte*, die Milchkammer, Sennküche und das «Molchendach» umfaßt. Die Milchkammer bestimmte öfters den Standort und die Orientierung der Hütte. Man ziehe es vor, daß ein «unterirdischer Luftzug» oder Quell- und Bachwasser die Milch in den «Milchgebsen» [Aufrahmgefäße] frisch halte. Ihr Boden liege häufig tiefer als derjenige der Sennküche. Diese nenne man «Weller». «Dieser Name kommt von Milcherwellen, d. h. Milch siedend oder aufwallend machen, her, indem dieser Theil eigentlich die Küche ausmacht, wo die Milch verarbeitet und in Butter, Käse oder Zieger verwandelt wird. Man trifft daher den Feuerheerd und die meisten Alpengeräthschaften darin an. Wegen dem schlechten Rauchfang ist diese gewöhnlich dunkel, rauchicht und rusig» (S. 124). Mit zwei Kupferstichen illustriert Steinmüller seine kompetenten Ausführungen. Abbildung 510 «stellt zur Linken eine Sennhütte und zur Rechten einen Käsgaden vor, so wie sie im Klönthal anzutreffen sind». Abbildung 511 zeigt den «sogenannten Weller oder die

510 Alpsiedlung, Kupferstich 1802
511 Sennküche, Kupferstich 1802
512 Linthal, Sandalp Oberstafel

Küche der Sennhütte. In einer Ecke befindet sich der Feuerherd, wobey das küpferne große Wellkessi ob dem Feuer hängt; wenn dies auf die Seite gedrraht wird und der Senn für sich kochen will, so läßt er die oben über einen Stab geworfene Kette hernieder und hängt das in der Öffnung für das Tageslicht stehende kleine küpferne Kochkesseli an dieselbe über das Feuer. Auf dem Heerde steht eine größere und eine kleinere Etschertause [Milchsauerbehälter], und an dieser Wand hängt der Salzbeutel. Auf der andern Seite stehen in der Ecke zwey Zigerbürre [Zigerbehälter], und in einer Leiste an der Wand steckt ein Birkenbüschel (Kesselputzer), ein Paar Nidelkellen, einige Eßlöffel und ein eiserner Versuchlöffel. Nahe dabey hängt auch die Öllampe, ferner die Kübelsiene [Sieb], und der Ankenkübel [Butterfaß] lehnt an dieser Wand an. Oben unter dem Dach schweben zwischen zween Balken mehrere Milchgepsen [Aufrahmgefäße]. Auf dem Boden stehen ein Paar Schweinbrennten und der Schweinnapf [Gefäße für Schweinefutter]. Der Senn hat hier die Milchkelle in der Hand.» – «An denjenigen Orten, wo der Senn vorzüglich reinlich ist, wird der Kücheboden mit steinernen Blatten, der übrige Hüttenboden aber mit hölzernen Balken belegt; es giebt aber auch Hütten, in denen beydes mangelt, worin es also überaus kothig ist. Überhaupt sind unsere Älpler in Ansehung der Reinlichkeit ihrer Hütten sehr nachlässig, da es hingegen bey den Milchgefäßen – an den meisten Orten – in diesem Stück viel besser aussieht...» (S. 120).

Der dritte, neue Raum, der sich an die Sennküche der zweiräumigen Hütte anfügt, ist das «Mulchendach». Steinmüller beschreibt ihn recht ausführlich. «Dieser Theil der Hütte macht oft gerade die Hälfte des Ganzen aus und besteht zu vorderst aus dem breiten Gang, der durch dieselbe führt, worein man sogleich beym Eintritt in die Hütte kommt, den zwey Gitterthüren schließen, die vorzüglich deßwegen so groß und mit weiten Öffnungen versehen sind, weil dieß gewöhnlich der einzige Weg ist, der dem Licht einigen Eingang verschafft. In diesen Gang wird an den meisten Orten eine Kuh nach der andern gerufen, und daselbst gemolken. Neben dem nöthigen Raum zum Melken, besteht dann dieser Theil auch noch aus 2 oder 3 nebeneinander stehenden Schweinställen, die die halbe Höhe der Hütte haben, außer denen noch in dem breiten Gang ein Trog stehet, woraus die Schweine ihre Schotte einschlürfen. Über diese Schweineställe sind einige hölzerne Balken gelegt, welches das Schlafgemach der sämtlichen Alpenbewohner ausmacht, und das Tril oder die Trileten heißt. Nur an wenigen Orten – wie z.B. auf der Dtheyenalp [Deyenalp] ist das Tril [der zweiräumigen Hütte] gerade auf dem Boden in einem Theil der Küche. Auf dieß trägt der Älpler hinlänglich gedörrtes Heu, dehnt ein Heu- oder Leintuch darüber aus, legt sich des Nachts darauf, deckt sich dann mit einer sogenannten Schnetzlidecke zu, die aus vielfach aufeinander genähten Leintüchern besteht, und einer Sommerdecke gleich ist, und auf diesem Lager schlafen die Söhne der Natur ebenso sanft als der verwöhnte Städter und Dorfbewohner in seinen weichen Federbetten. Das Auf- und Absteigen dahin geschieht auf einer Leiter von 8 bis 10 Sprossen» (S. 120f.).

Die Bezeichnung «Mulchendach» weist auf ein ursprüngliches Vordach hin, unter dem bei schlechtem Wetter die Kühe gemolken wurden. W. Manz erwähnt in seinen «Beiträgen zur Ethnographie des Sarganserlandes» (Zürich 1913, S. 90), daß «noch vor wenigen Jahrzehnten vor mancher Hütte, meist in direkter Verbindung mit dieser, das große, auf Holzsäulen ruhende Mulchendach» zu sehen war. F. Schießer (Walenseetal 1951, S. 109) berichtet, daß man dieses im Frühling aufrichtete und bei Alpentladung wieder niederlegte, wovon weder Scheuchzer noch Steinmüller berichten. Wir nehmen folglich an, daß im Glarnerland der offene, nur mit einem Dach versehene Platz vor der zweiräumigen Hütte spätestens im 18. Jahrhundert zu einem mehr oder weniger geschlossenen Raum umgestaltet wurde.

512

Die zur Firstrichtung quer geteilte dreiräumige Hütte scheint in diesem wirtschaftlich konjunkturell günstigen Zeitraum als einfachste fortschrittliche Lösung «gehobener» Ansprüche auf den meisten Glarner Alpen Verbreitung gefunden zu haben. Ob sie als Typ eine spezifisch glarnerische Leistung ist, wird dann zu entscheiden sein, wenn die entsprechenden Untersuchungen der Nachbarkantone vorliegen.

Gut 40 Jahre später wiederholt Oswald Heer (1809–1883) die eingehende Beschreibung der Glarner Sennhütte (Gemälde 1846, S. 421f.). Noch heute heißen die drei Räume in Mundart *Milchchamer* (oder *Hinderhütte*), *Hütte* (selten noch *Weller*) und *Mulchetach*.

Über die Größe der Sennhütte erfahren wir von Scheuchzer wenig. Von der Wanderung im Freiberg des Kärpfgebietes im Jahr 1710 berichtet er: «Die Hütten, in welchen wir übernacht geblieben, sind sehr niedrig, kaum 10 Schuh hoch von der Erde bis an die Gipfel der Dächer. Die Ursach ist, damit die Lauenen, welche etwa herunterfallen möchten, über die Hütten hinüberschießen, ohne sie zu verletzen» (Naturgeschichte 2. Teil, 1746, S. 302). Nach Steinmüller (S. 119) sind die dreiräumigen Hütten «gewöhnlich 40 bis 50 Werkschuh lang und 14 bis 20 Schuhe breit und 12 bis 14 Schuh hoch». Ein Glarner Fuß oder Schuh maß 30⅔ Zentimeter.

Beispiele traditioneller Alphütten: Auf dem abgelegenen Oberstafel der *Sandalp* (1937 m) im Quellgebiet der Linth, zwischen den vergletscherten Gipfeln des Tödi und des Clariden, stehen die Hütten und Ställe zweier Sennereibetriebe (Abb. 512). Beide Hütten sind klein und zwei-

513 Linthal, Sandalp Oberstafel
514 Linthal, Sandalp Oberstafel, Radierung 1780
515 Linthal, Sandalp Oberstafel, Radierung 1780
516 Linthal, Sandalp Hintersand
517 Braunwald, Braunwaldalp Oberstafel
518 Braunwald, Braunwaldalp Oberstafel

räumig, die massiv gebauten Ställe sind größer. Die jüngere Hütte und der zugehörige Stall entstanden erst in der zweiten Hälfte des letzten Jahrhunderts (Abb. 513). Die andere Hütte (in der Mitte der Abb. 512) ist bedeutend älter. Wie die Alpsiedlung um 1780 aussah, illustriert eine Radierung von Heinrich Thomann (Abb. 514). Das Gebäude rechts im Bild ist die Sennhütte, die damals beiden Sennten zu genügen hatte. Der Stall beim Felsblock ist später durch den großen Stall ersetzt worden. Der Stäfner Arzt Johannes

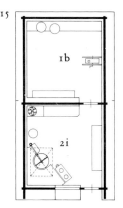

Hegetschweiler, der in den Jahren 1819, 1820 und 1822 vergeblich versucht hat, den Tödi zu besteigen, schildert uns die damaligen Verhältnisse unübertrefflich: «In einer einzigen kleinen Sennhütte sind im Oberstafel der Sandalp zwey große Sennereyen zusammengepreßt. Zwey Käskessel, im Halbkreis um dieselben herum ein Paar russige Steine zum Sitzen, und zum Zusammenhalten des Feuers, nebst einigem andern Geräthe versperren den Platz so, daß kaum die Sennschaft in corpore Platz hat. Das Ganze deckt ein grobes Schindeldach, welches, wie ein bestochener Douanier, das Wasser hinein, den Rauch der Hütte aber nicht hinaus läßt. Unweit dieser Hütte liegt eine Art Stall, zu dem man nur nach Durchwattung eines Kothmoores gelangt. Im Geradehinein wohnen Nachts die Schweine, Abends wird der Reihe nach einiges Vieh darin gemolken, während der größte Theil rings um die Hütte steht. Auf dem Boden, dicht unter dem Dache, war unser Schlafgemach; ein Paar Löcher in einer Art Mauer machten statt einer Treppe den Zugang etwas leichter, und war vollends ein schmales viereckiges Loch durchkrochen, so ruhten wir in weichem Wildheu unter dem furchtbaren Grunzconcert des Schweinesaales unter uns so sanft, als immer in der Ebene. So wenig bedarf der Mensch zu seinem Glücke, wenn ihn eine Idee beherrscht» (Hegetschweiler, S. 39f.). Die Abbildung 515 zeigt einen im August 1955 aufgenommenen Plan der älteren Hütte, die möglicherweise die älteste erhaltene des Kantons ist. Die Untersuchung ergab, daß sie ursprünglich einräumig war. Weder Hegetschweiler noch Heer erwähnen die Milchkammer, also muß diese nach 1850 errichtet worden sein. Früher hat man die Milchgefäße in speziellen Holzbehältern im nahen Oberstafelbach gekühlt. Mannshohes Trockenmauerwerk trägt das Dach, das 1949 steiler gerichtet und erstmals mit Nagelschindeln gedeckt wurde. Ferner baute man neben der Türe ein Fenster ein und zementierte den Erdboden. Rauchfang und Kaminrohr aus Blech leiten jetzt den Rauch ab. Die Feuerstelle blieb offen.

Die zum gleichen Senntenbetrieb gehörende Hütte auf dem Unterstafel *Hintersand* (1300 m) ist dreiräumig (Abb. 516). Ihre Vorläuferin brannte 1911 ab. Der gemauerte Stall konnte gerettet werden. Eine Seilbahn erleichtert seit 1945 den Waren- und Gerätetransport zwischen den über 600 m Höhendifferenz aufweisenden Alpstufen *(Staafel)*. Seit 1959 führt ein fahrbares Sträßchen bis Hintersand, das von der Kraftwerk AG Linth-Limmern erstellt wurde.

Als Beispiel einer zweiräumigen Hütte, die aus behauenen Hölzern gestrickt war, soll ein Bau auf dem Oberstafel der *Braunwaldalp* (ca. 1750 m) vorgestellt werden, der 1947 abgebrannt ist. Die Abbildung 517 zeigt ihre Frontseite mit angebautem Schweinestall, die Abbildung 518 stellt den Grundriß und den Querschnitt durch die Sennküche dar.

517

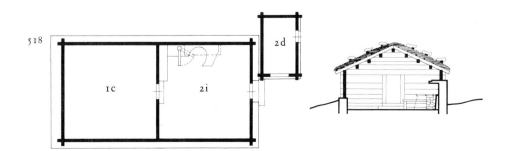

518

519 Elm, Alp Camperdun Oberstafel
520 Elm, Alp Camperdun Oberstafel
521 Elm, Alp Camperdun Oberstafel
522 Braunwald, Alp Bräch Oberstafel
523 Braunwald, Alp Bräch Oberstafel

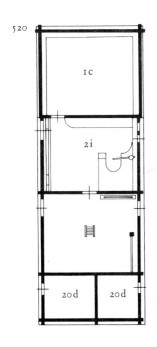

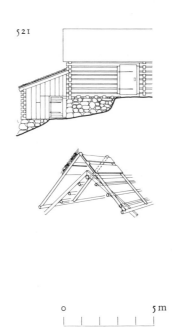

Exemplarische Beispiele des dreiräumigen Typs sind die alten Sennhütten auf dem Oberstafel *Chamm* (1940 m) der Alp *Gamperdun*, die dem Tagwen Elm gehört (Abb. 519). Der Vorläufer dieses Hüttenplatzes befand sich im Gelände des «Altstafels» unter der Schopfwand, wo Gemäuer von mindestens acht Hüttchen feststellbar sind. Nach der Ursache der Dislokation gefragt, meinte der Elmer Senntenbauer, daß ein früherer Wasserlauf versiegt sei. Der jetzige, wahrscheinlich weit über 100 Jahre alte Hüttenplatz liegt im Bereich der Quelladern des Flisenbaches. Er weist drei Hütten ohne Ställe auf. Die 1955 untersuchte Hütte des sogenannten Kilchensennten (in der Abb. 519 links außen) wird seit 1951 nicht mehr benutzt (Abb. 520, 521). Trockenmauern bilden die Unterlage des Blockbaues. Die Fugen zwischen den mehr oder weniger gut behauenen Hölzern messen durchschnittlich 5 cm. Die Außenwände sind mit Schindeln verkleidet, die in der Abbildung 521 weggelassen wurden. Überall verbinden Holzdorne zwei oder drei Balken miteinander. Die Seitenwände der in den Hang eingetieften Milchkammer bestehen ganz aus Mauerwerk. Die Zwischenwände der drei Räume sind wie das Giebeldreieck der Rückwand fugenlos gestrickt, die Schindeln des Tätschdaches direkt auf die Pfetten genagelt. Durch eine der beiden Türen auf den Traufseiten betritt man das «Mulchendach», den Melkraum, der auch als Einbindstall für kranke oder verletzte Tiere diente. Über eine steile Leiter und durch eine fast quadratische Öffnung von ungefähr 80 cm Weite in der gestrickten Trennwand erreicht man den Schlafraum der Älpler, *ds Trüil*. Sein Bretterboden, 170 cm über demjenigen des Stallraumes, wird von einem Querbalken und den Hüttenwänden getragen. Ein kleines Fenster auf der südlichen Giebelseite erhellt den niedrigen Dachraum. In die bodenebene Sennküche gelangt man über eine hohe Schwelle durch eine nur 155 cm hohe Türöffnung. Die Fensteröffnungen sind nur mit Läden verschließbar. Zur offenen Feuergrube gehört der Drehgalgen für den Käsekessel, der *Chessiture*. Der Rauch quoll durch eine dachreiterartig gedeckte Öffnung im Dachfirst hinaus (Abb. 521). Die Milchkammer ist ohne Wasser. Das Balkenwerk der Schweineställe ist mit Brettern verschalt.

Auch die Gebäude auf dem Oberstafel der Alp *Bräch* ob Braunwald (1600 m) stehen nicht mehr am ursprünglichen Platz im Gelände von «Bergeten», wo sich – wie bereits beschrieben – die zahlreichen Gemäuer des mittelalterlichen Alpdörfchens befinden. Der Grund für die Verlegung des Hüttenplatzes an den Brächerbach liegt eindeutig in der Notwendigkeit einer genügenden Wasserversorgung. Der Brächerbach entspringt ergiebigen Karstquellen. Die heutigen Gebäude der vier Sennten wurden im 18. und 19. Jahrhundert errichtet. Von der am rechten Bachufer talwärts gelegenen Hütte ist die Jahrzahl 1823 bekannt; sie ist über dem südlichen Eingang zum «Mulchendach» eingeritzt. Der Zürcher C. Hirzel-Escher, der im September desselben Jahres zu Besuch war, berichtet: «Die obere Brächalpe trägt eine der schönsten, neu erbauten Sennhütten im Glarnerland» (Wanderungen 1829, S. 148). Das stattliche Gebäude ist vierräumig. Talwärts befindet sich die Milchkammer, dann folgen die Sennküche, das «Mulchendach» und als viertes und neues Element ein geräumiger Stall. Die Abbil-

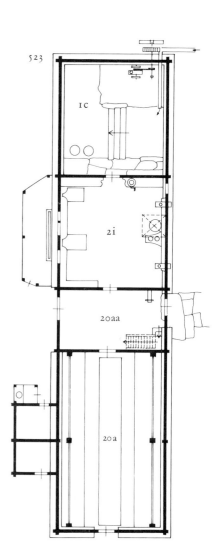

dung 522 zeigt uns das Gebäude, wie es in den 1930er Jahren aussah. Sein Grundriß (Abb. 523) wurde im Juli 1955 aufgezeichnet. Der Unterbau besteht aus Mauerwerk mit Kalkmörtel; der Oberbau ist ein reiner Blockbau aus Fichtenholz. Die Kanthölzer der Wände sind durchschnittlich 15 cm dick und teilweise bis 40 cm breit. Schwertkeile verstärken die Seitenwände des höheren Stalltraktes. Ihre Balken sind gut 13 m, diejenigen des niedrigeren Hüttenteiles 12 m lang. Blockwandkonsolen tragen das stark vorspringende Dach. Nagelschindeln auf einem Bretterunterzug ersetzten das alte mit Steinen beschwerte Brettschindeldach. Nach dem schneereichen Winter 1969/70 wurde es mit Blech gedeckt. Überreste einer zweiten offenen Feuerstelle, die zwei Läger im Stall und die darüberliegenden zwei Schlafräume sprechen dafür, daß der Bau für zwei Senntenbetriebe bestimmt war. Das «Mulchendach» ist ein schmaler Vorraum zwischen dem Stall und der Sennküche. Eine steile Treppe ermöglicht den Zugang zu den Schlafräumen über dem Stall. Die Küche war früher ohne Kamin; Mauerwerk mit dem vorkragenden Flammenstein schützte die Blockwand vor den Flammen der nebeneinander liegenden Feuerstätten; der Rauch zog durch eine speziell konstruierte Spalte am Dachfirst ab. Von den offenen Feuergruben blieb nur die Zwischenwand erhalten; diese trägt den zweilöcherigen Kochherd. Daneben befindet sich der Sennkessel mit geschlossener Feuerung und einem Kaminzug aus Blech. Als Spuren der zwei Kesselgalgen sind an der Wand die hölzernen Fassungen ihrer Drehachsen erhalten geblieben. Einst stellte der Senn auf den niedrigen Gestellen an der Wand *(Nidelbängg)* die vollen Milchgefäße *(Gebse, Gäbse)* auf, um den Rahm von der Milch zu schöpfen; doch schon seit Jahrzehnten wird mit der Zentrifuge

524 Braunwald,
    Braunwaldalp Oberstafel
525 Luchsingen,
    Alp Oberblegi Unterstafel
526 Luchsingen,
    Alp Bösbächi Mittelstafel
527 Braunwald,
    Alp Bräch Bergeten
528 Elm, Alp Ämpächli
529 Elm, Alp Ämpächli
530 Elm, Alp Ämpächli
531 Elm, Ober-Ämpächli

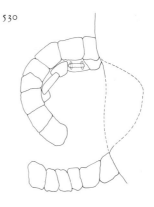

entrahmt. Wandbänke und zwei Klapptische gehören ebenfalls zum Inventar des wohnlichen Küchenraumes, den zwei Fenster und Glasziegel über dem Eßtisch erhellen. Die Milchkammer wird von Quell- und Bachwasser durchflossen. Ein Wasserrad hat früher das Butterfaß gedreht. Seit Jahren transportieren die Älpler Frischmilch und Rahm mit der Materialseilbahn nach Braunwald.

Die vergangenen Jahrzehnte haben vielen Alphütten vorteilhafte Änderungen gebracht; andere sind als Musterbeispiele moderner Zweckmäßigkeit neu erstellt worden. An die Stelle der dunkeln und schmutzigen Räume sind helle, saubere Sennküchen mit Zementböden, fließendem

erleichtern den Alpbesitzern, Privaten und Gemeinden, den Entscheid zu ihrer Verwirklichung. An erfolgreichen Beispielen fehlt es nicht (Abb. 526). Neue, zweckmäßig eingerichtete Gebäude tragen wesentlich zur Gesundheit und Leistungsfähigkeit der Älpler bei. Die notwendigen Verbesserungen der Betriebe erhalten die alpine Landwirtschaft, so wie sie Generationen gestaltet haben. Die Alpen, im Grenzbereich des besiedelten Gebietes gelegen, sind als Wirtschafts- und Erholungsräume von unschätzbarem Wert.

526

531

Wasser, geschlossener Feuerung und einem Kochherd mit Rauchabzug getreten (Abb. 524, 525). Milchkeller mit betonierten Wasserbassins und Zuglöchern in den Mauern sorgen für die Kühlhaltung der Milch und Milchprodukte. Die neuzeitlich eingerichteten Hütten enthalten besondere Aufenthalts- und Schlafräume (*Chamer* oder *Stubli*). Dem Borstenvieh, das über Jahrhunderte gar viel zur Poesie des Hüttenlebens beigetragen hat, sind eigene Räumlichkeiten zugewiesen (*Schwiigade* oder *Schwiifigler*).

Die Zukunft wird den Alpsiedlungen weiterhin Neuerungen bringen. Wie für andere Wirtschaftszweige sind die fehlenden und teuren Arbeitskräfte auch für die Bewirtschaftung der Alpen das zentrale Problem. Zu den vielfältigen Maßnahmen der Rationalisierung der Betriebe gehört unabdingbar die Verbesserung der Wohn- und Arbeitsverhältnisse. Wer will schon alten Hütten, rauchgeschwärzten Sennküchen, Heulagern über Schweineställen und schlechten sanitären Zuständen nachtrauern? Wer nimmt es mit in Kauf, einen Viertel bis einen Drittel des Jahres ein asketisches Dasein mit strengster Arbeit zu leben? Renovationen haben zeitgemäßen Ansprüchen zu genügen. Selbst die einfachsten betrieblichen Neuerungen sind noch nicht überall vorgenommen. Stube, Schlafzimmer mit Betten, elektrisches Licht, fließendes Wasser, Dusche und Toilette mit Wasserspülung werden in vielen Hütten noch geraume Zeit auf sich warten lassen. Fahrsträßchen, Seilbahnen und Helikopter ermöglichen den Bau neuer Gebäude und erleichtern in verschiedener Hinsicht die Bewirtschaftung der Alpen. Renovationen und integrale Sanierungen sind teuer. Subventionen von Kanton und Bund, aber auch Patenschaften von außerkantonalen Gemeinden

Hirtenhüttchen

Auf entlegenen Weiden kommen einfache Hüttchen (*Figler*) vor, die von den Hirten selber erstellt wurden. Sie bieten dann Zuflucht und zeitweilig auch Unterkunft, wenn diese nicht in den Sennhütten übernachten.

Die primitivsten Wohnstätten sind Balmen, nischenartige Höhlungen unter Felsen, wo andernorts vor Jahrtausenden, schon in der Alt- und Mittelsteinzeit, Menschen hausten. Gute Beispiele bieten das Gelände des Oberstafels der Alp Bräch (Braunwald) und der bedeutend höher gelegene «Stelliboden» der Alp Ämpächli (Elm). Unter dem Überhang des *Räbestäi*, eines mächtigen Bergsturzblocks unweit hinter dem einstigen Hüttenplatz von «Bergeten» liegt der romantische Zufluchtsort des Rinderhirten von Bräch (Abb. 527). Höher liegt die Balm beim «Stelliboden» (2090 m). Die Abbildungen 528, 529 und 530 vermitteln den besten Eindruck des pittoresken Obdaches in schönster Aussichtslage. Neben dem aus rohen Steinplatten gefügten Herd dient ein Brett als Sitzbank. Leicht verwitternde Sernifitschiefer bilden zudem eine Nische, in welcher man Holz lagern kann. Auf dem Felskopf der Höhlung zeugen Mauerreste von einem kleinen Pferch.

Ebenfalls im Weidegelände von Ober-Ämpächli, rund 250 m tiefer als der «Stelliboden», wo weder Sennhütten noch Ställe vorkommen, aber während zwei bis drei Wochen die Kühe gemolken werden, befindet sich die auf Abbildung 531 vorgestellte Küherhütte. Sie ist dem Terrain bestens eingepaßt. Ein 2,5 m hoher Felsblock auf der einen und eine 60 cm breite und 1 m hohe Trockenmauer auf der andern Seite tragen ihr Pultdach, dessen Giebelkante mit aufgestellten Steinplatten geschützt wird. Wohnlicher ist die Hütte des Rinderhirten der Alp Mittel-Durnachtal im Talkessel von Hintersulz (1780 m), wo gute Weiden den Tieren sieben bis acht Wochen Atzung und rauschende Bäche reichlich Wasser bieten (Abb. 532). Der angebaute Ziegenstall beherbergt die Milchlieferanten. Die im September 1943 aufgenommene Foto läßt im Hintergrund die Stirne des vom Schutt weicher Flyschgehänge bedeckten Hintersulzgletschers erkennen.

Alpställe

Was heute selbstverständlich ist, daß zu den Sennhütten auf allen Alpstafeln Ställe gehören, blieb bis ins letzte Jahrhundert seltene Ausnahme. Vorläufer des Stalles ist der Pferch, *ds Fääri*, ein in der Regel mit Trockenmauern eingefaßter Platz bei den Hütten und auf abgelegenen Tagweiden, wo morgens und abends die Kühe gemolken werden. Steinmüller (1802, S. 118) berichtet: «Der Platz um die Hütte herum, worauf gemolken wird, ist auf einigen Alpen eingezäunt, und heißt der Hof oder der Ferig» (Abb. 510). Der alpenländische «Kral» bot zudem einen gewissen Schutz vor wilden Tieren und verhütete die Flucht der Herde bei Unwetter. Von besonderer Bedeutung waren damals die Schneefluchtrechte. Sie ermöglichten hier und dort einer Herde im Notfall tiefer liegende Areale, Wälder und Bergwiesen, aufzusuchen, die nicht zur Alp gehörten. Wettertannen boten einen nicht immer zuverlässigen Schutz. Dennoch bestimmte die Landsgemeinde von 1850, daß «die an den Alpen zum Schutz und Schirm des Viehs dienenden Wettertannen auf keinerlei Art weder umgehauen noch beschneiet [beschnitten] oder geschädigt werden sollen, auf jede Übertretung bei 35 Fr. Buße, wovon dem Kläger die Hälfte gehört» (J. Bäbler, Alpwirtschaft 1898, S. 19).

Mauerreste von Pferchen sind auf vielen Alpen erhalten geblieben. Bei der Siedlungswüstung im «Fuggtäli» der Alp im Krauchtal (2100 m) sind die Steinkränze kleiner Pferche besonders auffällig (Abb. 501). Überreste großräumiger Pferche auf den «Untern Saumen», rund 200 m tiefer gelegen, und auf dem «Stelliboden» der Alp Ämpächli (2100 m) zeugen für die frühere Nutzung der Hochweiden. Die Abbildung 533 zeigt den Pferch unterhalb der Alphütte «Im Loch» des mittleren Stafels der Alp Jetz (1470 m). Am Oberstafel (1673 m) führt der Panixerpaßweg über den großen, eingezäunten «Hofplatz» vor den Alpgebäuden, die sich im Schutze einer mächtigen Lawinenmauer befinden. Auf Ober-Ämpächli, unweit der bereits erwähnten Küherhütte, fallen dem Wanderer die kleinen Melkpferche auf, in denen während zwei bis drei Wochen die Kühe gemolken werden (Abb. 534, 535).

Bereits Steinmüller (1802, S. 23f.) wies auf die Notwendigkeit von Ställen hin: «Ställe hat man auf unsern Alpen keine, und wo noch solche sind» (ihm war ein einziger auf der Neuenalp bekannt), «so macht man nicht diesen Gebrauch davon, daß man das Vieh des Nachts oder bey ungünstiger Witterung hineintreibe und auf diese Art Dünger gewinne». An anderer Stelle schreibt er: «Erhungerte Milch kömmt wieder bei besserm Futter, aber erfrorne nicht leicht, sagt der Urnersenn» (Alpina I 1806, S. 132). In der ersten Hälfte des letzten Jahrhunderts wurde der Alpstall zum öffentlichen Diskussionsthema. Die «Glarner-Zeitung» räumte den «Alpenstimmen» reichlich Platz ein: «Einsendungen von dieser Seite sind uns stets willkommen. Mögen nur die gegebenen Räthe endlich Gehör finden. – Eine zweite, höchst wichtige Lehre, die wir aus der drückenden Zeit zogen, besteht darin, daß der Gewinn, den wir durch Fleiß und Sachkunde aus unserm Grund und Boden erringen, weniger Schwankungen ausgesetzt ist als der Ertrag der Fabrikation, daß thätige und einsichtsvolle Bewirtschaftung unseres Bodens gegen Mangel und Entbehrung mehr schützt als die mancherlei Gefährde unterworfene Industrie. Die Wichtigkeit der Letztern verkennen wir nicht, aber wir sollen sie nicht als Schooskind betrachten und darüber den ältern Begründer unserer Wohlfahrt, den Landbau, nicht vernachlässigen («Glarner-Zeitung» Nr. 42, 26. Mai 1849). Ein Jahr später beschloß die Landsgemeinde ein Gesetz «betreffend die Erbauung von Ställen an den Alpen: An jeder Alp, welche mit Vieh bestoßen wird, muß wenigstens ein Stall, der für das an der Alp gesommerte Melkvieh hinreichenden Raum enthält, bestehen oder erstellt werden.» Waldeigentümer wurden verpflichtet, Alpbesitzern ohne eigenen Wald oder ohne verbriefte Haurechte billiges Holz zu liefern. Zur Schonung der Wälder mußten jedoch die «Unterzüge» aus Steinen erstellt werden. Um dem Gesetz Folge zu leisten, wurde ein Termin von sechs Jahren eingeräumt. Säumigen Alpbesitzern drohte man mit Strafen. Zwei Jahre nach dem Termin hatte man als Buße 350 Fr. zu bezahlen (J. Bäbler, Alpwirtschaft 1898, S. 18f). Im Amtsbericht vom 11. November 1856 ist von einem günstigen Resultat der Inspektion zu lesen. Der Alpkataster 1962 verzeichnet auf 95 Alpen des Kantons 345 Viehställe. Der Neuwert sämtlicher Alpgebäude betrug damals 23,8 Millionen Franken (S. 60f.).

Wo es das Terrain gestattete, wurden Stall *(Gade)* und Hütte unter einem Dach vereinigt, seltener quer miteinander verbunden. In der Regel stehen jedoch die auffälligen Längsbauten frei; sie sind meistens die neueren, die nicht selten alle Tiere des Betriebes fassen. Die zumeist gemauerten Ställe sind *Iibindgäde*, worin die Tiere angebunden werden. Nach der Anordnung der Läger unterscheidet man Längs- und Querställe. Längsställe, worin das Vieh in langen Reihen mit dem Kopf gegen die Seitenwände gestellt wird, herrschen vor. Querställe weisen Querwände auf, die sie in Abteile aufgliedern. Hier stehen die Tiere mit dem Kopf gegen die Querwände, die als tragende Elemente des Daches im schneereichen Gebirge besonders zweckmäßig sind. Standorte an steilen, schneedruck- und lawinengefährdeten Hängen erzwingen Pultdächer. Im Dachraum wird der gesetzlich vorgeschriebene Heuvorrat aufbewahrt. Fenster sorgen für Licht und gute Lüftung. Für die Fütterung bei Schneefall und Frost sind Futterkrippen nötig. Lager, Dunggraben *(Schorrgrabe)* und Stallgänge sind zementiert. Auch die Ställe müssen stets unterhalten und ihre Einrichtungen immer wieder verbessert werden: Schäden sind zu reparieren, Dächer neu zu decken, Mauern zu erneuern, Düngerkasten zu vergrößern, Pumpen und Schlauchanlagen anzuschaffen, elektrischer Strom für Licht und Melkmaschinen zu installieren, Wasserversorgung und Tränkeeinrichtung zu verbessern. Davon ist in den gedruckten Inspektionsberichten der Alpkommission zu lesen, die im Auftrag der Regierung alle Alpen einmal innerhalb von 10 Jahren zu besuchen hat.

532 Linthal, Alp Mittel-Durnachtal Hintersulz
533 Elm, Alp Jetz Mittelstafel
534 Elm, Ober-Ämpächli
535 Braunwald, Alp Bräch Bergeten

Beispiele: Abbildung 536: Oberstafel Kühtal (1974 m) der Alp Diestal, die dem Tagwen Diesbach gehört. Der Querstall mit dem Pultdach ist eine Bauart, die für «abnormen Schneedruck berechnet» wurde. Stall wie Sennhütte stammen aus dem letzten Jahrhundert. Beide Gebäude haben während sieben Wochen im Jahr zwei Senntenbetrieben zu genügen.

Abbildung 537: Unterstafel der Alp Oberblegi (1280 m), die seit 1822 Eigentum einer Familienstiftung ist. Die kreuzfirstartige Anordnung von Sennhütte und Längsstall mit angebauter Schweinestallung entstand zu verschiedenen

Zeiten. Der Längsstall wurde erst in diesem Jahrhundert an die bedeutend ältere Sennhütte mit kleinem Stall gleicher Firstrichtung angebaut.

Abbildung 538: Oberstafel der Alp Oberfrittern (1797 m). Die am Südfuß des Ortstockes gelegene Alp gehört dem Tagwen Ennetlinth-Linthal. Der Aufenthalt auf dem Stafel dauert sechs Wochen im Jahr. Sennhütte, Längsstall und Lawinenschutzmauer wurden 1928/29 errichtet.

Abbildung 539: Oberstafel der Alp Mühlebach (1950 m). die im Besitz des Tagwens Engi steht und von vier Sennten bewirtschaftet wird. Der 1948 als «Lawinenkonstruktion» erbaute Längsstall dient zwei Sennten. Seit 1956 ermöglicht ein Fahrweg die Zufahrt mit geländegängigen Motorfahrzeugen.

Heuhüttchen

«Um die Winterung mit der Sömmerung in bessere Verhältnisse zu bringen», verwandelte man seit dem 18. Jahrhundert mit Vieh bestoßene Alpen (Ätzalpen) in sogenannte Heualpen. Das Heu wird in ehemaligen Alphütten und besonderen Heuhüttchen gestapelt und im Winter, meist vor Neujahr, mit oder ohne Schlitten in die Stallscheunen der Heimgüter gebracht. Die Heuhüttchen, im Unterland *Wildhäügädeli*, im Großtal *Häügchalter* und im Sernftal *Häügchaltig, -ghaltig* genannt, sind einfache Block-

536 Diesbach, Alp Diestal Oberstafel
537 Luchsingen, Alp Oberblegi Unterstafel
538 Linthal, Alp Oberfrittern Oberstafel
539 Engi, Alp Mühlebach Oberstafel
540 Elm, Heualp Bischof
541 Elm, Heualp Bischof
542 Elm, Heualp Bischof
543 Elm, Heualp Bischof

540

541

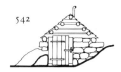

542

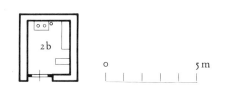

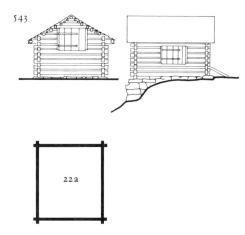

543

oder mit Brettern verschalte Ständerbauten, die sich an lawinensicheren Lokalitäten zu malerischen Dörfchen gruppieren (Abb. 540, 541). Musterbeispiele bietet die Elmer Heualp Bischof, die seit 1845 einer großen Anzahl von Teilhabern gehört. Während der Heuernte im August und September herrscht wochenlang reges Leben am Bischofbach (1450 m), am «Dachsenstein» (1535 m) und auf dem «Hengstboden» (1620 m). Geschlafen wird im Heuhüttchen. Spezielle Kochhütten, *Chucheli*, werden oft von mehreren Familien benutzt. Das kleinste und einfachste Kochhüttchen, ein «Primitivbau» im Bereich der *Bachghaltige*, paßt sich vortrefflich dem Gelände an (Abb. 542). Felsblock und rohes Trockenmauerwerk tragen die beiden Giebeldreiecke. Die Schindeln sind auf die Pfetten genagelt. Ein zweilöchriger Eisenherd mit Blechrohr als Rauchabzug und Kamin, ein Tisch an der Wand und vor der Türe der Dengelstein bilden das feste Inventar der einräumigen Kochhütte, deren Fußboden aus Erde ist. Die Heuhüttchen, die oft mehr als einem Bauern gehören, weisen entsprechend viele Abteile *(Ghaltige)* auf. Das untersuchte Objekt am Bischofbach (Abb. 543) ist eine der ältesten Heuhütten, die sich am untern Rand des «Vollbrandwaldes» um den alten Schlittweg gruppieren. Dieser reine Blockbau aus kaum behauenen Rundhölzern enthält viele *Foggä* Heu (zu ca. 40 kg), das in Tüchern eingetragen wird. Der Raum faßt bis zu 20 Doppelzentner wertvolles Winterfutter. Der Heuer trägt die Last durch das Tor unter dem Giebel ein. Das zweite, tieferliegende Tor erleichtert die Heuentnahme bei teilweise

544 Elm, Heualp Bischof
545 Elm, Heualp Bischof
546 Ennenda, Dorf

umgebaut. Von anderen Heualpen pfeifen die Heubündel an Drahtseilen zu Tale. Wo zugleich eine Kabine zur Verfügung steht, kehren die Heuer täglich nach Hause zurück (Abb. 546).

«Die Land- und Alpwirtschaft des Glarnerlandes bildet eine in sich geschlossene Einheit, wie das nur für wenige Alpkantone zutrifft. Dieser Zusammenhang kommt in der Entwicklungsgeschichte nirgends deutlicher zum Ausdruck als im steten Bestreben, durch Verbesserungen die land- und alpwirtschaftlichen Produktionsbedingungen aufeinander

entleertem Raum. Der Erdboden ist mit Brettern und Tannästen bedeckt. Die Hütte ist nicht verschalt. Die Fugen zwischen den Rundhölzern messen um die 10 cm. Bei voller Füllung kann weder Regen noch Schnee ins Innere dringen.

Auch auf Bischofalp hat sich seit Jahren einiges gewandelt, seitdem ein Fahrsträßchen erstellt wurde. Rapidmäher, Heuwender und Ladewagen erleichtern überall da, wo ihr Einsatz möglich ist, die Arbeit und sparen Zeit (Abb. 544, 545). Romantik und sportliches Risiko der winterlichen Heuzüge fallen aber dahin. Hüttchen verlieren ihre ursprüngliche Funktion, zerfallen oder werden, wie die Wildheuscheunen auf Käsern im Roßmattertal und auf Baumgarten am Vorderglärnisch ob Schwändi, zu Ferienhäuschen

abzustimmen. – Umfang und Art der bisher durchgeführten Verbesserungsmaßnahmen sind in diesem Zusammenhang beredte Zeugen der koordinierten land- und alpwirtschaftlichen Bestrebungen» (Alpkataster 1962, S. 122). Auch in Zukunft werden zweckmäßige Lösungen der Strukturprobleme beträchtliche finanzielle Mittel erfordern. Sinnvolle Investitionen haben die Existenz der Berglandwirtschaft zu sichern. Die Aufwendungen für neue und bessere Wirtschaftsbauten und für Straßen und Wege werden wie bis anhin die teuersten sein. Sorgen wir dafür, daß deren Architektur und Anlage dazu beitragen, eine ökologisch gesunde und schöne alpine Kultur- und Erholungslandschaft zu erhalten!

Typische mundartliche Bezeichnungen für Räume des Glarner Bauernhauses

von Rudolf Trüb
Nach Material des Sprachatlasses der deutschen Schweiz
(Aufnahmen 1946/7)

Nebenstube (an einzelnen Orten Schlafraum der Eltern)

Schlaaffgade
jünger: *Näbet-, Nebetstube*

Schlaaffgade

Dachboden (alte Bezeichnung)

Obertili

Rueßtili

Rueßtili darüber: *Solder*

Kuhstall (Stallgebäude)

Chüestall

Gade oder: *Chüegade*

Streueschuppen (angebaut)

(Sträüi-)Tschopf

-Schopf

Äüscht

Sträüi-Tschopf

Anhang

Anmerkungen

Die Ziffern der Anmerkungen verweisen auf die Seiten im Text, auf dessen Inhalt sich die Anmerkungen beziehen.
Die im Literaturverzeichnis vollständig aufgeführten Titel werden hier nur stichwortartig vermerkt.

Abkürzungen

Anm.	Anmerkung
s.	siehe
vgl.	vergleiche
Beiträge	TRÜB R., Beiträge zur Terminologie des glarnerischen Bauernhauses
CTh	THÜRER P., Collectanea zur Glarner Geschichte, Hefte 1–150
Daten	BARTEL O. und JENNY A., Glarner Geschichte in Daten
Gemälde	BLUMER J. J. und HEER O., Der Kanton Glarus
Genealogie	KUBLY-MÜLLER J. J., Genealogienwerk des Kantons Glarus
GLU	Glarner Urkunde der Urkundensammlung zur Geschichte des Kantons Glarus
GLZ	Glarner Zeitung
HBLS	Historisch-Biographisches Lexikon der Schweiz
Id	Idiotikon, Schweizerdeutsches Wörterbuch
JHVG	Jahrbuch des Historischen Vereins des Kantons Glarus
Katalog	JENNY-KAPPERS H., Der Kanton Glarus. Ein beschreibender Katalog
Mitt	Mitteilungen der Naturforschenden Gesellschaft des Kantons Glarus
Mundart	MARTI H., Sernftaler Mundart
Njb	Neujahrsbote für das Glarner Hinterland

9 STUMPF J., Chronik (1548), 6. Buch S. 133
10 Die GLU Nr. 22 vom 31. Juli 1274 hat sich als Fälschung erwiesen (GALLATI F., Gilg Tschudi und die ältere Geschichte des Landes Glarus, in: JHVG 49 [1938], S. 136–152). Daß die Formulierung der vertikalen Stufung der bäuerlichen Nutzflächen zweifellos schon im 13. Jahrhundert der Sache entsprach, belegt u.a. auch das Säckinger Urbar.
11 Betr. *Berggüter:* s. HÖSLI J. (1948), S. 7, 95–114; Alpkataster (1962), S. 46f., 59, 80f.
12 *Klima:* s. HÖSLI J. (1948), S. 4, 98–101, 232f.; JENNY-SUTER J., Über das Klima des Kantons Glarus, in: Mitt VIII (1951), S. 123–180
13 *Föhn:* Gemälde, HEER O. (1846), S. 96f. Neuere Literatur s. HÖSLI J. (1948), Anm. 3 S. 4, Anm. 32f. S. 232f. Föhnbrände, Föhnwache und Feuervorschriften: CTh 2. Heft, S. 30, 32, 36f., 39, 43; 3. Heft, S. 18, 33, 37, 42; SCHMID E., Schwanden (1936), S. 88f., 159–161, 180, 186, 188, 190, 234; SPÄLTI H., Glarus (1911), S. 32–36, 94–96, 155–168 Brand 1861; WINTELER J., Glarus (1961), S. 19f., 72–77, 202–226 Brand 1861; WINTELER J., Land Bd. I (1952), S. 232f., Bd. II (1954), S. 527–529; THÜRER G., Kultur (1936), S. 414f.; THÜRER H., Mollis (1954), S. 76–82; THÜRER P. und H., Netstal (1963), S. 127, 474–477
15 *Hochwasser:* Gemälde, HEER O. (1846), S. 101f.; LEGLER D., Die Wasserverheerungen während des 18. Jahrhunderts im Kanton Glarus, in: JHVG 16 (1879), S. 36–53; JENNY F., Ortschaften (1924), S. 21–24, 35f.; THÜRER G., Kultur (1936), S. 16f.; WINTELER J., Land Bd. I (1952), S. 228f.; Daten III, S. 59ff. (Hochwasser vom 14./15. Juni 1910). Eindrücklich bleibt die Durnagelkatastrophe vom 24./25. August 1944 s. STREIFF S. «Dr Durnagel chunnt!» Schreckensnacht in Rüti, in: Njb 1969, S. 55–64 (mit Zeitungsberichten und 15 Fotos)
Lawinen: Gemälde, HEER O. (1846), S. 105f.; Daten I, S. 84f., 95, 97, 181, III, S. 13f., 27, 44, 52–54, 58, 71, 86, 97; BUSS E., Über die Lawinen, in: Jahrb. SAC 1909, S. 250–273. Von den Lawinen Netstals berichtet A.Z. in den Glarner Nachrichten vom 2. März 1982.
Verkehrslage: Betr. Reisebeschreibung von Joh. Schmutz 1731 s. GEHRING J., Das Glarnerland, in: JHVG 51 (1943), S. 40–47; THÜRER G., Kultur (1936), S. 72, 358–380. Spezielle Arbeiten über die Glarner Pässe liegen noch keine vor; ELMER J., Walensee-Linthschiffahrt (1978).
17 SENNHAUSER H. R., Die ältesten Kirchen des Kantons Glarus, in: JHVG 65 (1974), S. 46–99; ZOPFI F., Namen, in: JHVG 50 (1941), S. 9–21; ZOPFI F., Zur Siedlungsgeschichte des Glarnerlandes, Die vorgermanische Zeit, in: Appenzeller Kalender 1950, ohne Seitenangaben. LEGLER F., LAUR-BELART R. und GRÜNINGER J., Ein frührömischer Wachtposten bei Filzbach auf dem Kerenzerberg, in: JHVG 59 (1960); AEBLI D., Römer am Walensee, in: JHVG 65 (1974). Eine zusammenfassende Darstellung gibt DAVATZ J. im Glarner Heimatbuch Geschichte 1980, S. 9–33
19 JENNY F., Ortschaften (1924), S. 73–82; STUCKI F., Beiträge (1934), S. 112–119
20 Die Geschichte des «ländlichen Hauptortes» Glarus stellen SPÄLTI H. (1911) und WINTELER J. (1961) dar. DAVATZ J. verfaßte den 1974 erschienenen Kunstführer.

21 Über die gesamtwirtschaftliche Entwicklung orientiert Hösli J.
22 (1948), S. 8–28: Bodmer W., Das Glarnerische
23 Wirtschaftswunder, in: JHVG 55 (1952)
25 Hösli J., Glarner Berglandwirtschaft (1975), S. 49–53, 56f.
27 Landolt E., Die Pendelwanderung im Kanton Glarus, Diss. Zürich 1961. – Pendelwanderung- Arbeitsgemeinden- Wohngemeinden, in: Jahrbuch des Verkehrsvereins Glarnerland und Walensee 1966, S. 15–17
29 Thürer G., Kultur (1936), S. 6f, 433; Stucki F., Beiträge (1934), S. 41f. und Anm. 52; Jenny F., Ortschaften (1924) S. 46–54; Hösli J. (1948), S. 317. Von den Pestjahren berichten u.a. Trümpi Chr., Chronik (1774), S. 274, 287, 314f., 342f.; Gemälde, Heer O. (1846), S. 362; Thürer G., Kultur (1936), S. 422–424; Winteler J., Glarus (1961), S. 82f.; Thürer H., Mollis (1954), S. 411f.
30 GLZ 1845 Nr. 51 S. 1, 1846 Nr. 15 S. 1f.
Bauperioden: Hösli J., Das unbekannte Haus, in: Njb 1973, S. 121–123: Leuzinger H., Häuserverzeichnis, in JHVG 55 (1952), S. 336–368. Über die Murer genannten Studer, die aus dem Val Sesia stammten und als Walser eingewandert sind und sich schließlich Stauffacher nannten, s. Gallati F., Über den Ursprung der Glarner Geschlechter Stauffacher und seiner ersten Vertreter, in: JHVG 44 (1925), S. 1–67
31 *17. Jahrhundert:* Spälti H., Glarus (1911), S. 65; Thürer H., Mollis (1954), S. 287; Thürer P. und H., Netstal (1963), S. 42f.
18. Jahrhundert: Schuler M., Die Taten und Sitten der Eidgenossen, Zürich 1847, Bd. 4, 2. Abteilg. S. 174; Schmid E., Schwanden (1936), S. 86: Knobel H., Schwändi (1969), S. 8f.; Gemälde, Zwicki K. L. (1846), S. 366f.; Hösli J. (1948), S. 105; Buss E., Bürgerhaus (1919), S. VIII; Thürer H., Mollis (1954) s. Personen- und Ortsregister «Haltli» und «Hof»; Davatz J., Mollis, Kunstführer 1976
19. Jahrhundert: GLZ 1838, Nr. 40 S. 194; Jenny F., Ortschaften (1924), S. 61, 63; Winteler J., Glarus (1961), S. 43; Hösli J. (1948), S. 105f.
35 Heer G., Landsbuch von 1448, in: JHVG 36 (1910), S. 25f., 54f.; Das altglarnerische Recht, in: JHVG 38 (1913), S. 39f.; vgl. Winteler J., Land Bd. I (1952), S. 127f. Spälti H., Glarus (1911), S. 78–81, 131f.; Winteler J., Glarus (1961), S. 41, 84f., 105; Thürer P. und H., Netstal (1963), S. 36, 42f.; Thürer H., Mollis (1954), S. 287; Knobel H., Schwändi (1969), S. 8. Weitere Hinweise auf den Brauch, den Bürgern «Verehrholz» zu schenken, finden sich in: Daten II, S. 914–916; Schmid E., Schwanden (1936), S. 86f.
37 *Fremde Gewerbler und Handwerker:* Liebeskind W. A., Die Hintersäßen, in: Beiträge zur Geschichte des Landes Glarus, Sonderabdruck aus JHVG 55 (1952), S. 79–99, spez. VI Gewerbe und Handwerk S. 92f. Über die Stellung der Hintersäßen (Landesfremden) in Glarus s. Winteler J. (1961), S. 92, 96–99, 110 und in Mollis s. Thürer H. (1954), S. 41–43, 318
Zimmerleute: Hauser A., Schweizerische Wirtschafts- und Sozialgeschichte, Zürich 1961, S. 19f.; Lehmann H., Kulturgeschichte (1949), S. 66–68
Zimmermann: GLU Nr. 56 (1333) S. 178f., Nr. 67 (1350) S. 203–207. Vgl. Knobel H., Schwändi (1969) S. 46.
Wisstanner (auch S. 38): Buss E., Kunst (1920), S. 29f.; Hösli J., Das unbekannte Haus, in: Njb 1973, S. 122, s. Zwicky R., Aus den 700 Jahren der Matter Kirche, in: Njb 1975, S. 7–28; Wilhelm-Wild: Genealogie, Bd. Glarus 6.09, S. 266, Bd. Bilten 2.01, S. 304
38 *Egger:* Thürer P. und H., Netstal (1963), S. 31, 381. Betr. Walser vgl. Zinsli P., Walser Volkstum (1968), S. 358, Walser im Glarnerland, S. 35f., Anm. I S. 423f.
Familientradition: Betr. Stüßi s. Genealogie, Bd. Glarus 6.08, S. 184ff.
39 *Frühe Sägereien:* GLU Nr. 262 (14.Jh. Säckinger Urbar, in: JHVG 32 (1896) S. 76 «Ein segers schaf»: Daten II, S. 727f.; Spälti H., Glarus (1911), S. 63f.; Winteler J., Glarus (1961), S. 109f.; Thürer P. und H., Netstal (1963), S. 375ff.; Thürer H., Mollis (1954), S. 321f. Besonders informativ ist die Publikation von Jenny A. und Luchsinger F. «Die industrielle und gewerbliche Benützung der Wasserläufe in Glarus und Umgebung», Glarus 1935

Die ersten Maurer: Studer-Murer (-Stauffacher). Jahrzeitenbuch von Linthal, 26.4 (Original in Linthal, Abschrift in der Landesbibliothek in Glarus); Gallati F., Über den Ursprung der Glarner Geschlechter Stauffacher, in: JHVG 44 (1925), S. 1–67; Thürer G., Kultur (1936), S. 372, 429–431; Winteler J., Land Bd. II (1954), S. 16; vgl. Zopfi F. Die Walserinfiltration, in: JHVG 69 (1982), S. 11–34. Betr. Simmen: Genealogie Bd. Betschwanden 1.01, Bd. Glarus 6.07; Daten II, S. 993, III, S. 254; Winteler J., Glarus (1961), S. 25, 70
41 *Holz:* Blumer E., Geschichtliche Entwicklung und heutiger Stand der Waldwirtschaft im Glarnerland, in: Schweiz. Zeitschrift für Forstwesen (1946), Nr. 7 und 8/9; Schlittler J., Vegetationsstudien des Niederurnertales, in: Mitt. 7 (1945); Wirz-Luchsinger H., Beobachtungen über die Verbreitung wildwachsender Holzarten im Kanton Glarus, Winterthur 1928; Thürer G., Kultur (1936), S. 324f.
Bausteine: Oberholzer J., Geologie der Glarneralpen, Bern 1933, Textband S. 218, 238, 287, 387; Betr. Gips: Gemälde, Heer O. (1846), S. 71, 88; Daten II, S. 723f., betr. Tuffsteinbruch im Marglen GLZ 1860, S. 63 Nr. 250
Schiefer: Gemälde, Heer O. (1846), S. 441–445; Jenny F., Ortschaften (1924), S. 33f.; Daten I, S. 64, 198, II, S. 650, 678, 685, 695–716, 847, 896, 905; III, S. 31, 355–358, 481, 485; Thürer G., Kultur (1936), S. 339–341; Oberholzer J., Geologie der Glarneralpen, Bern 1933, Textband S. 422f.; Senn J., Charakterbilder Schweizerischen Landes und Lebens, St. Gallen 1884, S. 74–88; Schelbert U., Elm und seine Schieferbrüche, in: Njb 1981, S. 54–107
Kalk und Ziegel: Spälti H., Glarus (1911), S. 69; Winteler J., Glarus (1961), S. 111f.; Daten II, S. 719–722, 724f.; Schmid E., Schwanden (1936), S. 161; Thürer P. und H, Netstal (1963), S. 419f., 71f., 724f.
Importierte Baumaterialien: Sandsteine und Glas: Winteler J., Glarus (1961), S. 20f.; Thürer P. und H., Netstal (1963), S. 211f.; Früh J., Geographie der Schweiz II (1932), S. 235–244; HBLS II, S. 116, III, S. 562f., 600f.; Thürer G., Kultur (1936), S. 342
Eisenwaren: Schnyder W., Handel und Verkehr über die Bündner Pässe im Mittelalter, I, Zürich 1973, S. 55f., Sachregister Eisen s. II, S. 641; Gemälde, Heer O. (1846), S. 447, 466f.; Eisenkrämer s. CTh 2. Heft, S. 1
43 *Bergbau im Glarnerland:* N. Tschudi, Die Eisenschmelze in Seerüti, in: JHVG 20 (1883), S. 77–97; Spälti H., Glarus (1911), S. 68; Winteler J., Glarus (1961), S. 52–55; Schmid E., Schwanden (1936), S. 31–33; Thürer G., Kultur (1936), S. 337–339; Daten II, S. 642–669
Gießereien: Hösli J., Beiträge zur Geschichte der Gießereien in den Kantonen SG, TG und GL, in: Beitr. zur Geschichte der schweizer. Eisengießereien, Schaffhausen 1960, S. 254–260
Hammerschmiede und Nagler: Daten III, S. 359f., 495; Spälti H., Glarus (1911), S. 66f.; Winteler J., Glarus (1961), S. 109f.; Elmer M., Die alte Hammerschmiede in Mühlehorn, in: Jahrbuch des Verkehrsvereins Glarnerland und Walensee 1966, S. 11; Hösli J., Eine Stätte alter Schmiedekunst, in: Glarner Heimatbuch, Land und Volk, 1980, S. 204f.
45 *Blockbau:* Mundart, Heft 15 (1931/32), S. 33f.
47 *Ständerbau:* Jakob Hunziker (1827–1901) war Lehrer für
48 Französisch an der Kantonsschule in Aarau, Dr. h.c. der Universität Zürich, s. HBLS IV, S. 324. Der erste Band (Wallis) erschien im Jahr 1900, der zweite wurde vom Kollegen des Verstorbenen, von Prof. Dr. J. Winterler im Oktober 1901 herausgegeben. Der letzte achte Band (mit Register), wie die übrigen von Prof. Dr. C. Jecklin editiert, erschien 1914. Hunziker schreibt im Vorwort des Walliserbandes (S.V): «Dem kosmopolitischen Zuge der Zeit entspricht als notwendige Gegenströmung die steigende Erkenntnis und erneute Pflege volkstümlicher Tradition».
Leuzinger H., Siedlungs- und Bauformen, in: JHVG 61 (1966), S. 47f. Betr. Ankenwaage s. Thürer H., Mollis (1954), S. 310, vgl. Kundert F., Lebensmittelversorgung (1936),

S. 95–104. Glareanus: THÜRER H., Mollis (1954), S. 395 f.
Das Geschlecht der Loriti, im 14. Jahrhundert belegt, starb Ende des 16. Jh. aus (S. 20, 30); DAVATZ J., Mollis, Kunstführer, Basel 1976; THÜRER G., Kultur (1936), S. 29–48; Wohl die älteste bildliche Darstellung des Geburtshauses von Glarean im Steinacker zu Mollis ist das Aquarell von Linth-Ingenieur G. H. LEGLER aus dem Jahre 1846. Das Original befindet sich im Museum des Landes Glarus, im Freulerpalast in Näfels. Wenig jünger ist die anonyme Lithographie von 1854, in: Katalog, Nr. 501. Eine weitere Abbildung stammt vom Zeichner, Maler und Xylographen JOHANNES WEBER von Netstal (1846–1912), in: BUSS E., Glarnerland und Walensee, Europäische Wanderbilder, 1886, S. 82.
Über WEBER JOH. s. THÜRER P. und H., Netstal (1963), S. 563

49 Betr. «Kloster» s. THÜRER P. und H., Netstal (1963), S. 46, 68, bezüglich «Kasino» ebenda S. 45, «Stählihaus» S. 46

50 *Steinbau:* LEGLER F., LAUR-BELART R. und GRÜNINGER J., Ein frührömischer Wachtposten bei Filzbach auf dem Kerenzerberg, in: JHVG 59 (1960), S. 9, 12, s. auch Urschweiz XXIV (1960) Nr. 1

51 *Trockenmauern:* Im Sernftal bedeutet *wuorä* eine Mauer ohne Mörtel aufrichten, *härräwuorä* anhäufen. Ein *Wuor* an Runsen und Bächen, oder an Grenzen, besteht aus angehäuftem Schutt, der allseits mit Trockenmauern eingefaßt wird, in: Mundart, Heft 9 (1925)
Burgen: WACKERNAGEL H. G., Burgen, Ritter und Hirten, in: Schweiz. Archiv für Volkskunde, 47. Bd., Basel 1951, S. 215–224; LEHMANN H., Kulturgeschichte (1949), S. 2–17; Gemälde, HEER O. (1846), S. 267–271; SCHMID E., Schwanden (1936), S. 17–19; WINTELER J., Die Burgen (1946), 63 S.; MEYER W., Die mittelalterlichen Burgen in: JHVG 65 (1974), S. 192–242, s. auch MEYER W., Burgen der Schweiz, Bd. 1, SILVA Verlag, Zürich 1981; SIMONETT CHR., Graubünden I, S. 59–61; BIRCHLER L., Vielfalt der Urschweiz, Olten 1969, S. 292–300 mit Anm. 74; ANDERES B., Der Bezirk Gaster Die Kunstdenkmäler der Schweiz; 1970, S. 128 f., 296; Betr. WIGHAUS und VENNER: THÜRER H., Mollis (1954), S. 17, 19, 30, 424 Anm. 7; THÜRER P. und H., Netstal (1963), S. 12, 14, 17 f., 21, 41. Von den Vennern berichtet JOHANNES STUMPF im 6. Buch seiner Chronik (1548) auf S. 133 folgendes: «Nebend Mulliss gegen de Riedt ist ein Weyerheüssle gestanden, genennt in Vennen, hat etwan besitzer gehabt, die wurdend genannt und sind abgestorbe und das wasserbürgle vergangen.» Ahd. fenna, fenni bedeutet Sumpf, ist verwandt mit feucht. Fenn (n) oder Fehn bezeichnet noch immer in Norddeutschland Sumpf- oder Moorland. Von den Vertretern des Geschlechtes berichtet J. WINTELER in: Die Burgen (1946), S. 52 f. Elsbeth Elmer von Elm, die Tochter des begüterten Ulrich Elmer war mit Frick Venner verheiratet. Sie erhielt um 1387 für ihre Morgengabe von 40 Pfund Pfennig Konstanzer Währung Liegenschaften bei Ragaz.

52 HÖSLI J., Das unbekannte Haus, in: Njb 1973, S. 121–123

53 WINTELER J., Die Burgen (1946), S. 44; BLUMER W., Alte Blumerhäuser in Nidfurn, Manuskript (1947), s. auch Stammtafeln und Bilder zur Geschichte der Blumer, in: Archiv f. schweiz. Familienkunde, Lfg. 2, Basel 1940. Renovationen bestätigten die Vermutungen, daß auch das obere «Blumerhaus» im Thon (Schwanden) und ebenso das große Doppelhaus der ehemaligen Wirtschaft «zum Gemsjäger» an der Sandgasse in Elm die Mauern mittelalterlicher Wohntürme enthalten, die von Beamten der säckingischen Verwaltung bewohnt gewesen sein müssen.
HEYER-BOSCARDIN L., Schwanden, im Thon, Festes Haus, in: MEYER W., Burgen der Schweiz, Bd. 1, S. 75, Abb. 35, 36. Der Grundriß des alten Mauerwerkes des Hauses im Thon mißt rund 11 m × 12 m. Es könnte im 13. Jahrhundert entstanden sein. Der Firstbug des stattlichen Doppelwohnhauses trägt die Jahrzahl 1561. Damals wurde das Gebäude von Esajas Blumer (gest. 1611) umgebaut. Blumer zog 1558 von Luchsingen in den Thon um. Im selben Jahr wird er wegen Streitigkeiten in Sachen Hausbau erwähnt.
DAVATZ J., Elm, Schweiz. Kunstführer (1981), S. 3, 27 f. Die stattliche Mauerpartie des Hauses an der Sandgasse in Elm stammt nach Meinung der Fachleute ebenfalls aus dem 13. Jahrhundert. Es ist augenfällig der älteste Teil des 1557 errichteten Doppelwohnhauses. Der Wohnturm war bestimmt der Sitz des säckingischen und seit 1288 auch habsburgischen Beamten, das feste Haus des *Meigen hofstat*, des Meiers Hofstatt. War er auch der Sitz des durch den Saumverkehr begüterten Geschlechtes der Elmer, die als Beamte der Habsburger Ammänner (Untervögte) waren, war er vielleicht die erste Suste des Paßfußortes?
Massivbauten: LEUZINGER H., Häuserverzeichnis, in: JHVG 55 (1952), S. 342, 360; WINTELER J., Glarus (1961), S. 19; FROMM W., Das Suworow-Haus in Elm, in: Njb 1976, S. 50–53
Verkleidung der Außenwände: Mundart, Heft 1 (1913–16), S. 48, Heft 2 (1916–18), Heft 3 (1918), S. 45

55 *Das Dach.* Volkskundliches: THÜRER G., Kultur (1936), S. 415; Gemälde, HEER O. (1846), S. 319; TOBLER W., Von Sitten und Bräuchen beim Hausbau, 36. Zürcher Druck der Offizin Gebr. Fretz AG, Zürich 1970; CTh 6. Heft S. 4: 1785 erhielten 11 Männer, die das Schützenhaus in Netstal bauten, für den Firstwein 5 Gulden und 10 Batzen.

57 GSCHWEND M., Schweizer Bauernhäuser (1971), S. 59; *Tätsch* s. Id XIII, 2122 ff. TRÜB R., Beiträge (1947), Frage 29: Bezeichnung der Dachneigung; FÄSI J. C., Staats- und Erdbeschreibung (1766), S. 460; HEFTI J., Geschichte, in: JHVG 40 (1915) S. 79
Dachmaterialien: Gemälde, HEER O. (1846), S. 366, 518 f.; Daten I, S. 237; SPÄLTI H., Glarus (1911), S. 134; GLZ 1844, Nr. 16, S. 1; Neue GLZ 1864 Nr. 12, S. 49, 1867 Nr. 36, S. 161; CTh 5. Heft S. 11; THÜRER P. und H., Netstal (1963) S. 121; WINTELER J., Glarus (1961), S. 43, 75 f.

59 THÜRER H., Mollis (1954), S. 17, 51; s. auch GÄHWILER TH., Das Schindelmacherhandwerk in Elm, in: Njb. 1978, S. 66–70 mit Abb.
Schiefer: Gemälde, HEER O. (1846), S. 445.

61 COXE W., Briefe über die Schweiz, 6. Brief, Zürich 1781, 29./30. Juli 1776, S. 49. Der junge englische Geistliche begleitete LORD HERBERT von Pembroke und Montgomery. Über seine Person s. HBLS II (1924), S. 640; THÜRER G., Kultur (1936), S. 235, 414

63 *Klebdächer:* s. GSCHWEND M., Schwyzer Bauernhäuser, (1957); SCHIESSER F., Walenseetal (1951), S. 45 f.; betr. das «Rothus» am Geißplatz in Netstal s. THÜRER P. und H., Netstal (1963), S. 46

65 *Fenster und Fensterläden:* SIMONETT CHR., Graubünden I (1965), S. 33, erwähnt, daß die aus drei breiten Rahmensteinen und einer Standplatte bestehenden Fensteröffnungen beim massiven Haus um 1300 üblich geworden sind. Vgl. Abb. 98
Glasfenster: HBLS III, S. 563–565; LEHMANN H., Kulturgeschichte, S. 125–128, 134–138; Brockhaus Enzyklopädie, (1968) Bd. 6, S. 140–142; Id I, 101, VIII, 45 f.; REINLE A., Luzerner Volkskunst, Schweiz. Heimatbücher Nr. 92, Bern 1959, S. 14 f.; MEYER W., Glas, Glaser und Glasbläser (1977), S. 172–182
Fensterschenkungen: THÜRER G., Kultur (1936), S. 223 f.; BUSS E., Kunst (1920), Die Glasmalerei, S. 55–61; THÜRER P. und H., Netstal (1963), S. 45, 63 f.

67 HEER G., Rüti (1910), S. 14 f.
Fensterläden: Id III, 1065 f. (*Lade*), IV, 1188 (*Balche*), V, 898 (*Brittli*); Mundart, Heft 8 (1923–1925) S. 1, Heft 9 (1925) S. 7; TRÜB R., Beiträge (1947), Frage 3a. Ist es nicht wahrscheinlich, daß die verbreitete Bezeichnung *Balche* von dem Balken abzuleiten ist, womit man einst die nur balkenhoch ausgesägte Öffnung verschloß?

69 *Stüßihaus:* Gemälde (1846), BLUMER J. J., S. 662. Säckingen war auch in Zusingen begütert. Es bezog von «wechtagen» den Zins von 1 Schaf, zu St. Martinstag erhielt es sogar eine «auekuo» (GLU 262 Abschnitt IV und XIX). Das Linthaler Jahrzeitenbuch (6. Februar) erwähnt «Uly stüssy und margret sin husfrou und all jr kind, hand gsetzt 14 haller an die kilchen und ein kopf hanfsamen uf dz gross gut ob dem huss disenthalb der strass stosst an mülibach und an die höweid». Gemäß Mitteilung der Besitzerin des vorderen Hausteiles besteht unter dem Dach ein saalgroßes Zimmer, das sie Söller heißt. HUNZIKER J., 3. Bd. (1905) S. 213 und 292

bezeugt den Ausdruck *Solder* (m) für LINTHAL,
s. Id VII, 783 f. Synonym *Rueßtili*
Vom berühmten Glarner Kartographen RUDOLF LEUZINGER-TRÜMPI (1826–1896) stammt eine Lithographie des Stüßihauses (nach eigener Zeichnung) aus dem Jahre 1858, s. JENNY-KAPPERS H., Katalog Nr. 221, Text S. 112: «Unter der Bildmitte: Bürgermeister Stüssi's Heimat in Zusingen». S. KNOBEL B., Brunnen der Kindheit, in: Njb 1970, S. 65–71. Über den Künstler s. THÜRER H., Mollis (1963), S. 502 f.

72 Aquatinta nach eigener Zeichnung von LUDWIG HESS (1760–1800) s. JENNY-KAPPERS H., Katalog Nr. 555, Text S. 244f.: «Das Wohnhaus mit gemauertem Untergeschoß, flachem Satteldach, die Giebelfront links von der Sonne beschienen, die Längsfront mit zweiseitiger Freitreppe und Balkon unter dem Dachvorsprung rechts im Schatten. Links der Türe zum Untergeschoß Drehtonne für die Butterbereitung. Links vorn ein Speicher auf Stützen mit Flachsteinen.»
Brüggli: Id V, 542; Gemälde, ZWICKI K. L. (1846), S. 366; HUNZIKER J., 3. Bd. (1905), S. 210, 213, 216 – 7. Bd. (1913), S. 192; Mundart, Heft 14 (1931), S. 43; TRÜB R., Beiträge, Frage 32a; Daten II, S. 942f.; THÜRER P. und H., Netstal (1963), S. 45, 65 f.

77 *Lauben:* Id III, 957, 963; Mundart, Heft 12 (1929) S. 15, Heft 13 (1930) S. 3, Heft 14 (1931) S. 3; Gemälde, ZWICKI K. L. (1846), S. 366; HUNZIKER J. (1905) S. 205, 208, 211, 270f.; BUSS E., Bürgerhaus (1919), S. VI; LEUZINGER H. berichtet über die Laube in seinem Vortrag 1953 (Manuskript); Vgl. GSCHWEND M., Schwyzer Bauernhäuser (1957), S. 11 und 22 f.

81 *Türen:* SIMONETT CHR., Graubünden I, S. 31; HUNZIKER J. (1913), S. 189, 220; TRÜB R., Beiträge, Frage 17

83 LEUZINGER H., Vortrag 1953 (Manuskript)

84 LEUZINGER H., Vortrag 1953 (Manuskript)

87 *Ausdrucksformen.* BUSS E., Bürgerhaus (1919), S. VI; LEUZINGER H., Vortrag 1953 (Manuskript)

88 GSCHWEND M., Köpfe und Fratzen (1965), S. 139f., 154,

91 167f., 170; Drachenkopf: SIMONETT CHR. I, 51–53, II, S. 196

92 (Lilie); JENNY H., Alte Bündner Bauweise und Volkskunst, 2. Aufl., Chur 1948, S. 119. Der Drachenkopf des Hauses auf Wald (Elm) entspricht denjenigen in Luvis im Bündner Oberland. Vgl. CAMINADA CHR., Die verzauberten Täler, Olten und Freiburg 1970, S. 187, 195

97 Verpflöckung: BRUNNER E., Seltsame Verpflöckungen an Luzerner Bauernhäuser, in: Geschichtsfreund Bd. 120, Stans 1967, S. 169ff.; CAMINADA CHR., Die verzauberten Täler (1970), S. 161–204; vgl. VON KÄNEL A., Zeitschrift Berner Heimatschutz 1972, S. 25–28; Über das «Vernageln» berichtet Professor ANDREAS BAUMGARTNER (1844–1936) in: Schwändi vor 80 Jahren, Erinnerungen eines 88jährigen. Sonderabdruck der Glarner Nachrichten 1932, S. 15.
Vgl. KNOBEL H., Schwändi (1969), S. 168. «Der Nagel wird nach und nach tiefer hineingetrieben, der Verwünschte fängt an zu serbeln und abzuzuren. Er wird immer schwächer und wenn der Nagel aufs Mark stößt, stirbt der Mensch und der Baum auch.» Davon berichtet auch HEINRICH MARTI (Engi) im 15. Heft (1931–32) S. 43 seiner Sernftaler Mundart: «Jemand vernaglä, einen Stift allmählich in einen Baumstamm zuschlagen, so daß er allmählich verdorrt. Zu gleicher Zeit wird eine bestimmte Person krank werden und allmählich absterben. Ihr Tod wird eintreten, wenn der Stift das Mark des Baumes erreicht hat. NB. Alter, jetzt ausgestorbener Aberglaube.» Betr. Aberglauben s. KNOBEL H., Schwändi (1969), S. 167–169

98 *Stuckihaus:* Sein quadratischer Grundriß von rund 11 m × 12 m und das mächtige Mauerwerk, das auf der Nord- und Westseite des Hauses auch noch im Obergeschoß feststellbar ist, zeugen m.E. ebenfalls wie das Stüßihaus in Zusingen u.a. für ein hochmittelalterliches festes Haus. Es wurde wie diejenigen in Rüti und Elm zum Wohnhaus gemischter Bauweise umgeändert. Noch später hat man die gestrickten Fassaden der Ost- und Südseite mit Kalkmörtel überdeckt (Abb. 230). Die Vorderfront trug ein Madonnenbild, das rechts und links von einem Medaillon begleitet war. Diese wiesen Familienwappen mit Helm und Helmkleinod und die Jahrzahl 1643 auf. Zu dieser Zeit lebte als einziger Sohn von Ratsherr, Hauptmann und Viehhändler Ulrich Stucki Hans Melchior Stucki, 1640 Landvogt in Uznach und 1654 im Gaster. Das Stuckihaus ist der Stammsitz der bis Ende des 17. Jahrhunderts politisch bedeutenden Vertreter der Altgläubigen. Die Jahrzahl 1654 ist für das Glarnerland bis anhin der älteste Beleg einer Verkleidung von hölzernen Hauswänden mit Mörtel.

99 An den volkstümlichen Viehheiligen St. Wendelin erinnern die überlieferten Hinweise auf die Kapellen von Zusingen (Haslen) und Schwändi (Elm), sowie auf die Bildstöcke im Eichen und an der Landstraße gegen den «Leimenstutz» (Glarus); Daten I, 29, 33, II, 962; THÜRER G., Kultur (1936), S. 256; WINTELER J., Glarus (1961), S. 17

103 *Ziergurten:* Vgl. SIMONETT CHR., Graubünden II, S. 155–166; RUBI CHR., Volkskunst am Berner Bauernhaus, Basel 1942, S. 44–48

105 *Malereien:* LEUZINGER H., Vortrag 1953 (Manuskript)

106 GLADBACH ERNST (1812–1896), Prof. für Baukonstruktionslehre am eidg. Polytechnikum. Hauptwerke: Der Schweizer Holzstyl 1886 – Die Holzarchitektur der Schweiz (1875) – Charakteristische Holzbauten der Schweiz (1893). Biographisches in: Neujahrsblatt der Kunstgesellschaft in Zürich für 1898

109 ESCHER VON DER LINTH H. C., Fragmente über die Naturgeschichte Helvetiens, 1. Bd. 1. Heft S. 14

115 *Stube:* MEYER-HOFMANN W., Zusammenfassung des Fundkataloges und Versuch einer kulturgeschichtlichen Deutung, in: Die Wasserburg Mülenen, Mitt. Histor. Verein des Kts. Schwyz, Heft 63, 1970, S. 336f. Am Beispiel der Froburg bei Olten erklärte der bekannte Burgenforscher, daß mit dem Übergang von der Holz- zur Steinburg um die Mitte des 11. Jahrhunderts auch der allmähliche Wandel zum doppelräumigen Wohnhaus geschah. Dies war die Geburtsstunde der Stube mit eigenem gedecktem Ofen. Glarner Nachrichten 1977, Nr. 12, S. 2

115 Gemälde, ZWICKI K. L. (1846), S. 365f.

116 BAUMGARTNER M., Volkskundliches (1953).

117 HÖSLI J., Das unbekannte Haus, in Njb 1973, S. 121–123

119 Das Geschlecht der Sunnentag wird weder in den Personenregistern der Glarner Geschichtswerke, noch im Historisch-Biographischen Lexikon der Schweiz, aber auch nicht im «Volkstum» von Paul Zinsli (Frauenfeld 1968) aufgeführt. Erwähnt wird es hingegen im Aufsatz von Fritz Glauser «Der internationale Gotthardtransit im Lichte des Luzerner Zentnerzolls von 1493 bis 1505», in: Schweiz. Zeitschrift für Geschichte 18. 1968.2, S. 223 mit Anm. 148: «Unter den Kaufleuten, die in Luzern anzutreffen waren, und, wie es scheint, stets aus dem Süden kamen, figuriert auch ein Jakob Sunnentag. – Alljährlich sah man Jakob Sunnentag oder seinen Vetter ein- bis dreimal in Luzern durchreisen. Er führte immer nur einige wenige Saum Waren mit sich... – In Luzern wurde ca. 1468 Jacob Sunnentag, der walch, Bürger.» Die Lösung für den Glarner Sunnentag erbringt die Spezialstudie von Frieda Gallati, Über den Ursprung der Glarner Geschlechter Stauffacher und seiner ersten Vertreter, in: JHVG 44 (1925), S. 9 Anm. 1, 21 mit Anm. 1 u.a. 1535 wurde der Walser Baumeister Peter Sunnentag in das Glarner Landrecht aufgenommen. Er wohnte nachweisbar in Schwanden, war Arbeitskollege von Heini Murer und Vormund von Dietrich Murer, der sich später Stauffacher nannte. Der Familienname erinnere zudem an die «Walliser zum Sunnentag» im Großen Walsertal. Vgl. ZOPFI F., Die Walserinfiltration, in: JHVG 69 (1982), S. 31f. Peter Sonnentag und ein Hans Schuhmacher (ebenfalls ein Walser) beteiligten sich 1538 am Eisenbergwerk auf Guppen.

120 *Stubenofen:* WEISS R., Häuser und Landschaften, S. 125–131; Id I, 109 (Ofen), 940 (Für); BUSS E., Kunst (1920), S. 38–41; RUOSCH A., Ofen-Keramik im Glarnerland und Umgebung, Glarner Nachrichten Nr. 199 (1973) S. 1 und Manuskript zu Führungen durch die Ausstellung. MEYER W., Die mittelalterlichen Burgen, in: JHVG 65 (1974), S. 196,

S. 220–222 (Oberwindegg), 225–227 (Sola), 232; GLU Nr. 5.
11. Aug. 1127 S. 15f. «excepta particula quadam unde servitium meum tortilia vasa referuntuo», betr. Grafen von Lenzburg s. HBLS 4 (1927) S. 656f. Ein Hans Hafner von Mollis fiel in der Schlacht bei St. Jakob an der Birs (1444), GLU Nr. 270, in: JHVG 32 (1896), S. 144. Betr. Hafnerfamilie Neeracher s. Stäfa, Ortsgeschichte I, KLÄUI P., Die Handwerker, S. 177–179

123 *Steinofen:* THÜRER P. und H., Netstal (1936), S. 46
Schieferofen: Betr. denjenigen im Pfarrhaus von Elm, Mitt. Prof. Dr. H. Trümpy (Basel), lateinischer Eintrag 1690 durch Pfarrer Johannes Marti: «Hac etiam aestate, octiduo ante Pentecosten, fornax in hypocausto domestico de novo constructus tabulisve lapideis nigris Matthensibus incrustatus seu obductus est» (In diesem Sommer, acht Tage vor Pfingsten, wurde auch der Ofen in der Wohnstube neu erbaut bzw. mit schwarzen Steintafeln aus Matt verschalt oder bedeckt).
Kachelofen: NZZ Nr. 167, 20. Juli 1976, Keramik aus der Altstadt: «Bei Notgrabungen am Neumarkt, an der Storchen- und Predigergasse (in Zürich) konnten 1972 und 1976 spätmittelalterliche glasierte Reliefkacheln geborgen werden...» Ebenso zeugen modelgepreßte, glasierte Meilener Wappen-Kacheln mit Drachen- und Widdermotiv, die bei der Burgruine Friedberg ausgegraben wurden und aus der ersten Hälfte des 14. Jahrhunderts stammen sollen, von der frühen Verwendung der glasierten Blattkacheln. WINTELER J., Glarus (1961) S. 22; MEYER W., Burgen, in JHVG 65 (1974), S. 196. Vgl. Id I, 113

126 *Küche:* Allgemeines in: WEISS R., Häuser und Landschaften, Kapitel Herd und Ofen, S. 101–125; PEER A., Küche und Heizung im Bauernhaus Romanisch Bündens, Basel 1960. Feuerbrief, in: SPÄLTI H., Glarus (1911) S. 33; LEUZINGER H., Häuserverzeichnis, in: JHVG 55 (1952) S. 340.
Eigen Feuer und Rauch: Id I, 941, VI, 95f., 98, 104; HEER A., Das Glarnerische Kantons- und Gemeindebürgerrecht, Glarus 1944, S. 262 Anm. 50, 265f.; THÜRER P. und H., Netstal (1963), S. 35, 97 Betr. Hushahnen: WINTELER J., Glarus (1961), S. 82, 93; s. Id II, 1307ff.
Herd: Terminologie s. PEER A., Küche und Heizung (1960), S. 20f. Betr. *Hääl* s. Id I, 1133, *Füür-* oder *Wellgrueb* Id. II, 693, 695, II, 367–369, 1040

127 *Kunst:* s. Id III, 368

129 Gemälde, ZWICKI K. L. (1846), S. 366., Backofen: s. Atlas der Volkskunde, Basel 1962, Karte 17, Kommentar S. 78–85, «Vielfach wird einfach der Stubenofen (Kachelofen), der von der Küche aus beschickbar ist, als Bachofen benutzt» (S. 78f.)
Kamin: KLUGE F. Etymologisches Wörterbuch der deutschen Sprache, Berlin 1957, S. 342f. Griech. kámmós (f), Ofen. Über lat. camīnus sind ahd. Kemmi, chemi, mhd. kemi entlehnt: SPÄLTI H., Glarus (1911), S. 95

130 *Kammer:* KLUGE F., Etymologisches Wörterbuch, Berlin 1957, S. 343: lat. camur(us), gewölbt, griech. kamára, Gewölbe, im lat. entlehnt camera, Raum mit gewölbter Decke. Mit dem Steinbau kam das Wort zu den Germanen, so entstehen ahd. Chamara, mhd. Kamer(e) = Schlafgemach, Vorratskammer, fürstliche Wohnung, Gerichtsstube.
Triil: Id XIV 881f. (m), *Triil* (m), (Heu-)Lager, Schlafstelle, Pritsche im Stall abgelegener Scheunen und Maiensäßhütten, Schlafraum der Älpler in Alphütten auf einem erhöhten Bretterboden, der über eine Leiter oder Treppe erreicht wird und einen Ansatz zu einem Obergeschoß darstellt, dann auch dieser Dachraum überhaupt, im Glarnerland oft über dem Schweinestall angebracht. Auch Schlafplatz in einfachen Wohnhäusern alter Bauweise. Mehrzahl die *Trilete*(n).
Gade: Id. II, 114f., 117, 120, Gemach von untergeordneter Bedeutung, im Gegensatz zur Wohnstube und Küche. Schlaafgade s. Id. II, 120, Ratsprotokoll 7. Mai 1617: «Auf dem Schlafgaden des Landweibels (der im Rathaus wohnte) soll ein Füürgänterli für den silbernen (Amts-) Becher gemacht werden, das ein eisernes Törlein haben soll.», in: WINTELER J., Glarus (1961), S. 22; *Schlaaffgade-Huus* Id II, 1708, «Häuschen, mit Stube und Schlafgemach daneben, im Gegensatz zu einem solchen, das nur zur Einrichtung einer Stube breit genug ist, bloß zwei Fensterkreuze hat».

131 Betr. *Bettlaub* s. Id III, 956f. Verb *laube*, Laub sammeln, um es als Streue im Stall oder als Bettlaub zu verwenden. Die Verwendung von Stroh als Einstreue hat das Sammeln von Laub fast zum Verschwinden gebracht und damit auch *d Laubferie* der Schüler.
Keller: WEISS R., Häuser und Landschaften (1959) S. 138ff.; PEER A., Bündner Bauernhaus (1963), S. 65–81

132 *Boge,* Id. IV, 1060f. KNOBEL H., Schwändi (1969) S. 165: «Verkaufsladen gab es zwei. Man nannte sie Bögen, weil ursprünglich für Magazine und Kaufladen offene gewölbte Lauben oder Bogengänge benutzt wurden. Auf Oberschwändi hatten wir einen Bogen, auf Unterschwändi war einer auf dem Spicher». KUNDERT F., Lebensmittelversorgung (1936), S. 10f.: «Die Hintersäßen durften keinen Handel treiben, weder Bögeler, noch Grämpler oder Wirt sein. Die Bögeler waren Inhaber eines Krämerladens; der Laden befand sich ursprünglich unter einem Bogen im Hauseingang.» Der bekannteste *Boge* im Glarnerland ist der Soolerbogen, ein Fachgeschäft für Textilien, in Glarus.

133 *Webkeller:* KNOBEL H., Schwändi (1969), S. 11, 123; Daten II, S. 914; KASTHOFER K., Bemerkungen auf einer Alpenreise über den Brünig, Pragel, Kerenzerberg, Flüela, Maloja und Splügen, Bern 1825, S. 103. Betr. Handweberei s. Gemälde, JENNY K., S. 458f., BLUMER J.J., S. 641 (Obstalden), S. 649 (Schwändi).

134 *Hausflur:* Id II, 1703ff. 1731; HUNZIKER J. (1905), S. 205–221, 310; TRÜB R., Beiträge, Frage 32b; PEER A., Das Bündner Bauernhaus, (1963), S. 19ff.

136 *Abtritt:* Reallexikon der germanischen Altertumskunde, Berlin/New York 1973, 1. Bd. Stichwort Abort, S. 15–18; Id II, 1703ff. (Huus), III, S. 962ff. (Laube). MEYER W. und WIDMER E., Das große Burgenbuch der Schweiz, Zürich 1977, S. 30: «Die Notdurft verrichtete man in Erkern, die ins Freie hinausführten, oder in Holzkasten, die man in den Wohnraum aufstellte und gelegentlich leerte.» MEYER P., Die Häuser unseres Landes, Tornisterbibliothek Heft 20, S. 30: «Als Abtritt diente auch in großen Bauernhäusern bis ins vorige Jahrhundert eine Gelte in der Wohnküche – vom Gesumm der vielen Fliegen hieß sie gelegentlich der *Imb*». DÜRST E., Wirtschaftliche und soziale Verhältnisse, Glarus 1951, S. 43: «Sanitäre Einrichtungen kannte man natürlich kaum dem Namen nach; hingegen besassen die neuen Herrenhäuser Aborte im Hause».

139 *Begriffe der Raumordnung:* BAESCHLIN A., BÜHLER A., GSCHWEND M., Wegleitung für die Aufnahmen der bäuerlichen Hausformen und Siedlungen in der Schweiz, Basel 1948, S. 96; GSCHWEND M., Schweizerische Bauernhaustypen, in: Geogr. Rundschau Nr. 3, 1950, S. 81–90; GSCHWEND M., Schweizerische Bauernhäuser, in: Bericht (1954), S. 9ff.; WEISS R., Häuser und Landschaften (1959), S. 155ff., S. 176, 214; GSCHWEND M., Schweizer Bauernhäuser (1971), S. 101ff. s. auch FRÜH J., Geographie der Schweiz, Bd. 2, St. Gallen 1932, S. 476ff.

141 Betr. *Besiedlung* und Entvölkerung der Bergliegenschaften: HÖSLI J. (1948), S. 105f., 113; KNOBEL F., Besiedlung und Entsiedlung des Berggebiets im Hinterland, in: Njb 1973, S. 39–41

142 *Gäsiberge:* s. SCHIESSER F., Beiträge (1951), S. 98ff.

146 *Bärensol:* Id VII, 766. Sol, Lache, Pfütze, in der sich das Wild suhlt. Sol kommt im Glarnerland besonders als Flurname recht häufig vor.

150 *Schwändihüüsli* Braunwald: Die Stallscheune hinter dem Haus trug auf dem Sturz des Heutores die Inschrift 17BHBTMSH83. Der Sturz der Haustüre weist einen gotischen «Eselsrücken» auf. Verschiedene Gwettköpfe der untern Wandbalken sind nicht mit der Säge, sondern mit dem Beil bearbeitet worden.

155 *Helvetischer Kataster:* Gemäß Beschluß der helvetischen Regierung vom 31. März 1800 mußte als Steuergrundlage ein Kataster erstellt werden, der im Kanton Glarus bis 1802 bereinigt werden konnte. Er ist ein Vorläufer der nachmaligen Grundbücher. JENNY F., Ortschaften (1924), S. 61f.;

Winteler J., Glarus (1961), S. 42; Land Glarus II (1964), S. 323; Thürer H., Mollis (1954), S. 121. Mit ein Grund für die häufigen Hausteilungen und möglicherweise auch für den *Bau von Doppelwohnhäusern* war die damals geltende Bestimmung, daß nur die Bürger zur Nutzung des Tagweneigentums berechtigt waren, die «eigen Feuer und Rauch», d.h. eine eigene Haushaltung mit eigener Küche hatten. Später konnte diese Forderung nicht mehr aufrecht erhalten werden. Das starke Wachstum der Bevölkerung im Jahrhundert der Industrialisierung verunmöglichte es. So war weder im Landsbuch 1807 noch in späteren Gesetzen je wieder die Rede von eigen *Füür* und *Liecht* als Vorbedingung für die Nutzungsberechtigung. Heer A., Kantons- und Gemeindebürgerrecht (1944), S. 254, 265 f. und Anm. 64

161 Davatz J., Beispielhafte Restaurierung zweier verputzter Blockhäuser in Linthal (Landvogt-Schießer-Haus) und Elm (Pfarrhaus), in: Unsere Kunstdenkmäler XXVIII, Heft 1, 1977, S. 48–57; Stüssi H., Das Landvogt-Schießer-Haus in Linthal, in: Njb 1978, S. 43–47
Kemenate: aus lat. caminata, von caminus, Ofen. Urspgl. ein heizbarer Raum, später auch das ganze Gebäude, besonders auf Burgen (nicht nur das Frauengemach), Vorratskammer, auch in Holzhäusern meist gemauert. Hunziker J., 3. Bd. (1905), S. 207 f., 216, S. 284–287. «Als ein weiteres, die Einteilung komplizierendes Element kommt hinzu die Kemenate, wie im räto-romanischen Gebiet bald auf dem Niveau des Wohnstocks, bald, und zwar auf deutschem Gebiet zumeist, im Kellergelaß. Im Wohngeschoß hinter der Küche erscheint sie in Näfels, Bilten und Nidfurn, im Kellergelaß in Linthal. In Bilten und Nidfurn nennt man den Raum auch *Gmächli*» (S. 285 f.)

166 *Flarz:* Weiss R., Häuser und Landschaften (1959), S. 208–213; Zollinger J., in: Gossau – Deine Heimat, 1974, Heft 4, S. 34 ff.

171 *Weißenberge:* Über Gebäudenutzung und Gebäudenutzungs-Wandel orientiert: Kessler Hansluzi, Wisseberg ob Matt, Der Mensch als Landschaftsgestalter, in: Njb 1978, S. 9–24

173 *Gade:* Id II, 114–122, besonders der Ökonomie dienendes Gebäude, s. Anm. 130; Über die Gaden des Walenseetales berichtet F. Schiesser, Beiträge (1951), S. 46 und Anm. 2; Hunziker J. (1905), S. 203–221, beschreibt einige Stallscheunen in Linthal, Elm und Bilten. Es ist begreiflich, daß im allgemeinen der Historiker wenig Interesse für Ställe bekundet.

174 *Euscht:* Id I, 154, II, 114 ff. ahd. aust, awist, owist, bedeutet ursprünglich Schafstall. Der Funktionswandel entspricht dem Rückgang der Schafhaltung. Andernorts nennt man Ziegenställe *Äugst* (Sarganserland). Die Bezeichnung ist als Orts- und Weidename bekannt. Äugsten ist Heualp der Gemeinde Ennenda.
Dengelstein: Der im Stein eingelassene eiserne Dengelstock wird bei Nichtgebrauch wegen Blitzgefahr mit Holz oder Emballage bedeckt.
Düngung: Gemälde, Heer O. (1846) S. 378: «Noch mehr ist zu bedauern, daß auch die Güllenbereitung und Güllenanwendung bei uns nur wenig bekannt ist. Wohl hat man bei den Misthaufen Tröge oder Kasten, in welchen das vom Mist ablaufende Wasser sich sammelt, allein diese Jauche ist zum Düngen von sehr geringem Werth...». S. 395: «Die Ställe sind bei uns sehr niedrig und eng, und für Sammlung und Ableitung des Urins ist gar nicht oder nur schlecht gesorgt; da zudem nicht selten Mangel an Streuung eintritt, sieht unser Vieh gewöhnlich sehr unreinlich und schmutzig aus.»

175 *Streue:* Gemälde, Heer O. (1846), S. 381: «Für die Ziegen wird viel Laub eingesammelt, ja dieselben im Winter großentheils mit Laub unterhalten. Besonders geschätzt ist zu Ziegenfutter das Laub der Eschen, Ahornen, Linden und Ulmen, doch wird auch das der Weiden und Erlen benutzt. Im August werden den Bäumen die Zweige abgeschnitten (geschneitet) und diese zu Garben zusammengebunden und im Schatten getrocknet. Dadurch werden die Bäume freilich schrecklich verunstaltet, liefern aber ein bedeutendes Quantum Winterfutter.» Über die Nutzung der Wälder als Streuelieferanten s. Winteler R., Studien über Soziologie und Verbreitung der Wälder, Sträucher und Zwergsträucher des Sernftales, Zürich 1927, S. 33; Wirz-Luchsinger H., Beiträge zur Flora der Braunwaldberge, in: Mitt. Naturf. Gesellsch. d. Kts. Glarus, Heft VII, Glarus 1945, S. 17
Heinzen: Diese wurden im 18. Jahrhundert vom vorarlbergischen Montafon aus ins Prätigau eingeführt, s. Ilg K., Gerüstformen bei der Heuarbeit in den Alpen, in: Alpengeographische Studien, Schlern-Schriften 65, Innsbruck 1950, S. 158

185 *Zentralisierung* des Milchhandels: Die erste Milchzentrale, eine private, entstand 1914 in Glarus, die zweite 1918 in Ennenda, doch blieb die direkte Kundenbelieferung durch die Bauern, das Selbstausmessen, noch Jahrzehnte üblich. Hösli J. (1948), S. 71 f. Der Milchverband Winterthur faßte 1922 Fuß, dies mit der Übernahme der Zigerfabrik in Oberurnen sowie des Butter- und Käse-Handelsgeschäftes mit Zigerfabrik in Glarus.
Von der Wüstlegung zahlreicher Sennhüttli der Berg- und Talliegenschaften des Walenseetales berichtet F. Schiesser, Beiträge (1951), S. 73 f.

189 *Speicher:* Hunziker J., 3. Bd. (1905), S. 213: «Speicher trifft man selten als Einzelgebäude; häufiger sind die *Zigerspüicher* im Haus.» Über die Politik der Vorratshaltung des Landes s. Kundert F., Lebensmittelversorgung (1936), S. 73–79; Im Linthaler Jahrzeitenbuch (Abschrift 1518) kommt die Bezeichnung «Acker» 63 mal vor. Direkte Belege für Speicher sind die Eintragungen vom 18. 7. und 28. 11.
Ziger, Zigerrübi: Id II, 1218, VI, 68; Kundert F., Lebensmittelversorgung (1936), S. 107 f.; Thürer P. und H., Netstal (1963), S. 385–387; Thürer H., Mollis (1954), S. 78, 319–323, 345
Käsespeicher: Id II, 118; Kundert F., Lebensmittelversorgung (1936), S. 111 f.; Hösli J. (1948), S. 186 f. Eine frühe Beschreibung eines Käsespeichers auf der Alp stammt von Joh. Rud. Steinmüller, Alpenwirtschaft, 1806; Frehner D., Die schweizerdeutsche Älplersprache, Frauenfeld 1919
Jetz: s. Zinsli P., Walser Volkstum (1968), S. 186 f. Alp und Bergliegenschaft am Panixerweg. Der Name leitet sich vom lat. iacium, Lager, Lagerplatz des Viehs auf der Bergweide. Er gilt als Bezeichnung der Walser. Zopfi F., Walserinfiltration, in: JHVG 69 (1982), S. 11–17 mit Anm.

193 *Geißweiderechte:* Stucki F., Beiträge (1936), S. 117 f. Am Beispiel der Genossame von Luchsingen stellt der Autor die komplizierten Weiderechte dar; von den Rechten der ehemaligen Ziegenherde von Schwanden berichtet E. Schmid, Schwanden (1936), S. 81–83; Die Abschrift des Urteiles von 1565, das die Alp Jetz (Elm) betrifft, stellte K. Wick zur Verfügung, s. seine Diss., Aktueller Kulturlandschaftswandel der subalpinen und alpinen Stufe, Zürich 1979, S. 124 f.; Daten II, S. 1077–1080
Ziegenhaltung: Gemälde, Heer O. (1846) S. 398 f.; Hösli J., (1948), S. 291–298; Thürer H., Mollis (1954), S. 298 f.; Thürer P. und H., Netstal (1963), S. 362 f.; Schiesser F., Beiträge (1951), berichtet auf S. 112 f. über die Ziegenhaltung im Walenseetal und auf S. 74 von der Wüstlegung von Ställen. Vgl. Manz W., Beiträge zur Ethnographie des Sarganserlandes, Diss. Zürich 1913, S. 92–95, mit 2 Abbildungen von «Geißäugst-Dörfchen» oberhalb Mädris (Gemeinde Mels). Hefti K., Die Elmer Geißhirti, in: Njb 1973, S. 18 f.; Zimmermann J., Als ich noch Ziegenbauer war, in: Njb 1979, S. 90–92; Feldmann J., D'Näfleser Geißhirti, in: Glarner Nachrichten Nr. 186, 12. Aug. 1982. Vom Zeichner, Lithographen und Holzstecher Johannes Weber (1846–1912) stammen die Illustrationen der Geißstatt bei den Enneteckenbuchen in Schwändi und einer Geißstatt bei Elm, in: Buss E., Glarnerland und Walensee, Europäische Wanderbilder, Zürich 1886

197 Wesen und Wandel der Glarner Alpwirtschaft s. Hösli J. (1948), S. 128–314 und Glarner Berglandwirtschaft (1975), S. 49–53, 56 f.
Ur- und frühgeschichtliche Archäologie der Schweiz III, Basel 1971, S. 87–102, besonders S. 111–119 Besiedelung des Alpenraumes und S. 138–141 Ackerbau und Viehzucht
Bergeten: Meyer W., Bergeten (1972); –, Wüstungen als Zeugen des mittelalterlichen Alpwesens, in: Geschichte

der Alpen, Basel 1979, S. 256-264; Hösli J. (1948),
S. 129-134; –, Die Entwicklung der Alpsiedlung auf Bräch.
Zur Frage der Glarner Heidenhüttchen, in: Verhandlungen
der SNG, Glarus 1958, S. 175-179; –, Das Heidenstäfeli
im Fuggtäli (2100 m). Ein Beitrag zur Wüstungsgeographie
der Glarner Alpen, in: Geographica Helvetica Heft 2,
1970, S. 91f.

202 Scheuchzer J.J., Naturgeschichte des Schweitzerlandes,
herausgegeben von J. G. Sulzer, Zürich 1746. Über seine
Gebirgsreisen s. Gehring J., Das Glarnerland in den
Reiseberichten des 17. bis 19.Jahrhundert, in JHVG 51
(1943), S. 31-37; Hösli J., Die touristische Erschließung des
Kärpfgebirges im Glarnerland, in: Die Alpen, 1953,
Heft 10, S. 265-269

203 *Dreiräumige Sennhütte:* Herd s. Id II, 1136f; Zigerbehälter:
Hier, im *Zigerghalt* (Mehrzahl *-ghalter, ghälter*) wird
der Rohziger gepreßt und gären (*jäse*). Es sind viereckige
Behälter mit Löchern zum Abtropfen der Schotte. Früher
(auf der Alp Altenoren bis 1928) verwendete man aus
Rindenstücken gefügte, zusammengebundene runde Behälter,
Zigerpäuer genannt, vgl Id IV, 896, 1530 (Mitt. R. Trüb).
Mulchendach: Id XII, 183. Es muß einst weit verbreitet
gewesen sein, s. Weiss R., Alpwesen, S. 103f. mit Anm. 18;
Simonett Chr., Graubünden II, S. 9

204 Johannes Hegetschweiler von Stäfa (1789-1839), Arzt,
Regierungsrat, Botaniker und Erforscher der Alpen,
s. HBLS IV S. 109; vgl. Stüssi H., Besuch auf Obersand, in:
Njb 1967, S. 33-39

209 Steinmüller J. R., Alpenwirtschaft (1802), S. 144-154,
berichtet auch von den Unannehmlichkeiten und Gefahren
des Alpenlebens, nicht nur von den Freuden, sondern
auch von den Leiden der Älpler.
Als Beispiel eines modernen Alpgebäudes stellt Matthias
Elmer im Bild die Schloßhütte auf Bärenboden
(oberster Stafel der Meerenalp) vor, in: Alpbewirtschaftung
im Erholungsgebiet, Jahrbuch 1977 des Glarner
Verkehrsvereins.
Betr. Oberblegi s. Luchsinger O., Kommerzienrat
J.J. Blumer und die Alp Oberblegi, in: Njb 1976, S. 57-59
Hirtenhüttchen: Figler s. Id I, 689, wahrscheinlich vom lat.
vigilia, Wache, ableitbar, s. Luchsinger Chr., Die
Älplerfamilie, Zürich 1910, S. 259; Brockmann-Jerosch H.,
Bauernhaus (1933), S. 9-22. Balm, franz. abri. Figlerboden
heißt die als Rinderweide genutzte Lokalität der Alp
Mittel-Durnachtal.

210 *Alpställe:* s. Stebler F. G., Alp- und Weidewirtschaft, Berlin
1903, S. 340-357; Schneefluchtrechte s. Weiss R.,
Alpwesen, S. 182f.; Bäbler J., Alpwirtschaft (1898),
vermittelt auf den Seiten 13 bis 29 eine Zusammenfassung
der behördlichen Verfügungen und Alpgesetze von 1548
bis 1893.

213 Zimmermann J., Wildheuet über den Felswänden, in Njb 1978,
S. 37-39; Brockmann-Jerosch H., Bauernhaus (1933):
Die Zeichnung auf S. 87 stellt eine Wildheuerhütte im
Kanton Glarus vor, einen einräumigen Blockbau mit flachem
Satteldach aus Brettschindeln, die mit Steinen beschwert
sind (*Schwärdach*). Drei Heutristen erinnern an die winterlichen
Schlittenfuhren. Weiss R., Häuser und Landschaften S. 242;
Hösli J. (1948), S. 298-301. Vgl. Waldmeier-Brockmann A.,
Sammelwirtschaft in den Schweizer Alpen, Diss. Zürich,
Basel 1941; Blättler A., Alpwirtschaft und Wildheuen im
Erstfeldtal, in: Schweiz. Archiv f. Volkskunde, 42. Bd., 1945,
S. 129-163; Hösli J. und Salathé R., Wildheuer,
Kommentare zum Schweiz. Schulwandbilderwerk,
XXIV. Bildfolge, Bild 103, 1959; Ritschard G. und
Schmocker E., Das Wildheuen in Ringgenberg, Buchreihe
des Fördervereins für das Schweiz. Freilichtmuseum
Ballenberg, Bd. 1, Frutigen 1980.

Bibliographie

A. Ungedruckte Quellen

BLUMER W., Alte Blumerhäuser in Nidfurn (4 Schreibmaschinenseiten, 1. XI. 1947)

Jahrzeitenbuch der Kirche Linthal, Abschrift 1518, Original in Linthal, Kopie im Landesarchiv Glarus

Genealogiewerk des Kantons Glarus von J.J. KUBLY-MÜLLER, Landesbibliothek Glarus

LEUZINGER H., Das Glarner Bauernhaus, Vortrag anläßlich der Tagung der Schweiz. Gesellschaft für Volkskunde in Glarus am 25./26. April 1953, 34 Schreibmaschinenseiten

MARTI, H., Sernftaler Mundart, 18 Hefte, 1913-1937, Landesbibliothek Glarus

STEINMÜLLER J. R., Anfang eines geographisch-statistischen Lexikon des Landes Glarus, 1796, Landesbibliothek Glarus

THÜRER P., Collectanea zur Glarner Geschichte, 150 Hefte, Gemeindearchiv Netstal

TRÜB R., Beiträge zur Terminologie des glarnerischen Bauernhauses (22 Schreibmaschinenseiten, 1947), Schweiz. Institut für Volkskunde, Haus- und Siedlungsforschung, Basel

B. Literatur

Alpkataster (BÄBLER R.), Schweizerischer Alpkataster, Kanton Glarus, herausgegeben von der Abteilung für Landwirtschaft des EVD, 1962

BÄBLER J., Die Alpwirtschaft im Kanton Glarus, Schweiz. Alpstatistik, 6. Lieferung, Glarus 1898

BARTEL O. und JENNY A., Glarner Geschichte in Daten, 3 Bde. und Registerband, Glarus 1926/1931/1936

BAUMGARTNER M., Volkskundliches aus dem Sernftal, in: Korrespondenzblatt der Schweiz. Gesellschaft für Volkskunde, 43. Jhg., Heft 1/2, Basel 1953

BLUMER J. und HEER O., Der Kanton Glarus, Bd. 7 des histor.-geogr.-statistischen Gemäldes der Schweiz, St. Gallen 1846

BRAUN R., Industrialisierung und Volksleben, Erlenbach-Zürich 1960. Sozialer und kultureller Wandel in einem ländlichen Industriegebiet im 19. und 20. Jahrhundert, Erlenbach-Zürich 1965

BROCKMANN-JEROSCH H., Schweizer Bauernhaus, Bern 1933

BUSS E. und HEIM A., Der Bergsturz von Elm, Denkschrift, Zürich 1881

BUSS E., Das Bürgerhaus im Kanton Glarus, Das Bürgerhaus in der Schweiz VIII. Bd., Zürich 1919

BUSS E., Die Kunst im Glarnerland von den ältesten Zeiten bis zur Gegenwart, Glarus 1920

DÜRST E., Die wirtschaftlichen und sozialen Verhältnisse des Glarnerlandes an der Wende vom 18. zum 19. Jahrhundert. Der Übergang von der Heimindustrie zum Fabriksystem, Glarus 1951

ELMER J., Beiträge zur Geschichte der Gemeinde Niederurnen, Niederurnen 1974

ELMER J., Beitrag zur Geschichte der Walensee-Linthschiffahrt und den Ursachen ihres Niederganges, Niederurnen 1978

FÄSI J. C., Genaue und vollständige Staats- und Erdbeschreibung der ganzen Helvetischen Eidgenossenschaft, Bd. 2, Zürich 1766, S. 390-485

FREHNER O., Die Schweizerdeutsche Älplersprache, Alpwirtschaftliche Terminologie der deutschen Schweiz, Die Molkerei, Frauenfeld 1919

GEHRING J., Das Glarnerland in den Reiseberichten des XVII.-XIX. Jahrhunderts, in: JHVG, 51. Heft, Glarus 1943

GLADBACH E., Der Schweizer Holzstyl in seinen kantonalen und constructiven Verschiedenheiten vergleichend dargestellt mit Holzbauten Deutschlands, 2 Serien, Zürich 1882/1886

GSCHWEND M., Schweizerische Bauernhaustypen, in: Geographische Rundschau, Georg Westermann Verlag, 2. Jhg. Nr. 3 (1950), S. 81-90

GSCHWEND M., Bericht über die Mitgliederversammlung des Arbeitskreises für deutsche Hausforschung in Säckingen (Oberrhein) vom 3. bis 5. September 1954

GSCHWEND M., Schwyzer Bauernhäuser, Schweizer Heimatbücher, Nr. 81, Bern 1957

GSCHWEND M., Köpfe und Fratzen an schweizerischen Bauernhäusern, Sonderabdruck aus der Festschrift Alfred Bühler, Basel 1965

GSCHWEND M., Schweizer Bauernhäuser, Schweizer Heimatbücher, Nr. 144-147, Bern 1971

GSCHWEND M., Die Heidenhüttchen auf Bergeten ob Braunwald. Alpine Wüstungen auf Brächalp, in: Njb 1972, S. 80-83

GSCHWEND M., Siedlungsplätze und Baureste, in: Bergeten ob Braunwald, ein archäologischer Beitrag zur Geschichte des alpinen Hirtentums, Basel 1973, S. 38-51

GUTERSOHN H., Braunwald, in: Landschaften der Schweiz, Zürich 1950, S. 141-148

HAUSER A., Schweizerische Wirtschafts- und Sozialgeschichte, Zürich 1961

HAUSER A., Wald und Feld in der alten Schweiz, Beiträge zur schweizerischen Agrar- und Forstgeschichte, Zürich/München 1972

HEER A., Das Glarnerische Kantons- und Gemeindebürgerrecht und dessen spezieller Inhalt, Diss. Zürich, Glarus 1944

HEER G., Blätter zur Geschichte der Dorfschaft Rüti, Heft 2, Glarus 1910

HEER G., Das Landsbuch von Glarus von 1448, Kap. IV der Geschichte des altglarnischen Rechtes, in: JHVG 36. Heft, Glarus 1910

HEER G., Das altglarnische Recht von 1448 bis 1623, in: JHVG 38. Heft, Glarus 1913

HEFTI J., Geschichte des Kantons Glarus von 1770 bis 1798, in: JHVG 40. Heft, Glarus 1915

HEGETSCHWEILER J., Reisen in den Gebirgsstock zwischen Glarus und Graubünden in den Jahren 1819, 1820 und 1822, Zürich 1825

HÖSLI J., Glarner Land- und Alpwirtschaft in Vergangenheit und Gegenwart, Glarus 1948

HÖSLI J., Die Landschaft des Glarner Freiberges am Kärpf und ihre bäuerliche Erschließung, in: 400 Jahre Glarner Freiberg am Kärpfstock, Basel 1954

HÖSLI J., Das unbekannte Haus am Spielhof in Rüti, in: Njb 1973, S. 121-123, mit Abb.

Hösli J., Die Wüstung Bergeten und die «Heidenhüttchen» in der Glarner Geschichte, in: Bergeten ob Braunwald, ein archäologischer Beitrag zur Geschichte des alpinen Hirtentums, Basel 1973, S. 52-71

Hösli J., Glarner Berglandwirtschaft, Einst, heute – und in Zukunft, in: 100 Jahre Glarner Nachrichten 1875-1975, März 1975

Hösli J., Bauernforschung im Glarnerland, in: Glarnerland/Walensee, Jahrbuch 1981 des Verkehrsvereins Glarnerland und Walensee, S. 75 f.

Hugger P., Amden, Eine volkskundliche Monographie, Basel 1961

Hunziker J., Das Schweizerhaus nach seinen landschaftlichen Formen und seiner geschichtlichen Entwicklung, 3. Bd.: Graubünden nebst Sargans, Gaster und Glarus, Aarau 1905

JHVG Jahrbücher des Historischen Vereins des Kantons Glarus, Glarus 1865 ff.

Jenny F., Beiträge zur Geographie der Ortschaften im Tale der Linth, Diss. Zürich, St. Gallen 1924

Jenny-Kappers H., Der Kanton Glarus. Ein beschreibender Katalog der gedruckten Landkarten und Pläne, Ortsansichten und Landschaftsbilder, von den Anfängen bis 1880, Frauenfeld 1939

Knobel H., Geschichte der Gemeinde Schwändi, Glarus 1969

Kundert F., Die Lebensmittelversorgung des Landes Glarus bis 1798, Glarus 1936

Lehmann H., Aus der Kulturgeschichte der Heimat, Trogen 1949

Liebeskind W. A., Die Kerenzer Bauernzeichen, in: Schweiz. Archiv für Volkskunde, 37. Bd., Basel 1939, S. 255-259

Liebeskind W. A. Die Hintersäßen im Glarner Landrecht des 16. Jahrhunderts, in: JHVG 55. Heft, Glarus 1952

Leuzinger H., Das Glarner Dorf, in: Schweiz. Lehrerzeitung, Nr. 23, Zürich 1950, S. 502

Leuzinger H., Gilg Tschudis Häuserverzeichnis von Glarus im sog. dicken Tagwensbuch, in: JHVG 55. Heft, Glarus 1952

Leuzinger H., Siedlungs- und Bauformen des Glarnerlandes, in: JHVG 61. Heft, Glarus 1966 (S. 44-49, Das Glarner Bauernhaus)

Luchsinger Chr., Die Älplerfamilie in den romanischen Alpendialekten, Sonderabdruck aus: Festschrift zum XIV. allgemeinen deutschen Neuphilologentag, Zürich 1910, S. 254-293

Manz W., Beiträge zur Ethnographie des Sarganserlandes, Diss. Zürich, Zürich 1913

Meier R., Das Bauernhaus im Toggenburg, Schweizer Heimatbücher, Nr. 175, Bern 1974

Meyer P., Das schweizerische Bürgerhaus und Bauernhaus, Schweizer Kunst, Bd. 2, Basel 1946

Meyer(-Hofmann) W., Die Heidenhüttchen auf Bergeten ob Braunwald, Vorläufiger Bericht über die Ausgrabungen 1971, in: Njb 1972, S. 72-80

Meyer W., Bergeten, eine mittelalterliche Alpwüstung, in: Antike Welt, Zeitschrift für Archäologie und Urgeschichte, Heft 1, 1972

Meyer W., Grabungsbericht, in: Bergeten ob Braunwald, ein archäologischer Beitrag zur Geschichte des alpinen Hirtentums, Basel 1937, S. 21-23

Meyer W., Die mittelalterlichen Burgen und Wehranlagen des Kantons Glarus, in: JHVG 65. Heft, Glarus 1974

Meyer W., Glas, Glaser und Glasbläser in der mittelalterlichen Regio Basiliensis, in: Regio Basiliensis, Bd. XVIII/1, Basel 1977, S. 172-182

Njb Neujahrsbote für das Glarner Hinterland, Glarus 1967 ff.

Peer A., Küche und Heizung im Bauernhaus Romanisch Bündens, eine sachkundlich-sprachliche Untersuchung, Sonderabdruck aus dem Schweiz. Archiv für Volkskunde 1960, Heft 3, Winterthur und Basel 1960

Peer A., Das Bündner Bauernhaus, Beiträge zur Kenntnis des Bauernhauses in Romanisch Bünden, Sonderabdruck aus dem Jahresbericht 1961 der Historisch-Antiquarischen Gesellschaft Graubündens, Chur 1963

Schatzmann R., Die Alpenwirtschaft des Kantons Glarus, in: Schweizerische Alpenwirtschaft, 3. Heft, Aarau 1861

Scheitlin P., Meine Armenreisen in den Kanton Glarus und in die Umgebung der Stadt St. Gallen, St. Gallen 1820

Scheuchzer J.J., Naturgeschichte des Schweizerlandes, herausgegeben von J. G. Sulzer, 1. und 2. Teil, Zürich 1746

Schiesser F., Beiträge zur Kulturlandschaftsgeographie des Walenseetales, Diss. Zürich 1951

Schnyder W., Handel und Verkehr über die Bündner Pässe im Mittelalter, Bd. 1, Zürich 1973

Schmid E., Beiträge zur Geschichte der Gemeinde Schwanden, Schwanden 1936

Schwab H., Die Dachformen des Bauernhauses in Deutschland und in der Schweiz, ihre Entstehung und Entwicklung, Diss., Oldenburg 1914

Schwab H., Das Bauernhaus in der Schweiz, Ein Leitfaden zum Verständnis seiner Formen und Klassifikation, in: Schweiz. Archiv für Volkskunde, 31. Bd., Basel 1931, S. 165-182

Schweizerdeutsches Wörterbuch (Id), Frauenfeld 1881 ff.

Senn W., Charakterbilder schweizerischen Landes, Lebens und Strebens, Erste Serie, Glarus 1870 (S. 239-277 Der Föhn), Zweite Serie, Glarus 1871 (S. 202-215 Das Schweizerhaus)

Simonett Chr., Die Bauernhäuser des Kantons Graubünden, 2 Bde., Basel 1965/68

Spälti H., Geschichte des Landes Glarus, Glarus 1911

Speich P., Die Wasserkraft, ein Grundelement der glarnerischen Wirtschaft, Glarus 1956

Stebler F. G., Alp- und Weidewirtschaft, Berlin 1903

Steinmüller J. R., Beschreibung der schweizerischen Alpen- und Landwirtschaft, Bd. 1: Die Alpenwirtschaft des alten Kantons Glarus, Winterthur 1802

Stucki F., Beiträge zur Geschichte des Landes Glarus vor seiner Befreiung, Glarus 1934

Stucki F. J., Geschichte der Stucki Familien von Oberurnen (Glarus), Horw 1974

Thürer H., Geschichte der Gemeinde Mollis, Glarus 1954

Thürer H., Glarus, Schweizer Kantone, Neuenburg 1978

Thürer P., Geschichte der Gemeinde Netstal, Glarus 1922

Thürer G., Kultur des alten Landes Glarus, Glarus 1936

Thürer P. und H., Geschichte der Gemeinde Netstal, Netstal 1963

Trüb R., Die Sprachlandschaft Walensee-Seeztal, Beitr. zur schweizerdeutschen Mundartforschung, Bd. III, Frauenfeld 1951

Trümpi Chr., Neuere Glarner Chronik, Winterthur 1774

Urkundensammlung zur Geschichte des Kantons Glarus, Bd. 1 und 2, Nr. 1-245, herausgegeben von J.J. Blumer, Bd. 3, Nr. 246-289, herausgegeben von G. Heer

Weiss R., Das Alpwesen Graubünden, Zürich 1941

Weiss R., Häuser und Landschaften der Schweiz, Zürich 1959

Wick K., Aktueller Kulturlandschaftswandel der subalpinen und alpinen Stufe, Diss. Zürich 1979

Winteler F., Beiträge zur Biltner Geschichte, Niederurnen 1973

Winteler J., Die Burgen des Kantons Glarus, Basel 1946

Winteler J., Geschichte des Landes Glarus, 2. Bde., Glarus 1952/1954, 2. Auflage des 1. Bandes 1957

Winteler J., Glarus, Geschichte eines ländlichen Hauptortes, Glarus 1961

Wirz-Luchsinger H., Beobachtungen über die Verbreitung wildwachsender Holzarten im Kanton Glarus, Lieferung 5, Winterthur 1928

Zinsli P., Walser Volkstum, Frauenfeld 1968

Zopfi F., Die Namen der glarnerischen Gemeinden, in: JHVG 50. Heft, Glarus 1941

Zopfi F., Die Walserinfiltration im Sernftal seit dem Ende des 13. Jahrhunderts, in: JHVG 69. Heft, Glarus 1982, S. 11-34

Zweifel J., Aktiver Heimatschutz, in: Njb 1978, S. 7f. mit 19 Abb.

Sachregister
Seitenzahl 132
Abbildungsnummer *402*

Abtritt (Abort) 77, 136, 142, 157, 166, Anm. 136, *354f.*
Aberglaube 55, 92, 97, Anm. 97, *71f.*
Ackerbau 13, 19, 21, 25, 30, 189
Alemannen 17
Allmende 19, 33
Alpen 11, 213
    Alpbesitz 201
    Alpdörfchen 197
    Alpgebäude 197–214, Anm. 209, *7, 501–543*
    Alpgesetze 210
    Alpsiedlungswüstungen s. Heidenhüttchen
    Alpstafel 201, 205f., 210
    Alpställe 207, 210–212, *536–539*
    Heualpen 213f., Anm. 174, *544–546*
    Heuhüttchen 213f., *540–543*
    Hirtenhüttchen 209f., *527–532*
An- und Umbauten 165–167, *422–431*
Assekuranz 13
Aufrichte 55, Anm. 55
Aufschiebling s. Dach
Aufstockung 165f.
Ausdrucksformen 87–113, *175–296*
Auswanderung 22, 30

Bäcker, -gewerbe 129, 189
Balche s. Fensterläden
Balkendecken s. Decken
Bauperioden 30–33
Bauplanung, -politik 20, 31, 33, 35f., 126, 155, *38*
Baustoffe 41–43
    Eisen, Eisenwaren 42f.
    Gips 41
    Glas 42, 65, 67
    Holz 41, 45, 47
    Kalk 42
    Schiefer 41f., 57, 59
    Steine 41, 153, 157
        Sandsteine 42, 70, 81, 83, 126, 129, 152f.
        Tuffstein 41, 129, 150
    Ziegel 42
Begriffe (der Hausforschung) 139
Berggüter 11, 22, 31, 33, 141, *2, 5f., 434*
Berghäuschen 31, 57, 141f., 144, 146, 150, 169, *358–361, 368–374, 384–386*
Bergwerke 43
Bevölkerung 23–29, 29f., *25–27*
Blockbau (Blockwand) 45–47, 150, 166, 169, 178, 189, 206f., 213, *42–50, 384, 459*
Blockstiege 134, *175*
Bohlen 47, 175, 193
Bohlenständerbau s. Ständerbau
Boge s. Keller
Bretterschalung 53, 77, 142, 178, 182, *55, 66, 389, 391, 452–454, 472, 500*
Brittli s. Fensterläden
Brüggli s. Treppenbrücklein
Büge (Streben) s. Dach
Burgen 30, 51, 141

Chatzbaum s. Dach

Dach 55–63, *73–96*
    Dachform 55, 57, *73–76*
    Dachneigung 57
        Tätschdach 57, 165, 174, 193, *74, 77, 84, 87*
        Steildach 57
    Dachknick 57, 61, 157, *75f., 86, 88, 90f., 138f.*
    Aufschiebling 61, *75, 86, 88, 90f., 94, 469*
    Dachkonstruktion
        Ankerbalken 59, 61, 87
        Dachstuhl 59, *51, 84–86*
        Firststütze 59, 153, 157, *82f., 391*
        Giebeldreieck 59, 182, 185, 191, 193, 206, *370*
        Kniestock 48, 59, 87
        Pfetten (-dach) 59–63, *80f., 174*
            Chatzbaum, siehe Pfetten 59, 174, 193, *80f., 496f.*
        Rafen (-dach) 59, *91, 94*
        Pfetten-Rafendach 59, 61, 63, *84–86*
        Sparren (-dach) 61, *88, 90*
    Dachüberstand (Vordach) 36, 61, 63, *89*
        Flugdreieck (-gespärre) 63, 157, *75f., 88, 91, 94, 400, 421, 469*
        Flugpfetten 61, *92f.*
    Dachhaut 59
        Bedachungsmaterialien
            Schindeln 13, 57, 59, 174, 185f., 193, 206f., 213, *77, 79, 120, 370f., 384, 450, 500, 510, 517, 522*
            Schiefer (s. auch Baustoffe) 57, 59, *78*
            Ziegel 57, 59, *387*
            Blech 59, *364*
            Eternit 59, *16, 34, 402, 451*
        Bedachungsvorschriften 13, 35, 57
    Klebdächer 37, 63, 170, *50, 73, 95, 104, 113, 130, 362f., 367, 418*
Decken (Dielen)
    Balken-Decken 70, 117, 119, *148, 248, 299, 301–311, 315, 317–319, 345*
    Bretter-Decken 115, 117, 142
    Kassetten-Decken 70, 120, *313*
Doppelwohnhaus 31, 33, 36, 49, 77, 155–165, 169, Anm. 155, *31f, 50, 52f., 55f., 59, 65, 70, 86, 103, 130, 132f., 137, 141, 395–42, 432*
Drachenköpfe s. Pfettenköpfe

Einzelsennerei 201
Einzelwohnhaus 141–153, *356–393*
Eisenofen s. Ofen
Entvölkerung 23, 30, 33, 141, *26, 28, 33*
Epidemien 29
Erwerbsstruktur 26f., *28*
Eselsrücken (Kielbogen) 83, 150, *152f., 155, 158, 165, 169*
Estrich (*Ruoßtili*) 13, 59, 81, 130, *85* s. auch *Triil*

Fabrikindustrie 22f., 29, 31, 33, *24, 28*
Fachwerkbau 49f., 150, *59f., 62, 375, 387*
Falltüren s. Türen
Feldställe s. Stallscheunen
Fenster 65–67, 69–72, *97–118*
    Fenstergitter 109, 158, *163, 166f.*, 169, 237, 274–277

Fensterläden
    Klappläden 69, *60, 105, 346f.*, *408*
    Schlagläden 69, *75f.*, *110, 125* u.a.
    Zugläden 69, *59f., 108f., 125, 263–269, 272, 383, 408*
Fensterpfosten 70, *114*
Fensterreihen 67, 158, *103–105, 406*
Fensterschenkungen 65, 67
Butzenfenster 65, 67, 72, *83, 100f., 108, 110, 123, 297, 302, 421*
Gangfenster 83 f.
Festes Haus s. Wohnturm
Feuergrube s. Herd
Feuer- und Wachtbrief 13, 126, 129
Feuerpolizei 13, 129 f.
Feuerschau 13
Feuerwehr 13
Firstkammer s. Kammern
Firststütze s. Dach
Flammenstein s. Herd
Flarz 166
Fleckling 45, 59, 103, 174, 185
Flur s. Hausflur
Föhn 13, 36, *8–10*
Fratzen 97, *224–226, 288*
Friese 103–105, 120, *49, 106, 245–263, 269, 312*
    s. auch Zierbretter
Futtertenne s. Tenn

Gaden s. Stallscheune
Geißen s. Ziegen
Genealogie 38
Genoßsamen 19, 38, 193
Geteiltes Haus s. Doppelwohnhaus
Gewerbe 21f., 29, 31, 37–39, 43, *28*
Gewett (Blockbau) 45, 157, 161, 166, 174, *44–50, 396*
Gewölbe 70, 132f., 201, *86, 344*
Gießerei 43
Gitter s. Fenstergitter
Glas s. Baustoffe
Großhäuser 30, 45, 47, 79, 81, 83, 103, 106, 119, 133f., 161f., *50, 65, 142*
Grundherrschaft Säckingen 11, 16–21, 29, 35, 39, *51f., 133*
Grundrißvarianten des Wohngeschosses s. Einzel- und Doppelwohnhaus

Habsburger (Urbar) 15, 21, 29, 51
Hälbling 45
Hakenkamm 45, *41*
Hälslig 45
Handel 17, 21f., 29
Handwerker 31, 37–39, 43, 109
    s. auch Gewerbe
Hausflur (Vorhaus) 131, 134, 143f., 146, 158, *356/3a-c, 366, 376, 379, 382, 385f., 388, 390, 393, 395, 403, 407, 409, 422, 431f.*
Hauslandschaft 169 f.
Haussprüche 99–101, *239–244*
Heidenhäuser 53, 81, 87, 97, 115, 119, *64, 121, 148f., 151, 178f., 224f., 306f.*
Heidenhüttchen 197–201, *501–507*

Herd 126–129, *333–338*
    offener Herd 126, 207, *333, 338, 474, 476*
    geschlossener Herd 127, 129f., *333*
        Kunst (*Chuurscht*) 124, 127, 129, *326, 332*
        deutscher Sparherd 127f., 130, *333f., 336*
        französischer Herd 127, 129, *337*
Herdkette (*Hääli*) 126, 198, *336*
Herdplatte 126, *333, 338*
    Feuergrube 127, 185, 199, *335f., 374, 476, 506, 511, 515, 518, 520, 524*
    Flammenstein 129f., 207
    Kessel- (Dreh-)galgen 127, 185, 198, 203, 206f., *334f., 474, 476, 511, 515, 518, 520, 524*
Herrenhaus 31, 33
Herrengaden s. Stallscheune
Heualpen s. Alpen
Heuhüttchen s. Alpen
Hintersäßen 29, 37
Hirtenhüttchen s. Alpen
Hochwasser 15
Hof, Hofstätte (*Hoschet*) 19, 53
Hoowändlig s. Pfetten

Jahrzahlen 92–97, 117, 150, 173, 191, 193, 207, *39f., 151–154, 161–164, 166f., 172f., 183f., 189f., 192f., 195, 199, 205–216, 218f., 220, 226, 235f., 239–244, 262, 314, 343*
Initialen 92, 117, 150, 173, *76, 167, 183f., 189f., 192f., 195, 199, 205–216, 218, 235–237, 262, 308, 314*
Inschriften 92, 99f., 117, *39f., 76, 93–95, 162, 234–244*
Intarsien 70, 84, 99, 120, 153, *171–173, 236, 279, 313, 343*
Industrialisierung 29f., 33

Kachelofen s. Ofen
Käsespeicher s. Speicher
Kalk s. Baustoffe
Kamin 123, 126f., 129f., 142, 146, 150, 185, Anm. 129, *86, 335, 340f.*
    Kaminschoß (Rauchfang) 130, 142, 146, 150, *333–336, 340f.*
    Kaminfeger 129
Kammern 130f., Anm. 130
    First- (Dach-)kammer 59, 130, 144, 146, 148, 150, 157, *85f., 88*
    Küchenkammer 130, 142, 155, *340f.*
    Schlafgaden (-haus) 130, 144, 148, 155, 157, 165
    Speisekammer (*Chämete oder Gmächli*) 131, 150, 161, 169, 189
    Räucherkammer 130, 153
    Triil 130, 144, 203, 206, Anm. 130
Kassettendecke s. Decke
Kataster 11, 31, 36, 155
Keller 131–134, 142, 144, 158, 161, 185, 189, Anm. 132, *84, 86f., 340f., 344, 346, 348, 361, 385*
    Boge 132, Anm. 132
    Kellerhals 149, *379c*
    Webkeller 67, 69, 132f., *105, 346f.*
Kesselgalgen s. Herdplatte
Kirchen 17, 29, 37, 41, *36*
Klebdächer s. Dach
Kleinhaus 31, 123, 132, 141f., 150, *362–364, 384*
Kleinstall s. Stallscheune
Klima 11, 13

230

Kochhüttchen 213
Konsolen
  Blockwandkonsole 63, *94*
  Pfettenkonsole 63, 87f., 92, *92, 174–178, 180–182, 184, 186f., 189–198, 202–212, 226*
  Stubenkonsole 97, *227f.*
Kreuzfirst 181f.
Kriegsdienste 29f.
Kunst *(Chuurscht)* s. Herd
Küche 126–130, 132, 134, 141–144, 146, 148–150, 155, 161, 165f., 169, 182, 185, *333–341*
  Rauchküche (-hütte) 126, 142, 146
  Sennküche 185f., 198f., 202–204, 206f., 209, *474–476, 506, 511, 515, 523–525*

Landsbuch 35f., *38*
Landwirtschaft 25, 30, 28
Lauben 61, 75, 77–80, 142–146, 146, 148, 153, 157, 189, *113, 132–147, 230, 354, 364, 399–401, 416*
Lawinen (-schutz) 15, 100, 176, 212, *13–16*
Lehm 42, 49
Lukarne *(Guggeere)* 153, *380, 392, 394, 429f.*
Luke (Maueröffnung) 65, 69f., 109, 132, *72, 97f., 107, 113*

Malereien 84, 92, 98f., 105f., 109, *31, 60, 111, 170, 196, 201f., 230, 232f., 267–273*
Mantelmauern 53, *65*
Massivbau s. Steinbau
Maultrommel 199
Maurer 39
Milchgefäße 202f., 207
Milchkammer (-keller) 155, 185f., 202, 206
Milchwirtschaft 185, Anm. 185
Mittelganghaus 48f., 70, 115, 160–165, 169, *50, 52f., 55f., 395e,f, 417, 426*
Möbel 41, 115f., 126, 130f., *116, 297–299, 301f., 311, 342f.*
Mulchendach s. Sennhütte

Nebenstube s. Stube

Oberlaube s. Lauben
Oberlicht s. Fenster – Gangfenster
Ofen (Stubenofen) 116, 120–127, 129, 161, Anm. 120, 123
  Steinofen 120, 123, 126, 142, 150, *317–320*
  Schieferofen 120, 123, 144, 150, *299, 321*
  Kachelofen 120, 123f., 126, 153, *315, 325f., 332*
  Eisenofen 123, 153
  Ofenbank 116f., 126, *299, 311, 315, 321, 326, 332*
  Ofengestell 123, 126, *299, 315, 318–321*
  Ofenkacheln 120, 124, *316, 323f., 327–331*
  Ofenloch 124, 134, 142
  Ofentreppe 116, 124, 126, 134, 150
  Ofenwinkel 124, 126
  Kunst s. Herd
Ornamente 92, *189f., 192–195, 199f.*

Paß (-verkehr) 9, 15, 17, 21, 47, 162
Pest 29
Pfannenknecht 126f.

Pferch 210, *501, 503, 510, 512, 533f.*
Pfetten 45, 59, 61, 87–97, 193, *80f., 89–91, 93, 174, 218, 226*
  Pfettenkonsolen s. Konsolen
  Pfettenköpfe 87f., 91f., *182–200, 202f., 208f.*
    Drachenkopf 88, Anm. 92, *189–195*
    Pferdekopf *(Rößli)* 88f., *181–187*
    Stierkopf 91, *196, 202*
  Hoowändlig 45, 59
  Pfettenstirnbrettchen 97, *189f., 213, 217, 221–223, 363f., 380, 411*
  Pfettenträger 88, *188*

Rafen s. Dach
Rauchfang s. Kamin
Rauchhütte s. Küche
Raumordnung 139
Reihenhäuser 33, 166, 182, *30, 429–431*
Rinnstein 126
Rundholz 185, 193, 213f.
Rüsche (Heuloch) 175
Rundbogen s. Türen
Regal (Land-, Berg-) 42f.

Sandstein s. Baustoffe
Säckinger Urbar 11, 21
Sägerei 39
Schiefer s. Baustoffe und Dach
Schieferofen s. Ofen
Schindeln s. Dach
Schlafgaden s. Kammern
Schlösser s. Türschlösser
Schneelatten 57, 59
Schnitzereien 55, 87, 117, 119, 149, *71, 303–310*
Schopf 33, 150, 157, 186, *396*
Schweinestall 77, 175, 203f., 206, 209
Schwellenkranz 45, 47
Schwemmkegel (-fächer) 9f., 19, 33, 70, 155, 178, *19, 21*
Schwerhölzer 57, *55, 77*
Sechthaus 13
Sekundäre Vielzweckbauten 148, 150, 153, 181f., *66, 375–378, 389–391, 465–472*
Sennhüttchen 185–187, *474–481*
Sennhütten 11, 197–209, *502–526*
  einräumige s. Heidenhüttchen
  zweiräumige 201f., 303f., *513, 515, 517f.*
  dreiräumige 202f., 205–209, *516, 519–523*
  Sennküche 185, 202, *511, 524f.*
  Mulchendach 202f., 207
Senntenbauern 185, 210
Silo 178, *462*
Speicher 189–192, *120, 482–485*
  Käsespeicher 191, *490–493*
  Zigerspeicher 189, 191, *486–489*
Speisekammer s. Kammern
Stallscheune (Gaden) 173–182, 189, *440–473*
  giebelständige 173–175, *440–448*
  traufständige 176, *449–453*
  Kuhgaden 174
  Zugaden 174, 193

Stallscheune (Fortsetzung)
    Heugaden 175
    Streuegaden *(Euscht)* 174f., Anm. 174f.
    Herrengaden 176f., *454-457*
    Kleinstall 33, 193, *139, 363, 465-467, 469*
Ständerbau 47-49, 77, 165, 175, 182, 189, 194, 213, *51-58, 134, 498*
Steinbau (Massivbau) 30f., 33, 50-53, 57, *72, 98*
Steinmetzzeichen 83
Steinofen s. Ofen
Strickbau 45, 191, s. Blockbau
Streuhof 173
Stube 115-120, 141, *297-315*
    Stubendecke s. Decken
    Stubenmöbel s. Möbel
    Stubenwand 115f., *297f., 300f., 311f., 314f.*
    Nebenstube 130, 148, 153, 157, s. Kammern (Schlafgaden)
    Stubenofen s. Ofen
Streue s. Stallscheune (Streuegaden)

Tagwen (Bürgergemeinde) 21, 31, 33, 36f., 41, 43
Tätschdach (-haus) s. Dach
Tenn 30, 72, 169, 176
Treppen 143-144, 148, 150, 189, 223, *340f., 344, 350-352*
Treppenbrücklein *(Brüggli)* 70, 72-76, 79, 161, 169, *50, 52, 73, 113, 119-131, 145, 179, 346, 396, 414, 418*
Triil s. Kammern
Trockenmauer 50f., 185, 193, 197, 206, 213, Anm. 51, *63, 494, 505-507*
Türen 80-85, 153, *148-172, 237, 261f.*
    Türbeschläge 110, *279-288*
    Türgewände 81, 83f.
    Türklopfer 112, *293-296*
    Türschlösser 110, 112, *289-292*
    Falltüre 81, 126, 130f.
    Gattertüre 134, 193, *496*
    Rundbogen (-türe) 70, 81, *113, 148-151*
Tuffstein s. Baustoffe
Turner s. Herd (Kesselgalgen)

Überschwemmungen 10, 15, 19, Anm. 20, *20*
uuftrööli 45, 174, 178, 193
Umbauten s. Anbauten
Unterhaus 70, 132, 134, 157

Verehrholz 31, 41
Verkehrslage 15f., 23
Verputz 30, 50, 53f., *68f.*
Viehhandel 21, 29f., 185, 201
Viehwirtschaft 13, 21, 25, 30, 173
Volkskundliches 55, 61, 81, 92, 98-100, 117, 126, Anm. 97, 99, *224f., 228f.*
Vorbauten s. Lauben und Treppenbrücklein
Vorhaus s. Hausflur

Wälder 11, 15, 41
Walser 17, 19, 21, 29, 38f., 117, 119, 193, Anm. 30 und 119
Wand 45-54, *42-63*
Wandschrank 116, *300-302, 311, 314*
Wandverstärkung (Keile) 174, *80f., 370, 439f., 445-448, 459*

Wappen 83, 97, 124, *156, 220, 330f.*
Wappenschenkung 65
Waschhaus (-küche) 13, 182, 185, s. Sechthaus
Webkeller s. Keller
Wildbäche 15, *12*
Wildheu 213
Wirtschaftsbauten 173-214, *440-545*
Wochenmarkt 20
Wohnturm (festes Haus, Wighaus) 21, 51-53, Anm. 53

Zentrifuge 185, 207
Ziegel s. Baustoffe
Ziegenställe 193f., Anm. 193, *36, 368, 494-500*
Zierbretter 105-109, *263-269*
Zierformen s. Ausdrucksformen
Ziergurten s. Friese
Ziger (-mühlen) 189, 191, 202f., Anm. 203
Zimmerleute 37, 39
Zwischengewett s. *Gewett*
Zugaden s. Stallscheune
Zugband 91, *198*

Ortsregister

Seitenzahl 132
Abbildungsnummer *402*

Betschwanden 29, 37, 53, 87, 117, 121, 129, 133, 157, *112, 133, 178f., 306, 364, 399*

Bilten 9, 16, 27, 29, 37, 49, 77, 83, 88, 133, 165, 176, *73, 154, 189, 207, 277, 347, 452*

Braunwald 11, 13, 27, 59, 97, 99, 115, 144, 150, 170, 186, 197, 201, 205f., 209, *6f., 77, 80f., 110, 143, 229, 238, 293, 297f., 302, 371, 384f., 444, 447, 481, 502-509, 517f., 522-524, 527, 535*

Diesbach 18, 27, 84, 88, 95, 105, 109, 149, 189, *106, 123f., 144, 172, 183, 187, 206, 208, 212, 247, 250, 256, 258-260, 272, 294, 340, 379e, 381f. 433a, 486f., 536*

Elm 9, 13, 15, 21, 27, 37, 41f., 47, 53, 63, 79, 83f., 88, 91, 100, 105f., 119, 123, 126, 129, 134, 157f., 160f., 162, 170, 173f., 185f., 189, 191, 193f., 206, 209f., 213f., *2, 8, 16, 36f., 45, 50, 63, 84, 95, 98, 100, 109, 125, 130, 140, 142, 159, 161, 167, 169, 188, 194-196, 201f., 204, 216, 243, 263f., 276, 280f., 284-286, 288, 290f., 295, 299f., 311, 333, 337f., 342f., 349, 353, 398, 406f., 410, 412, 414, 417a, 418, 425, 436, 439-442, 474-478, 485, 490f., 495-498, 519-521, 528-531, 533f., 540-545*

Engi 9, 27, 30, 41f., 47, 53, 59, 70, 72, 87f., 92, 100, 103, 106, 144, 148, 150, 160, 176, 181, 189, 212, *46f., 50, 78, 107, 118f., 135, 175f., 184, 200, 203, 210f., 239, 246, 249, 267f., 356/2a, 377f., 379a, 379f, 379g, 383, 451, 468, 539*

Ennenda 11, 17f., 27, 31, 38f., 49, 57, 84, 99, 109, 117, 119, 126, 157, 166, 178, 182, *40, 57f., 92f., 111, 122, 162, 218, 234f., 308, 457-461, 473, 546*

Filzbach 11, 17, 27, 38, 50, 117, 119, 148-150, 153, 157, 165, 182, *18, 39, 66f., 126f., 186, 221, 310, 346, 379b, 380, 389f., 401, 419, 472, 479*

Glarus 9, 13, 15, 17, 20-23, 27, 30f., 33, 36-39, 41-42, 53, 57, 117, 126, 129, 176, 178, 203, *9-11, 22-24, 30, 454f.*

Haslen 27, 37f., 42, 53, 57, 69f., 81, 87, 91f., 99f., 117, 119, 133, 157, 165, 181, *19, 76, 94, 108, 112, 113-117, 148, 174, 190, 219, 236, 312f., 348, 469*

Hätzingen 17f., 27, 83, 134, 142, 160f., *88, 152, 223, 356/1d, 365, 415*

Leuggelbach 144

Linthal 9, 13, 15, 18f., 21, 23, 27, 29f., 37, 39, 77, 79, 91, 100, 105, 127, 142, 155, 157, 160f., 165, 170, 203, 205, 210, 212, *12, 21, 131, 136, 145, 191, 197, 240-242, 244, 251, 266, 287, 289, 336, 341, 356/1c, 362, 396f., 416, 422f., 433, 435, 462, 512-516, 532, 538*

Luchsingen 18, 21, 27, 79, 103, 144, 145, 212, *33, 134, 254, 335, 355a, 356/2c, 372-374, 394, 432a, 492f., 525f., 538*

Matt 11, 27, 29, 37, 57, 59, 124, 130, 146, 153, 157, 165, 175, 194, 210, *75, 82, 86, 91, 215, 245, 274, 301, 321f., 325, 328f., 356/3b, 375f. 391-393, 417e, 421, 434, 445f., 464, 470f., 499, 501*

Mitlödi 11, 27, 49, 60, 63, 84, 91, 106, 109, 158, 165, *49, 105, 163f., 166, 170f., 193, 209, 262, 270, 408f., 417d*

Mollis 11, 13, 17f., 27, 29, 31, 33, 36-38, 47f., 51, 59, 65, 74, 77, 79, 81, 83, 88, 99, 109, 124, 129, 133, 155, 157, 165f., 170, 191, *48, 51-56, 62, 65, 85, 87, 97, 99, 101, 141, 150, 156f., 181f., 237, 261, 273, 278, 323f., 332, 345, 350-352, 356/1a, 356/3a, 357-359, 405, 420, 429-431, 453, 465, 483f.*

Mühlehorn 16, 27, 43, 142, 194, *320, 334, 356/1b, 360f., 480, 500*

Näfels 11, 21, 27, 42f., 48, 51, 77, 99, 123, *34f., 146f., 232f., 424*

Netstal 9, 13, 18, 27, 31, 33, 36, 38f., 42f., 49-51, 57, 63, 74, 83, 87, 91f., 97, 117, 120, 123, 126, 160f., 165, 173, 176, 178, 191, *13, 15, 59, 61, 72, 96, 128f., 155, 160, 177, 198, 220, 248, 317-319, 344, 413, 437f., 448f., 456, 467, 488f.*

Nidfurn 21, 27, 53, 69, 77, 84, 105, 133, 144, 157f., 160f., 165f., *90, 103, 165, 252, 265, 275, 354f., 356/2b, 370, 411, 428, 463, 466*

Niederurnen 17, 29, 42, 51, 59, 83f., 120, 157, *68, 70, 83, 138f., 153, 173, 185, 253, 283, 292, 314f., 326f., 400*

Oberurnen 17, 29, 51, 98, 117, 160, 176, *230f., 363, 450*

Obstalden 13, 16, 27, 38, 87, 92, 150, 180, 205, *387f.*

Riedern 31, 39

Rüti 18, 27, 30, 41, 52f., 57, 67, 81, 83, 91, 105f., 109, 117, 127, 142, 146, 157, *20, 29, 31, 40a, 71, 74, 104, 158, 192, 199, 213, 226-228, 257, 269, 303-305, 356/1e, 356/3a, 366f., 402-404, 482*

Schwanden 9, 17, 27, 29, 31, 33, 37, 42f., 53, 81, 97, 117, 119, 129, 133, 158, 160f., 165f., 193, *64, 89, 149, 151, 217, 222, 224f., 307, 426f.*

Schwändi 9, 17, 27, 31, 36, 51, 53, 84, 106, 124, 133, 189, 193, *14, 102, 168, 214, 271, 279, 282, 296, 330f., 494*

Sool 9, 27, 37f., 51, 103, 120, 150, 157, *255, 316, 379d, 443*

Regionen:
Glarner Hinterland 9, 23, 25, 29, 33, 129, *1*
Glarner Mittelland 9, *3*
Glarner Unterland 9f., 23, 33, 41, 79, *4*
Kerenzerberg 11, 15, 17, 29, 33, 38, 41, 48, 53, 74, 123, 176, 194, *5*
Linthebene 10, 16f., 49
Sernftal (Kleintal) 9, 13, 15, 23, 25, 29, 33. 39, 41, 57, 59, 77, 123, 129, *2*

Übrige:
Altdorf 15
Bäch 42
Bern 124
Betlis 17, 50
Chur 42
Dießenhofen 41
Kloten 4
Lachen 124
Mailand 42
München 43
Napf 42
Neuveville, La 124
Rapperswil 42
Säckingen 10, 16-18, 21, 51, 133, 169
Sargans 43
Stäfa 124
Unterterzen 38
USA, New Glaris 23
Winterthur 123
Ziegelbrücke 37, 43, 50, *17*
Zollikon 124, 153
Zürich 16, 21f., 37, 42f., 50f., 53, 59, 129

Personenregister

Arnold II, Graf von Lenzburg 120
Asper Hans, Porträtmaler 129

Bäbler Jakob 210
Babst Hans, Sägemeister 39
Bartmann Hans, Zimmermeister 37
Baumgartner Andreas, Philologe 53
Baumgartner Martin sen., Lehrer 106, 116
Beglinger Claus, Zimmermeister 38
Beglinger Jakob, Zimmermeister 38
Bleuler Hans Conrad, Ofenbauer 153
Bleuler Heinrich, Ofenbauer 124
Blumer Jakob, Chorrichter 176
Blumer Johann Heinrich, Ratsherr 176
Blumer Johann Jakob, Ständerat 69
Böni Jakob, Baumeister 42
Boscardin Maria-Letizia 197
Brennwald Hans Heinrich, Ofenbauer 123
Brunner Heinrich 193
Bühlmann Konrad, Sägemeister 39
Buss Ernst, Pfarrer 31, 72, 87, 120

Coaz Johann Wilhelm Fortunat, eidg. Ober-Forstinspektor 15
Coxe William, englischer Geistlicher 61

Davor Lorenz, Zimmermeister 37
Durrer Robert 170

Egger Hans, Zimmermeister 38
Elmer Geschlecht 63, 134, 162
Elmer Hans Ulrich 165
Elmer Johann Ulrich, Landesseckelmeister 57
Elmer Pankraz, Bauernmetzger 186
Elmer Ulrich 21
Escher von der Linth, Hans Konrad 10, 33, 109

Fäsi Johann Conrad, Pfarrer 57
Frei Heinrich, Glaser 42
Freitag Kaspar, Ratsherr 84, 157f.
Freitag Rudolf 158
Freuler Kaspar, Gardeoberst 123

Gallati Baschli, Nagelschmied 43
Gallati Jakob, Nagelschmied 43
Ganzmann Ulrich, Sägemeister 39
Gladbach Ernst, Architekt 106
Grubenmann Jakob, Baumeister 31
Grubenmann Johann Ulrich, Baumeister 31
Gschwend Max 57, 87, 91f., 97, 197

Hackaert Jan, holländischer Maler 129
Heer Gottfried, Pfarrer 67, 127
Heer Oswald, Naturforscher 43, 55, 59, 127, 203
Hefti Jakob, Historiker 57
Hegetschweiler Johannes, Arzt, Regierungsrat 204
Heidegger Andreas, Pfarrer 22
Hirzel-Escher Caspar 207
Hess Ludwig, Maler 72

Hubschmied Jakob, Linguist 17
Hunziker Jakob, Linguist 47f., 76f., 99, Anm. 47/48

Jenny Fridolin, Gymnasiallehrer 19

Kasthofer Albrecht Karl Ludwig, Forstmeister, Regierungsrat 133
Knobel Gabriel, Baumeister 31
Knobel Markus, Maurermeister 42
Knobel Rudolf, Baumeister 158
Kubly-Müller Johann Jakob, Genealoge 38

Landolt, Geschlecht, Ofenbauer 124
Legler Fritz, Lehrer 17, 50
Legler Gottlieb Heinrich, Linthingenieur 70
Legler Thomas, Oberstleutnant 70
Leuzinger Hans, Architekt 48f., 72, 77, 83f., 87f., 91, 103, 105f., 140, 161, 169f.
Leuzinger Jakob, Meister 42
Leuzinger Johann Jakob, Säckelmeister 109
Loriti Heinrich, genannt Glareanus 48

Mad Rudolf, Landschreiber 30, 39, 53
Marti Adam, Ratsherr 149
Marti Heinrich, Lehrer 53
Marti Johannes, Pfarrer 123
Marti Niklaus, Baumeister 42
Meier Suzanne 197
Meyer-Hofmann Werner, Burgenforscher 115, 120, 141, 197, 201
Meuli Geschlecht 185
Milt, genannt Elsener Geschlecht 165
Murer Hans, Maurermeister 3
Murer Heinrich, Baumeister 30, 39
Murer Heini, Baumeister 39
Murer Ulrich, Maurermeister 39

Neeracher Geschlecht, Hafner 120
Neeracher Matthias, Ofenbauer 124
Netstaler Geschlecht 165
Netstaler Matthias, Landammann 49, 74, 83
Netstaler Peter 83

Pfau Abraham, Ofenbauer 123
Pfau Hans Heirich, Ofenbauer 123

Ruosch Albert, Grundbuchverwalter 120
Ruostaller Johann Caspar, Ofenbauer 124
Ruostaller Johann Josef, Ofenbauer 124

Scheuchzer Johann Jakob, Arzt, Naturforscher 201f., 203
Schindler Geschlecht 51, 59
Schindler Konrad, Ratsherr 33
Schmid Gabriel, Landvogt 83
Schmid Kaspar, Landammann 83
Schwarz Johann Heinrich, Landammann 49
Sennhauser Hans Rudolf, Archäologe 17
Simonett Christof 97, 193
Stähli Christian, Ratsherr 49
Stähli Jakob, Baumeister 49

Stähli Melchior, Baumeister 49
Steinmüller Johann Rudolf, Pfarrer 202f., 210
Streiff Jakob, Oberst, Fabrikant 176, 178
Streiff Johann Heinrich, Landmajor 22, 176
Stüssi Heinrich, Zimmermeister 38
Stüssi Jesajas, Kirchmeier 100
Stüssi Kaspar, Zimmermeister 38
Stüssi Leonhard, Zimmermeister 38
Stüssi Rudolf, Ratsherr 69
Stüssi Rudolf, Bürgermeister 69
Stumpf Johannes, Chronist 9, 51, 129
Simmen Hans Heinrich, Maurermeister 39
Simmen Heinrich, Maurermeister 39
Simmen Johann 39
Sunnentag Geschlecht 119, Anm. 117/119
Sunnentag Peter, Baumeister 119, Anm. 117/119

Thomann Heinrich, Maler, Kupferstecher 204
Thürer Georg, Historiker 55, 61, 65
Thürer Hans, Redaktor 165
Thürer Paul, Pfarrer 36
Tonder Cunrat, Zimmermeister 39
Trümpi Christof, Pfarrer 129f.
Tschudi Aegidius, Chronist 30f., 42, 126
Tschudi Johann Heinrich, Pfarrer 202
Tschudi Rudolf, Ammann 10

Venner Geschlecht 51, Anm. 51
Vogel Fabian, Kaminfeger 129

Wala Hug 52
Weiss Richard, Volkskundler 120, 123, 129, 139, 141
Wiggiser Geschlecht 51, 59
Wighus Ulrich 51
Wild Fridolin, Schiffsmeister 49
Wild Hans, Zimmermeister 37, 92, 117, 119, 148
Wild (Wilhelm) Pauli, Zimmermeister 38, 84, 99, 117
Wilhelm Claus, Zimmermeister 37
Winteler Jakob, Landesarchivar 53
Wisstanner Peter, Zimmermeister 37f.

Zimmermann Dietrich, Zimmermeister 37
Zimmermann Walter, Zimmermeister 37
Zopfi Fritz, Linguist 17
Zweifel Jost, Tagwenvogt 57
Zwicki Kaspar Lebrecht, Pfarrer 31, 72, 77, 115f., 129f.

Nachweis der Abbildungen

A. Photographien

Aebli H., Glarus	59, 394
Ammon P., Luzern	299, 337
Brunner H., Glarus	494, 495
Coppeti H., Näfels	4
Crespo G., Zürich	109
Davatz J., Mollis	336
Gschwend M., Brienz	117, 508, 524
Hug W., Glarus	14
Leuzinger H., Zollikon	46, 65, 67, 92, 95, 102, 118, 122, 124, 125, 129, 134, 135, 139, 141, 150, 151, 160, 169, 173, 179, 196, 201, 207, 216, 217, 223, 230, 244, 246, 248, 252, 253, 255, 268, 292, 296, 307, 308, 320, 326, 328, 329, 338, 354, 358, 362, 368, 375, 377, 387, 406, 413, 439, 443, 446, 450, 455, 479, 481, 482, 483, 488, 489, 500, 503, 517, 522
Militärflugdienst Dübendorf	1, 13
Schönwetter H., Glarus	2, 3, 5, 6, 12, 13, 19, 20, 21, 23, 29, 37, 60, 71, 130, 302, 311, 318, 342, 418, 434
Zeller W., Zürich	333

Alle übrigen 228 Nummern stammen vom Autor des Bandes:
Hösli J., Männedorf

B. Plan- und Strichzeichnungen

Hösli J., Männedorf	25, 26, 27, 28, 33, 356, 379, 386, 395, 417, 432, 458, 474, 476, 485, 491, 497, 515, 520, 521, 523, 530, 542, 543
Meyer W., Histor. Seminar Univ. Basel	316, 502, 504, 506, 507

Alle übrigen Plan- und Strichzeichnungen stammen vom Technischen
Arbeitsdienst (TAD), der unter der Leitung von H. Leuzinger
die Objekte in den Jahren 1930 bis 1934 aufnahm (s. Seite 6, 140).

C. Reproduktionen

Photographien, in: Spälti H., Geschichte der Stadt Glarus, Glarus 1911	9, 10
Kupferstich von J. M. Eßlinger, 1823, Katalog Nr. 518	17
Radierung von M. Merian, d. Ältere, 1642, Katalog Nr. 90	22
Stahlstich von F. J. Umbach nach L. Rohbock, um 1865, Katalog Nr. 187	24
Zeichnung von E. Gladbach, 1885	31
Abschrift des Landsbuches von J. R. Steinmüller, 1757	38
Zeichnung von S.W. Schindler (1826–1903)	55
Aquarell von G. H. Legler, 1846	113
Aquatinta von L. Hess, 1798, Katalog Nr. 555	120
Photographie, um 1900, im Besitz der Fam. Menzi, Filzbach	126
Photographie von H. Schönwetter, in: Thürer P. und H., Netstal, 1963	128
Postkarte, Zeichnung von H. Rhyner (1861–1917)	142
Lithographie von M. R. Toma, um 1830, Katalog Nr. 490	146
Photographie von J. Hunziker, in: Hunziker J., 3. Bd. (1905), S. 206	232
Ausschnitt der Zeichnung von E. Gladbach, 1885, S. 31	269
Zeichnung W. Meyer, in: JHVG 65, 1974	316
Zeichnung von J. Griesemer, 1923	319
Zeichnung von H. Witzig, Braunwald, 1943	371
Kupferstich nach J. R. Steinmüller, 1802, Katalog Nr. 557	510
Kupferstich nach J. R. Steinmüller, 1802	511
Radierung von H. Thomann, um 1780, Katalog Nr. 356	514

Legende zu den Zeichnungen

	Holzwerk
	Blockbau mit Vorstoß
	Steinbau
	Mauerwerk verschiedenen Alters
	1. Bauetappe
	2. Bauetappe
	3. Bauetappe
	4. Bauetappe
	5. oder letzte Bauetappe
	Pflästerung
	Mörtelboden
	Feuerstelle (Herd)
	Rauchfang
	Ofen
	Backofen
	Bett, Pritsche
	Treppe (Pfeil aufwärtsweisend)
	Abort
	Firstrichtung
	Nordrichtung
	verschiedenes Niveau

1	Keller
1a	Obstkeller
1b	Käsekeller
1c	Milchkeller
1d	Weinkeller
1e	Webkeller
2	Küche
2a	Wohnküche
2b	Feuerraum
2c	Backraum, -haus
2d	Räucherraum
2e	Dörraum, -haus
2f	Baderaum
2g	Waschküche, -raum
2h	Sennereigebäude
2i	Sennereiraum
2k	Brennerei
3	Stube
3a	Nebenstube
3b	Altenstube
4	Kammer
4a	Schlafkammer
4b	Kleider-, Wäschekammer
4c	Vorrats-, Speisekammer
4d	Fleischkammer
4e	Abstellraum
5	Gang, Vorraum, Vorhaus
5a	Laufgang
6	Dachraum
7	Laube
7a	Laube offen
7b	Laube eingewandet
8	Balkon
9	Erker
10	Abortschacht
11	Verkaufsladen
12	Magazin, Lagerraum
20	Stall
20a	Rindviehstall
20b	Pferdestall
20c	Schmalviehstall
20d	Schweinestall
20e	Geflügel-, Kaninchenstall
20f	Bienenhaus
20g	Kälberstall
20h	Schafstall
20i	Ziegenabteil
21	Stalldüngerstätte
21a	Jauchegrube
21b	Mistlege, Miststock
22	Scheune
22a	Heuraum
22aa	eingetiefter Heuraum
22b	Getreide, Garbenraum
22c	Stroh-, Streueraum
22d	Torfraum, Torfscheune
22e	Abwurfloch und Auffang für Heu
22f	Behälter für Schweinefutter (Blakten)
23	Tenne (Dreschraum)
23a	Futtertenne
24	Speicher, -raum
24a	Stock
25	Geräte-, Geschirrkammer
26	Werkstatt
27	Einfahrt, Rampe (Brücke), Durchfahrt
28	Schopf, Schuppen
28a	Geräteschopf
28b	Holzschopf
28c	Ziegelschopf
28d	Wagenschopf, Remise
29	Kelter (Trottenraum)
30	Zisterne (für Wasser)
31	Hof
32	Beobachtungsturm

Inhaltsverzeichnis

6 Geleitwort
7 Vorwort des Autors

Natürliche und kulturelle Gegebenheiten

9 Das Glarnerland als Siedlungs- und Wirtschaftsraum
9   Die Gliederung
10   Die vertikale Stufung
11   Die Berge
11   Die Alpen
11   Das Klima
13   Der Föhn
13   Föhnwache und Feuerschau
15   Verheerende Hochwasser
15   Die Lawinen
15   Die Verkehrslage

17 Die frühe Besiedlung
17   Die Alemannen
17   Die Grundherrschaft des Klosters Säckingen

19 Die Siedlungslandschaft im 15. Jahrhundert
19   Der Siedlungsplatz
19   Vom Hof zum Dorf
20   Der Hauptort Glarus

21 Die wirtschaftliche Entwicklung seit dem Spätmittelalter
21   Die Wandlung zum Hirtenland
21   17. Jahrhundert: Exportgewerbe und Fernhandel
22   18. Jahrhundert: Heimindustrie und erste Fabriken
22   19. Jahrhundert: Die industrielle Revolution. Blüte und Niedergang der Textilindustrie
23   20. Jahrhundert: Die Wandlung zur industriellen Vielfalt

25 Die Situation der Landwirtschaft
25   Die Schrumpfung der landwirtschaftlichen Betriebe

26 Die Erwerbsstruktur der berufstätigen Bevölkerung in den Jahren 1910, 1960 und 1970

29 Bevölkerungswachstum und Bauperioden
29   Die Bevölkerungsentwicklung in der vorindustriellen Zeit
29   Die Bevölkerungsexplosion im 18. und 19. Jahrhundert
30   Bauperioden
30   15. und 16. Jahrhundert
31   17. Jahrhundert
31   18. Jahrhundert
33   19. Jahrhundert
33   20. Jahrhundert

35 Baupolitik des Landes und der Gemeinden
35   Frühe Erlasse des Landes
36   Beispiele der Baupolitik der Gemeinden

37 Das Werk der Handwerker
37   Fremde Gewerbler und Handwerker
37   Die Zimmerleute
38   Über Jahrhunderte Familientradition
39   Frühe Sägereien
39   Die ersten Maurer

Der Hausbau

41 Die Baustoffe
41   Das Holz
41   Die Bausteine
41   Die Schiefer aus dem Sernftal
42   Kalk und Ziegel
42   Importierte Baumaterialien

45 Die Konstruktionsformen der Wand
45   Der Blockbau
45   Die Wand
45   Flächengliederung
45   Die Stabilität der Wände
45   Der Eckverband
45   Das Zwischengwett
47   Ein Element des Ständerbaues
47   Größenverhältnisse
47   Der Ständerbau
47   Konstruktive Eigenarten
48   Die Verbreitung der Ständerbauten im Glarnerland
49   Übereinstimmende Merkmale
49   Der Fachwerkbau
50   Der Steinbau
50   Trockenmauern
51   Spätmittelalterliche Massivbauten
51   Feste Häuser, «Wighaus»
52   Wohntürme
53   Städtische Massivbauten
53   Gemischte Formen
53   Die Verkleidung der Außenwände

55 Das Dach
55   Volkskundliches
55   Dachform und Dachneigung
57   Traditionelle Maße
57   Das flache Giebeldach
57   Das steile Dach
57   Die Dachmaterialien
59   Der Schiefer
59   Die Dachkonstruktion
59   Reines Pfettendach
59   Firststütze im Giebeldreieck
59   Pfetten-Rafendächer
59   Kniestock
61   Sparrendach mit Pfettenzimmerung
61   Der Dachüberstand
61   Rechtsgeschichtliches
61   Die geknickte Dachfläche
63   Stützen des Dachüberstandes
63   Das Fluggespärre beim Steildach
63   Klebdächer

65	Konstruktive Einzelheiten		Raumstrukturen der traditionellen Hausbauten
65	Fenster und Fensterläden		
65	Vom Luftloch zum Glasfenster	139	Begriffe
67	Vom Einzelfenster zur Fensterreihe	140	Die Grundrißvarianten des Wohngeschosses
67	Größe und konstruktive Einzelheiten	141	Das zweiraumtiefe Einzelwohnhaus
67	Die Fensterläden	141	Zweiräumiges Wohngeschoß
69	Fenster und Fensterläden am Beispiel einzelner Wohnhäuser	144	Dreiräumiges Wohngeschoß
		148	Vierräumiges Wohngeschoß
72	Vorbauten	155	Das Doppelwohnhaus
72	Das Treppenbrücklein	155	Das zweiraumtiefe Doppelwohnhaus
77	Die Lauben	161	Das dreiraumtiefe Doppelwohnhaus
80	Türen	165	An- und Umbauten
		169	Zusammenfassung: Die Hauslandschaft

87	Ausdrucksformen		Wirtschaftsbauten
87	Pfettenköpfe und Pfettenträger		
87	Profilformen	173	Die Stallscheune
87	Stilwandel	173	Die giebelständige Stallscheune
91	Herkunft und Motivation der Formen	176	Die traufständige Stallscheune
92	Ornamente und Malereien	176	Die «Herrengaden»
92	Firstpfettenkonsolen	178	Beispiele von Feldställen im Glarner Mittelland
92	Inschriften und Jahrzahlen	178	Wandlungen
95	Konsolenformen	181	Sekundäre Vielzweckbauten
97	Pfettenstirnbrettchen	185	Sennhüttchen
97	Fratzen, Madonnenbilder und Haussprüche	189	Speicher
103	Ziergurten, Zierbretter und Bemalung	189	Zigerspeicher
103	Entwicklung und Beispiele	191	Käsespeicher
105	Friese und Zierbretter	193	Ziegenställe
105	Malereien		
109	Handwerkerkunst der Schmiede und Schlosser	197	Alpgebäude
		197	Die Sennhütte
115	Wohnkultur	197	Einraumhütten
115	Die Stube	201	Die zwei- und dreiräumige Sennhütte
115	Die Stube im Haus des Kleinbauern	203	Beispiele traditioneller Alphütten
117	Beispiele von Stuben der oberschichtlichen Bevölkerung	209	Hirtenhüttchen
120	Der Stubenofen	210	Alpställe
120	Steinofen	213	Heuhüttchen
123	Schieferofen		
123	Kachelofen	215	*Mundartliche Bezeichnungen*
124	Kunst, Ofenwinkel und Ofengestell		
126	Die Küche		Anhang
126	Der Herd		
127	Der geschlossene Herd	219	Anmerkungen
129	Der Stubenofen als Backofen	227	Bibliographie
129	Das Kamin	229	Sachregister
129	Vom Flammenstein zum geschlossenen Rauchabzug	233	Ortsregister
130	Die Kammern	234	Personenregister
131	Die Speisekammer	236	Nachweis der Abbildungen
131	Das Kellergeschoß	237	Legende zu den Zeichnungen
132	Webkeller	238	Inhaltsverzeichnis
133	Beispiele von frühen Bauten der Oberschicht		
134	Der Hausflur		
136	Der Abtritt